LA
POÉTIQUE DE RACINE

COULOMMIERS. — Imp. P. BRODARD et GALLOIS.

LA POÉTIQUE DE RACINE

ÉTUDE

SUR LE SYSTÈME DRAMATIQUE DE RACINE

ET LA

CONSTITUTION DE LA TRAGÉDIE FRANÇAISE

PAR

PIERRE ROBERT

Ancien élève de l'École normale supérieure
Professeur au lycée Charlemagne
Docteur ès lettres

PARIS

LIBRAIRIE HACHETTE ET Cie

79, BOULEVARD SAINT-GERMAIN, 79

—

1890

Droits de traduction et de reproduction réservés.

A

M. G. LARROUMET

MAITRE DE CONFÉRENCES A LA FACULTÉ DES LETTRES DE PARIS
DIRECTEUR DES BEAUX-ARTS

Hommage affectueux et reconnaissant,

P. Robert.

INTRODUCTION

Nous nous proposons d'étudier le système dramatique, la Poétique de Racine. Cette Poétique, nous avons essayé de la dégager principalement des tragédies écrites par Racine. Mais nous avons aussi voulu donner la parole au poète lui-même; et nous avons demandé, soit à ses *Lettres*, soit aux *Mémoires* de son fils, soit surtout aux *Préfaces* de ses pièces, l'idée qu'il se faisait de son art. D'aspect moins didactique que les *Examens* et les *Discours* de Corneille, les *Préfaces* des tragédies de Racine renferment cependant de nombreux renseignements sur la manière dont notre auteur entendait le théâtre : elles ont peut-être été jusqu'ici, je ne dis pas complètement négligées, mais trop légèrement traitées. Sous une forme un peu dégagée, souvent même ironique ou agressive, elles contiennent des indications importantes que Racine semble laisser échapper en honnête homme qui cause et non en érudit qui disserte. Mais ne nous y trompons pas : il a longuement médité sur cette matière qu'il a l'air d'effleurer et qu'il connaît à fond. Nous avons cru pouvoir réunir et ordonner ces diverses indications. Après le poète, c'est donc le critique que nous avons consulté : et nous avons constaté que le critique était d'accord avec le poète.

Mais s'il y a du nouveau dans ce système dramatique (ce que nous montrerons), il est bien certain que tout ne peut pas être et n'est pas nouveau : avant Racine on avait écrit des tragédies et disserté sur le poème dramatique; il y avait des chefs-d'œuvre, et il y avait des habitudes, des conventions et des règles; la tragédie avait été avant lui créée et constituée. Nous avons donc été amené à présenter une histoire de la formation de la tragédie française depuis Jodelle jusqu'à Racine; — essayant de marquer par des traits précis la part de chacun, poète ou théoricien, dans l'œuvre commune; négligeant, bien entendu, ceux qui ne font qu'imiter et répéter; nous arrêtant sur ceux qui ont été jusqu'à un certain point des novateurs et ont contribué à la constitution de notre tragédie.

C'est dans l'œuvre de Racine que la tragédie française arrive à sa suprême beauté et à sa plus grande perfection; c'est surtout chez lui qu'elle devient à la fois française et humaine, et qu'elle atteint à ce degré de vérité, de naturel, de profondeur, de ressemblance avec la vie, qu'on ne trouve chez aucun de ses prédécesseurs ni de ses successeurs. Voilà pourquoi nous le faisons comme le centre d'une étude sur la tragédie. Étudier le système dramatique de Racine, c'est étudier la tragédie française à son point le plus élevé et sous sa forme la plus achevée. Voilà pourquoi nous n'avons pas cru pouvoir isoler Racine et son théâtre : ce qui précède et ce qui suit l'explique, le fait mieux comprendre, tout en nous montrant en même temps et la part de nouveauté qu'il a apportée et l'influence qu'il a exercée sur les siècles suivants. Cette influence, elle s'est exercée sur bien d'autres genres que sur la tragédie, Racine ayant comme imprimé une direction nouvelle à l'esprit moderne : mais nous avons dû nous en tenir à la tragédie.

Nous nous sommes inspiré, pour le fond de notre thèse, de l'*Histoire de la littérature française* de M. Nisard, et de deux articles de M. Brunetière sur *Racine* [1]; pour les détails, nous avons consulté avec fruit l'ouvrage de M. Petit de Julleville sur *les Mystères*; *l'Héllénisme en France* de M. Egger; les thèses de M. Faguet sur *la Tragédie au XVIe siècle*, de M. Jarry sur *Rotrou*, de M. Bizos sur *Mairet*; l'*Histoire du théâtre*, par les frères Parfait; l'ouvrage de Vinet sur *les Poètes du siècle de Louis XIV*. Quant à la thèse de M. Arnaud sur *les Théories dramatiques au XVIIe siècle et l'abbé d'Aubignac*, nous avions à peu près fini notre travail quand nous avons pu la lire : nous en avons détaché, pour les mettre en Appendice, quelques lignes inédites et fort curieuses de Chapelain, qui font connaître d'une façon très nette l'opinion du célèbre critique sur les trois unités.

1. *Revue des Deux Mondes*, 1er mars 1879, 1er mars 1884.

LA POÉTIQUE DE RACINE

PREMIÈRE PARTIE

LA TRAGÉDIE FRANÇAISE DE JODELLE A RACINE

CHAPITRE I

LA TRAGÉDIE CLASSIQUE ET LES MYSTÈRES DU MOYEN AGE

La tragédie ne doit rien aux mystères. — Différence complète de ces deux genres dramatiques.

La tragédie classique ne doit rien au théâtre du moyen âge : non seulement elle n'en est pas la continuation, mais elle semble même en être la contre-partie; elle en diffère par la forme comme par le fond.

Le théâtre sérieux du moyen âge se compose ou de miracles ou de mystères tirés, soit de l'Écriture sainte, soit des Vies des saints[1]; il n'y a guère que trois ou quatre pièces, parmi celles que nous connaissons, qui aient une autre origine : l'*Histoire de Griselidis*, le *Mystère du siège d'Orléans*, le *Mystère de saint Louis*; une seule est tirée de l'antiquité païenne, c'est la *Destruction de Troie*, par Jacques Millet (1452). Le théâtre du moyen âge est donc essentiellement religieux; il est écrit par des croyants

[1]. Voir pour ce chapitre l'ouvrage si complet de Petit de Julleville sur les *Mystères*.

et pour des croyants; il est évidemment une distraction et un plaisir, mais il est aussi un acte de foi. Il s'adresse moins à l'esprit qu'à l'âme des auditeurs. Il expose devant des chrétiens convaincus l'histoire de leur foi, il leur met sous les yeux les objets de leur culte et de leur adoration. Il est destiné à édifier et instruire le peuple; les derniers vers renferment ordinairement une exhortation à prier. C'est dans toute la force du terme un drame chrétien.

La tragédie française a bien emprunté quelquefois ses sujets à l'Ancien ou au Nouveau Testament; elle a produit par exemple *Polyeucte* et *Athalie*, chefs-d'œuvre d'un art nouveau, que le moyen âge n'aurait ni compris ni goûtés, tant ils s'éloignent des anciens mystères! mais la tragédie a le plus souvent pris ses sujets dans cette antiquité païenne, grecque et latine, dont notre ancien drame ne s'était inspiré qu'une fois. Elle n'est nullement religieuse (quoique dans son fond avec un poète comme Racine elle puisse devenir chrétienne). Au lieu d'être une alliée de l'Église, elle en est regardée comme l'ennemie; au lieu d'être un prolongement de la prière et un véritable office religieux, elle est accusée de détourner de la piété et d'éveiller les passions mauvaises. C'est qu'en effet elle n'a plus pour but d'édifier, mais de divertir, d'intéresser, d'émouvoir le spectateur. Elle est une œuvre d'art, non plus une œuvre de foi. Elle rougirait de nous étaler les horreurs divines du mystère de la Passion, elle préfère nous peindre les amours coupables d'une Phèdre. Malgré quelques exceptions, la tragédie française n'est pas un drame chrétien.

Le mystère vit et nous fait vivre dans le merveilleux; il nous met sous les yeux non seulement la terre, mais l'Enfer et le Paradis; il nous fait sans cesse voyager de l'un à l'autre; il nous présente des actions extraordinaires que tout le monde accepte avec la simplicité de la foi; il emploie le miracle comme un ressort ordinaire, dont nul ne songe à s'étonner. La tragédie n'a pas des spectateurs aussi crédules ou aussi croyants; de plus, traitant surtout des sujets païens, elle écarte presque complètement le merveilleux, qui ne serait chez elle qu'un ressort par trop commode, et qui, trop prodigué, exciterait les railleries ou ferait naître l'indifférence.

Le mystère, appuyé sur la foi, intéresse par les faits mêmes qu'il présente, et non par les caractères des personnages. Il prend des types connus et presque toujours les mêmes, sans chercher ni la variété, ni l'originalité, ni la profondeur. La tragédie sera surtout une étude psychologique ; elle cherchera à nous intéresser par l'analyse des caractères et par la peinture des passions ; elle montrera l'infinie diversité de l'âme humaine ; avec une pénétration digne des plus grands moralistes, elle ira chercher dans les replis les plus cachés de notre cœur les germes de nos vices et de nos crimes ; elle nous arrachera plus d'une fois l'aveu de nos fautes, et nous fera plus d'une fois rougir devant la peinture de nos lâchetés.

Le mystère nous présentera « l'aspect superficiel, mais immense et varié, d'une action sans limites dans le temps ni dans l'espace[1] » ; il déroulera devant nous une histoire qui aura besoin parfois de plusieurs siècles pour arriver à sa fin ; il emploiera des centaines d'acteurs (494, dans les *Actes des apôtres*) ; il se développera pendant plus de 60 000 vers (les *Actes des apôtres*, 61 908 vers) ; il ne se contentera pas de trois heures pour être joué ; il lui faudra plusieurs journées (40 à Bourges pour la représentation des *Actes des apôtres*) ; il se divisera donc naturellement en journées.

La tragédie, qui est une étude de l'âme humaine, ne prend pas l'action comme le but, ou, tout au moins, comme le but unique du spectacle ; elle la regarde comme un cadre nécessaire, comme une occasion de développer les caractères de ses personnages : aussi elle la restreint le plus qu'elle peut ; elle n'entasse pas pêle-mêle tous les incidents qu'elle rencontre ; elle choisit ceux qui sont nécessaires, elle condense, elle abrège, elle élague ; elle ne garde que l'indispensable : c'est qu'elle n'a pas l'intention de nous étaler le spectacle confus d'une foule vulgaire, mais de nous faire connaître le choc des passions dans quelques âmes particulières. Aussi n'a-t-elle qu'un petit nombre d'acteurs. Que ferait-elle de 494 personnages ? Elle ne pourrait pas même indiquer leurs caractères : or, elle ne veut pas seulement les indiquer, elle veut les faire connaître à fond. Voilà pourquoi quatre ou cinq lui suffisent. Elle laisse donc cette variété infinie et

---

[1]. Petit de Julleville, ouv. cité.

superficielle de l'action; elle recherche de plus en plus la simplicité; elle trouvera sa formule, non certes nécessaire, mais la plus caractéristique dans les trois unités. En outre, elle n'est plus la distraction extraordinaire d'une ville entière qui, de loin en loin, s'arrache à ses occupations et à ses tristesses pour se réjouir en célébrant les saints; elle est la distraction fréquente, ordinaire, d'un monde assez restreint, qui ne veut pas être fatigué par un divertissement qui est en même temps une mode; elle court au dénouement, et ne retient que quelques heures des spectateurs que le mystère pouvait retenir plusieurs jours.

Le mystère était national et populaire : il parlait au peuple de ce qui l'intéressait; il lui retraçait en même temps ses mœurs, ses habitudes, ses misères et ses douleurs; il osait aborder ce que nous appellerions aujourd'hui les questions politiques et sociales, se faisait doux pour le peuple, amer pour la noblesse et le clergé, s'armait de l'Évangile pour se plaindre de l'inégale répartition des richesses.

La tragédie, quoiqu'elle reproduise plus qu'on ne l'a cru quelquefois, les mœurs des hommes de notre époque, ne peint pas en tout cas les mœurs et les habitudes de la foule; au XVIIe siècle, qui en est l'époque brillante, elle n'est nullement démocratique : elle est faite pour une élite d'esprits cultivés. Dans son respect pour l'autorité, elle laisse de côté toutes les questions actuelles : elle s'en est bien trouvée. Au XVIIIe siècle, elle n'a pas gardé la même réserve : elle a passionné les contemporains, plus qu'elle n'intéresse la postérité.

Si du fond nous passons à la forme, les différences ne sont pas moindres.

Le mystère, usant de toute liberté, n'ayant pour règles que le caprice individuel et les goûts de la foule, mêle d'instinct et tout naturellement le comique et le sérieux, le tragique et le bouffon : il fait même au comique une part beaucoup trop grande; il lui laisse une place, que ceux même, qui plus tard ont découvert ou cru découvrir la théorie du drame, trouveraient sans doute exagérée. La tragédie retenue par des règles, qui d'abord incertaines, vagues et sans autorité, se précisent et s'imposent de plus en plus, guidée en outre et surtout par un goût exquis et un art délicat, n'admet pas le comique dans le sérieux, sépare absolument le bouffon du tragique; elle n'a pas à retenir des spectateurs pendant plusieurs jours de suite, elle n'a à les intéresser que pendant quelques heures : elle peut observer et elle observe l'unité d'impression.

Le mystère a surtout employé le vers de huit syllabes, vers léger, excellent pour le dialogue; il n'a pas hésité à mêler la forme lyrique à la forme dramatique, à unir toute espèce de vers, à les entrelacer de la manière la plus libre. La tragédie a adopté, presque sans hésitation, le vers de douze syllabes, vers un peu pompeux, difficile à manier et à assouplir; elle ne mêle que bien rarement, depuis le XVIIe siècle, les stances et les chœurs au dialogue.

Le mystère, malgré quelques passages aimables, simples, ou même d'une couleur poétique, malgré quelques scènes où la grandeur du sujet semble s'être communiquée à la forme, est en général mal écrit, ou plutôt n'est pas écrit du tout : on ne peut donner le nom de style à cette manière de s'exprimer, plate, grossière, triviale et prolixe. La tragédie, au contraire, est admirablement écrite (je parle bien entendu des chefs-d'œuvre), trop bien écrite même, a-t-on dit quelquefois; elle est accusée de trop d'élégance, de trop d'éloquence et de poésie. Elle est le triomphe de l'art et du goût.

CHAPITRE II

RENAISSANCE ET PREMIÈRES IMITATIONS DE L'ANTIQUITÉ

On commence par traduire : traductions de Sophocle, d'Euripide. — Bientôt imitations : on imite surtout la forme extérieure de la tragédie grecque. — On admire et on imite Sénèque.

On voit que la tragédie classique ne doit rien aux mystères; on ne peut les comparer qu'en les opposant.

C'est qu'en effet la tragédie n'est pas une suite et une continuation des mystères; c'est qu'elle est née, ou plutôt c'est qu'elle a été créée chez nous, à une date précise, par la volonté de certains écrivains, pleins de mépris pour leur littérature nationale, pleins d'enthousiasme pour les littératures d'Athènes et de Rome. La Renaissance a coupé en deux l'histoire de notre littérature, et en particulier l'histoire de notre théâtre sérieux [1], laissant d'un côté les mystères qui se traînent péniblement et disparaissent bientôt après l'arrêt du Parlement (17 nov. 1548), et les premières œuvres de la Pléiade, et de l'autre la tragédie, qui, d'abord appréciée uniquement de quelques lettrés et de quelques écoliers, finira par faire la conquête du public.

La rupture fut si violente, le changement si rapide, que la tragédie naissante fut obligée d'improviser pour ainsi dire auteurs, acteurs, théâtre et public. Les auteurs sont des jeunes gens échappés la veille du collège; ils jouent eux-mêmes leurs pièces, et les jouent dans des collèges devant des écoliers et

---

1. Je dis à dessein « de notre théâtre sérieux » : car la farce, genre essentiellement gaulois, ne disparaît pas et se prolonge à travers le XVII⁰ et le XVIII⁰ siècle pour arriver jusqu'à nos jours.

leurs maîtres. Quant au public, au vrai public, habitué aux farces et aux mystères, il lui faudra un demi-siècle pour s'habituer à cette chose si nouvelle, la tragédie.

Voyons ce qu'elle était au début, et montrons rapidement de Jodelle à Corneille et à Racine quelles ont été ses transformations.

C'est du *manifeste* de Joachim du Bellay (15 février 1549) que l'on peut faire dater en France la renaissance de la poésie. Voici ce qu'il conseillait au futur auteur dramatique : « Quant aux comédies et tragédies, si les Rois et les Républiques les voulaient restituer en leur ancienne dignité, qu'ont usurpée les farces et moralités, je serais bien d'opinion que tu t'y employasses, et si tu le veux faire pour l'ornement de ta langue, tu sais où tu en dois trouver les archétypes ». (Liv. II, chap. IV.) Ce qu'il recommande c'est non pas de traduire ni de rivaliser avec les anciens dans leur propre langue (il n'aime pas les latineurs ni grécaniseurs « ces reblanchisseurs de murailles »), mais d'enrichir et d'illustrer notre langue maternelle, notre vulgaire par l'imitation des auteurs anciens, « imitant les meilleurs auteurs, les dévorant, et, après les avoir bien digérés, les convertissant en sang et en nourriture. Car il n'y a point de doute que la plus grande part de l'artifice ne soit contenue en l'imitation. En ces auteurs on peut prendre la chair, les os, les nerfs et le sang. Qu'il n'y ait vers où n'apparaisse quelque vestige de rare et antique érudition... »

Quoique du Bellay regarde la traduction des poètes comme « une profanation des sacrées reliques de l'antiquité », c'est par des traductions d'œuvres grecques, latines et italiennes que l'on commença et que l'on devait commencer. On traduit Sophocle [1] (*Électre*, par Lazare de Baïf, 1537; *Antigone*, par Antoine de Baïf); on traduit Euripide (*Iphigénie à Aulis*, par Thomas Sibilet, 1549; *Hécube*, par Lazare de Baïf, 1550; il y a aussi une *Hécube* de Buchetel, une *Hélène* de Hugues Sociel, vers 1550); on traduit Térence. Ronsard traduit le *Plutus* d'Aristophane (1549). Mais l'école de Ronsard ne pouvait en rester à des traductions : on a vu du reste l'opinion de du Bellay sur les traducteurs. On arriva

---

[1]. Voir EGGER, *l'Hellénisme en France*, XIe leçon.

bientôt à l'imitation des œuvres antiques. On imita ou plutôt on crut imiter les tragédies d'Euripide et de Sophocle.

Il était naturel, mais imprudent, de prendre de tels modèles. Comment reproduire en effet cette tragédie grecque que tous les arts, architecture, peinture, sculpture, musique, danse, avaient contribué à embellir, et qui unissait la variété et le mouvement de la poésie lyrique à l'intérêt de l'épopée? Tragédie à la fois religieuse et nationale, rappelant aux spectateurs l'histoire de leurs ancêtres, s'inspirant de leurs traditions, de leurs croyances, de leurs idées morales, évoquant leurs dieux et leurs héros, ne cherchant pas trop du reste à exciter la curiosité, et n'ayant besoin par conséquent ni d'une action bien compliquée ni d'incidents bien variés. Les lettrés de la Renaissance suppriment ou ne peuvent pas emprunter tout ce qui fait la grandeur de la tragédie grecque; ils ne gardent que la partie lyrique, qui ira s'affaiblissant de plus en plus, et la partie dramatique, qui, au contraire, se fortifiera de jour en jour. Calquant la forme extérieure de la tragédie grecque, ils ne nous présenteront qu'une action trop souvent vide et sans intérêt, et ils ne la soutiendront pas par cette peinture des caractères et cette étude des passions, qui feront, au siècle suivant, l'originalité de notre théâtre. Très sensibles du reste aux beautés de Sénèque, mais admirateurs surtout de ses défauts, ils le prendront plus souvent pour guide que Sophocle ou qu'Eschyle. Ils lui devront une certaine énergie de style et quelques traits heureux, mais aussi l'habitude des lieux communs, de la pompe, de la déclamation, l'amour de l'exagération et de la subtilité : toutes choses qui éloigneront pendant longtemps notre théâtre tragique du naturel et de la vérité.

CHAPITRE III

JODELLE

Ses tragédies, déclamations en vers. — Abandon des sujets nationaux. Les chœurs sont conservés. — Progrès dans le style.

Jodelle a attaché son nom à la première tragédie écrite en français[1] : il est donc le premier en date de nos tragiques, ce qui ne veut pas dire qu'il soit le créateur de la tragédie française.

Cléopâtre (1552) et *Didon se sacrifiant* (date postérieure, mais incertaine) sont deux déclamations en vers, où l'on ne retrouve certes pas l'imposante grandeur de la tragédie antique, à la fois religieuse et nationale, où l'on ne trouve pas encore ce qui fera l'originalité de notre théâtre au XVIIe siècle, l'intrigue et les caractères. Faire porter tout l'intérêt du drame sur la mort de Cléopâtre ou sur la mort de Didon, faire par conséquent de la tragédie une crise morale de quelques heures : ce n'était pas autant qu'on l'a dit faire entrer notre théâtre dans une mauvaise voie; mais c'était le faire entrer dans une voie où seuls des hommes de génie, à la fois grands poètes et pénétrants moralistes, pouvaient réussir : Jodelle n'était pas de ceux-là.

---

[1]. Nous n'avons pas à parler des tragédies écrites en latin, d'abord en Italie, depuis Albertino Mussato en l'an 1400, ensuite en France où les Ravisius Textor, les Buchanan, les Rouillet, les Muret, écrivirent pour des collèges, des pièces, moralités d'abord, tragédies ensuite, que jouaient les écoliers. Les sujets étaient le plus souvent religieux (par exemple, le *Jephté* de Buchanan, plusieurs fois traduit en français, l'*Aman* de Rouillet. Nous ne pouvons pas omettre non plus le célèbre *Julius Cæsar* de Muret). (Voir Faguet, *la Tragédie française au XVIe siècle*, p. 57-79.)

Pour faire comprendre *pourquoi* la tragédie française a pris un *caractère* si particulier, pour bien montrer la *part* de *chacun* dans la *formation* d'un genre poétique devenu si important dans notre littérature, — sans faire ou sans refaire l'histoire de notre théâtre, — voici quelques faits que nous tenons à constater.

Les sujets nationaux sont abandonnés; les sujets religieux, surtout ceux tirés de l'Ancien Testament, ne le seront jamais tout à fait; mais ils sont beaucoup moins nombreux cependant que les sujets antiques.

Dans les sujets antiques qu'ils traiteront, les poètes auront l'air de s'inspirer de Sophocle et d'Euripide, mais, en réalité, ils imiteront bien plus Sénèque, surtout à partir de 1560.

Des poèmes antiques ils imiteront, non pas le fond, mais la forme extérieure. Ce n'est pas pour une autre raison qu'ils mettront dans leurs pièces des chœurs, partie essentielle de la tragédie grecque, accessoire bien inutile dans la tragédie française. Chaque acte de *Cléopâtre* et de *Didon* se termine par un chœur, divisé même parfois, après le deuxième et le quatrième acte de *Cléopâtre*, en strophes et antistrophes; le chœur même se mêle à l'action (surtout dans *Didon*).

La tragédie n'est pas tout de suite en possession de l'alexandrin qui semble pour nous faire corps avec elle. Jodelle hésite, tâtonne, change de mètre dans la même pièce [1].

Le style pouvait plus facilement se calquer : c'est en effet de ce côté qu'a porté le principal effort de la Pléiade. Il était si tentant de faire entrer dans la langue française, un peu sèche et un peu nue, toutes les richesses de la poésie antique : images, comparaisons, descriptions, la couleur, le pittoresque, enfin les souvenirs de la mythologie qui, plus que tout le reste, donnent un air étranger à bien des vers de cette époque. A côté de descriptions et d'énumérations inutiles, à côté de beaucoup de déclamations que ne compensent pas bien des platitudes, on trouve cependant des vers d'une précision énergique, d'une éloquence soutenue :

---

1. *Cléopâtre* : Prologue en vers de 10 syllabes; rimes masculines ou féminines indifféremment; acte I, alexandrins à rimes féminines; actes II et III, vers de 10 syllabes comme le Prologue; acte IV, alexandrins; acte V, vers de 10 syllabes. — *Didon* est écrite en alexandrins.

> Une mort inhumaine
> Peut vaincre mon amour, non pas vaincre ma haine[1].
> O malheureuse ardeur qui reviens en mes veines!
> O malheureux réveil qui me rends à mes peines!
> Qu'heureusement j'étais oublieuse de moi!
> Que malgré moi je prends le jour que je revoy!
>
> (*Didon*, acte III.)

S'il y a dans nos premières tragédies trop de monologues et de trop longues tirades, nous rencontrons déjà ce dialogue rapide et brillant dont Corneille restera toujours chez nous l'immortel modèle.

Tel est le dialogue entre le Chœur et Énée qui commence ainsi :

ÉNÉE
O bienheureux départ! O départ malheureux!

LE CHŒUR
Quel heur en ton départ!

ÉNÉE
L'heur que les miens attendent.

LE CHŒUR
Les dieux nous ont fait tiens.

ÉNÉE
Les dieux aux miens me rendent[2].

On comprend l'enthousiasme des lettrés de l'époque à ces accents nouveaux et à ces souvenirs antiques. Ronsard s'écrie :

> Jodelle, le premier d'une plainte hardie
> Françaisement sonna la grecque tragédie.

Ce n'était à vrai dire ni la tragédie grecque ni la tragédie française : néanmoins, il nous a paru important de bien marquer le point de départ de cette forme dramatique, à laquelle nous devrons un jour *Cinna* et *Andromaque*.

---

1. *Didon*, acte II. Toute la tirade est éloquente depuis « J'espère bien enfin », p. 174, édit. Viollet-le-Duc.
2. *Didon*, acte II, p. 176.

CHAPITRE IV

DE JODELLE A HARDY

Période gréco-latine. Tragédies régulières. — 1° Sujets antiques. Principaux auteurs : *La Péruse*; *Jacques Grévin*; *Robert Garnier*, de beaucoup le meilleur tragique de cette époque : ses qualités d'auteur dramatique et d'écrivain; *Montchrétien* : harmonie du style. — 2° Sujets bibliques : *le Sacrifice d'Abraham*, par Théodore de Bèze; les trois *David* de Desmazures; *Saül et les Gabaonites* de Jean de la Taille. — 3° Sujets divers. Pièces politiques. Drames en prose. Drames romanesques. Pastorales. — 4° Résumé. État de notre théâtre tragique à la fin du XVI° siècle.

Jodelle était entré le premier dans la carrière. Beaucoup vont l'y suivre, la plupart avec des sujets tirés de l'antiquité classique, plusieurs s'inspirant de la Bible, quelques-uns préludant déjà avec plus de liberté, sinon plus d'originalité, au règne de la tragi-comédie et de la tragédie romanesque.

1° Au premier groupe appartiennent :

La Péruse, un des entreparleurs de *Cléopâtre*, avec sa *Médée* (1553), traduction parfois énergique de Sénèque, où se montre pour la première fois l'alternance régulière des rimes masculines et féminines; — Jacques Grévin, à qui Ronsard écrivait : « Tu nous as surmontés nous qui sommes grisons », avec son *Jules César* (1558), imité de Muret, où se rencontrent des vers très vigoureux, des tirades un peu emphatiques, mais éloquentes, et, suivant l'expression de La Harpe, « le ton de la tragédie ».

Laissons de côté l'*Agamemnon* de Toutain (1556), où apparaissent des vers de seize pieds; la *Sophonisbe* de François Habert (1559), écrite, ce qui est sa seule originalité, moitié en prose moitié en vers; l'*Achille* (1563) et la *Lucrèce* (1568) de Nicolas Filleul, pures déclamations oratoires; l'*Alexandre* et le *Daire* (1562) de Jacques de la Taille, chez qui avec quelque complaisance on peut trouver une certaine intelligence de l'histoire. Avec ces auteurs, qui souvent écrivent hâtivement une ou deux tragédies vers leur vingtième année, toujours le même vide de l'action, la même insignifiance des caractères.

Robert Garnier est le plus célèbre et le meilleur des tragiques de cette époque. Ayant écrit huit pièces de théâtre, de 1568 à 1582, il lui est permis plus qu'à ses prédécesseurs de se rendre maître de son art : c'est ce qu'il fait peu à peu. Ses premières pièces en effet (*Porcie*, 1568; *Cornélie*, 1573; *Hippolyte*, 1573) ne sont pas sensiblement différentes de celles de ses devanciers : imitations de Sénèque, récits et discours, lieux communs, nous avons déjà rencontré tout cela. Dans ses trois pièces suivantes (*Marc-Antoine*, 1578; *la Troade*, 1578; *Antigone*, 1579), les mêmes défauts subsistent, avec une tendance à adopter une intrigue plus compliquée, à mettre dans ses pièces un plus grand nombre d'événements, sinon une action plus vive et plus rapide. Mais le progrès qu'il nous faut signaler ici, c'est le progrès du style. Sans doute il y a encore trop de pompe et de déclamation ; mais notre poète rencontre ou plutôt atteint souvent la force et la grandeur dans des vers que l'on pourrait presque appeler cornéliens; il a des tirades entières d'un style vigoureux et brillant; il a enfin souvent dans les chœurs le mouvement, la variété, l'aisance, que l'on chercherait vainement chez les autres poètes de son époque. S'il s'en était tenu là, il compterait surtout comme écrivain en vers : mais il a dépassé de beaucoup et lui-même et ses rivaux dans les deux dernières pièces qu'il a données à la scène, *Bradamante* et *les Juives* (1580) : la première, tragicomédie un peu romanesque, où nous rencontrons enfin non seulement une intrigue intéressante, mais une peinture de caractères, et même des conflits de passion; *les Juives*, où l'on trouve à admirer un ensemble vraiment dramatique, la grandeur pathétique du sujet, des caractères vraiment humains, quoique encore un peu monotones.

Intrigue plus intéressante, étude moins superficielle des caractères, analyse un peu plus approfondie des passions : c'était au point de vue de notre théâtre un grand progrès accompli depuis Jodelle.

Nous pouvons franchir sans regret la *Clytemnestre* de Pierre Mathieu, le *Régulus* de Baubreuil (1582), la *Cléopâtre* de Montreux (1594), même *Polyxène* et *Panthée* de Claude Billard pour nous arrêter à Montchrétien.

Des six tragédies que nous a laissées Montchrétien, cinq sont faibles (*Sophonisbe*, 1594; *David*, *Aman*, *les Lacènes* (1599); *Hector*, 1600), et sont loin de réaliser un progrès sur les pièces de Garnier. Une est intéressante et a fait la réputation de ce poète, c'est l'*Écossaise* (1600), qui contient un caractère fort attachant et assez bien tracé. Mais c'est surtout par le *style* que Montchrétien se distingue de ses devanciers. Nos premiers tragiques sont souvent arrivés à l'énergie, à l'éloquence : ces qualités de force Montchrétien les possède, mais il a de plus des qualités « d'élégiaque » qu'on trouve fort peu avant lui. Sans doute on peut lui reprocher de la recherche et du mauvais goût : mais n'est-ce donc rien à cette date que d'avoir dans son vers de l'élégance et de l'harmonie, et cette douceur un peu molle parfois, mais si aimable, qui nous repose du style tendu et ampoulé si à la mode chez les poètes de la Renaissance?

2° J'ai surtout parlé jusqu'ici des tragédies tirées de l'antiquité païenne : combien sont nombreux aussi à cette époque les sujets tirés de la Bible! depuis *le Sacrifice d'Abraham*, par Théodore de Bèze (vers 1551), œuvre intéressante trop souvent gâtée par des violences de pamphlétaire, et les trois tragédies saintes : *David combattant*, *David triomphant*, *David fugitif* (1557), par Louis Desmazures, pièces voisines des mystères, où se trouvent, à côté de traits d'une naïveté assez aimable, des scènes conduites avec quelque habileté [1].

Ces tragédies bibliques avaient un grand avantage : c'était, comme les anciens mystères, de parler non seulement à l'esprit, mais au cœur de l'auditoire. Il eût été peut-être plus facile pour les auteurs d'y rencontrer le naturel, la vérité, le mouvement, le pathétique sans la déclamation et la monotonie de nos premières tragédies : aussi les tentatives de ce genre se sont-elles multipliées : le *Jephté* de Florent Chrétien (1559); l'*Aman* de Rivaudeau (1561); la *Vasthi* (1585) et l'*Aman* (1605) de Pierre Mathieu;

---

1. Voir Faguet, ouv. cité, p. 104-116.

l'*Holopherne* (1580) d'Adrien d'Amboise; le *Joseph le Chaste* de Nicolas Montreux, etc.; œuvres très médiocres, curieuses seulement comme indice des goûts d'une époque. Trois poètes cependant, comme auteurs de drames bibliques, méritent une mention spéciale; deux, dont nous avons déjà parlé : Garnier, avec *les Juives*, sa meilleure création dramatique; Montchrétien, avec *David* et *Aman*, qui ne sont pas ses meilleures pièces; enfin Jean de la Taille, qui les précède, avec deux tragédies saintes, *Saül le Furieux* (1562), et *la Famine ou les Gabaonites* (1573), pièces fortement conçues, mélange heureux de souvenirs classiques et d'inspirations de l'Ancien Testament, où l'on a trouvé à admirer : dans l'une, un caractère, Saül, profondément creusé; dans l'autre, des scènes presque sublimes, de jeunes héros que la mort n'épouvante pas, une femme, une aïeule, Rézèfe, qui fait, par ses douleurs et son amour maternel, songer à l'Hécube antique : quel dommage que le style ne soit pas à la hauteur de la conception!

Le XVIIe siècle n'abandonnera pas tout à fait cette voie, ouverte par quelques-uns des tragiques du XVIe siècle; et, tout en préférant les sujets païens, il donnera une assez large place aux sujets chrétiens et bibliques : c'est au XVIe siècle, ce sera au XVIIe siècle, l'inspiration de nos anciens mystères, mais resserrée dans les bornes et les règles de la tragédie régulière.

3° Si l'on voulait indiquer toutes les tendances dramatiques du XVIe siècle, il faudrait citer :

Les pièces politiques, pleines d'allusions, comme le *Gaspard de Coligny* de Chantelouve (1574); *la Guisiade* de Pierre Mathieu (1584); les pièces tirées de notre histoire nationale, comme *la Franciade* de Godard (1594); le *Mérovée*, le *Gaston de Foix*, la *Mort d'Henri IV* (début du XVIIe siècle) de Claude Billard, qui met dans cette dernière tragédie un chœur de seigneurs, un chœur de membres du Parlement, et de maréchaux de France;

Des drames en vers où se mêlent l'horrible et l'extravagant, comme la *Philanire femme d'Hippolyte*, par Claude Rouillet (1560);

Des drames en prose, comme la tragi-comédie de *Lucelle*, par Louis le Jars (1576), où l'invraisemblable, le grotesque et le bouffon se rencontrent

Des drames romanesques, comme *Akoubar ou la Loyauté trahie* de Jacques du Hamel (1586), où l'imagination livrée à elle-même n'enfante qu'une intrigue ridicule et sans intérêt;

Des pastorales enfin ou pastourelles, en *très petit nombre à cette époque* : *les Ombres* de Nicolas Filleul (1566); *l'Athlète* de Montreux (1585); *la Fable de Diane* (1593) du même; *Beauté et Amour* de du Souhait (1596); *l'Arismène* de Montreux (1596); la *Clorinde* de Poullet (1598)!

4° Voilà donc quel était l'état de notre théâtre tragique à la fin du XVI° siècle.

Malgré quelques tentatives médiocres, que nous venons de rappeler, la tragédie régulière classique, faite avec les souvenirs du théâtre grec et surtout à l'imitation de Sénèque, tragédie dont Jodelle avait donné la première image, Garnier et Montchrétien les modèles les moins imparfaits, cette tragédie avec ses sujets pris tantôt dans le paganisme, tantôt dans la Bible, régnait avec une incontestable autorité, et paraissait avoir devant elle un long et tranquille avenir. Elle avait acquis un style ferme et vigoureux avec l'un, plus élégant avec l'autre; une versification plus sûre d'elle-même, un vers plus harmonieux. Elle avait essayé avec quelque succès des études de caractère : cependant elle avait à cet égard bien des progrès à accomplir. Mais elle avait beaucoup trop négligé l'*action*, c'est-à-dire la chose dont le public ordinaire des théâtres peut le moins se passer. Sans doute il y a bien en 1600 quelques délicats à qui le style, la régularité, la vraisemblance suffisent; mais il n'y a pas que des lettrés dans ce public de jour en jour plus nombreux qui se transporte à l'hôtel de Bourgogne ou au théâtre du Marais qui vient de s'ouvrir; ce public veut être intéressé; il lui faut une intrigue, du mouvement, de la vie. Il se détournera des tragédies un peu vides qu'on lui a données jusqu'alors, pour applaudir les pièces nouvelles, qui n'auront peut-être ni style, ni caractères, ni vérité, mais qui piqueront davantage sa curiosité et la tiendront en haleine par la nouveauté de l'intrigue et la fertilité des incidents.

CHAPITRE V

APPARITION DU THÉATRE IRRÉGULIER

Influence des théâtres étrangers. — Pastorale et tragi-comédie.

Je ne sais si, livrés à eux-mêmes, nos poètes tragiques du premier quart du XVIIe siècle seraient allés bien loin dans cette voie nouvelle. Ils furent aidés et poussés par les écrivains italiens et espagnols, qui leur donnèrent des modèles à suivre et à imiter. Sans doute la tragédie ne disparaîtra jamais complètement; et même jusque vers 1608 le plus grand nombre des pièces représentées ou imprimées portent le nom de tragédies. Mais la faveur publique tend à s'éloigner d'elles; elle va de plus en plus à deux genres dramatiques, qui ne sont pas tout à fait nouveaux, mais qui dominent dans le premier quart du XVIIe siècle, la pastorale et la tragi-comédie : la pastorale venue d'Italie avec l'*Aminta* du Tasse et le *Pastor Fido* de Guarini ou d'Espagne avec la *Diane* de Montemayor, en attendant que l'*Astrée* (1610) vienne définitivement consacrer chez nous le genre pastoral; la tragi-comédie, venue d'Espagne, dont les auteurs dramatiques brillants et féconds allaient si souvent inspirer notre théâtre du XVIIe siècle.

Voici quelles furent, pour notre théâtre, quelques-unes des conséquences de ce commerce avec ces littératures étrangères : le mépris des règles et de la régularité; le mélange de plus en plus fréquent du comique et du tragique; la confusion de tous les genres que les poètes, avant 1600 et après 1630, s'efforcent au contraire de séparer; l'apparition de formes dramatiques où se mêlent tous les tons et tous les noms comme les tragi-comédies pastorales; l'imagination maîtresse de la scène; la raison et la vérité complètement sacrifiées; une intrigue plus mouvementée, mais trop souvent extravagante, ne visant qu'à surprendre et amuser; toutes les bienséances violées; les développements de caractères remplacés par des sorciers, des magiciens, des déguisements et des enlèvements; une action pour ainsi dire extérieure, entraînant tous ces personnages qui vont, viennent, se déplacent, grandissent et vieillissent d'une scène à l'autre, sans autre raison que la fantaisie du poète; non seulement tous les genres, mais tous les tons mêlés, l'éloquence, la platitude, le raffinement, la trivialité, l'esprit, le burlesque, l'emphase et les concetti; l'amour enfin devenant le maître et le tyran de la scène, non cet amour vrai, réel, douloureux, dont Racine se fera le peintre immortel, mais cette passion de tête, tantôt galanterie fade et subtile, tantôt folie extravagante, dont nous trouvons l'image dans les tragi-comédies et les romans du siècle.

Ce n'était plus l'Espagnol Sénèque, poète de cabinet et de lectures publiques, qui inspirait notre théâtre; c'était l'Espagnol Lope de Vega, l'Espagnol Cervantès, en attendant Guilhem de Castro et Calderon, véritables auteurs dramatiques, qui renouvelèrent le fond et la forme de notre théâtre.

CHAPITRE VI

HARDY ET LE THÉATRE IRRÉGULIER

Hardy improvisateur dramatique. — Plus de mouvement dans l'action. — Brutalité. Pas d'analyse de sentiments. — Platitude du style. — *Tyr et Sidon* de Jean de Schelandre. Les *Bergeries* de Racan.

Tous les caractères que nous venons de signaler se rencontrent chez Alexandre Hardy, le plus fécond de nos auteurs dramatiques, qui, pendant longtemps, jouit d'une très grande réputation, due surtout à son incroyable facilité. « A lui seul appartient la gloire d'avoir le premier relevé le théâtre français tombé depuis tant d'années. » (Scudéry, *Comédie des comédiens*.) « Véritablement il a tiré la tragédie du milieu des rues et des échafauds des carrefours. » (Sarrazin.) Ainsi parlent ses admirateurs. D'autre part, d'Aubignac s'écrie avec quelque exagération : « Ce fut lui qui, tout d'un coup, arrêta le progrès du théâtre, donnant le mauvais exemple des désordres que nous y avons vu régner en notre temps ».

Quelle part revient à cet auteur si discuté dans la constitution de notre tragédie?

Remarquons d'abord que, s'il n'a pas fait disparaître les chœurs, comme on le répète trop souvent, il a considérablement réduit leur importance. Dans deux seulement de ses pièces, *Didon* et *Timoclée*, le rôle du chœur est considérable; dans les autres, ou bien il le supprime tout à fait, ou bien il ne lui donne qu'un très faible développement; en général, ce ne sont que des troupes de soldats ou de citoyens, qui figurent le peuple ou l'assemblée, se mêlent au dialogue, mais ne s'expriment pas en strophes lyriques. Il pourrait dire de la plupart de ses poèmes : « Les chœurs y sont omis comme superflus à la représentation et de trop de fatigue à refondre ». (Au Lecteur [1].)

Il ne faut pas croire cependant qu'il rompe complètement avec ses devanciers. Parmi les trente-trois pièces qu'il a fait imprimer (je laisse de côté pour le moment *les Amours de Théagène et Cariclée*) et qui représentent « l'élite » des cinq ou six cents pièces qu'il fit jouer, beaucoup sont des tragédies tirées de l'antiquité, différant assez peu par les sujets et même quelquefois par la conduite, des tragédies du xvie siècle, par exemple *Didon, Panthée, Ariane, Mariamne*, assez simples, sans être tout à fait régulières, n'ayant ni trop de personnages ni trop d'incidents : il ne faut pas oublier que par là, par ces sujets antiques, pleins de souvenirs mythologiques, Hardy continue le théâtre tragique du xvie siècle.

Mais il s'en sépare dans un grand nombre d'œuvres, tragi-comédies romanesques, comme *Frégonde* ou *Gésippe*, souvent imitées de l'Espagne; *la Force du sang, Cornélie, la Belle Égyptienne*, tirées de Cervantès; *Félismène*, tirée de la *Diane* de Montemayor.

Il diffère aussi de ses devanciers par une action plus vive, plus intéressante, quelquefois seulement plus compliquée. Il est inutile de parler de la liaison des scènes, dont il n'a nul souci, ni de l'unité d'action qu'il peut rencontrer, mais qui ne le préoccupe guère : très souvent plusieurs drames sont soudés ou plutôt ajoutés les uns aux autres. L'intérêt, il le cherche dans les incidents, dans les faits : et encore ne sait-il pas tirer parti des sujets qu'il a choisis : il ne sait pas concentrer l'intérêt.

Mais il ne songe pas à le faire sortir du cœur même des personnages. Les analyses de sentiments sont bien rares [2], et combien faibles encore! En général, elles sont évitées : les personnages se décident dans l'entr'acte [3].

Quant à l'amour dont il est souvent question dans ses œuvres, ce n'est pas une passion timide ou violente, dont le développement peut attacher notre esprit, émouvoir notre cœur, c'est un désir

---

1. T. I de l'édition Stengel, dont nous nous sommes servi.
2. Voir par exemple dans *Ariane* (acte II) Thésée hésitant avant de trahir Ariane et poussé au parjure par un conseiller peu scrupuleux.
3. Dans cette même pièce d'*Ariane* nous n'assistons pas à la naissance de l'amour de Phèdre pour Thésée.

brutal qui naît tout d'un coup et veut s'assouvir de même : son œuvre est pleine de rapts et de viols, dont quelques-uns se commettent même sur la scène (*Timoclée, Gigantomachie, Scédase, Gésippe*). Ce qui le distingue, c'est donc, à ce point de vue, une absence complète de pudeur et de délicatesse, un cynisme presque naïf; c'est une brutalité qui serait odieuse, si elle n'était en même temps ridicule [1].

Quant au style, malgré quelques vers énergiques perdus dans ces quarante et un poèmes, il est plat, vulgaire, grossier, impropre, sans harmonie, sans couleur, malgré quelques métaphores vieillies et quelques comparaisons usées; il paraît souvent plus ancien que celui de Garnier; il ne soutient pas, il affaiblit au contraire les scènes dramatiques que le poète rencontre parfois. Cependant Hardy, admirateur du « divin » Ronsard, avait à ce sujet quelques prétentions. Il parle de « cette mâle vigueur que désirent les vers tragiques, à peu près comparables aux dames vertueuses, qui ne veulent emprunter leur beauté que de la nature; vers qui demandent une égalité partout, sans pointes, sans prose rimée, sans faire d'une mouche un éléphant, et sans une artiste liaison de paroles affectées, ampoules d'eau plus propres à délecter la vue des petits enfants qu'à contenter un esprit solide et judicieux [2] ». « Le style tragique un peu rude offense ordinairement ces délicats esprits de cour qui désirent voir une tragédie aussi polie qu'une ode ou quelque élégie [3]. »

On voit que, de son temps, on lui reprochait déjà la rudesse de ses vers. « J'approuve fort une grande douceur au vers [4], une liaison sans jour, un choix de rares conceptions, exprimées en bons termes, telles qu'on les admire dans les chefs-d'œuvre du sieur de Malherbe; mais de vouloir restreindre une tragédie dans les bornes d'une ode ou d'une élégie, cela ne se peut ni ne se doit.

---

1. Voir, par exemple, Aristoclée que deux rivaux se disputent et s'efforcent d'arracher l'un à l'autre :

> *Barbares, elle va mourir entre vos mains,*
> Impuissante à porter ces efforts inhumains.
> O spectacle piteux, la déplorable expire,
> Faible biche aux abois que la meute déchire.
> (V. 5.)

2. T. I, p. 3, Dédicace.
3. T. III, Dédicace.
4. T. III, Au Lecteur.

Le vrai style tragique ne s'accorde nullement avec un langage trivial, avec ces délicatesses efféminées qui, pour chatouiller quelque oreille courtisane, mécontenteront tous les experts du métier. » (III, Au Lecteur.) Tout ce qu'on peut lui accorder, c'est qu'il « détestait la pointe et le fard », comme le dit Théophile dans des vers consacrés à sa louange.

Malgré les rapports que nous avons signalés de Hardy avec les tragiques du XVI° siècle, c'est le théâtre irrégulier qui tient la plus grande place dans son œuvre imprimée, et qui devait certainement dominer dans les cinq cents pièces qu'il n'a pas jugées dignes de la postérité.

La première œuvre intéressante produite par cet art nouveau a pour titre : *Les chastes et loyales amours de Théagène et Cariclée réduites du grec de l'histoire d'Héliodore en huit poèmes dramatiques ou de théâtre conséculifs* (1601). Cette pièce, fouillis d'aventures inextricables, que nous nous garderons bien d'analyser, est une date assez importante : elle ouvre le XVII° siècle par un type de drame irrégulier, aussi éloigné des pièces de Garnier que de celles de Racine, mais qui, pendant longtemps, occupera la scène avec honneur.

La tragi-comédie, *Tyr et Sidon* de Jean de Schelandre (1608), est la mieux écrite et la plus curieuse des pièces parues à cette époque : mélange de comique et de tragique, de romanesque et de vérité, changement de lieu presque à chaque scène, passions auxquelles héros et héroïnes n'hésitent pas à sacrifier leur vie, vers rudes [1] le plus souvent, parfois d'une poésie mélancolique [2] ; division en deux journées de cinq actes chacune, avec deux actions différentes qui se succèdent sans se fondre en une seule intrigue : la première journée, où sont représentés les funestes succès des amours de Léonte et de Philoline ; la deuxième, où sont représentés les divers empêchements et l'heureux succès des amours de Belcar et de Méliane : tels sont les principaux caractères de cette œuvre étrange, mêlée, mais intéressante

---

1. Peut-être, toutefois, qu'aux âmes bien sensées
Ma *rudesse* vaut bien vos *modernes douceurs*....
(Sonnet de l'auteur aux poètes de ce temps.)

2. Mort, étrange sommeil, qui sans réveil endort....
...Je dormais doucement... D'où vient qu'on me réveille?

Mais bientôt paraissent des œuvres qui, sans réaliser toutes un grand progrès au point de vue dramatique, sont accueillies avec transport par le public :

C'est *Pyrame et Thisbé* (1617) de Théophile, où commence le règne qui devait être si long des pointes et des concetti, poème dont, en 1635, Scudéry disait : « Il n'est mauvais qu'en ce qu'il a été trop bon. Car excepté ceux qui n'ont point de mémoire, il ne se trouve personne qui ne le sache par cœur : de sorte que ses raretés empêchent qu'il ne soit rare ».

C'est *Arténice* ou les *Bergeries* de Racan (1618)[1], dont l'intrigue est sans doute pleine d'invraisemblance, mais dont le style a un charme poétique qui fait souvent songer à l'antiquité ; de beaucoup la meilleure pastorale qu'ait produite notre théâtre ; œuvre dont l'auteur a pu dire, écrivant à son maître Malherbe : « Je pense que vous en jugerez que je suis autant au-dessous de la perfection comme je suis au-dessus de ceux qui m'ont précédé dans ce genre d'écrire ».

C'est toute une jeune école poétique brillante et féconde, qui suivra trop souvent encore les habitudes de Hardy, mais qui par instants s'en éloigne et entrevoit un art nouveau. Mais quel chemin à parcourir encore pour aller de *Chriséide et Arimand*, la première œuvre de Mairet (1620), au *Cid*, le premier chef-d'œuvre incontesté de notre théâtre !

Nous avons vu ce qu'avait été le théâtre irrégulier ; nous allons voir apparaître de nouveau le théâtre régulier : ce qui ne veut pas dire que l'ancien système va définitivement mourir : il y aura toujours des successeurs de Hardy pour protester au nom de la liberté de l'art contre les entraves apportées au génie !

---

1. Publiées seulement en 1625.

CHAPITRE VII

RÈGLES ET THÉORICIENS DE SCALIGER A D'AUBIGNAC

I. — 1º *Aristote* et ses commentateurs. — *J.-C. Scaliger*. Principaux points de sa poétique. — Définition de la tragédie. — Division en cinq actes. — Unité de temps. — 2º *Jacques Grévin*, dans son *Bref discours pour l'intelligence de son théâtre*, revendique le droit d'écrire en français. — 3º *Jean de la Taille*, dans son *Art de la tragédie*, formule nettement la règle des trois unités. — 4º *Ronsard*, dans la préface de *la Franciade*, adopte l'unité de temps.

II. — Protestations contre les règles. — 1º *Beaubreuil*. — 2º *Laudun Daigaliers*, dans son *Art poétique français*, repousse la règle des vingt-quatre heures. — 3º *Hardy* et son peu de souci des règles. — 4º Préface de *Tyr et Sidon*, manifeste de *François Ogier* en faveur de la tragi-comédie; importance de ce manifeste.

III. — 1º Désir d'une plus grande régularité. — Lettre de *Racan* qui accepte l'unité de temps, non l'unité de lieu. — 2º *Heinsius*, importance de son traité *de Tragœdiæ constitutione*. — 3º Le règne des règles. — *Chapelain*, rôle qui lui est attribué au xviie siècle. — 4º *Mairet* et la préface de *Silvanire*, manifeste en faveur des pièces régulières et des trois unités. — *Sophonisbe* de *Mairet*, première application supérieure des règles. — Dernières protestations contre les règles. — *Rayssiguier. D'Urval*. — 5º Contemporains de *Mairet* : *Tristan, Du Ryer, Rotrou*. — Appréciation du génie de *Rotrou*. — Défauts du temps. — Qualités personnelles. — Influence de *Corneille* sur *Rotrou*. — *Rotrou* précurseur de *Racine* dans son imitation intelligente de l'antiquité et dans la peinture de l'amour. — 6º *La Mesnardière* et sa *Poétique*. — *D'Aubignac* et sa *Pratique du théâtre*.

I

Nous avons jusqu'ici à dessein laissé de côté cette question des règles, qui va faire un tel bruit et avoir une si grande importance au xviie siècle. Si nous nous plaçons au point de vue de la constitution de notre tragédie, dont nous avons essayé de suivre les progrès, nous ne pouvons pas ne pas en dire quelques mots.

1° Les poètes de la pléiade ne pouvaient se contenter de la *Rhétorique* de Fabri (1544), dont le deuxième livre est une *Poétique*, ni de l'*Art poétique* de Thomas Sibilet (1548), qui ne donnent guère que les règles de l'ancienne poésie française, chants royaux, ballades, rondeaux, virelets. A cette école nouvelle il fallait un maître, un précepteur : ce rôle convenait fort bien à Aristote, qui, dans des définitions et des formules rigoureuses, semblait avoir tracé les lois de l'art d'écrire en vers. Du reste, si sa *Poétique* était incomplète, les commentateurs étaient là pour suppléer aux lacunes du texte ou au silence du maître, et pour tirer de certaines de ses assertions des conséquences exagérées.

Commentée d'abord en Italie [1], puis en France [2], connue de tous ceux qui s'occupent de ces matières, comme par exemple Vauquelin de la Fresnaye [3], qui, dans son *Art poétique*, publié seulement en 1605, mais écrit sous Henri III, mêle Aristote, Horace et Vida, la *Poétique* d'Aristote exerce une très grande influence sur les poètes de cette époque.

Arrêtons-nous au plus célèbre des commentateurs français d'Aristote, J.-César Scaliger.

Voici les principaux points qu'il nous a paru important de noter :

1° Sa définition de la tragédie : « Une imitation par l'action d'un événement illustre, avec un dénouement malheureux, en un style élevé, en vers [4] ». Remarquons qu'il supprime la musique [5], suppression qui donnera à la tragédie française un caractère tout différent de la tragédie grecque et qui aurait dû entraîner la disparition des chœurs, conséquence que n'acceptent ni Scaliger ni les poètes du XVIe siècle [6];

Que le style qu'il demande doit être élevé, poli, éloigné du

---

1. Par ROBERTELLI (1548), MADIUS et LOMBARDUS (1550), VETTORI (1560), CASTELVESTRO (1570). (Voir EGGER, *l'Hellénisme en France*, XIIIe et XIVe leçons, et BREITINGER : *les Unités d'Aristote avant le Cid*. Voir à l'Appendice.)
2. J.-CÉSAR SCALIGER (1561).
3. Voir pour VAUQUELIN DE LA FRESNAYE à l'Appendice.
4. *Imitatio per actiones illustris fortunæ, exitu infelici, oratione gravi, metrica.* (Lib. I, cap. VI.)
5. *Nam quod harmoniam et melos addunt, non sunt ea, ut philosophi loquuntur, de essentia tragœdiæ.*
6. *Chorus est pars inter actum et actum. In fine tamen fabularum etiam choros videmus : quare tutior erit definitio quæ dicat : post actum, introducta cum concentu.* (Cap. IX.)

parler de la foule [1], style qui deviendra bientôt ce langage pompeux tant reproché à notre théâtre;

Que le spectacle doit provoquer l'émotion par les craintes, les menaces, les exils et les morts [2];

Que les dénouements doivent être terribles, mais les débuts plus calmes [3]; ce qui l'amène à cette conséquence étrange que l'*Odyssée* est bien plus une tragédie que l'*Iliade* [4] : car « dans l'*Iliade* il y a une série de morts violentes, tandis que dans le cours de l'*Odyssée* le poète nous présente fort peu de morts, mais nous montre des festins, des chants et des danses : et à la fin, au dénouement, les prétendants sont immolés »;

Que la tragédie doit, comme la comédie, représenter la vie humaine [5];

Mais qu'elle en diffère non seulement par le dénouement et le style, mais par les événements qui doivent être plus importants, et par les personnages qui doivent être aussi d'une condition plus relevée [6];

Enfin qu'elle doit être divisée en cinq actes [7].

La plupart de ces prescriptions, édictées par Scaliger en 1561, deviendront les lois fondamentales de notre tragédie.

Quant aux règles des trois unités, on sait qu'Aristote ne dit rien de celle de lieu, et n'est nullement rigoureux pour celle de temps. Scaliger demande une fable très courte, *argumentum brevissimum*; ne trouve pas sensé qu'un personnage aille de Thèbes à Athènes dans un moment : ceci encore n'est rien; mais établit avec une extrême rigueur la loi de l'unité de temps :

---

1. *Oratio gravis, culta, a vulgi dictione aversa.*
2. *Tota facies anxia, metus, minæ, exsilia, mortes.*
3. *Principia sedatiora, exitus horribiles.*
4. *Quis nescit Odysseum esse verissimam tragœdiam? In Iliade autem nullum tragœdiæ filum si totam simul consideres : uno enim tenore perpetuae mortes. Jam incipit a peste : ea definit in unius tantum morte. Contra in Odysseæ tractu unus tantum moritur Elpenor usque ebrius : nam cæterorum sociorum interitus unico pæne verbo involvitur sine affectu ullo propemodum. Jam est imago nuptiarum, convivia, cantus, saltationes. In fine autem et proci interficiuntur; et intervenit* θεὸς ἀπὸ μηχανῆς : *quod tragœdiæ proprium est.* (Cap. v.)
5. *Tragœdia, sicut et comœdia, in exemplis humanae vitæ conformata.*
6. *Tragœdia tribus a comœdia differt : personarum conditione, fortunarum negotiorumque qualitate, exitu; quare stylo quoque differat necesse est.*

In tragœdia reges, principes, ex urbibus, arcibus, castris (sumpti).

7. *(Actus) neque plures paucioresve quinis esse convenit.* (Cap. ix.)

« La fable dramatique se renferme dans une période de six ou huit heures [1] ».

2° Voici maintenant les poètes : Jacques Grévin dans son *Bref discours pour l'intelligence de ce théâtre* qu'il publie (1562) en tête de son *Jules César*, se montre et se déclare l'élève des anciens. Il reconnaît comme modèles « Eschyle, Sophocle, Euripide, trésors auxquels tous les bons poètes tragiques ont pris les richesses pour embellir leurs poèmes ; ainsi qu'entre les Latins nous avons Sénèque. » Il trouve un peu naïvement que la perfection a été atteinte dans la tragédie. « On les a si bien polies que maintenant on n'y saurait que désirer, je dis en celles qui sont faites selon les préceptes qu'en ont donnés Aristote et Horace ».

Il donne cette définition banale et incomplète de la tragédie : « La tragédie donc (comme dit Aristote dans son *Art poétique*) est une imitation ou représentation de quelque fait illustre et grand de soi-même, comme est celui touchant la mort de César ».

Il montre quelque souci de la vérité, je ne veux pas dire de la couleur locale, quand il parle de remplacer les chantres par les gendarmes des vieilles bandes de César. « L'on ne doit faire chanter non plus aux représentations qu'en la vérité même. » Pendant les troubles, « le peuple n'avait pas grande occasion de chanter ».

Enfin il revendique fièrement, comme du Bellay, le droit pour un Français d'écrire en français. « Je me suis contenté, en suivant les tragiques grecs, de ma langue, sans en emprunter une étrangère pour exprimer ma conception. »

3° Jean de la Taille, en tête de son *Saül*, publie un *Art de la tragédie* dans lequel, au milieu de considérations fort curieuses [2], se trouve la règle des trois unités rigoureusement édictée : « Il faut toujours représenter l'histoire ou le jeu en un même jour, en un même temps, et en un même lieu ».

4° Ronsard déclare que les tragédies et comédies « sont du tout didascaliques et enseignantes, et il faut qu'en peu de paroles elles enseignent beaucoup comme miroirs de la vie humaine,

---

1. *Quum scenicum negotium totum sex octove horis peragatur.*
2. Voir à l'Appendice.

d'autant qu'elles sont *bornées et limitées de peu d'espace*, c'est-à-dire *d'un jour entier*. « Les plus excellents maîtres de ce métier les commencent *d'une minuit à l'autre*, et non *point du jour au soleil couchant*, pour avoir plus d'étendue et de longueur de temps [1]. »

II

Il n'est pas étonnant que des protestations se soient élevées contre ces règles; ce ne sont pas les ignorants (ils ne s'en préoccupent pas), ce sont les lettrés qui réclament.

1° En 1582, Jean de Beaubreuil, élève de d'Aurat, ami de Muret, faisait précéder son *Régulus* [2], « tragédie dressée sur un fait des plus notables qu'on puisse trouver en toute l'histoire romaine », d'un Avis au Lecteur où se trouve une attaque assez vive contre les règles. « Pour cause des longs intervalles des temps qui sont en l'histoire de Régulus, tu ne trouveras étrange si pour la mieux faire entendre j'ai voulu que les cinq actes (qui parfont la tragédie) ne fussent étroitement compassés à la forme de quelques tragiques *trop superstitieux*, qui ont pensé qu'il ne fallait représenter en la tragédie autre chose que ce qui *se pouvait faire en un jour*. Car j'ai reconnu (premier qu'y mettre la main) qu'il ne se pouvait autrement faire. Joint que *plusieurs doctes personnages* de notre temps versants en pareil sujet ont usé de même licence. »

2° Pierre de Laudun Daigaliers reproduit dans son *Art poétique français* (1598) les préceptes d'Aristote, d'Horace et de Scaliger [3], mais dans un chapitre curieux (le neuvième et dernier de son œuvre), il repousse la règle des vingt-quatre heures.

« Chap. IX. — De ceux qui disent qu'il faut que la tragédie soit *des choses faites en un jour*.

« Je n'avais pas délibéré de traiter touchant ce que aucuns disent qu'il faut que la tragédie soit des choses faites en un jour

---

1. Préface de *la Franciade*, touchant le poème héroïque, revue par BINET; ne se trouve que dans les éditions posthumes.
2. Tragédie du reste ridiculement plate. Il se trouve au quatrième acte une invention ingénieuse. Une bataille est indiquée par le poète par deux traits parallèles : ⎯⎯⎯⎯
3. Voir à l'Appendice.

et non en plusieurs, comme quand on la fait de l'état, vie et mort de quelques-uns qui ne peuvent avoir eu des honneurs, des infortunes, donné des batailles, régné et mort en un jour, ains en l'espace d'un nombre d'ans : attendu que *cette opinion n'est pas soutenue d'aucun bon auteur approuvé*. Toutefois j'en donnerai quelques raisons pour contenter l'esprit des plus curieux.

« 1re Cette loi, si aucune y en a, ne nous peut obliger ou astreindre à cela, attendu que nous ne sommes pas réglés à leurs façons d'écrire, ni à leurs mesures de pieds et syllabes desquels ils font leurs vers.

« 2e Que s'il fallait observer cette rigueur, l'on tomberait en de grandes absurdités pour être contraints introduire des choses *impossibles* et *incrédibles* pour embellir notre tragédie, ou autrement elle serait si nue qu'elle n'aurait pas de grâce : car outre ce que ce serait *nous priver de matière*, aussi n'aurions nous pas moyen d'embellir notre poëme des discours et autres événements.

« La 3e est que *la Troade*, la plus excellente tragédie de Sénèque, ne peut avoir été faite dans un jour, ni même de Euripide, ni de Sophocle.

« La 4e est que la définition de la tragédie est le RÉCIT *des vies des héros*, la fortune et grandeur des rois, princes et autres, ce qui ne peut être *fait dans un jour*. Et outre qu'il faut que la tragédie contienne cinq actes, desquels le *premier est joyeux* et les autres suivant ce que j'ai dit ci-dessus [1], de façon qu'il est impossible du tout que cela puisse être d'un jour.

« La 5e et dernière est que, si quelqu'un a observé cela, sa tragédie n'en a pas mieux valu, et que les poëtes tragiques tant grecs que latins, et même nos français, *ne l'observent ni doivent ni ne peuvent observer*, attendu qu'il faut que bien souvent en une tragédie, toute la vie d'un prince, roi, empereur, noble ou autre, y soit représentée, et mille autres raisons que j'alléguerais si le temps me l'eût permis, remettant tout à la seconde impression. »

Voilà donc la règle des vingt-quatre heures combattue par cinq raisons démonstratives.

---

1. « Le premier contient les plaintes, le second les soupçons, le troisième les conseils, le quatrième les menaces et appareils, le cinquième les exécutions et effusions de sang ». (V, 6.) Le commencement de la tragédie est joyeux et la fin triste. (Cette idée et bien d'autres sont prises dans SCALIGER.)

3° Pressé par la misère et par le temps, uniquement préoccupé de fournir à ses comédiens des pièces écrites en quelques jours, Hardy ne lance pas de préface retentissante pour faire une loi des libertés qu'il prend. Il n'ignore pas les règles. « Si les pièces qu'il a produites, dit un de ses admirateurs, avaient dû être ajustées sur le cadran des vingt-quatre heures, il n'a jamais eu si mauvaise oreille qu'il n'eût bien ouï sonner l'horloge du temps passé. » (Claveret.)

Il cherche plutôt à excuser les défectuosités de son œuvre. « Non pas lecteur que je te veuille nier ici *beaucoup de défectuosités pardonnables à une jeunesse impétueuse* qui ne tâchait en ce temps-là qu'à se sauver à la nage des griffes de celle qui le plus souvent dévore les meilleurs esprits. » (Préface du T. I.)

« Nos champignons de rimeurs trouvent étrange aussi qu'en poèmes *si laborieux* et de longue étendue que les dramatiques, je fasse dire aux personnages, exclus, perclus, expulsés, sans pouvoir au demeurant trouver une seule rime licencieuse ou forcée : mais lorsque ces vénérables censeurs auront pu mettre au jour cinq cents poèmes de ce genre, je crois qu'on y trouvera bien autrement à reprendre, *non que la qualité ne soit ici préférable à la quantité*, et que je fasse gloire *du nombre qui me déplait* : au contraire, et à ma volonté, que telle *abondance défectueuse* se pût *restreindre dans les bornes de la perfection.* » (T. III, Au Lecteur.)

Il était capable cependant de donner quelques bons conseils qu'il n'a pas souvent suivis. C'est ainsi que, s'adressant à ses rivaux, « misérables corbeaux qui profanent l'honneur du théâtre de leur vilain croassement », il montre les difficultés de la tragédie. « Le sujet de tel poème faisant comme l'âme de ce corps, doit fuir les *extravagances fabuleuses*, qui ne disent rien, et détruisent plutôt qu'elles n'édifient les bonnes mœurs.... La *disposition* ignorée de tous nos rimailleurs règle l'*ordre* de ce superbe palais qui n'est autrement qu'un labyrinthe de confusion, sans issue pour ces monstres d'auteurs. La grâce des interlocutions, l'insensible douceur des digressions, le naïf rapport des comparaisons, une égale *bienséance* observée et adoptée aux discours des personnages, un grave mélange de *belles sentences* qui tonnent en la bouche de l'acteur et résonnent jusqu'en l'âme du spectateur : voilà selon ce que mon faible jugement a reconnu depuis trente ans pour les secrets de l'art, interdits à ces petits avortons aveuglés de la trop bonne opinion de leur suffisance imaginaire ». (T. V, Au Lecteur.)

Dans un autre endroit, il défend en vrai poète « *les fictions* » contre ceux qui les regardaient comme « superflues », et il déclare que « *la simple inclination dépourvue de science* ne peut pas faire un bon poète, attendu que *la poésie s'anime des plus rares secrets de toutes les sciences* ». (T. III, Au Lecteur.)

On voit que, dans cet idéal tracé par Hardy, le souci des règles ne se montre guère : encore s'il était resté fidèle à l'image qu'il présente du poète et des secrets de l'art! mais il avoue lui-même que « ses écrits franchissent souvent la borne de ces beaux préceptes ».

4° Voici enfin un véritable *traité*, presque un *manifeste* : c'est la préface de *Tyr et Sidon* écrite par François Ogier [1], un ami de l'auteur. Dans cette pièce, comme nous l'avons vu, les trois unités sont méprisées; il y a presque à chaque scène changement de lieu; le sérieux est mêlé au comique : et tout cela est fait non par *ignorance* ou *paresse*, mais de *parti pris*, par un auteur qui a travaillé sa pièce « avec tant d'art et tant de soin ». C'est donc une *poétique nouvelle*, et qui mérite d'être examinée.

Il pose en principe que chaque peuple a ses goûts particuliers, que les poètes doivent, par conséquent, s'accommoder au goût de leur public, et non à celui des anciens. « L'ardeur trop violente de vouloir imiter les anciens a fait que nos premiers poètes ne sont pas arrivés à la gloire ni à l'excellence des anciens. Ils ne considéraient pas que *le goût des nations est différent* aussi bien aux objets de l'esprit qu'en ceux du corps. Les esprits des peuples ont des inclinations bien différentes les unes des autres. Pour les objets simplement *plaisants et indifférents,* tel qu'est celui dont nous parlons, la philosophie laisse prendre à nos opinions telle route qu'il leur plaît et n'étend point sa juridiction sur cette matière. *Les Grecs ont travaillé pour la Grèce,* et ont réussi au jugement des honnêtes gens de leur temps, et nous les imiterons bien mieux si *nous donnons quelque chose au génie de notre pays*

---

1. En tête de la 2ᵉ édition qui est de 1628.

et au goût de notre langue, que non pas en nous obligeant de suivre pas à pas et leur intention et leur élocution, comme ont fait quelques-uns des nôtres. C'est en cet endroit qu'il faut que le jugement opère comme partout ailleurs, *choisissant des anciens ce qui se peut accommoder à notre temps et à l'humeur de notre nation,* sans toutefois blâmer des ouvrages sur lesquels des siècles ont passé avec une approbation publique ».

Ce sont là des principes qui, bien compris et bien appliqués, eussent pu être très féconds : il ne s'agit pas de suivre à l'aveugle les anciens. « Il faut examiner et considérer leurs méthodes mêmes par les circonstances du temps, du lieu et des personnes pour qui elles ont été composées, y ajoutant et diminuant pour les accommoder à notre usage, *ce qu'Aristote eût avoué* : car ce philosophe qui veut que la suprême raison soit obéie partout et qui n'accorde rien à l'opinion populaire, ne laisse pas de confesser en cet endroit que les poètes doivent donner quelque chose à la commodité des comédiens pour faciliter leur action et céder beaucoup à l'imbécillité et à l'humeur des spectateurs. Certes il en eût accordé bien davantage à l'inclination et au jugement de toute une nation. »

C'était tourner avec habileté contre ses adversaires l'autorité même d'Aristote.

Or comment convient-il de se représenter le peuple français? comme « un peuple *impatient et amateur de changement et de nouveauté* ».

« Il (Aristote) se fût bien gardé de nous *ennuyer* par ces narrés si fréquents et si importants des messagers, ni de faire réciter près de cent cinquante vers tout d'une tire à un chœur. »

Mais les anciens avaient plusieurs raisons pour « n'oser se départir du chemin que leurs devanciers leur avaient tracé ». La première est « que leurs tragédies faisaient une partie de l'office des dieux et des cérémonies de la religion, en laquelle les nouveautés étant toujours odieuses et les changements difficiles à goûter, s'ils ne se font d'eux-mêmes et insensiblement, il est arrivé que les poètes n'ont osé rien entreprendre qui ne fût conforme à la pratique ordinaire.

« La seconde raison qui fait que les anciennes tragédies ont presque une même face et sont toutes pleines de chœurs et de messagers, à bien peu près l'une de l'autre, vient de ce que les poètes, désirant d'emporter le prix destiné à celui qui aurait le mieux rencontré, s'obligeaient d'*écrire à l'appétit et au goût du peuple et des juges,* qui sans doute eussent refusé d'admettre au nombre des contendants celui qui n'eût pas gardé les formes d'écrire observées en telles occasions auparavant lui. »

Il est bien évident que ces raisons n'existent plus pour les modernes.

Donc on peut *admirer* les anciens, on ne doit pas les *imiter*; et l'on doit sans hésitation se débarrasser de tout ce qui, dans leurs tragédies, ne *convient pas au goût de notre nation et de notre époque,* messagers, chœurs, unités.

Ce n'est donc pas par *ignorance* que notre auteur a refusé de suivre les anciens : Il sait *pourquoi* il a agi ainsi, et il en donne les raisons. « Il me semble qu'il est très honnête d'éclaircir chacun pourquoi nous nous sommes jetés à quartier du *chemin ordinaire* pour tenir une *route particulière.* »

La première question qu'il traite, et avec beaucoup de force, est celle de l'*unité de temps qu'il attaque.*

« Les doctes disent que notre tragi-comédie n'est pas composée selon les lois que les anciens ont prescrites pour le théâtre, sur lequel ils n'ont rien voulu représenter que *les seuls événements qui peuvent arriver dans le cours d'une journée.* Et cependant tant en la première qu'en la seconde partie de notre pièce il se trouve des choses qui *ne peuvent être comprises en un seul jour,* mais qui requièrent l'étendue de plusieurs jours pour être mises à exécution. »

Qui a tort? Ce ne sont pas les modernes.

« Les anciens, pour éviter cet inconvénient de joindre en peu d'heures des actions grandement éloignées de temps, sont tombés en deux fautes aussi importantes que celles qu'ils voulaient fuir : l'une, en ce que prévoyant bien que la *variété des événements* est nécessaire pour rendre la représentation agréable, ils font échoir en un même jour *quantité d'accidents et de rencontres* qui probablement ne peuvent être arrivés en si peu d'espace....
Il arrive encore que les poètes font que certaines actions se suivent immédiatement, quoi qu'elles *désirent nécessairement une distance notable entre elles* pour être faites avec bienséance.

« Le second inconvénient qu'ont encouru les poètes anciens, pour *vouloir resserrer les accidents d'une tragédie entre deux soleils*, est d'être contraint d'introduire à chaque bout de champ des messagers pour raconter les choses qui se sont passées les jours précédents et les motifs des actions qui se font pour l'heure sur le théâtre. De sorte que, presque à tous les actes, ces messieurs entretiennent la compagnie d'*une longue déduction de fâcheuses intrigues*, qui font perdre patience à l'auditeur, quelque disposition qu'il apporte à écouter. »

Donc, abandonnons l'unité de temps (que du reste les anciens sont loin d'avoir toujours observée) au nom de la *vraisemblance* et remplaçons le *récit* par l'*action*.

Quant aux chœurs, « ils sont toujours désagréables, en quelle quantité ou qualité qu'ils paraissent ».

Cette question de l'unité de temps est cependant moins importante en *elle-même* que par les *conséquences* qu'elle entraîne. Voici au contraire une question qui touche au fond même de la tragédie, c'est le *mélange du comique et du sérieux*. Sur ce point, notre auteur est d'une très grande netteté.

« Dire qu'il est malséant de faire paraître en une même pièce les mêmes personnes, traitant *tantôt d'affaires sérieuses, importantes et tragiques*, et *incontinent après de choses communes, vaines et comiques*, c'est ignorer la *condition de la vie des hommes*, de qui les jours et les heures sont bien souvent *entrecoupés de ris et de larmes*, de contentement et d'afflictions, selon qu'ils sont agités de la bonne ou de la mauvaise fortune [1]. »

C'était là un manifeste habile et sérieux en faveur de la tragicomédie, qu'Ogier rattachait hardiment au *Cyclope* d'Euripide. Mais il était bien délicat « de la traiter comme il appartient, de faire parler chaque personnage selon le sujet et la bienséance et de savoir descendre à propos du cothurne de la tragédie à l'escarpin de la comédie ».

---

[1]. Inutile de faire remarquer le rapport de ces idées avec celles de V. Hugo. Voltaire lui-même, si enthousiaste de la tragédie, vanta certains jours, lui aussi, le mélange des genres au nom de la vérité et de la vraisemblance. « Si la comédie doit être la représentation des mœurs, cette pièce (*l'Enfant prodigue*) semble être assez de ce caractère. On y voit un mélange de sérieux et de plaisanterie, de comique et de touchant. C'est ainsi que la vie des hommes est bigarrée. Souvent même une seule aventure produit tous ces contrastes. » (Préface de *l'Enfant prodigue*, 1738.)

La plupart des auteurs de cette époque n'eurent pour toute *poétique* que leur *fantaisie*. Les règles furent violées, mais sans aucun profit pour l'art dramatique, au grand détriment de la bienséance, de la décence et de la raison.

III

1° Il semble qu'à ce moment ce dérèglement ait choqué le sens des esprits bien faits. C'est ce que donnerait à entendre une lettre de Racan à Ménage (datée, il est vrai, du 17 octobre 1654). Dans cette lettre, Racan « confesse qu'en *sa plus grande jeunesse*, il ne pouvait souffrir des actions qui duraient plusieurs années et étaient jouées en quelques heures. Ce long intervalle de temps représenté en deux heures *choquait le sens des esprits bien faits* ».

Mais si son bon sens proteste contre ces exagérations, son libre et facile génie, qui n'aime ni le travail ni la gêne, proteste contre une application trop rigoureuse « des règles trop étroites que l'antiquité voulait établir pour la perfection du théâtre. L'unité du lieu, du temps et de l'action *y sont sans doute nécessaires*, mais cette trop grande rigueur que l'on y apporte met *les plus beaux esprits dans les gênes*, et est cause que les comédies ne sont pas *aussi agréables* aux esprits médiocres qui remplissent le plus souvent les trois quarts de l'hôtel de Bourgogne. »

Mais si Racan en sa plus grande jeunesse eût accepté assez facilement l'*unité de temps*, il assure que « pour l'*unité de lieu*, l'on ne la connaissait pas en ce temps là ». Il fait remarquer que certaines pièces très pathétiques ne pourraient pas s'accommoder au théâtre, s'il fallait les réduire dans ces règles étroites. « L'on en dirait autant du *Cid* si l'on le voulait réduire dans l'unité de lieu, et cependant il a été approuvé de toute la cour, où sont les juges compétents en cette matière, pour un chef-d'œuvre; et vous trouverez bien peu de fables ni d'histoires qui puissent souffrir cette perfection que vous y désirez, M. Chapelain et vous. L'*Antigone*, la *Médée*, la *Sophonisbe* et la *Mariamne*, qui sont les plus belles qui soient venues à ma connaissance, du temps passé et du présent, *y souffrent de grandes contraintes inutilement. Quand elles se seraient un peu plus relâchées*, elles n'en auraient pas été moins agréables aux auditeurs. »

On voit que, si Racan ne veut pas d'un déréglement absurde, il ne veut pas non plus de contraintes trop grandes et inutiles. Cette opinion a dû être celle de beaucoup d'honnêtes gens de l'époque [1].

Les titres des pièces citées par Racan nous avertissent que nous touchons à la période classique.

Les règles, d'abord observées au XVIe siècle, puis méprisées pendant les vingt-cinq premières années du XVIIe, vont de nouveau, et définitivement, s'imposer aux auteurs dramatiques.

Elles apporteront sans doute souvent des contraintes qui paraîtront inutiles.

Mais elles aideront au développement d'une nouvelle forme dramatique, précise, serrée, rapide, éloignée des récits épiques et des narrations historiques, où l'action, négligeant tous les incidents superflus, sera réduite à son *minimum*; où l'intrigue très simple sera fortement nouée; où l'intérêt se portera surtout sur les caractères des personnages, sur la peinture et le conflit des passions; forme *éminemment française*, dont les premiers tragiques ne nous présentent qu'un pâle dessin, ne sachant où prendre le coloris qui donnera du prix au tableau; de là, ces discours et ces monologues qui essayent en vain de suppléer à ce qui manque, c'est-à-dire à la vie des personnages. Le développement des caractères, l'analyse des sentiments et des passions viendra remplir le vide et combler cette immense lacune de notre première tragédie.

C'est par une complication bizarre d'incidents inattendus et invraisemblables, par la violation de toutes les règles non

---

1. Je note dans une lettre de Racan à Chapelain du 25 oct. 1654, ces deux réflexions sur les poèmes dramatiques : l'une, très juste, au sujet des pièces de théâtre « où l'on veut des actions et où les auteurs sont fort ennuyeux quand ils ne font que raconter des histoires »; l'autre, qui ne tient peut-être pas assez compte de l'intérêt de curiosité. « Le plus souvent on attache son esprit plutôt aux actions des acteurs et à la disposition du théâtre, qu'aux *paroles*. C'est pourquoi il semble que ces pièces sont plus agréables quand *le sujet en est fort connu*, que l'on sait dès le premier acte ce qu'on doit jouer, et que l'*intrigue s'en démêle facilement*. » Il est certain cependant que, dans ce cas, les délicats peuvent plus facilement prêter leur attention aux paroles.

seulement de l'art dramatique, mais du bon sens et de la décence, que l'école de Hardy crut trop souvent y suppléer.

C'est par l'observation, la vérité, le naturel, l'étude de l'homme, la connaissance des passions, le bon sens, la vraisemblance, que Corneille et Racine y suppléeront réellement, Corneille et Racine qui auront toujours le mérite, l'un d'avoir écrit les premiers chefs-d'œuvre, l'autre d'avoir donné les exemplaires les plus parfaits d'une forme dramatique qui, pendant deux siècles, a régné sur notre théâtre.

2° L'esprit français aime bien la régularité : il aime les formules simples qui s'imposent à l'intelligence; il les accepte même quand elles n'ont qu'une apparente simplicité.

Le mérite des règles est de retenir l'imagination et de la discipliner ; leur défaut, d'être trop rigoureuses et trop étroites et de ne pas répondre à tous les besoins de l'esprit humain. Même rédigées par un homme supérieur, comme Boileau, elles sont incomplètes et souvent fausses. Que sera-ce quand elles seront rédigées par Le Bossu ou Le Batteux! Malgré cela, nous acceptons avec une très grande facilité théories et théoriciens.

Quand nous n'en trouvons pas en France, nous allons en chercher à l'étranger.

C'est ce qui avait fait la grande fortune d'Aristote et de ses commentateurs. C'est ce qui fit pendant la première partie du XVII° siècle la fortune du petit traité de Heinsius : *De tragœdiæ constitutione*, écrit d'après Aristote, le prince des philosophes, *ex mente atque opinione Aristotelis, philosophorum principis*. (Cap. I.) C'est une interprétation d'Aristote, suivie même d'une traduction latine de la *Poétique*.

Comme en France, au XVII° siècle, avant la préface de la *Silvanire* (1625) et l'ouvrage de la Mesnardière (1640), on n'a pas écrit de Poétiques, l'ouvrage de Heinsius est adopté et jouit chez nous d'une grande réputation. Mairet s'en souvient dans sa Préface en forme de discours poétique[1]; Scudéry l'appelle « le docte » dans ses *Observations sur le Cid*; l'Académie, dans ses *Sentiments sur le Cid*, constate qu'il a bien remarqué « les fautes d'Eschyle et de Buchanan »; la Mesnardière s'incline avec res-

---

1. Voir la thèse de Bizos sur *Mairet*, p. 121-123.

pect devant l'opinion de celui qu'il nomme plusieurs fois « l'excellent Heinsius ».

On voit donc que cet ouvrage n'est pas à dédaigner pour l'histoire de notre tragédie et qu'il a eu quelque influence sur les théories dramatiques au xvii° siècle.

3° C'est de l'entourage du cardinal de Richelieu, c'est de Chapelain [1] que partit en France la première réaction officielle contre ce dérèglement du théâtre. Un jour, dans une conférence sur les pièces de théâtre, « Chapelain montra [2] en présence du cardinal qu'on devait indispensablement observer les trois fameuses unités de temps, de lieu et d'action. Rien ne surprit tant que cette doctrine. Elle n'était pas seulement nouvelle pour le cardinal, elle l'était pour tous les poètes qu'il avait à ses gages. Il donna dès lors une pleine autorité sur eux à M. Chapelain ».

Il serait intéressant de savoir la date exacte de cette conférence littéraire : nous pouvons la placer vers 1628, à un moment où l'on pouvait encore être surpris par cette doctrine et la trouver nouvelle : car bientôt, à moins d'enlever toute importance à l'œuvre de Mairet, la publication de *Silvanire* et la représentation de *Sophonisbe* ne vont plus permettre d'ignorer cette question.

Quoi qu'il en soit, au xvii° siècle, le nom de Chapelain est inséparable de la règle des trois unités. « Ce fut M. Chapelain, trouve-t-on dans le *Segraisiana* [3], qui fut cause que l'on commença à observer la règle des vingt-quatre heures dans les pièces de théâtre; et parce qu'il fallait premièrement le faire agréer aux comédiens, qui imposaient alors la loi aux auteurs, sachant que M. le comte de Fiesque, qui avait infiniment de l'esprit, avait du crédit auprès d'eux, il le pria de leur en parler, comme il fit. Il communiqua la chose à M. Mairet qui fit la *Sophonisbe*, qui est la première pièce où cette règle est observée. »

Il me semble bien que le rôle de Chapelain [4] a été singulièrement exagéré, et qu'il a bénéficié pour cette question particulière de toute l'importance qu'il a eue dans le cours du xvii° siècle.

---

1. Voir à l'Appendice.
2. D'Olivet, *Hist. de l'Acad. franç.*; éd. Livet, t. II, p. 130.
3. P. 144, éd. 1721.
4. A supposer que tout ne se soit pas passé ainsi, et que Mairet n'ait pas eu besoin du comte de Fiesque pour songer à écrire une pièce régulière, on voit que l'auteur de ce récit est d'accord avec d'Olivet pour le point capital.

Sans nier l'action de Chapelain, voyons quelles furent les idées de Mairet, bien plus intéressantes à étudier, puisqu'il s'agit ici d'un auteur dramatique.

4° Malgré un tour d'esprit romanesque qui lui fait aimer les tragi-comédies avec enlèvements et les pastorales avec enchantements, quoique ses premières pièces, *Chriséide* et *Silvie*, ne paraissent pas annoncer un réformateur, Mairet avec *Silvanire* (1625), idylle assez touchante, apporte au théâtre un peu plus de vérité, un meilleur style, des vers plus harmonieux, un peu plus de décence avec un peu moins de raffinement et de trivialité, surtout un effort très curieux vers la *régularité*. Dans ses deux premières pièces il ne s'était nullement préoccupé des unités : ici il applique tous ses soins à la conduite de la pièce ; il se pique d'observer l'unité d'action, l'unité de temps, et même l'unité de lieu, au prix, il est vrai, de quelques invraisemblances.

Mais ce qui est pour nous le plus important, c'est qu'il a conscience du but qu'il poursuit.

Dans une Préface en forme de Discours poétique, adressé à M. le comte de Carmail et publié en 1631, en tête de l'édition de *Silvanire*, il lance un véritable manifeste en faveur des pièces régulières et plaide pour les trois unités.

Si les Italiens ont réussi dans la pastorale, « ils n'ont pas eu de plus grand secret que de prendre leurs mesures sur celles des anciens, Grecs et Latins, *dont ils ont observé les règles* plus religieusement que nous n'avons fait jusqu'ici. Je me suis donc proposé de les imiter en *l'ordre et la conduite de mon poème*, que possible trouverez-vous un *des plus réguliers* de notre langue.

« Le poème dramatique, ajoute-t-il, se divise ordinairement en tragédie et comédie. La tragi-comédie n'est rien qu'une composition de l'une et de l'autre. Tragédie n'est autre chose que la représentation d'une aventure héroïque dans la misère.

« Le sujet de la comédie doit être feint, à la différence de celui de la tragédie, qui doit avoir un fondement véritable et connu.

Arrivons maintenant aux unités.

« La seconde condition (tragédies et comédies, fait-il remarquer, sont soumises aux mêmes règles et aux mêmes conditions) est *l'unité d'action*, c'est-à-dire qu'il doit y avoir une maîtresse et principale action à laquelle toutes les autres se rap   nt, comme les lignes de la circonférence au centre.

« La troisième et *la plus rigoureuse* est *l'ordre du temps* que les premiers tragiques réduisaient au cours d'une journée, et que les autres comme Sophocle en son *Antigone* et Térence en son Ἑαυτὸν τιμωρούμενος ont étendu jusqu'au lendemain. Il paraît donc qu'il est *nécessaire* que la pièce soit dans les règles au moins de vingt-quatre heures, en sorte que toutes les actions du premier jusqu'au dernier acte, qui ne doivent pas demeurer en deçà ni passer au delà du nombre de cinq, peuvent *être arrivées dans cet espace de temps.*

« Cette règle qui se peut dire une des lois fondamentales du théâtre a toujours été religieusement observée parmi les Grecs et les Latins. Et je m'étonne que de nos écrivains dramatiques, dont aujourd'hui la foule est si grande, les uns ne se soient pas encore *avisés de la garder*, et que les autres n'aient pas assez de discrétion pour s'empêcher au moins de la blâmer, s'ils ne sont pas assez raisonnables pour la suivre après les premiers hommes de l'antiquité, qui ne s'y sont pas généralement assujettis sans occasion. Pour moi, je porte ce respect aux anciens de ne me départir jamais ni de leurs opinions ni de leurs coutumes, si je n'y suis obligé par une claire et pertinente raison. Il est croyable avec toute sorte d'apparence, qu'ils ont établi cette règle en *faveur de l'imagination* de l'auditeur, qui goûte incomparablement plus de plaisir, et l'expérience le fait voir, à la représentation d'un sujet disposé de la sorte que d'un qui ne l'est pas. »

L'unité de lieu est la conséquence de l'unité de temps, et s'impose, elle aussi, si l'on veut plaire au spectateur, qui ne doit pas travailler à comprendre, « comme quoi le même acteur qui naguère parlait à Rome à la dernière scène du premier acte, à la première scène du second se trouve dans la ville d'Athènes ou dans le grand Caire si vous voulez. Il est impossible que l'imagination ne se refroidisse, et qu'une si soudaine mutation de scène ne la surprenne, s'il faut qu'elle coure toujours après un objet de province en province et que presque, en un moment, elle passe les monts et traverse les mers après lui. Si puissante que soit l'imagination, elle ne s'imaginera jamais bien qu'un acteur ait passé d'un pôle à l'autre dans un quart d'heure ».

Constatons cependant que notre auteur s'explique sur l'unité de lieu avec bien moins de précision que sur l'unité de temps.

Comme on le voit, Mairet ne se contente pas de citer les anciens, il cherche des raisons pour défendre et appuyer les règles dont il parle : il se place au point de vue du *plaisir de l'auditeur* et de la *vraisemblance*.

Le plaisir de l'auditeur consiste en la vraisemblance.

Il est le premier cependant à reconnaître les gênes apportées par cette règle puisque, après avoir reconnu « qu'elle est de très bonne grâce », il ajoute « et de très difficile observation tout ensemble, à cause de *la stérilité des beaux effets* qui rarement se peuvent rencontrer en si petit espace de temps ».

Ce n'est donc pas un fanatique qui parle ; il semble même par moments regretter les beaux effets qu'avec plus de hardiesse et moins de régularité l'auteur dramatique pourrait trouver.

Il trouve que « les effets sont si rares et si maigres dans les pièces des anciens que la représentation n'en serait aujourd'hui que fort *ennuyeuse*; que leurs pièces sont extrêmement nues ».

Évidemment il ne se rend pas compte de la différence du théâtre ancien et du théâtre moderne ; ne voulant pas cependant condamner Euripide, Sophocle, Sénèque, Plaute et Térence, il déclare que leurs pièces « étaient tenues dans leur temps pour *bien remplies* à comparaison de celles de Thespis et d'Eschyle, de Cratinus, d'Eupolis et d'Aristophane ».

Enfin il se console de ces gênes et de ces difficultés par cette pensée qu'eût approuvée Boileau. « Au lieu de dix ou douze poèmes *déréglés* que nous ferions, contentons-nous d'en conduire *un seul à sa perfection*. » Nous ne pouvons pas donner cet éloge à sa *Silvanire*, malgré ses qualités, quoiqu'il prétende qu'elle est « pour l'ordre du temps dans la juste règle, c'est-à-dire qu'il ne s'y trouve pas un seul effet qui vraisemblablement ne puisse arriver entre deux soleils ».

Il fut une fois dans sa vie récompensé de sa fidélité aux règles : c'est quand il écrivit *Sophonisbe* (1629), la première tragédie vraiment intéressante, j'oserais presque dire vraiment belle, qui ait paru sur la scène française. Sans doute il y a encore bien des taches de style, des vulgarités, des familiarités bourgeoises ; sans doute le poète est un peu obligé de resserrer et de précipiter les événements :

Massinisse en un jour voit, aime et se marie.

Mais, outre que cette pièce est la première au XVIIᵉ siècle où ait été réellement observée la règle des unités, combien cette œuvre est dramatique, éloquente et passionnée! On y trouve du mouvement, du style, des caractères. On y trouve bien des vers dignes de Corneille, et même dignes de Racine. Si l'on ne tenait compte que des chefs-d'œuvre, c'est à *Sophonisbe* que devrait commencer l'histoire de la tragédie française [1].

C'est donc après une longue préparation que les règles, sortant enfin des livres latins des Scaliger et des Heinsius, prirent entre 1625 et 1630 possession de la scène française pour près de deux siècles. Non seulement les critiques, mais les poètes vont se faire tout blancs d'Aristote, exagérer de plus en plus la rigueur des principes, et oublier trop souvent, pour une vaine question de forme ou de mot, les conditions véritables et nécessaires de la poésie dramatique.

Nous n'en sommes pas encore là avec Mairet, malgré le soin qu'il met à se couvrir de l'autorité d'Aristote.

Il commence déjà cependant à se faire un mérite de la difficulté vaincue.

Dieux! en ce peu de temps qu'enferment deux soleils,
Peut-il bien arriver des accidents pareils!

dit avec raison un personnage de sa *Virginie* (1628).

« De tous les poèmes dramatiques de ma façon voici celui [2] que j'aime et que j'estime le plus, tant pour la variété de ses effets que pour *son économie et sa conduite*. Pour le théâtre, je ne doute pas que ceux qui se connaissent en ce genre d'écrire ne remarquent aisément que *ce n'a pas été sans peine que j'ai pu restreindre tant de matière en si peu de vers*, sans confusion et sans sortir des règles fondamentales de la scène. Comme je tiens que

---

1. Je citerai surtout le troisième acte entre Massinisse et Sophonisbe, où se trouve la première scène vraiment belle, au point de vue dramatique comme au point de vue littéraire, qui ait été écrite pour notre théâtre.
2. *Virginie*, Préface.

le propre du poème est de bien inventer, je me suis proposé de paraître tel en ce sujet : ce que je pense avoir fait *selon tous les préceptes d'Aristote.* »

Mairet ne croit pas, avec raison, qu'il doive suivre l'histoire en ses détails. Il défend une thèse assez hardie, mais qui nous paraît excellente, à moins qu'il ne s'agisse d'un personnage trop connu des spectateurs. « Je fais faire à Massinisse *ce qu'il devait avoir fait*, et, la fin de la tragédie étant la commisération, je ne la pouvais pas mieux trouver qu'en le faisant mourir. L'expérience a montré sur le théâtre que je n'ai point mal fait de m'éloigner un peu de l'histoire [1]. »

Enfin il déclare, ce qui n'est pas pour nous étonner, mais ce qui devait gêner les auteurs de tragi-comédies, que chaque genre veut un style différent. « Je ne doute pas que ceux qui ne savent pas encore la *bienséance des styles* ne trouvent les vers moins forts [2] que ceux de *Virginie* et de *Sophonisbe*, et qu'ils ne confondent le défaut de la bassesse avec la grâce de la naïveté, mais c'est assez pour moi que vous n'ignorez la différence qu'il faut mettre nécessairement entre le cothurne relevé de Sénèque et l'escarpin bas de Plaute et de Térence. »

Il semble demander la distinction des genres : il fait plus, il la respecte. Il laisse pour quelque temps les tragi-comédies (auxquelles il reviendra plus tard avec *Roland Furieux*, *Athénaïs*, *l'Illustre Corsaire*, *Sidonie*); il écrit successivement une comédie sans mélange de tragique, *les Galanteries du duc d'Ossonne*, et plusieurs tragédies sans mélange de comique, *Virginie*, *Sophonisbe*, *Marc-Antoine*, *Soliman*.

Malgré les efforts et le talent de Mairet, il restait encore à la tragédie bien des progrès à faire : elle n'avait pas encore assez de *vérité*, ni surtout une vérité assez soutenue dans ses personnages, elle n'avait pas assez de simplicité et de naturel, elle était tantôt triviale, tantôt ampoulée, trop familière ou trop raffinée; elle avait à répudier l'indécence et les pointes, surtout à rejeter cet *esprit romanesque*, si contraire à la vérité, le contraire même de la vérité, et qui paraît être le défaut dominant de notre théâtre depuis Hardy jusqu'à Rotrou et même Corneille; elle avait à se

1. Préface de *Sophonisbe*.
2. A propos des *Galanteries du duc d'Ossonne*.

dégager de la tragi-comédie et de la pastorale, où tous ces défauts s'épanouissaient à l'aise ; elle avait à présenter des peintures de sentiments et des chocs de passions ; à gagner en *profondeur* ce qu'elle pouvait perdre en *variété* et en *diversité* ; elle avait à devenir tout à fait *humaine*, prenant pour sujet d'étude l'âme, restreignant de plus en plus les événements extérieurs, au lieu d'essayer de les entasser dans un cadre trop étroit.

Les règles rendirent ce service de porter l'esprit de nos poètes de plus en plus vers le *côté moral* du théâtre, de les éloigner au contraire du *côté purement matériel*.

Leur règne s'établit en somme assez facilement. Dès 1637, que reproche Scudéry au *Cid* de Corneille? de choquer les principales règles du poème dramatique. Sans doute il y a quelques opposants ; mais la lutte n'est plus *qu'entre les doctes et les ignorants*. C'est Richelieu lui-même qui le proclame à propos du *Cid*.

Voici par exemple quelques ignorants qui protestent. Rayssiguier avoue « que la plus grande part de ceux qui portent le teston à l'hôtel de Bourgogne veulent que l'on contente leurs yeux par la diversité et changement de la scène du théâtre, et que le grand nombre des accidents et aventures extraordinaires leur ôtent la connaissance du sujet : aussi ceux qui veulent faire le profit et l'avantage des messieurs qui récitent leurs vers, sont *obligés d'écrire sans observer aucune règle* [1]. »

Beaucoup moins respectueux, d'Urval déclare « qu'il n'a pas trouvé bon d'ajuster ses œuvres et principalement celle-ci à cette règle des vingt-quatre heures, non qu'il ne lui ait été facile de l'observer, mais par ce qu'il *ne l'a pas jugé nécessaire* ». Et il ajoute :

> L'effet de cette loi nouvelle
> Est de comprimer la cervelle,
> De rétrécir l'entendement,
> D'affaiblir l'imaginative.
>   (Discours en tête de *Panthée*, 1638.)

Malgré Rayssiguier et d'Urval, la loi nouvelle s'imposait tous les jours davantage, et les plus fiers génies finissaient par courber la tête.

---

1. Préface d'*Aminte*, 1631.

5° Comme je ne fais pas ici l'histoire des *tragiques français*, mais l'histoire de la *tragédie française*, je n'ai pas à parler de tous les poètes de grand talent, qui ont pu laisser des œuvres intéressantes, mais n'apportent rien de nouveau *pour la constitution de notre tragédie*.

Je ne dirai donc rien : ni de Tristan, malgré sa *Marianne* (1636), éclatant début qui balança le succès du *Cid*, mais n'eut pas de lendemain ; hasard heureux d'un poète bien doué, œuvre régulière, écrite d'un style parfois énergique, quoique bien inégal, peinture de passions qui inspirent la terreur et la pitié : d'une part, la haine et la constance de Marianne ; d'autre part, l'amour furieux, la jalousie d'Hérode, et son désespoir, quand il a fait périr la femme qu'il aime et qu'il a soupçonnée à tort ;

Ni de du Ryer, travailleur et besogneux, qui, après s'être égaré longtemps dans la tragi-comédie romanesque, fut comme réveillé par le génie de Corneille, et arriva, au moins une fois dans *Scévole* (1646), à tracer d'une main ferme des caractères intéressants et humains, quoiqu'encore un peu raides dans leur grandeur farouche, qui rivalise avec celle des héros les plus exagérés de Corneille.

Que dire de Rotrou et comment caractériser en quelques lignes ce génie facile et charmant, ennemi ou plutôt ignorant de toute règle, à l'imagination féconde et capricieuse, presque également à l'aise dans la comédie et la tragédie, et dont la gloire est inséparable de celle du grand Corneille, le rival dont il fut toujours l'ami, et dont nous aimons à croire qu'il a été aussi le défenseur ?

Rotrou a la plupart des défauts des poètes ses contemporains : confusion perpétuelle des genres, pièces irrégulières et compliquées, pleines d'événements extraordinaires, de déguisements, d'enlèvements, de magie même, écrites trop souvent d'un style où se retrouve la subtilité ou l'emphase de l'époque, avec une raideur particulière à notre poète. D'une fécondité très grande (trente-cinq pièces en vingt-deux ans), il fait comme ses contemporains ; il puise dans le théâtre espagnol, il puise dans l'antiquité, il puise dans son imagination, qui lui fournit, sans jamais se lasser, incidents étranges et péripéties nouvelles.

Mais voici ce qui le distingue de la foule.

Cet homme au génie bouillant est un *modeste* ; il ne croit pas que ses moindres productions soient des chefs-d'œuvre. Il dit quelque part : « Il y a d'excellents poètes, mais ce n'est pas à vingt ans ».

On sait sa conduite et ses sentiments à l'égard de Corneille :

> Juge de ton mérite à qui rien n'est égal
> Par la confession de ton propre rival,

disait-il déjà en 1633. En 1646, il chargera l'acteur Genest de dire ce qu'il pense de l'auteur de *Cinna* et de *Pompée*.

A plus forte raison va-t-il admirer les grands génies de l'antiquité, Plaute, Térence, Euripide, Sophocle. Il a deux qualités inappréciables, j'oserai dire deux vertus : il ne s'admire pas lui-même, il admire les hommes de génie. Donc il saura *se perfectionner*, et *profiter* de l'exemple que les autres lui donneront, qu'ils s'appellent, du reste, Euripide ou Corneille.

Cette *modestie* et ce sens *de l'admiration* sont remarquables chez Rotrou. Ils lui ont porté bonheur. On ne peut pas ne pas être frappé du progrès presque constant qui se montre dans ses œuvres.

Ses premières pièces sont extravagantes, compliquées, sans intérêt, sans style; puis peu à peu on voit le style s'améliorer; notre poète s'adresse à l'antiquité, il imite Plaute : et déjà *les Ménechmes* (1631) sont écrits d'un style digne de la comédie; il imite Sénèque : et l'*Hercule mourant* (1632) renferme des vers vraiment tragiques. A partir d'*Agésilan de Colchos* (1535), on peut pressentir qu'un grand poète se révèle. Les œuvres intéressantes ne se comptent plus, et, à vingt ans de l'*Hypocondriaque*, voici *Saint-Genest*, voici *Venceslas*, voici *Cosroès*, trois chefs-d'œuvre qui ne pâlissent pas à côté de ceux de Corneille, et jusques auxquels il s'est lentement élevé.

Je crois que son génie a dû beaucoup à la connaissance de l'antiquité. Remarquons qu'à une époque où tous les auteurs se précipitent sur la littérature espagnole, il a eu le goût de faire une part à l'imitation de l'antiquité; remarquons que la *Thébaïde* et l'*Iphigénie* de Racine ont été précédées de l'*Antigone* et de l'*Iphigénie* de Rotrou : à ce point de vue, il a été un précurseur.

A-t-il eu quelque influence sur Corneille? question difficile à résoudre. Peut-être son *Hercule mourant* (1632) a-t-il d'un peu loin tracé ou montré la voie à Corneille; peut-être est-il permis de faire observer que la *Médée* de Corneille est, elle aussi, comme *Hercule*, inspirée par Sénèque.

Corneille a-t-il eu quelque influence sur lui? Certainement, et il faut en féliciter Rotrou. Ses dernières œuvres, les plus parfaites, ont quelque parenté avec les meilleures tragédies de Corneille; mais n'oublions pas que le talent de Rotrou était en progrès constant, que son génie s'épurait et s'élevait d'année en année, et qu'il s'est trouvé à un moment donné, naturellement, presque à la même hauteur que celui de Corneille.

Si du reste pour la tragédie il semble avoir un peu suivi Corneille, s'il a pris chez lui l'idée du devoir et le mélange des intrigues politiques et des sentiments de famille, il paraissait né pour donner au drame (si cela était possible) une forme définitive : le drame avec son mélange de comique et de tragique, avec ses antithèses, son lyrisme et sa familiarité, paraissait convenir au génie souple, à la fois hardi et simple, épris de fantaisie et de romanesque, parfois même rêveur et mélancolique, d'où sortit le *Saint-Genest*, peut-être le modèle le plus accompli du genre. S'il nous faut avouer que la tragédie va de plus en plus s'éloigner du drame, il nous faut reconnaître cependant que Corneille s'essaya, lui aussi, dans ce genre, et que, d'autre part, en écrivant son *Nicomède*, il n'avait pas oublié le *Cosroès* de son ami.

On peut même aller plus loin, et trouver que dans la peinture de l'amour il dépasse Corneille, et atteint presque Racine par l'analyse des passions, par la connaissance des mouvements du cœur. La peinture de l'amour! Tous les auteurs s'y essayent, presque tous y échouent. Sans doute, dans la plupart de ses œuvres, Rotrou s'est borné à peindre la galanterie à la mode dans le langage, on pourrait dire dans le jargon du jour, et rien n'est plus fastidieux. Mais deux fois, et cela suffit à sa gloire, il s'est complètement débarrassé des concetti, des pointes et des préciosités, pour faire parler à ses personnages le vrai langage de la passion : Orantée, dans *Laure persécutée*, surtout Ladislas, dans la tragédie de *Venceslas*, sont d'admirables peintures de l'amour jaloux; et, s'il n'y a rien de plus touchant que certains traits du caractère d'Orantée, je ne connais rien de plus terrible, de plus pathétique, de plus vrai, que le personnage de Ladislas.

Par cette analyse des sentiments, par cette connaissance des mouvements du cœur, par cette peinture de la jalousie, Rotrou me paraît occuper une place bien à lui dans l'histoire de la tragédie française.

Quelle idée se faisait-il de la tragédie? J'ignore s'il réfléchit souvent sur ces matières. Je constate que ses premières pièces sont aussi irrégulières que possible; je constate qu'il n'a rien écrit sur les théories dramatiques. Il a l'air de ne prêter aucune attention aux théories et aux règles, de les ignorer même. Or, il ne peut pas les ignorer, lui, un des cinq auteurs, lui, un poète de l'entourage de Richelieu. Son génie facile et indépendant n'aime pas à se plier au joug d'Aristote : et Aristote n'existe pas pour lui.

Mais on peut appliquer les règles sans disserter sur la Poétique. Dans la seconde partie de sa carrière, à partir surtout de 1638, sans nous avertir, sans peut-être même avoir une volonté bien arrêtée, il incline de plus en plus vers les ouvrages plus réguliers à la fois et plus simples; et ses deux dernières œuvres importantes, *Venceslas* et *Cosroès*, peuvent être classées parmi les tragédies régulières : exemple frappant d'un génie indiscipliné, qui, au début, ne respecte pas même l'unité d'intérêt, qui de lui-même finit par se discipliner, et dont les œuvres les plus parfaites (faut-il croire que c'est un hasard?) sont celles qui se rapprochent le plus de la régularité.

6° Vers 1640, les règles n'étaient plus discutées : le cardinal, l'Académie, Scudéry, les avaient défendues! mais la doctrine ne formait pas un corps : elle était éparse dans divers écrits, ou longuement développée dans des Poétiques latines, comme celle de Scaliger, ou à la fois latines et étrangères, comme celle de Heinsius, en attendant celle que Vossius allait bientôt faire paraître [1].

Quel allait être en France le théoricien qui donnerait le code définitif de la poésie dramatique? Le médecin La Mesnardière se présenta, poussé par Richelieu, qui trouvait sans doute que l'Académie ne se pressait pas assez. Ce médecin qui avait, dit d'Olivet, moins de jugement que d'imagination, écrivit un pre-

[1]. *De artis poeticæ natura ac constitutione liber*, 1647, suivi de trois livres *Poeticarum institutionum*.

mier volume, en douze chapitres[1], dans lequel il s'inspire de Scaliger, de « l'excellent Heinsius » et surtout d'Aristote, qu'il suit pas à pas et dont il aime peu à s'écarter. Sans doute « il n'adore pas aveuglément jusqu'aux moindres visions des anciens », mais il ne croit pas « qu'ils aient manqué de lumière dans leurs divines productions ». Chemin faisant, il bataille avec vigueur contre l'interprète Castelvetro, « écrivain de grande lecture et d'imagination fertile, mais, si nous ne sommes trompés, de lecture mal digérée et de jugement trop hardi ». Aussi lance-t-il contre lui, à propos des mœurs, jusqu'à quatorze raisonnements et quatorze conclusions!

Il accepte la définition d'Aristote, moins les rythmes et la musique; mais, chose remarquable, il parle à peine des unités, qui cependant faisaient tant de bruit à cette époque.

Voici seulement quelques lignes qu'il consacre à l'unité de lieu : « Après l'unité de la scène, qu'il ne faut jamais transporter à des climats différents, mais qui doit être bornée, pour sa plus grande étendue, par celle d'un petit païs, de qui les divers endroits communiquent en peu de temps, la plus importante règle c'est la simplicité du lieu, ou autrement sa nudité ». Il explique ainsi ces derniers mots : « L'exclusion de toutes les choses que l'écrivain expose sur le théâtre pour exciter la terreur ou émouvoir la pitié ». (P. 419.)

Ce rôle de théoricien convenait mieux à d'Aubignac qui donna la *Pratique du théâtre* en quatre livres (1657), « ouvrage très nécessaire à ceux qui veulent s'appliquer à la composition des poèmes dramatiques, qui les récitent en public ou qui prennent plaisir d'en voir les représentations ».

Sans doute il s'appuie sur Aristote, sur les anciens, et sur Scaliger « dont il ne faut pas perdre une parole, car elles sont toutes de poids » (I, 5); mais il ne dédaigne pas de s'appuyer aussi sur la raison. Il fait preuve plus d'une fois d'indépendance,

---

1. Le deuxième ne parut pas. Voici les titres de ces douze chapitres. — I. La nature de la poésie. — II. Division du poème dramatique en ses espèces. — III. La tragédie et sa définition. — IV. Les parties de la tragédie appelées de qualité. — V. La fable, première partie de la tragédie. — VI. Les espèces de fable. — VII. Les parties de la fable composée. — VIII. Les mœurs. — IX. Les sentiments. — X. Le langage. — XI. La disposition du théâtre. — XII. La musique.

et même de hardiesse, celui qui, en plein xvii⁰ siècle, osa nier un jour l'existence d'Homère. Rassurons-nous : il n'est pas tous les jours aussi téméraire. Mais il est convaincu de l'efficacité et de la nécessité des règles : elles sont nécessaires, donc tous les chefs-d'œuvre de l'antiquité doivent s'y conformer, et toutes les œuvres modernes doivent s'y plier.

Quelle fut sa surprise, quelle dut être sa douleur quand il vit que toutes les règles étaient méconnues! « Quand j'approchai de Mgr le cardinal de Richelieu, j'y trouvai le théâtre en grande estime, mais chargé de tous ces défauts, et principalement vicieux en ce qui regarde le temps de la tragédie. » Il protesta contre ces désordres et ces dérèglements, mais il avoue qu'il fut « contredit et même raillé » par tout le monde. « Cette règle sembla d'abord si étrange qu'elle fit prendre tout ce que j'en disais pour les rêveries d'un homme qui dans son cabinet eût formé l'idée d'une tragédie qui ne fut jamais, et qui ne pouvait être sans perdre tous ses agréments. » Notre homme se met à l'œuvre, et à force d'opiniâtreté finit par dissiper les ténèbres.

Aujourd'hui la raison triomphe. « Elle a à peu près surmonté les mauvais sentiments de l'ignorance, et fait croire presque à tout le monde que l'action du théâtre devait être renfermée dans un temps court et limité, suivant la règle d'Aristote. » (II, 7.)

Nous apporte-t-il quelque chose de nouveau celui dont Boileau disait : « Il était homme de beaucoup de mérite et fort habile en matière de poétique »; celui qui eut le bon goût « de proposer toujours Corneille comme le maître de la scène » (III, 1), jusqu'au jour où brouillé avec lui il brûla ce qu'il avait adoré?

Il n'apporte rien de nouveau touchant les règles, si ce n'est une inflexible rigueur. « En tout ce qui dépend de la raison et du sens commun, comme sont les règles du théâtre, la licence est un crime qui n'est jamais permis. » (II, 1.)

Pour le temps, il interprète à sa façon la fameuse phrase d'Aristote sur le tour d'un soleil. « Il est nécessaire d'observer qu'Aristote entend seulement parler du jour artificiel. Rossy ne porte point l'action du théâtre au delà de huit ou dix heures; et Scaliger, plus rigoureusement, mais aussi plus raisonnablement, veut qu'elle s'achève dans l'espace de six heures. Il serait même à souhaiter que l'action du poème ne demandât pas plus de temps dans la vérité que celui qui se consume dans la représentation ; mais cela n'étant pas facile ni même possible en certaines occasions, on souffre que le poëte en suppose un peu davantage. » (II, 7.)

On voit ce qu'est pour lui cette règle de l'unité de temps, d'autant plus raisonnable qu'elle est plus rigoureuse.

Quant à l'unité de lieu, il la tire d'Aristote d'une manière assez originale. « Aristote n'en a rien dit, et j'estime qu'il l'a négligée, à cause que cette règle était trop connue de son temps, et que les chœurs qui demeuraient ordinairement sur le théâtre durant tout le cours d'une pièce marquaient trop visiblement l'unité de lieu. »

Ce qu'il y a de plus intéressant chez lui, c'est le principe sur lequel il fonde la poésie dramatique. « La vraisemblance est l'essence du poëme dramatique, et sans laquelle il ne se peut rien faire ni rien dire de raisonnable sur la scène. Il n'y a que le vraisemblable qui puisse raisonnablement fonder, soutenir, et terminer un poëme dramatique. Les règles n'enseignent rien autre chose qu'à rendre toutes les parties d'une action vraisemblables, en les portant sur la scène. » (II, 2.)

Enfin il avait entrevu une partie neuve dans son travail.

« Tout ce que j'ai pu voir jusqu'ici touchant le théâtre en contient seulement les maximes générales qui n'en est proprement que la théorie. Mais pour la pratique et l'application de ces grandes instructions, je n'en ai rien trouvé. » (1, 3.)

Il avait raison de signaler cette lacune ; mais, malgré sa grande connaissance du théâtre, malgré de bonnes observations répandues dans son œuvre, ce n'était peut être pas lui qui était capable de la combler. Il est resté comme le type du théoricien inflexible et étroit [1].

Voyons maintenant ce que pense des règles celui que pendant si longtemps d'Aubignac regarda comme « le maître de la scène ».

1. Voir sur *d'Aubignac* la thèse toute récente de ARNAUD.

CHAPITRE VIII

CORNEILLE

1° Corneille et les règles. — Sa véritable pensée sur les règles, d'après ses préfaces, épîtres, examens et discours : ni dérèglement ni sévérité excessive. — 2° Poétique de Corneille d'après son théâtre. — Ce qu'il apporte de nouveau : bon sens, décence, naturel, vérité, peinture de l'homme moral, conflit de la passion et du devoir. — Défauts : exagération de la grandeur et de l'héroïsme; femmes trop viriles. — Rôle dans son théâtre de la politique et de l'histoire. — Inégalité du style. — Goût de plus en plus marqué pour les pièces embarrassées ou implexes.

1° Si Rotrou s'occupe fort peu d'Aristote et des règles, Corneille, au contraire, s'occupe et se préoccupe beaucoup et des règles et d'Aristote. A voir la place que la théorie tient dans ses œuvres, on pourrait craindre que le génie n'en fût étouffé. Il n'en est rien. Le génie fait son œuvre : et puis le théoricien s'efforce, avec bon sens et candeur, mais souvent aussi avec subtilité et malice, de montrer la régularité de ses pièces, pour répondre aux critiques de Scudéry; puis, à force d'y réfléchir et d'en parler, cette régularité finit par lui paraître nécessaire; et il plie son génie à la respecter, ou tout au moins à ne pas trop s'en écarter; mais il lui manque cette suprême aisance que mettra Racine à observer les règles, sans en parler, sans avoir l'air de faire effort pour cela.

Ce que nous voudrions dégager c'est la véritable pensée de Corneille, un peu obscurcie parfois par le soin qu'il met à démontrer la conformité de ses pièces avec les règles d'Aristote; nous allons voir qu'il n'a pas pour elles un respect exagéré.

« Notre but doit être de plaire », répète-t-il souvent.

« Puisque nous faisons des poèmes pour être représentés, notre premier but doit être de plaire à la cour et au peuple. Il faut, s'il se peut, y ajouter les règles, afin de ne pas déplaire aux savants et recevoir un applaudissement universel; mais surtout gagnons la voix publique [1]. »

« Le but de la poésie dramatique est de plaire, et les règles qu'elle nous prescrit ne sont que des adresses pour en faciliter les moyens aux poètes, et non pas des raisons qui puissent persuader aux spectateurs qu'une chose soit agréable quand elle leur déplait [2]. »

Au fond telle est la pensée de Corneille bien qu'il n'ait pas toujours osé traiter les règles si cavalièrement.

Sans doute il attache une grande importance à l'opinion d'Aristote, et il parle avec vénération de ses commentateurs, « de si grands hommes ». Mais le texte du philosophe n'est pas pour lui un texte sacré : il commente, explique, étend, n'approuve pas toujours, ne trouve pas toujours les termes assez clairs ou assez intelligibles. « Je tâche de suivre les sentiments d'Aristote dans les matières qu'il a traitées. » (*1er discours*.) Mais « il ne peut s'empêcher de dire que telle définition ne le satisfait pas »; il ose « suppléer à ce qu'il ne nous a pas dit ou que les années nous ont dérobé de son livre »; il cherche « quelque modération à la rigueur des règles du philosophe » (*2e discours*); il constate qu'il y a certaines choses « que peut-être Aristote n'a pas su prévoir »; préfère son expérience « à l'autorité du philosophe » (*2e discours*).

C'est avec la même indépendance qu'il discute l'autorité des anciens. « Je ne puis m'empêcher de dire que ce qui plaisait au dernier point aux Athéniens ne plait pas également à nos Français. (*3e discours.*) « Nous ne devons pas nous attacher si servilement à l'imitation des anciens que nous n'osions essayer quelque chose de nous-mêmes, quand cela ne renverse point les règles de l'art. » (*1er discours.*)

On se doute bien qu'il n'acceptera pas aveuglément les règles.

« Il est constant qu'il y a des préceptes puisqu'il y a un art; mais il n'est pas constant quels ils sont. On convient du nom sans convenir de la chose, et on s'accorde sur les paroles pour contester

---

1. *La Suivante*. Épître écrite en 1637.
2. *Médée*. Épître écrite en 1639.

sur leur signification. Il faut observer l'unité d'action, de lieu, de jour, personne n'en doute; mais ce n'est pas une petite difficulté de savoir ce que c'est que cette unité d'action, et jusqu'où peut s'étendre cette unité de jour et de lieu. » (*1er discours.*)

Personne n'en doutait en 1660, quand Corneille mettait ses *Trois discours* en tête d'une édition de ses œuvres; mais la question n'était pas au même point trente ans auparavant.

« Cette pièce, dit-il dans l'*Examen de Mélite*, fut mon coup d'essai, et elle n'a garde d'être dans les règles, puisque je ne savais pas alors qu'il y en eût. » — « Un voyage que je fis à Paris, ajoute-t-il dans l'*Examen de Clitandre*, pour voir le succès de *Mélite*, m'apprit qu'elle n'était pas dans les vingt-quatre heures : c'était l'unique règle que l'on connut en ce temps-là. »

Les pièces qui suivent sont bien loin d'être dans les règles; mais si Corneille ne les applique pas, il ne les ignore plus.

« Que si j'ai renfermé cette pièce (*Clitandre*) dans la règle d'un jour, ce n'est pas que je me repente de n'y avoir point mis *Mélite*, ou que je me sois résolu à m'y attacher dorénavant. Aujourd'hui quelques-uns adorent cette règle, beaucoup la méprisent; pour moi, j'ai voulu seulement montrer que si je m'en éloigne, ce n'est pas faute de la connaître [1]. »

Ce n'est pas trop respectueux pour l'unique règle que l'on connut alors.

Quant au lieu, « il a encore plus de libertinage ici que dans *Mélite* ». (*Examen.*) *La Veuve* n'est pas plus régulière que *Mélite* en ce qui regarde l'unité de lieu, et a besoin pour le temps de cinq jours consécutifs; le poète se félicite « de ce tempérament » qu'il trouve « fort raisonnable ». — « Pour l'ordre de la pièce, je ne l'ai mis ni dans la sévérité des règles, ni dans la liberté qui n'est que trop ordinaire sur le théâtre français. Cela sent un peu trop son abandon messéant à toute sorte de poèmes et particulièrement aux dramatiques, qui ont toujours été les plus réglés. J'ai donc cherché quelque milieu pour la règle du temps, et me suis persuadé que, la comédie étant disposée en cinq actes, cinq jours consécutifs n'y seraient pas mal employés [2]. »

Si *la Galerie du Palais* est irrégulière, *la Suivante* est assez régu-

1. Préface écrite en 1632.
2. Au Lecteur. Écrit en 1634.

lière, *la Place Royale* l'est presque, quoiqu'il y ait « une duplicité d'action »; enfin dans *Médée* il préfère sacrifier l'unité de lieu plutôt que la vraisemblance. Et c'est ainsi qu'après *l'Illusion comique*, « étrange monstre, galanterie extravagante », il arrive au *Cid*. Nous étonnerons-nous qu'on ait pu l'accuser d'avoir violé la plupart des règles? Lui-même reconnaît que c'est « celui de tous ses ouvrages réguliers où il s'est permis le plus de licence »; que « la règle des vingt-quatre heures presse trop les incidents de cette pièce »; que « le lieu particulier change de scène en scène, et tantôt c'est le palais du roi, tantôt l'appartement de l'infante, tantôt la maison de Chimène, et tantôt une rue ou place publique ». Mais il se tint pour averti; et tout en protestant contre ceux qui s'attachent trop à la sévérité des règles, il tâcha de les satisfaire. Les pièces qui suivirent purent contenter les plus doctes et les plus réguliers.

Après *le Cid* qu'il avait écrit sans songer à Aristote, Corneille ne cesse d'avoir les yeux sur les critiques qui l'avaient assez malmené au sujet de ces fameuses règles. Aussi s'applique-t-il à composer des pièces tout à fait régulières. « Il ne parle plus que de règles », écrit Chapelain à la date du 15 janvier 1639.

Cette question ne cesse de le préoccuper. Les règles autrefois méconnues et raillées ne sont plus discutées. L'abbé d'Aubignac est là, gourmandant les auteurs et travaillant à la *Pratique du théâtre*! La *Pratique* paraît en 1657; Corneille publie trois ans après ses *Examens* et ses trois *Discours*.

Pour en rester aux trois unités, il explique, mais ne discute pas l'unité d'action; il y joint la liaison des scènes : « ce qui n'était point une règle autrefois, et l'est devenu par l'assiduité de la pratique ». Pour l'unité de jour, il déclare « qu'il y a des sujets si malaisés à renfermer en si peu de temps que non seulement il leur accorderait les vingt-quatre heures entières, mais il se servirait même de la licence que donne Aristote de les excéder un peu, et les pousserait sans scrupule jusqu'à trente ». Quelle différence, avec d'Aubignac qui aurait voulu pouvoir les réduire à trois! Corneille reste fidèle à son système : élargir au lieu de restreindre [1].

---

1. Il ajoute : « Lors même que rien n'est violenté dans un poème par la nécessité d'obéir à cette règle, qu'est-il besoin de marquer à l'ouverture du

Quant à l'unité de lieu, c'est celle qu'il voudrait le plus élargir. Il n'en trouve aucun précepte ni dans Aristote ni dans Horace; il ne la considère pas comme un principe évident. Il incline à croire « qu'elle ne s'est établie qu'en conséquence de l'unité de jour ». Sans doute il serait à souhaiter qu'on l'appliquât toujours. « Mais souvent cela est si malaisé pour ne pas dire impossible, qu'il faut de nécessité trouver quelque élargissement pour le lieu, comme pour le temps. J'accorderais très volontiers que ce qu'on ferait passer en une seule ville aurait l'unité de lieu. » La difficulté est telle qu'il n'a pu réduire que trois de ces pièces à la dernière rigueur de la règle : *Horace*, *Polyeucte* et *Pompée*.

Irrité par les critiques des doctes, il a voulu les satisfaire ; mais, au fond, sa pensée n'a guère varié ; et s'il s'est bientôt éloigné du dérèglement, il a toujours protesté contre une sévérité excessive. Sa véritable pensée me paraît exprimée dès 1637 dans l'épître qui sert de préface à *la Suivante* : « J'aime à suivre les règles ; mais loin de me rendre leur esclave, je les élargis et resserre selon le besoin qu'en a mon sujet, et je rompts même sans scrupule celle qui regarde la durée de l'action, quand sa sévérité me semble absolument incompatible avec les beautés des événements que je décris. Savoir les règles, et entendre le secret de les apprivoiser adroitement avec le théâtre, ce sont deux sciences bien différentes. »

On peut dire du grand Corneille qu'il a su les règles, qu'il les a parfois très exactement appliquées, mais qu'il a aussi entendu le secret de les apprivoiser adroitement avec le théâtre [1].

Nous n'aurons guère plus à parler des règles, qui ne sont plus discutées à partir de ce moment, dont Boileau ne songera pas

---

théâtre que le soleil se lève, qu'il est midi au troisième acte, et qu'il se couche à la fin du dernier ? C'est une affectation qui ne fait qu'importuner. » (*Discours des trois unités*.) — Racine ne regardera pas comme une affectation de marquer au début d'une tragédie que nous sommes à l'aube du jour :

> Et du temple déjà l'aube blanchit le faîte.
> (*Athalie*.)

> Quoi, tandis que Néron s'abandonne au sommeil.
> (*Britannicus*.)

> A peine un faible jour vous éclaire et me guide.
> (*Iphigénie*.)

1. Voir sur ce sujet le très intéressant ouvrage de Jules Lemaitre, *Corneille et la Poétique d'Aristote*.

à démontrer l'évidence, et au milieu desquelles Racine saura se mouvoir avec une aisance incomparable.

Les règles de la tragédie sont définitivement acceptées. Mais les règles ne sont pas tout : on peut même soutenir qu'elles ne sont rien.

2° Quel souffle va animer cette tragédie?

Un souffle héroïque, un peu trop héroïque même, qui nous transportera dans une région supérieure à la nôtre, et trop souvent dans une région inaccessible aux simples mortels.

Ne voulant que tracer à grands traits le caractère de la tragédie de Corneille, nous ne dirons rien de ses débuts, et nous ne ferons pas ici l'histoire de son génie, de ses progrès et de ses erreurs, de ses triomphes et de ses revers. Nous ferons cependant remarquer le bon sens, la raison, la décence, le naturel, la vérité, qui se font déjà voir dans ses premières pièces. Il reconnaît avec quelque fierté qu'en écrivant *Mélite*, il « n'avait pour guide qu'un peu de sens commun avec les exemples de feu Hardy »; qu'il a su faire dans « un style naïf, une peinture de la conversation des honnêtes gens [1] ». Il se dégage de plus en plus « des pointes qui ne sont que de fausses lumières [2] ». Il ne croit pas qu'il faille faire toujours parade « des vers puissants et majestueux »; pour gagner le nom de poète, il ne veut pas perdre celui de « judicieux ». Au milieu de tous les poèmes extravagants que cette époque produit, c'est une nouveauté d'entendre dire : « La comédie n'est qu'un portrait de nos actions et de nos discours, et la perfection des portraits consiste en la ressemblance [3] ». Cette ressemblance avec les originaux, il n'y atteint pas du premier coup; une fois qu'il l'aura atteinte, il ne s'y tiendra même pas longtemps. Mais c'est beaucoup d'en avoir eu l'instinct dès les premiers jours, et d'avoir tendu à s'en rapprocher.

Le Cid est non seulement le premier chef-d'œuvre de Corneille, mais peut-être de toutes ses œuvres la plus vivante et la plus naturelle. Conduit par un merveilleux bon sens, il crée une forme dramatique nouvelle ou, tout au moins, renouvelée, qui

---

1. *Examen de Mélite.*
2. *Examen de la Veuve.*
3. *La Veuve*, Au Lecteur.

satisfait l'esprit et enchante le cœur. Il ne s'agit plus ici d'enchaînements plus ou moins ingénieux des faits : c'est la ressemblance avec la vie, c'est la peinture de l'homme intérieur, de l'homme moral, peinture rendue dramatique par le conflit des passions entre elles, ou par le conflit de la passion et du devoir; c'est la passion prise à un point où elle ne peut pas supporter une longue durée et, par suite, précipitant le drame vers le dénouement; c'est une nouvelle manière de considérer l'homme, non pas comme le jouet de la passion ou la victime de la fatalité, mais comme le maître de lui-même et de ses passions; c'est une délicatesse héroïque, une générosité chevaleresque qui nous élève et nous transporte sans nous sembler irréalisable; c'est une peinture de héros humains qui savent ce qu'ils doivent faire, qui ne font que ce qu'ils veulent, que l'infortune peut frapper, mais qu'elle ne peut ni abattre ni diminuer.

Mais pour arriver à la peinture de l'homme intérieur, le poète a dû laisser de côté bien des faits matériels, qui gêneraient dans sa marche le drame moral qu'il nous met sous les yeux : voilà pourquoi il choisit, il élimine, il condense, il concentre ce qui ailleurs était éparpillé.

Les personnages du *Cid* étaient encore des hommes tout en étant des héros : pris dans le moyen âge dont ils représentaient l'idéal chevaleresque, ils étaient en somme assez près de nous. Après *le Cid*, les personnages de Corneille vont être de plus en plus des héros, et, faut-il le dire, de moins en moins des hommes. Le poète avait trouvé le ressort de son théâtre, la fermeté, l'énergie de la volonté; cette fermeté d'âme, noble et touchante dans *le Cid*, sera trop souvent dure et brutale, parfois même extravagante et monstrueuse, dans certaines de ces pièces.

C'est elle qui va devenir son personnage de prédilection; elle va raidir ses héros, et leur enlever ce quelque chose d'humain que nous aimons à trouver au théâtre. Je sais bien les exceptions qu'on peut citer; je sais bien qu'une analyse un peu délicate peut arriver à découvrir des sentiments plus tendres qui se cachent derrière cette armure d'acier, qui semble les envelopper. Mais, à première vue, ils nous apparaissent trop comme des personnages tout d'une pièce, qui, sans trouble, sans hésitation, marchent avec une opiniâtreté invincible vers le but, noble ou criminel, que le poète leur a marqué.

Mais cette fermeté d'âme, qui nous paraît exagérée chez l'homme, combien nous paraît-elle plus choquante chez la femme! Or, c'est ici surtout, malgré les exemples que l'histoire contemporaine pouvait lui offrir, c'est ici surtout que Corneille sort de la nature et de la vérité. Non, cette fermeté, cette insensibilité, cette énergie farouche, cette fierté hautaine, ce n'est pas là le caractère de la femme; et ce n'est pas assez de trouver dans son théâtre, de *Médée* à *Suréna*, trois ou quatre femmes avec les sentiments de leur sexe, Chimène, Pauline, Sabine. Mais à côté de celles-ci, que de femmes douées d'une énergie par trop virile! Cornélie, Cléopâtre (dans *Rodogune*), Marcelle (dans *Théodore*), Pulchérie (dans *Héraclius*), Laodice (dans *Nicomède*), Rodelinde (dans *Pertharite*), Aristie, Viriate, Sophonisbe, Honorée (dans *Attila*), Pulchérie! Voyez de quel ton parle Eurydice dans *Suréna* :

> L'amante d'un héros aime à lui ressembler
> Et voit ainsi que lui ses périls sans trembler.

Il est vrai que la réponse ne se fait pas attendre :

> Cette mâle vigueur de constance héroïque
> N'est point une vertu dont le sexe se pique.
> Ou s'il peut jusque-là porter sa fermeté,
> Ce qu'il appelle amour n'est qu'une dureté.
> (IV, 2.)

Malheureusement chez Corneille le sexe se pique trop souvent de ces vertus viriles. Sans doute Corneille nous répondra : « J'aime mieux qu'on me reproche d'avoir fait mes femmes trop héroïnes que de m'entendre louer d'avoir efféminé mes héros [1] ».

Mais par un étrange renversement des rôles, alors qu'il donnait à ses héroïnes un esprit trop viril, alors qu'il les faisait agir surtout par ambition [2], il mettait l'amour dans le cœur de ses héros, mais un amour fade et nullement tragique, qui ne pouvait que les avilir. César, Thésée, Sertorius, Agésilas, Attila, deve-

---

1. Préface de *Sophonisbe*.
2. Il les fait agir par ambition, même quand elles semblent amoureuses. « Je ne la fais amoureuse, dit-il de Cléopâtre, que par ambition. » (*Examen de Pompée*.)

naient par certains côtés des héros de roman. Ce n'était pas la peine de déclarer « que l'amour était une passion trop chargée de faiblesse pour être la dominante dans une pièce héroïque ». Il portait la peine de cette étrange théorie d'après laquelle l'amour n'aurait servi que « d'ornement ». C'est une des erreurs les plus considérables que le génie du poète pouvait commettre.

S'il méconnaît l'importance de la passion au théâtre (pas dans *le Cid* ni dans *Polyeucte* cependant), par quels éléments va-t-il la remplacer?

Par la politique et par l'histoire.

Les dissertations politiques étaient à la mode alors [1]. Corneille traite la politique au théâtre avec un incomparable éclat : il y réussit, sachant l'adapter aux conditions du théâtre, sachant mêler le drame intérieur aux intérêts politiques. « *Cinna* nous appartient, dit Geoffroy; c'est un genre de tragédie qu'on peut appeler nationale, et dont les Grecs n'offrent aucun modèle. » Mais c'est un genre bien dangereux; la dissertation est le contraire du drame. Si dans *Cinna* elle est dramatique, elle l'est beaucoup moins dans *Sertorius* ou dans *Othon*. « La politique est une fort bonne chose, dit Voltaire, mais elle ne réussit guère dans les tragédies; c'est, je crois, une des raisons pour lesquelles on ne joue plus la plupart des pièces de ce grand Corneille. Il faut parler au cœur plus qu'à l'esprit [2]. »

Quant à l'histoire, Corneille lui fait aussi une grande place au théâtre. On sait combien il se piquait d'exactitude historique; on sait que ses admirateurs ne reconnaissaient qu'à lui « le bon goût de l'antiquité [3] ». Il me paraît inutile de citer les nombreux passages où Corneille se vante de son exactitude; il me paraît plus piquant de rappeler ceux où il reconnaît avoir pris de grandes libertés avec l'histoire. Déjà dans *Rodogune* il avouait « avoir changé les circonstances de quelques incidents pour leur donner

---

1. Voir BALZAC et en particulier ses *Dissertations politiques*.
2. *Lettre au marquis de Chauvelin* (9 octobre 1764).
3. « Corneille qui fait mieux parler les Grecs que les Grecs, les Romains que les Romains, les Carthaginois que les citoyens de Carthage ne parlaient eux-mêmes, Corneille qui, presque seul, a le bon goût de l'antiquité, a eu le malheur de ne pas plaire à notre siècle pour être entré dans le génie de ces nations, et avoir conservé à la fille d'Asdrubal son véritable caractère. » (SAINT-ÉVREMOND.) La Bruyère lui-même dira : « Il peint les Romains : ils sont plus grands et plus Romains dans ses vers que dans leur histoire. »

plus de bienséance ». — « J'ai cru, ajoute-t-il, que, pourvu que nous conservassions les effets de l'histoire, toutes les circonstances où les acheminements étaient en notre pouvoir. » Mais dans *Héraclius* il ne respecte guère la vérité historique. « Voici une hardie entreprise sur l'histoire, dont vous ne reconnaîtrez aucune chose dans cette tragédie, que l'ordre de la succession des empereurs Tibère, Maurice, Phocas et Héraclius. J'ai falsifié la naissance de ce dernier.... J'ai prolongé la durée de l'empire de son prédécesseur de douze années, et lui ai donné un fils, quoique l'histoire n'en parle point.... J'ai prolongé de même la vie de l'impératrice Constantine.... »

N'y a-t-il pas, après cela, quelque exagération à parler de sa fidélité à l'histoire?

Mais n'est-il pas entré dans le génie des nations antiques? n'a-t-il pas donné à ses personnages leur véritable caractère? Peut-être ses Romains (car il ne s'agit guère que des Romains dans son œuvre) sont-ils plus grands et plus Romains dans ses vers que dans l'histoire; peut-être Fénelon a-t-il raison de les trouver trop pompeux.

Ce qu'il a mis dans ses vers c'est le type idéal de la grandeur d'âme et de la force de volonté, le Romain tel qu'on se le figurait au XVIIe siècle, tel que Balzac l'avait dépeint dans ses *Dissertations politiques*. « Il ne connaît ni nature, ni alliance, ni affection quand il y va de l'intérêt de la patrie. On ne saurait le vaincre, on ne saurait le gagner. Il est impénétrable à la vanité, comme à la peur et à l'avarice. Il aime mieux détruire la tyrannie que la partager. Il trouve bien plus honnête le nom d'innocent banni que de coupable victorieux. Il commande bien, mais il lui sied bien de commander. Il a un certain caractère de grandeur que la vertu héroïque imprime sur le visage des hommes [1]. »

« Nous ne sommes pas [2] de la force de ces gens-là. Il n'y a pas aujourd'hui une multitude de héros, il n'y a pas un peuple de personnes extraordinaires. Il n'y a plus de Rome ni de Romains. Tout ce qui sortait d'eux portait un caractère de noblesse. Tout sentait le commandement et l'autorité. La lie même d'un tel

---

1. Première dissertation, *le Romain*.
2. Deuxième dissertation, *de la Conversation des Romains*.

peuple était précieuse. Ils étaient grands dans les plus petites choses. »

Qu'on se rappelle aussi la lettre de Balzac à Corneille au sujet de *Cinna*, d'où je ne veux prendre qu'un mot : « ces Romaines de votre façon ». Qu'est-ce à dire? Est-ce que Balzac lui-même soupçonnait que « cette noble et magnanime fierté » s'éloignait un peu de la vérité historique?

Le Romain de Corneille n'est donc pas un portrait historique : c'est un type de force et de grandeur idéalisé par l'esprit de ses contemporains, esquissé par Balzac, mais auquel le génie de notre grand poète a donné un relief tout particulier.

Quel effet produisent sur nous de tels personnages? Ce n'est pas l'émotion ni la pitié; ce n'est pas non plus, sauf dans quelques cas exceptionnels, la terreur : c'est l'admiration : et ici nous nous associons pleinement à tous les éloges que depuis Boileau [1] tous les critiques ont décernés à Corneille. Nous ferons seulement remarquer qu'il était impossible, même à Corneille, d'être toujour sublime, et que « l'admiration finira par faire place à l'étonnement, à la stupeur [2] ».

Quant au style, et je ne parle pas ici des qualités de ce style, incomparable dans certaines pièces, puisque je cherche surtout à indiquer les défauts vers lesquels inclinait Corneille, quant au style, il suit un peu la fortune des personnages, parfois d'une familiarité qui touche à la bassesse, parfois d'une noblesse qui tombe dans la déclamation. Dès ses débuts, il avait réagi contre le style boursouflé de ses contemporains. « Le style naïf » de *Mélite* avait été regardé comme « trop familier [3] ». Déjà, dans *Médée*, son style est à la fois familier et tendu. C'est surtout après *Polyeucte*, quoiqu'il y en eût des exemples du *Cid* à *Polyeucte*, que cette double tendance de l'écrivain se montre : et ce n'étaient pas les poètes espagnols ni les poètes latins d'origine espagnole, comme

---

1. « Il a inventé un nouveau genre de tragédie inconnu à Aristote. Il n'a point songé à émouvoir la pitié et la terreur, mais à exciter dans l'âme des spectateurs, par la sublimité des pensées et par la beauté des sentiments, une certaine admiration, dont plusieurs personnes, et les jeunes gens surtout, s'accommodent souvent beaucoup mieux que des véritables passions tragiques. » (*Lettre à Perrault*, 1700.)
2. Vinet, *Poètes du siècle de Louis XIV* (p. 97).
3. *Examen de Clitandre*.

Sénèque ou Lucain, qui pouvaient le ramener à la simplicité. « J'ai fait *Pompée* pour satisfaire à ceux qui ne trouvaient pas les vers de *Polyeucte* si puissants que ceux de *Cinna*, et leur montrer que j'en saurais bien retrouver la pompe quand le sujet le pourrait souffrir [1]. » — « Celui dont je me suis le plus servi a été le poète Lucain dont la lecture m'a rendu si amoureux de la force de ses pensées et de la majesté de son raisonnement [2]. » — « Pour le style, il est plus élevé en ce poème qu'en aucun des miens, et ce sont, sans contredit, les vers les plus pompeux que j'ai faits [3]. » De plus en plus il recherche la force du vers et la pompe du style : et c'est ce qui fait paraître ses personnages encore plus extraordinaires et exagérés. Mais la simplicité qui n'est pas la familiarité, la noblesse qui n'est pas la pompe, la délicatesse qui n'est pas la subtilité, manquent trop souvent à ses poèmes.

Ces personnages, dans quel moule va-t-il les jeter?

Corneille a montré de bonne heure une grande habileté pour nouer et dénouer les intrigues : il a même fini par attacher une trop grande importance à cette question, et par trop s'en préoccuper. Il y a eu un moment heureux dans sa carrière, du *Cid* à *Polyeucte*. Là, l'enchaînement des faits nous intéresse sans attirer toute notre attention, sans absorber le véritable drame, le drame intérieur et moral : les sujets sont subordonnés aux caractères. Mais bientôt, gâté par l'exemple des Espagnols, il va de plus en plus abandonner la tragédie simple pour la tragédie implexe; il mesurera la valeur d'une de ses pièces au temps qu'il a mis à combiner son intrigue; il cherchera, dans l'histoire, des aventures extraordinaires auxquelles il accommodera comme il pourra ses personnages; il fera des efforts prodigieux pour tirer cinq actes d'une matière qui ne pourrait les fournir que par des développements de caractères et des analyses de passions; il subordonnera, comme on l'a dit, les caractères aux sujets; il s'enfoncera avec entêtement dans son système; il aura l'air d'avoir perdu son génie. Et cependant son génie ne l'avait pas quitté. Jusqu'à son dernier jour, pour peu que le sujet s'y prête, il laissera couler de sa veine, non encore épuisée, des vers admirables, comme il s'en trouve

---

1. Épitre préface du *Menteur*.
2. *Pompée*, Au Lecteur.
3. *Examen de Pompée*.

dans les dernières pièces de vers qu'il ait écrites [1], des vers délicieux comme il s'en trouve dans *Psyché*. C'était le système surtout qui était mauvais.

Il reconnaît que les pièces simples ont de grands avantages « par la facilité de concevoir le sujet qui n'est ni trop chargé d'incidents ni trop embarrassé des récits de ce qui s'est passé avant le commencement de la pièce [2] ». Mais cette incommodité qu'il reconnaît, il pense qu'elle ajoute à la beauté de la pièce puisque les pièces simples « n'ayant pas le même secours du côté du sujet demandent plus de force de vers, de raisonnement et de sentiments pour les soutenir ». Quant aux pièces implexes, « elles ont besoin de plus d'esprit pour les imaginer et de plus d'art pour les conduire ».

De toutes ses pièces, celle qu'il préfère c'est *Rodogune* : « Cette tragédie, dit-il dans l'examen de la pièce, me semble être un peu plus à moi que celles qui l'ont précédée, à cause des incidents surprenants qui sont purement de mon invention et n'avaient jamais été vus au théâtre. » Pour *Héraclius*, il reconnaît « que le poème est si embarrassé qu'il demande une merveilleuse attention. J'ai vu de fort bons esprits et des personnes des plus qualifiées de la cour se plaindre de ce que sa représentation fatiguait [3] autant l'esprit qu'une étude sérieuse ». Mais il a l'air de s'en faire gloire. « Cette tragédie a encore plus d'effort d'invention que celle de *Rodogune*. » Un incident qu'il imagine est « une des choses les plus spirituelles qui soient sorties de sa plume ».

Mais la complication des intrigues ne lui suffit pas. L'admirateur des Espagnols étouffe dans les limites un peu étroites de la tragédie, limites qu'il avait lui-même contribué à fixer. Il est sans cesse en quête de nouveautés, et presque tous les essais qu'il tente sont curieux, si tous ne sont pas également heureux.

Voici *Don Sanche*, comédie héroïque, pleine de grandeur et de romanesque : « poème d'une espèce nouvelle, dit-il lui-même, et qui n'a point d'exemple chez les anciens. Vous connaissez l'hu-

---

1. Voir par exemple le *Remerciement au Roi*, écrit après octobre 1676.
2. *Examen de Cinna.*
3. On se rappelle les vers de Boileau :
   Débrouillant mal une pénible intrigue,
   D'un divertissement me fait une fatigue.
   (*Art poétique*, ch. iii.)

meur de nos Français; ils aiment la nouveauté; et je hasarde *non tam meliora quam nova*, sur l'espérance de les mieux divertir. » Bien plus, il donne la théorie du drame bourgeois [1], qu'il n'a pas osé réaliser, mais qu'à une autre époque il aurait sans doute mis à la scène.

Voici *Nicomède* : « pièce d'une constitution assez extraordinaire : aussi est-ce la vingt et unième que j'ai mise sur le théâtre; et après y avoir fait réciter quarante mille vers, il est bien malaisé de trouver quelque chose de nouveau, sans s'écarter un peu du grand chemin et se mettre au hasard de s'égarer. La tendresse et les passions, qui doivent être l'âme des tragédies, n'ont aucune part en celle-ci : la grandeur de courage y règne seule, et regarde son malheur d'un œil si dédaigneux qu'il n'en saurait arracher une plainte.... Ce ne sont pas les moindres vers qui soient partis de ma main. Je ne veux point dissimuler que cette pièce est une de celles pour qui j'ai le plus d'amitié ».

Voici *Agésilas*, essai malheureux du reste, en style de madrigal, écrit en vers croisés et inégaux.

Voici *Psyché* où l'auteur d'*Attila* exprime avec charme les sentiments les plus tendres et les plus touchants.

Mais toutes ces complications d'intrigues et toutes ces nouveautés ne parvenaient pas à retenir un public, que ces personnages trop souvent surhumains étonnaient, mais n'intéressaient pas. Sans s'en douter peut-être, il désirait qu'on revînt à la nature et à la vérité. Corneille souffrait de ces exigences du public, et ne comprenait pas pourquoi il s'éloignait de lui. « La mauvaise réception que le public a faite à cet ouvrage, dit-il au sujet de *Pertharite*, m'avertit qu'il est temps que je sonne la retraite. Il est juste qu'après vingt années de travail je commence à m'apercevoir que je deviens trop vieux pour être encore à la mode. »

Pour être à la mode il fallait peut-être, sur le théâtre « ces ten-

---

[1]. « S'il est vrai que ce dernier sentiment (la crainte) ne s'excite en nous par sa représentation que quand nous voyons souffrir nos semblables, et que leurs infortunes nous en font appréhender de pareilles, n'est-il pas vrai aussi qu'il y pourrait être excité plus fortement par la vue des malheurs arrivés aux personnes de notre condition, à qui nous ressemblons tout à fait, que par l'image de ceux qui font trébucher de leurs trônes les plus grands monarques avec qui nous n'avons aucun rapport qu'en tant que nous sommes susceptibles des passions qui les ont jetés dans ce précipice : ce qui ne se rencontre pas toujours? » (*Épître à M. de Zuylichem.*)

dresses d'amour, ces emportements de passions » que la « délicatesse des dames [1] » réclamait. Il déclare avec quelque fierté « qu'on n'a pas toujours besoin de s'assujettir aux opiniâtres entêtements du siècle pour se faire écouter sur la scène [2] ».

Mais décidément « les doucereux et les enjoués » l'emportaient; « les délicats qui veulent de l'amour partout et ne permettent qu'à lui de faire auprès d'eux la bonne ou la mauvaise fortune de nos ouvrages [3] », applaudissaient Quinault pendant qu'on négligeait Corneille.

> Et la seule tendresse est toujours à la mode!

s'écriait le grand poète en 1667.

On était las des héros exagérés de Corneille.

On voulait quelque chose de plus humain, de plus rapproché de nous, de plus touchant, de plus tendre.

N'est-ce pas dire qu'on était prêt à goûter le théâtre de Racine?

1. Préface de *Sertorius*.
2. Préface de *Pulchérie*.
3. Préface de *Sophonisbe*.

CHAPITRE IX

QUINAULT

Raisons de son succès. — On est fatigué des héroïnes de Corneille. — La tendresse et le romanesque sont à la mode. — Ses défauts et ses qualités s'accordent avec le goût du jour.

Cependant ce n'étaient pas les succès de Racine qui avaient fait naître les plaintes de Corneille, c'étaient les succès de Quinault.

Jeune, aimable, désireux d'arriver, d'humeur facile et d'esprit positif, Quinault n'était pas homme à lutter contre « les entêtements du siècle ». Il était tout disposé à suivre la mode; et nous savons ce que l'esprit public, nourri des romans de Mlle de Scudéry et de la Calprenède, demandait alors. Quinault avait « une oreille délicate pour ne choisir que des paroles harmonieuses, un goût tourné à la tendresse, pour varier en cent et cent manières les sentiments consacrés à cette espèce de tragédie (il s'agit de l'opéra); une grande facilité à rimer [1] ». Il fut applaudi : cela ne doit pas nous étonner.

Ses tragédies ne sont pas autre chose que des romans dialogués; tout y est romanesque : l'intrigue, les personnages, les sentiments. Ce n'est pas chez lui qu'il faut chercher des caractères vrais ou des passions profondes. Tout n'est qu'apparence. Le style paraît coulant : le plus souvent, les vers sont plats et mal écrits. Les personnages paraissent vivre : ils ne font que s'agiter. Ils paraissent aimer : ils ne font que parler d'amour.

---

1. D'OLIVET, *Hist. de l'Académie française*; éd. Livet, p. 229.

Et de quel amour s'agit-il ici? De l'amour précieux, alambiqué, galant, langoureux; de l'amour qu'on trace dans les madrigaux et qui habite le pays du *Tendre*. Mais on était tellement habitué au langage des romans, on était tellement fatigué des héroïnes ne s'occupant que de leur gloire et de leur vertu, qu'on accepta avec empressement ces femmes parlant le langage de la galanterie.

Il ne faudrait pas croire cependant que Quinault échappe complètement à l'influence de Corneille. Cette influence se fait sentir dans certains passages assez vigoureux comme celui-ci :

> Va causer le trépas de qui cause ta honte.
> Va perdre qui nous perd, punir qui nous affronte.
> Ne me vois plus qu'après avoir vengé ta sœur :
> Cherche, trouve et punis son lâche ravisseur.
> Adieu, fais ton devoir et te fais reconnaître
> Digne fils des héros dont le ciel t'a fait naître.

dans ces antithèses et ces hésitations, qui pourraient être dramatiques si l'on s'intéressait aux personnages :

> Dures extrémités, cruelle violence!
> Quoi l'ingrat qui m'oblige est l'ingrat qui m'offense!
> Je dois donc mon salut à qui m'ôte l'honneur!
> Et qui sauva le frère a donc perdu la sœur.
> Hélas! de quel conseil est capable mon âme?
> Dois-je me rendre ingrat ou demeurer infâme? [1]

dans certains caractères de femme, comme Élise, dans *Astrate*, qui, au début, nous semble être une héroïne de Corneille :

> Le crime en ma famille a mis le diadème.
> L'ayant ainsi reçu je l'ai gardé de même.
> Mon père fut injuste et le fut moins que moi.
> Mon règne commença par la mort du vrai roi.
> L'injustice imparfaite est la plus périlleuse.
> C'est erreur de tenter des crimes superflus,
> Et de n'en pas jouir pour un crime de plus.
> Et la raison d'État veut souvent qu'on préfère
> A la vertu nuisible un crime nécessaire.
> La plainte a des douceurs pour une âme commune :
> Mais une âme élevée en doit bien moins trouver
> A se plaindre du sort qu'à le savoir braver.

Il est vrai qu'à la fin elle se radoucit; c'est par amour qu'elle a commis tous ces crimes.

---

1. *La Généreuse Ingratitude,* tragi-comédie pastorale, 1654.

Ce n'est pas par ces imitations de Corneille que Quinault a dû plaire; c'est par cette tendresse répandue dans toutes ses œuvres; par ces vers qui nous paraissent bien fades et bien romanesques, mais, reconnaissons-le, qui parfois sont assez naturels et assez touchants; par ce triomphe de l'amour toujours vainqueur, vainqueur de la nature, vainqueur du devoir; par cette morale efféminée que l'austère Boileau traitait si durement. Quinault a eu le mérite de comprendre que l'amour ne devait pas être un ornement, mais devait faire le fond de l'œuvre dramatique. Seulement c'est un amour fade et alambiqué qu'il a mis le plus souvent dans le cœur, ou plutôt sur les lèvres de personnages que l'histoire ne nous présente pas en général comme galants et damerets.

C'est là ce qui choquait surtout le robuste bon sens de Boileau qui, au lendemain du succès d'*Astrate*, composait son *Dialogue sur les héros de roman*, satire spirituelle dans laquelle Quinault n'était pas épargné. On se rappelle tous ces traits contre ces amoureux transis, ces Cyrus et ces Alexandre devenus tout à coup des Thyrsis et des Céladons, cette Tomyris [1] doucereuse, cherchant ses tablettes perdues, sur lesquelles est écrit un madrigal massagète, cet Astrate demandant à voir la reine, héros de cette pièce « où les passions tragiques sont maniées si adroitement que les spectateurs y rient à gorge déployée depuis le commencement jusqu'à la fin, tandis qu'Astrate y pleure toujours, ne pouvant obtenir qu'on lui montre une reine dont il est passionnément épris [2] ». Ce n'était pas seulement au point de vue littéraire que Boileau attaquait ces œuvres « puériles », « leur afféterie précieuse de langage, leurs conversations vagues et frivoles », c'était aussi au point de vue moral qu'il craignait ces romans et ces tragédies « ne prêchant que l'amour et la mollesse[3] ». Il exprime très clairement son opinion dans l'*Art poétique* :

> N'allez pas d'un Cyrus nous faire un Artamène...
> Et que l'amour souvent de remords combattu
> Paraisse une faiblesse et non une vertu.

1. Dans le *Cyrus* de Quinault.
2. Boileau a été un peu dur pour *Astrate*. On a même fait remarquer que certaines de ses critiques n'étaient pas bien justifiées, par exemple celle-ci :
> Et chaque acte en la pièce est une pièce entière.

3. *Discours sur le Dialogue*.

Mais ce n'était pas Quinault, poète superficiel des amours de ruelles, qui pouvait tenter une si complète révolution. Il était réservé à Racine de descendre jusqu'au plus profond de l'âme humaine, de peindre l'amour avec toutes ses violences, ses ardeurs, ses désordres, ses désespoirs, ses crimes, ses remords; — mais de le peindre non pas pour chatouiller les sens, ou pour flatter nos passions, mais pour nous montrer notre faiblesse et notre fragilité : si ce n'est pas le but qu'il poursuit dès ses premières œuvres c'est le résultat auquel il arrive. « Comme poète, a dit Vinet, si excellent juge en ces matières, Corneille est resté païen, tandis que Racine, qui ne glorifie pas l'orgueil et la volonté propre, mérite bien mieux le titre de poète chrétien. Il ne tente pas de m'apprendre que je puis tout; il me fait voir qu'en moi-même je ne puis rien. »

DEUXIÈME PARTIE

LA POÉTIQUE DE RACINE D'APRÈS SON THÉATRE

CHAPITRE I

PLACE DE RACINE DANS LE DÉVELOPPEMENT DE LA TRAGÉDIE

C'est un véritable créateur. — Substitution de la tragédie de caractère à la tragédie de situation. Plus grande ressemblance de son théâtre avec la vie.

Dans quelle voie allait s'engager Racine? — Il semble bien difficile qu'un poète dramatique qui débute puisse échapper complètement à l'influence de ses prédécesseurs immédiats, surtout quand ils sont soutenus par des chefs-d'œuvre, comme Corneille, ou par la mode comme Quinault. Allions-nous retrouver la grandeur un peu forcée des héros de Corneille, moins le souffle cornélien? ou bien allions-nous avoir quelques pièces de plus dans ce genre romanesque, qui depuis Hardy faisait les délices du public? Genre où tout était admis, sauf le naturel, la vérité et la raison; où les déclamations des matamores alternaient avec les soupirs des Céladons, où les travestissements, les enlèvements et les naufrages faisaient ressembler la tragédie à une féerie burlesque, où la passion n'était qu'un jeu d'esprit, où les catastrophes les plus sanglantes n'arrêtaient pas les madrigaux sur les lèvres de héros toujours tendres et toujours doucereux. Quand on parcourt la littérature dramatique de la première moitié du XVIIe siècle, on est étonné et quelque peu fatigué de tout ce qu'elle renferme de faux, de fade et de romanesque; on est surpris que les admirables exemples donnés par l'auteur du *Cid* et de *Polyeucte* aient été presque perdus pour tout le monde, et, faut-il le dire, pour Corneille lui-même.

Qu'allait faire Racine? Il parut hésiter un instant. Son admiration le portait peut-être vers la grandeur de Corneille; son génie le portait vers la tendresse de Quinault. Nous trouvons, dans ses deux premières pièces, trace de cette double imitation : et pour beaucoup de gens encore Racine occupe une place un peu indécise entre Corneille qu'il aurait affaibli et efféminé, et Quinault qu'il aurait pour ainsi dire corrigé, ennobli et régularisé.

Juger ainsi Racine, en faire un Corneille moins énergique ou un Quinault plus châtié, c'est le méconnaître ; c'est ne pas comprendre la révolution qu'il apporta dans la tragédie; c'est ne pas voir où est l'originalité de son génie et la nouveauté de son théâtre ; c'est même déclarer qu'il n'y a chez lui ni originalité ni nouveauté; c'est réduire sa supériorité sur ses rivaux à une question de style.

Sans doute profitant du travail de ses devanciers, poëtes et théoriciens, il a, au point de vue de l'art, porté à sa perfection le système de la tragédie française, dont nous avons vu le développement depuis *Jodelle* : il a su prendre des sujets s'adaptant comme naturellement à ce système, et il les a traités avec tant d'aisance que son œuvre est devenue le meilleur argument en faveur des règles. Au premier abord, il peut ne sembler qu'un continuateur timide et mesuré, avec plus de goût, de tact et de finesse d'esprit, avec un respect plus délicat de toutes les convenances, mais aussi moins de hardiesse et d'éclat que tel de ses prédécesseurs.

Et cependant c'est un véritable créateur.

Son originalité, elle est dans la substitution de la tragédie de caractère à la tragédie de situation, et dans une plus grande ressemblance de son théâtre avec la vie.

Nous allons essayer de montrer tout ce qu'il y a de nouveau dans ce système dramatique et quelles en sont les conséquences.

Nous ne prétendons pas que jamais avant Racine aucun caractère n'ait été mis sur la scène : mais nous constatons que la plupart des auteurs dramatiques ne semblent pas se douter que le développement des caractères doit être le but de leur art, et que Corneille lui-même l'oublie trop souvent. Ce dernier nous a donné sans doute d'admirables tragédies de caractère : mais le plus souvent une situation le frappe tout d'abord et s'impose à lui; et les personnages qu'il conçoit ensuite, il les force à s'adapter à cette situation : si bien que, par leur grandeur, ils peuvent dominer l'action, mais ils ne la font pas. De plus, Corneille avait, comme nous l'avons vu, une prédilection particulière pour les pièces implexes ou embarrassées. Et si l'on regarde l'ensemble de son œuvre, il faut avouer que la tragédie d'intrigue a toutes ses préférences.

Que dire des autres poètes dramatiques ses contemporains?

Quelle peine se donnent-ils pour chercher dans l'histoire grecque ou romaine toutes les situations intéressantes qu'ils peuvent rencontrer! Comme on parcourt non seulement le théâtre de l'antiquité, mais les nouvelles, les comédies, les drames d'Espagne et d'Italie, afin d'y puiser des intrigues neuves qui puissent tenir en éveil l'esprit des spectateurs! On ne se donne pas la peine de choisir : on n'a pas le temps; on prend le bon, mais on ramasse aussi le mauvais. On imagine les combinaisons les plus extravagantes, les situations les plus étranges; non seulement les bienséances théâtrales ne sont pas observées, mais l'indécence s'étale sur la scène : on n'a pas plus de souci de la vérité que de la vraisemblance. On ne peut pas donner le nom de passion à ce qui agite ces personnages, ni le nom de style aux paroles qu'ils prononcent. Tout cela est fait à la hâte, une œuvre n'attend pas l'autre. Quand on ne trouve plus de combinaisons étonnantes (et l'esprit à ce jeu est vite épuisé), on refait les pièces des autres; on y apporte des changements non pour se rapprocher de la vérité, mais pour s'éloigner d'un rival. Parfois on le pille, parfois on démarque son œuvre. *Les Deux Rivales*, la première œuvre de Quinault, sont un plagiat éhonté des *Deux Pucelles* de Rotrou. Il est vrai que cette dernière datait de dix-sept ans. Amuser ou captiver l'esprit par une série d'événements inattendus, voilà ce que cherchent en général les auteurs dramatiques : telle est la tragédie implexe ou embarrassée, si embarrassée qu'il faut parfois plusieurs pages d'argument pour comprendre le sujet de la pièce et suivre le fil de l'intrigue.

Racine prend le contre-pied de ce système, et nous allons voir quelles sont les conséquences, pour son théâtre, de cette nouvelle conception de la tragédie.

CHAPITRE II

SIMPLICITÉ DU THÉATRE DE RACINE

Étude des différentes pièces de Racine au point de vue de la simplicité. — 1° *La Thébaïde*. — Comparaison avec Euripide, Sénèque et Rotrou. — Imitation de Racine et simplification. — 2° *Alexandre*. — 3° *Andromaque*. — Comparaison avec Euripide, Sénèque et Corneille. — Comment Racine imite ses devanciers et simplifie leur plan. — 4° *Britannicus*. — 5° *Bérénice*, Corneille et Racine. — 6° *Bajazet*. — *Bajazet* de Racine et *Othon* de Corneille. — 7° *Mithridate*. — 8° *Iphigénie*. Euripide, Rotrou et Racine. — 9° *Phèdre*. Euripide, Sénèque et Racine. — 10° *Esther*. — 11° *Athalie*. — Conclusion. Conséquences de la simplicité d'action : Peu de faits, peu de personnages, conformité avec les trois unités, pas d'innovation dans la forme extérieure du poème dramatique.

D'abord il écarte résolument et du premier coup la tragédie embarrassée, la tragédie d'intrigue. Dès le début, il recherchera cette simplicité, qui n'est pas pour lui une preuve de la stérilité d'invention, qui est, au contraire, une marque de la force du génie. Il ne se laisse pas éblouir par de faux brillants; il n'admire pas cet usage ou plutôt cet abus de l'imagination. Il laisse dire autour de lui : « Il y a plus de matière dans une seule scène de Corneille que dans toute une pièce de Racine ». Ce qui était en somme le plus bel éloge que l'on pût faire de son génie inventif. Il n'oublie pas l'observation très judicieuse faite par Corneille dans son *Discours des trois unités*. « Il y a des intrigues qui commencent dès la naissance du héros, comme celui d'Héraclius; mais ces grands efforts d'imagination en demandent un extraordinaire à l'attention du spectateur, et l'empêchent souvent de prendre un plaisir entier aux premières représentations, tant ils le fatiguent. » Ce qui nous surprend, ce n'est pas qu'il soit arrivé à cette simplicité, c'est qu'il y soit arrivé sitôt, et qu'il en ait, dès sa première pièce, compris la nécessité.

Nous allons, en nous plaçant uniquement à ce point de vue, qui nous paraît fort important, étudier les différentes pièces du théâtre de Racine; ce nous sera en même temps une occasion toute naturelle de voir de quelle façon notre poète se comporte dans ses imitations, soit des poètes anciens, soit des poètes modernes.

1° Euripide est le premier auteur dramatique [1] qui ait donné un assez grand développement à la rivalité des deux frères. Cependant on ne peut pas dire que cette rivalité soit le sujet unique de la pièce. On pourrait soutenir que le sujet est la ruine de la maison royale de Thèbes, ruine causée par les malédictions d'Œdipe et les décrets irrévocables du Destin. « Aigri par ses infortunes [2], Œdipe prononce contre ses fils les malédictions les plus impies, et leur souhaite de déchirer cette maison en aiguisant le fer l'un contre l'autre. » Le meurtre des deux frères c'est « le terrible effet des imprécations d'Œdipe ».

Comme on le voit, c'est un sujet un peu complexe. Nous y trouvons bien la rivalité entre les deux frères : et remarquons ici qu'Euripide donne le beau rôle à Polynice, « le vaillant Polynice », qu'il montre « ayant pour lui la justice et ayant pris malgré lui les armes contre des parents qu'il chérit », et quand il meurt « saisi de pitié pour sa mère, pour sa sœur et pour son malheureux frère »; tandis qu'il nous dépeint Étéocle plus dur et plus farouche, déclarant que « s'il faut être injuste, l'injustice est belle, quand le trône en est le prix ».

---

1. Racine ne s'étant nullement inspiré des *Sept contre Thèbes* d'Eschyle, nous ne dirons rien de cette pièce « toute pleine de Mars », pièce épique et lyrique plutôt que dramatique, dans laquelle le principal personnage est la ville de Thèbes, et où ne se montre que dans un passage, saisissant il est vrai, la haine des deux frères. Et encore nous ne voyons qu'Étéocle : Polynice ne paraîtra que mort. « Le Destin est content. L'imprécation d'Œdipe s'accomplit. » Le péril de Thèbes assiégée, voilà surtout ce qui nous intéresse. « Sujet d'allégresse et de larmes tout ensemble! Thèbes triomphe : mais les deux rois, les deux frères, ont péri d'une mort mutuelle. » Malgré sa grande simplicité, le sujet semble donc présenter comme deux faces différentes. Et de plus, à la fin, la question de la sépulture de Polynice, la désobéissance d'Antigone au sénat, pourrait être (Sophocle l'a bien montré), le point de départ d'une nouvelle action.

2. Je cite Euripide d'après la traduction ARTAUD.

Mais nous y trouvons aussi le danger couru par Thèbes, et le dévouement de Ménécée, épisode qui tient une grande place dans *les Phéniciennes*, dévouement ordonné par la divinité.

Nous y trouvons Œdipe aussi : et l'arrivée de ce malheureux nous fait presque oublier les trois cadavres qui sont apportés sur la scène; nous songeons plutôt à cette triste victime de la fatalité qu'aux catastrophes qui viennent de se produire. Nous le voyons chassé de la ville par Créon, et le nom de Colone qu'il prononce lui-même nous fait songer aux malheurs que le Destin lui réserve encore.

Enfin, la résistance d'Antigone s'écriant : « Dussé-je mourir, je couvrirai son corps (celui de Polynice) de la terre funèbre! » pose pour ainsi dire une autre question et ouvre devant nous un autre drame.

Si bien qu'à la fin des *Phéniciennes*, nous pensons surtout au bourg de Colone où mourra Œdipe, et à la terre qu'Antigone jettera sur le corps de son frère.

Sans doute la haine des deux frères est admirablement dépeinte; mais le poète semble surtout avoir voulu nous montrer le Destin s'acharnant sur la famille d'Œdipe.

Il est inutile d'insister sur la valeur dramatique des *Phéniciennes* de Sénèque, œuvre incomplète du reste et pleine d'une déclamation ridicule, d'énumérations et d'amplifications fastidieuses [1], de sentences paradoxales et stoïciennes, d'antithèses brillantes, qui frappèrent beaucoup les poètes de la Renaissance et ceux du xviie siècle.

Quoique incomplète, cette œuvre renferme pourtant beaucoup d'inutilités. Elle débute par une scène interminable (320 vers sur 664 qui nous restent) où le poète nous dépeint en termes bizarres et souvent d'un goût douteux le désespoir d'Œdipe qui voudrait se tuer et le dévouement d'Antigone qui le rattache à la vie. Quel sera le sujet de la pièce? Sera-ce la mort d'Œdipe, sera-ce la piété filiale d'Antigone? On peut se le demander.

C'est seulement à partir du vers 275 [2] qu'un autre sujet, la

---

1. Par exemple, vers 12-24, Œdipe énumérant les différents endroits où il peut aller, et Antigone offrant à son père, vers 63-73, de le suivre partout où il ira. Les exemples en sont innombrables.

2. Antigone, il est vrai, prononce au début, vers 53-54, quelques paroles qui se rapportent à cette rivalité : « Que mes frères se disputent par le fer le bril-

rivalité des deux fils d'Œdipe, nous est présenté. Une scène, qui aurait pu être très dramatique, termine la pièce telle que nous l'avons, — l'entretien d'Étéocle et de Polynice en présence de Jocaste : mais cette dernière gâte tout par un trop long discours. Nous n'avons du dialogue des deux frères qu'un fragment peu important : Étéocle montre une ambition sans scrupules, comme dans Euripide, mais sans rien du naturel et de l'emportement qui font la beauté de cette scène dans le poète grec.

Ce n'est donc pas dans cet « ouvrage d'un déclamateur qui ne savait ce que c'était que tragédie [1] » que nous trouverons unité d'action, ni même unité d'impression.

Nous ne la trouverons pas davantage dans l'*Antigone* de Rotrou, dont la première partie rappelle *les Phéniciennes* d'Euripide, et la seconde partie suit l'*Antigone* de Sophocle [2].

Ce sont deux tragédies toutes différentes, soudées l'une à l'autre, ayant chacune sa marche et son dénouement : la deuxième scène du troisième acte termine la rivalité des deux frères : Étéocle et Polynice sont morts; Jocaste les a précédés dans la tombe. La deuxième partie de la pièce se termine comme chez le tragique grec par la mort d'Antigone et d'Hémon.

Remarquons que Rotrou, apportant ici une modification malheureuse à l'œuvre d'Euripide, fait de Polynice le plus violent et le plus farouche des deux frères [3], et nous montre Étéocle aimé de son peuple qui veut le garder pour roi [4]; il donne aussi au personnage de Créon une ambition sans scrupules [5].

---

lant palais de Labdacus et son puissant empire ». Mais ces paroles sont noyées dans un flot de déclamations qui n'ont aucun rapport avec la haine d'Étéocle et de Polynice.

1. RACINE, Préface de *la Thébaïde*.
2. C'est aussi ce que nous voyons dans l'*Antigone* de Garnier (1579) qui rappelle *les Phéniciennes* d'Euripide ou plutôt celles de Sénèque, et l'*Antigone* de Sophocle.
3.   Et vous plus inhumain et plus inaccessible,

lui dit sa sœur (II, 2). C'est Polynice qui, le premier, songe au duel entre son frère et lui.

4.   Sur le désir des miens mon trône se soutient.
     Je lui cédais l'État, mais l'État me retient;
     J'étais prêt à quitter le sceptre qu'on lui nie.
     Le peuple aime mon règne et craint sa tyrannie.
                                                 (I, 3.)
5.   Votre intérêt, Créon, vous meut plus que ma gloire,

lui dit Étéocle.

     Vous savez qu'après nous le sceptre des Thébains
     Par ordre et droit de sang doit passer en vos mains.
                                                 (II, 4.)

Racine se souviendra et du Créon et du Polynice de son devancier. Il n'oubliera pas non plus le développement donné à une scène d'amour entre Hémon et Antigone.

Nous arrivons à la *Thébaïde* de Racine; nous ne voulons pas surfaire la valeur de cette pièce : mais nous sommes frappé du bon sens supérieur avec lequel il simplifie les tragédies de ses devanciers. Nous ne savons vraiment pas pourquoi il déclare avoir dressé « à peu près son plan sur *les Phéniciennes* d'Euripide [1] »; il a, au contraire, écarté de son œuvre tout ce qui ne devait intéresser que des Grecs, nourris au milieu des légendes de leurs héros. Il a compris qu'il ne devait pas chercher à nous émouvoir par le spectacle épique d'une guerre entre Argiens et Thébains, ni par les dangers que peut courir la ville de Thèbes; qu'il fallait laisser dans les poèmes antiques la sombre destinée d'Œdipe, et cette implacable fatalité qui domine l'œuvre d'Eschyle, et dont on trouve encore la trace, quoique bien affaiblie, chez Euripide et chez Sénèque; il a compris aussi que, quand bien même le fait de donner ou de refuser la sépulture à Polynice pourrait passionner les spectateurs du xvii⁰ siècle, — ce qui était douteux, — c'était une autre question, et que tous ceux qui ont mêlé l'*Antigone* aux *Phéniciennes* ont péché contre l'unité d'action.

Sans doute il dut être sensible à l'effet dramatique produit par l'arrivée d'Œdipe à la fin des *Phéniciennes* d'Euripide, comme il dut être séduit par l'admirable figure d'Antigone. Mais si ces deux personnages attirent notre attention, ils l'absorbent toute; ils sont trop importants par eux-mêmes pour aider seulement à la marche du drame ou pour compléter un ensemble. Voilà pourquoi Œdipe ne paraît pas, et voilà pourquoi il n'est pas question du dévouement d'Antigone.

---

1. Il est regrettable que nous ne puissions pas savoir à quelle date Racine a écrit les notes qui se trouvent sur l'Euripide de la bibliothèque de Toulouse. Il n'a presque rien pris dans Euripide, c'est vrai. Mais il ne paraît pas vraisemblable que Racine, l'homme de France qui connaissait peut-être le mieux le grec au xvii⁰ siècle, le poète qui s'est le plus souvent inspiré d'Euripide, ait écrit sa pièce sans étudier la plume à la main celle du poète grec. Ne semble-t-il pas qu'il ait profité dans sa pièce de certaines de ses observations? (Voir par exemple les annotations sur les vers 120, 377, 390 et 391, 411, 434, 446, 458, 591, 697, 841, 949-955, 1225, 1270, 1290, 1378, 1493, 1583; éd. Paul Mesnard, t. VI, p. 260-264.)

En un seul point il a suivi, et il a eu tort, les légendes antiques : c'est quand il a introduit dans sa pièce Ménécée s'immolant à sa patrie sur la foi d'un oracle [1].

De tous ces éléments qui se mêlent dans les œuvres précédentes, il dégage celui qui lui paraît le plus intéressant et le plus dramatique pour nous : *la haine des deux frères*; c'est cette haine qu'il va nous peindre, et dont il va nous montrer les conséquences : tous les personnages de la pièce s'occupent de cette haine, Jocaste, Antigone, Hémon, pour essayer d'en atténuer les effets, Créon, au contraire, pour l'attiser; quant à Étéocle et Polynice, plus encore que l'ambition, cette haine semble les posséder.

Le dénouement était tout indiqué. On l'a trouvé un peu sanglant. Racine lui-même est de cet avis. Remarquons toutefois que cette sanglante catastrophe est l'effet de cette même haine. Jocaste se tue pour ne pas voir ses fils s'entr'égorger; Hémon périt en voulant les séparer; Antigone ne veut pas survivre à son amant. Créon seul aurait pu rester debout : il héritait de la royauté, son ambition était satisfaite.

On voit combien est simple dans ses éléments la tragédie de Racine : il est curieux de le voir dès sa première pièce suivre le système auquel il restera fidèle jusqu'à la fin.

Et cependant, ne trouve-t-on pas des scènes inutiles et qui ne tiennent pas suffisamment à l'action?

Je ne veux pas parler de celles où paraît Créon et où il étale cyniquement son ambition : non seulement ce personnage reçoit les contre-coups de l'action et y est intimement lié; mais il y joue un rôle important.

Je n'en dirai pas autant de l'amour d'Hémon et d'Antigone, quelque gracieuse que soit la première scène du deuxième acte, et quoique ce sentiment pousse Hémon à prendre le parti de Polynice et le jette au milieu du combat où il doit trouver la mort. Sans doute, même quand ces deux amants sont en présence, le poète a pris soin de ne pas écarter tout à fait de notre

---

1. Il a le bon goût de supprimer tout ce qui se rapporte trop directement à la mythologie antique. Il ne nous parle pas de « cette moisson de guerriers couverts de leur casque d'or que fit germer la Terre, ni de cette race issue des dents du dragon ».

esprit le véritable sujet de la pièce (vers 311-314). Mais ne faisons pas de difficulté d'avouer avec Racine lui-même « que les tendresses et les jalousies des amants ne sauraient trouver que fort peu de place parmi les incestes, les parricides et toutes les autres horreurs qui composent l'histoire d'Œdipe et de sa malheureuse famille ».

2° Dans *Alexandre* nous trouvons le même goût de la simplicité. Le véritable sujet de la pièce c'est la générosité d'Alexandre, générosité dont le poète nous entretient ou nous donne des preuves dans le cours de la tragédie. Pour mettre en relief cette vertu de son héros, il n'entasse pas faits sur faits, incidents sur incidents; il n'a pas besoin d'une si vaste matière : un seul fait lui suffit, sa victoire sur Porus. Peut-être était-ce là un sujet un peu simple et un peu stérile; mais nous n'apprécions pas ici la valeur de la pièce, nous mettons en lumière le système qu'il suit. Ce fait, le seul qu'il emploie, il nous le présente, il est vrai, en plusieurs fois : nous apprenons au troisième acte que Porus est vaincu, au quatrième qu'il lutte encore, au cinquième qu'il s'est défait de Taxile : telle est la petite habileté dont il se sert pour prolonger l'intérêt.

Tous les personnages sont intéressés à cette action principale : Cléofile qui est toute gagnée au conquérant macédonien, et qui essaye d'entraîner son frère Taxile avec elle; Axiane qui aime Porus et qui voudrait lui ménager l'appui de Taxile, afin que Porus ne fût pas seul à soutenir le poids de la lutte.

Nous ne voulons pas insister sur les scènes de galanterie. Mais remarquons que le poète a voulu nous montrer, dès les premiers mots qu'il prononce, la magnanimité d'Alexandre; qu'il nous fait vanter ses vertus par Axiane elle-même. (IV, 2.)

Porus paraît, vaincu par Alexandre, mais vainqueur de Taxile qu'il se vante d'avoir tué. Pour l'intérêt dramatique, nous voudrions qu'Alexandre hésitât réellement, comme Auguste, sur le sort qu'il doit faire subir à son ennemi; nous voudrions, s'il se montre magnanime, qu'il eût à lutter contre l'amour ou contre la haine. Mais, comme dit Racine[1], « César et Alexandre se ressemblent beaucoup par la manière dont ils ont été amoureux.

---

1. Ce passage se trouve dans la Préface de la pièce, édition de 1681.

Cette passion ne les a jamais tourmentés plus que de raison. » Et nous savons aussi qu'il n'a pas beaucoup de haine pour son rival malheureux. Aussi ne sommes-nous pas surpris du dénouement.

Il est donc bien vrai que c'est la générosité d'Alexandre qui est le sujet de la pièce, et que ce conquérant ne se contente pas de vaincre Porus par la force des armes : il triomphe de sa fierté par sa générosité :

Je me rends ; je vous cède une pleine victoire.

3° Euripide, Virgile et Sénèque ont fourni à Racine les éléments d'*Andromaque* et plusieurs traits du caractère de ses personnages : il s'adresse à plusieurs tragédies, mais il ramène à l'unité toutes ces parties d'origine différente, si bien que l'on trouve chez lui une plus grande simplicité d'action que chez aucun de ses devanciers.

Son *Oreste* poursuivi par le Destin, violent et emporté, semble un souvenir de l'*Oreste* d'Euripide. Le poète grec est allé plus loin que le poète français; il ne se contente pas de nous représenter son héros poursuivi par les Furies; il nous le représente encore malade. « Aide-moi, dit-il à Électre, prends-moi, et essuie ces restes d'écume attachés autour de ma bouche et de mes yeux. »

C'est là encore qu'il a pu prendre l'idée du dévouement de Pylade. « Où en es-tu, dit-il à Oreste, que fais-tu? O le plus cher de mes amis, de mes parents, de mes compagnons! Car tu es tout pour moi. Tu m'entraîneras avec toi dans ta ruine; car entre amis tout est commun. — ORESTE. Pourquoi donc faut-il que tu meures avec moi ? — PYLADE. Tu le demandes? Mais à quoi bon vivre sans ton amitié. »

Quant au sujet de la pièce : Quel doit être le sort d'Oreste après qu'il a tué sa mère? on voit qu'il n'a aucun rapport avec celui de la pièce de Racine.

Il n'en est pas tout à fait de même des *Troyennes* et de l'*Andromaque* d'Euripide.

La première de ces deux pièces n'est qu'une succession de tableaux, tableaux intéressants et pathétiques, qui ne manquent peut-être pas d'unité, mais qui n'ont pas cette espèce d'unité à laquelle nous a habitués Racine : au fond, la ruine de Troie, au centre, Hécube, à qui viennent aboutir, — et c'est là l'unité de la pièce, — les malheurs de tous les personnages. Cassandre est réservée à Agamemnon, Polyxène aux mânes d'Achille, Andromaque à Néoptolème et son fils Astyanax à la mort, Hécube à Ulysse, Hélène à Ménélas qui se chargera de la punir. Les destinées diverses de chacun de ces personnages forment le sujet de la pièce, qui se termine par l'incendie de Troie.

Racine n'a pas cru devoir disperser notre intérêt sur tant de destinées différentes : il ne s'est souvenu que de celle d'Andromaque.

Il a été frappé non seulement de l'infortune qui accable la veuve fidèle d'Hector, mais encore des tortures qui étreignent la mère d'Astyanax ; il a été séduit par tant de charme et tant de pureté, touché par de si effroyables misères.

Talthybios, lui annonçant qu'on veut faire périr son fils, lui arrache un cri qui montre son amour maternel plus grand et plus violent que son amour conjugal : « Ah ! grands dieux ! voilà quelque chose de plus horrible que mon nouvel hymen. »

Il y a aussi, mais surtout dans la bouche d'Hécube, l'espoir de voir Ilion renaître : « Ma chère fille, laisse là les malheurs d'Hector, tes larmes ne sauraient le sauver ; honore ton nouveau maître, charme son cœur par le doux attrait de tes vertus. En agissant ainsi, tu feras en même temps la joie de tes amis, et tu pourras élever le fils de mon fils, pour être l'espoir de Troie et pour que ta postérité relève un jour les murs d'Ilion ».

Et plus loin, quand Astyanax a été immolé : « O Grecs ! pourquoi la peur d'un enfant vous a-t-elle fait commettre ce nouveau meurtre ? Avez-vous craint qu'un jour il ne relevât Troie de ses ruines. »

La pièce d'Euripide, qui a pour titre *Andromaque*, nous présente comme deux sujets différents : d'abord la rivalité d'Andromaque et d'Hermione, qui veut faire périr Andromaque et son fils ; ensuite la mort de Néoptolème.

Le sujet de la première partie de la pièce, c'est le péril que fait courir la jalousie d'Hermione, femme de Néoptolème, à Andromaque et à son fils Molossos : c'est donc surtout la douleur de la mère, mère d'Astyanax ou mère de Molossos, qu'Euripide nous peindra; quoiqu'il y ait cependant chez elle un souvenir persistant de son premier époux.

Les scènes qui suivent, n'étant pas liées nécessairement à celles qui précèdent, forment une pièce distincte. Il ne s'agit plus ici d'Andromaque et de Molossos, mais de Néoptolème, d'Hermione et d'un nouveau personnage qui fait son entrée : Oreste.

Hermione est désespérée, craignant le ressentiment de son époux. Oreste arrive. Hermione se jette à ses genoux ; elle le supplie de l'emmener le plus loin possible de ce pays. Or c'était pour cela qu'était venu Oreste. « Ne crains rien du fils d'Achille pour ses outrages envers moi. Cette main vient de lui dresser un piège mortel et inévitable. Le parricide lui apprendra qu'il ne devait pas épouser celle qui me fut promise. Il mourra misérablement, et il apprendra ce que peut ma haine. »

J'inclinerais à croire que le meurtre est déjà commis, quand il parle ainsi : mais peu nous importe. C'est le dénouement qu'a pris Racine, l'assassinat de Néoptolème par Oreste. Mais comme tout le reste est différent! Hermione n'est poussée que par la peur; Oreste que par l'intérêt et la rancune. L'amour ne joue ici aucun rôle ; ce n'est pas lui qui peut servir d'excuse à Hermione et à Oreste.

Les *Troyennes* de Sénèque présentent, elles aussi, une duplicité d'action ou tout au moins d'intérêt, qui se porte tantôt sur la mort d'Astyanax tantôt sur le sacrifice de Polyxène. Sans doute les dieux ont demandé la mort de Polyxène et celle d'Astyanax : Hécube n'a pas dans la pièce un rôle assez important pour être le centre de l'action et lui donner ainsi une certaine unité [1]. Mais, en revanche, à côté d'une puérile déclamation, quelle peinture touchante et de la fidélité qu'Andromaque garde au souvenir d'Hector, et de l'amour qu'elle a pour Astyanax. Andromaque n'a pas à choisir entre l'hymen de Pyrrhus et la mort de son fils, mais entre la mort d'Astyanax et la dispersion des cendres de son époux : douloureuse alternative, dont les anciens sentaient mieux que nous toute la cruauté [2].

1. Quoiqu'elle dise :
   Quoscumque luctus fleveris, flebis meos.
   Sua quemque tantum, me omnium clades premit.
   Mihi cuncta pereunt : quisquis est, Hecubæ est, miser.
   (1061-1063.)
2. *Quid agimus? animum distrahit geminus timor,*
   Hinc natus, illinc conjugis cari cinis.
   (643-644.)

Racine a emprunté à Sénèque bien des traits d'une triste et touchante résignation, bien des traits qui peignent les douleurs de la veuve d'Hector et les angoisses de la mère d'Astyanax [1].

Avant d'arriver à l'*Andromaque* de Racine [2], nous croyons devoir dire quelques mots du *Pertharite* de Corneille, où se rencontre en germe l'intrigue de la pièce de Racine. Rodelinde captive est aimée de Grimoald son maître, comme Andromaque l'est de Pyrrhus; la sœur de Pertharite, Eduïge, veut, par jalousie, se venger de l'abandon de Grimoald qui devait l'épouser; et l'Oreste de cette Hermione est un certain Garibalde qui joue un rôle de traître et, plus par ambition que par amour, voudrait épouser Eduïge; pour arriver à ses fins, il voudrait pousser le prince à des résolutions extrêmes.

Ne pensons-nous pas à la situation même, je ne dis pas aux sentiments et aux expressions, d'Andromaque quand Rodelinde dit à Eduïge :

> Aux cendres d'un mari tous mes feux réservés
> Lui rendent les mépris que vous en recevez.
> (I, 2.)
> Je dois à sa mémoire, à moi-même, à son fils,
> Ce que je dus aux nœuds qui nous avaient unis.
> (I, 3.)

Mais Andromaque ne dira pas :

> Ce n'est qu'à le venger que tout mon cœur s'applique;
> Et puisqu'il faut enfin que tout ce cœur s'explique,
> Si je puis une fois échapper de tes mains,
> J'irai porter partout de si justes desseins.
> (I, 3.)

Ceci est le propre d'une héroïne de Corneille.

Ne croit-on pas entendre Hermione? quand Eduïge dit à Grimoald :

> Crains-moi, crains-moi partout : et Pavie et Milan
> Tout lieu, tout bras est propre à punir un tyran;
> Et tu n'as point de forts où vivre en assurance,
> Si de ton sang versé je suis la récompense.
> (I, 4.)
> Pour gagner mon amour, il faut servir ma haine.
> (II, 1.)

---

1. Voir surtout les vers 277-291, 465-469, 642, 692-715, 738-747.
2. Ce n'est pas non plus dans *la Troade* de Garnier (1578) que nous trouverons l'unité d'action. Plus surchargée que toutes celles dont nous avons parlé, cette pièce est composée avec *les Troyennes* et *l'Hécube* d'Euripide, et *les Troyennes* de Sénèque.

Bien plus : le fils de Rodelinde, comme Astyanax, doit périr si sa mère ne cède pas :

> Tout le choix qu'on vous donne
> C'est d'accepter pour lui la mort ou la couronne.
> Son sort est en vos mains : aimer ou dédaigner
> Le va faire périr ou le faire régner.
> (III, 1.)

Mais que de différences et non seulement dans le style, mais dans les sentiments et les caractères! Comme l'ensemble est peu naturel, et comme une situation si dramatique est gâtée par des absurdités et des invraisemblances! Ne voit-on pas Rodelinde supplier Grimoald de tuer son propre fils, à elle, pour faire de l'homme qu'elle déteste un tyran? (III, 3.)

L'époux de Rodelinde, Pertharite, que l'on croyait mort, ressuscite au milieu du troisième acte. Il est revenu pour sauver sa femme des amours de Grimoald. Et c'est lui qui presse sa femme d'épouser Grimoald!

> Aimez plutôt, madame, un vainqueur qui vous aime.
> (IV, 5.)

A qui s'intéresse-t-on? pour qui craint-on dans la pièce? Garibalde n'est qu'un ambitieux sans beaucoup de grandeur; Grimoald avec des airs farouches est un prince débonnaire : aussi n'est-on nullement effrayé pour le fils de Rodelinde quand il menace de le faire mourir. La pièce se termine le plus heureusement du monde : le traître Garibalde est tué; tous les autres personnages font assaut de générosité; Grimoald revient à Eduïge; Pertharite reprend Rodelinde. Ils font à l'amiable un partage de leurs États et montrent ainsi

> Que des hautes vertus la gloire est le seul prix.
> (Dernier vers de la pièce.)

Racine a su éviter non seulement toutes ces extravagances de sentiment (ce que pour le moment nous n'avons pas à étudier), mais toute complication inutile d'intrigue.

Sans doute il met en présence Andromaque et Pyrrhus d'une part, de l'autre Hermione et Oreste; sans doute il s'agit de l'amour d'Oreste pour Hermione, dédaignée par Pyrrhus; il s'agit aussi de la douleur d'Andromaque qui voudrait sauver son fils Astyanax et rester fidèle à Hector. Mais il n'y a pas pour cela deux pièces séparées; il y a plusieurs personnages concourant chacun suivant ses passions à une seule action, action d'autant plus serrée que tous agissent mutuellement les uns sur les autres. Au premier acte, Oreste demande la mort d'Astyanax à Pyrrhus qui refuse et essaye de toucher Andromaque par la générosité de ce refus et les dangers que court son fils. Au deuxième acte, Oreste chargé par Hermione « de faire décider Pyrrhus ou d'elle ou du Troyen » apprend de Pyrrhus qu'il se décide à épouser Hermione. Au troisième, Oreste désespéré se résout d'enlever Hermione, qui, heureuse, ne veut s'occuper ni de la douleur d'Oreste ni de celle d'Andromaque; celle-ci n'a qu'à se montrer à Pyrrhus pour qu'il oublie toutes les promesses faites à Hermione. Au quatrième, Hermione délaissée ordonne à Oreste de la venger de Pyrrhus. Au cinquième, Pyrrhus mort, Hermione repousse Oreste.

Il n'y a donc pas d'une part Andromaque menacée par Hermione et craignant pour la vie de son fils; de l'autre, Oreste assassinant Pyrrhus pour s'approprier Hermione. Ces deux actions dans Racine n'en font qu'une, dont Andromaque est le point central. Pour sauver son fils, sacrifiera-t-elle le souvenir d'Hector? Telle est la question. Et suivant qu'Andromaque fait espérer ou désespère Pyrrhus, ce dernier s'éloigne ou se rapproche d'Hermione, qui, à son tour, appelle ou repousse Oreste [1]. La fureur jalouse d'Hermione et l'amour emporté d'Oreste sont deux sentiments aussi exaltés que sincères, qui nous préparent au dénouement. Non seulement le dénouement est préparé, et par conséquent nous apparaît comme une suite logique et nécessaire de l'action, mais les différents éléments de l'action sont si bien fondus ensemble que les sentiments et par suite les actions des personnages ne sont pas autre chose que le contre-coup des sentiments et des passions d'un autre personnage.

4° Dans *Britannicus*, Racine, tout rempli de la lecture de Tacite, a su cependant ne prendre dans cet historien que ce qui était nécessaire à son action, et laisser de côté tous les faits et tous les épisodes qui, intéressants en eux-mêmes, auraient eu le tort de distraire l'attention du spectateur. Que veut peindre Racine en

---

1. Voir sur ce point l'Étude de JANET, qui a paru dans la *Revue des Deux Mondes*, 1875.

effet? Il veut peindre la cour d'Agrippine et de Néron; il veut montrer à la fois le monstre naissant et la disgrâce d'Agrippine. Ce sont là deux choses qui paraissent tout d'abord un peu différentes; mais Racine a mis tout son art à les unir et à les combiner : il unit si bien ces deux faits qu'ils se présentent à nous comme étant la conséquence l'un de l'autre; il les combine de telle sorte que le même épisode provoque le développement des deux caractères. Cet épisode est lui-même d'une extrême simplicité : c'est l'enlèvement de Junie par l'ordre de Néron, que pousse un caprice violent, sinon un amour sérieux. Sans doute c'est le roman dans l'histoire. Mais le drame de Racine doit être surtout une lutte de passions, et non pas une peinture historique. Et voyez comme tout se tient. Ce simple fait surexcite l'orgueil et la férocité d'Agrippine, qui va s'efforcer de ressaisir son pouvoir, et allume dans le cœur de Néron toutes les convoitises, toutes les mauvaises passions, jusque-là contenues et cachées. Il va être pour l'une un prétexte pour essayer de reconquérir son empire, et pour l'autre une occasion pour conquérir son indépendance. Si Burrhus intervient, ce sera pour calmer les emportements de la mère ou mettre un frein à la colère du fils; si Narcisse se montre, ce ne sera que pour tromper Britannicus, et exciter Néron à la fois contre sa mère et son frère. Cette lutte durera jusqu'à la fin, jusqu'à la mort de Britannicus, qui mourra de la jalousie de Néron et de la disgrâce d'Agrippine : trop faible et trop loyal pour pouvoir résister aux passions féroces de ses adversaires. Sans doute le poète a voulu à la fin, d'une certaine façon, punir Néron en lui enlevant Junie : mais peut-on dire que cette retraite de Junie complique l'action de la pièce?

5° Que dire de *Bérénice* en tête de laquelle se trouve cette fière déclaration que « toute l'invention consiste à faire quelque chose de rien »? Comme nous n'avons pas ici à discuter le principe, mais à montrer le peu de goût de Racine pour les pièces chargées d'intrigue et de matière, notre tâche sera facile, puisqu'il s'agit précisément du sujet dont Voltaire et bien d'autres ont raillé « la stérile petitesse ».

« Un amant et une maîtresse [1] qui se quittent, ne sont pas sans

1. VOLTAIRE, Préface du *Commentaire*.

doute un sujet de tragédie. Si l'on avait proposé un tel plan à Sophocle ou à Euripide, ils l'auraient renvoyé à Aristophane. L'amour qui n'est qu'amour, qui n'est point une passion terrible et funeste, ne semble fait que pour la comédie, pour la pastorale ou pour l'églogue. » Voltaire revient souvent sur cette idée qu'il y avait là un sujet d'idylle, mais non de tragédie. « *Bérénice* était une pastorale entre un empereur, une reine et un roi, et une pastorale cent fois moins tragique que les scènes intéressantes du *Pastor Fido*[1]. » — « Je n'ai jamais cru que la tragédie dût être à l'eau de rose. L'églogue en dialogues, intitulée *Bérénice*, était indigne du théâtre tragique; aussi Corneille n'en fit-il qu'un ouvrage ridicule; et ce grand maître Racine eut beaucoup de peine, avec tous les charmes de sa diction élégante, à sauver la stérile petitesse du sujet[2]. »

Ne discutons pas pour le moment certaines théories que Voltaire hasarde dans les lignes qui précèdent; ne nous demandons pas si l'amour qui n'est qu'amour ne peut pas intéresser autant que l'amour avec des conséquences funestes et terribles; ne nous indignons pas contre cette qualification d'églogue, quelque impertinente qu'elle nous paraisse : nous constatons que Racine a su faire un ouvrage touchant sans surcharger son sujet; et que, mis aux prises avec le même sujet, Corneille y a introduit des éléments étrangers sans lesquels il n'aurait évidemment pas pu arriver à remplir ses cinq actes.

Que trouvons-nous, en effet, dans la pièce de Corneille? Deux intrigues qui se croisent. Domitie, qui aime Domitian et en est aimée, veut par ambition se faire épouser de Tite; Domitian voudrait, au contraire, que Tite épousât Bérénice, afin qu'il lui laissât Domitie.

La situation, comme on le voit, est un peu compliquée. Au premier acte, Domitie s'apprête à épouser Tite : celui-ci fait par politique ce qu'elle fait uniquement par ambition; mais la venue de Bérénice, qu'un ami de Domitian a fait arriver, va renverser tous ces projets.

Au deuxième acte, le poète nous montre Tite regrettant Bérénice, Domitian le priant de lui laisser son amante, lorsque l'ar-

1. Épître à la duchesse du Maine en tête de son *Oreste*.
2. Préface des *Pélopides*.

rivée de Bérénice, imprévue pour Tite et pour Domitie, répand dans leur cœur le trouble et la confusion.

> Adieu, madame, adieu,

dit-il à Domitie,

> dans le trouble où je suis,
> Me taire et vous quitter, c'est tout ce que je puis.
> (II, 6.)

Ce n'est qu'à la fin du deuxième acte que les quatre personnages sont en présence, et que l'intrigue se noue réellement.

Le troisième acte est presque un acte de comédie. On y voit une scène de jalousie entre les deux rivales, après que Domitian a vainement engagé Domitie à se contenter du frère de l'empereur. (III, 2.)

Voilà donc Tite placé entre les deux rivales dont l'une aime Tite et l'autre l'empereur. Entraîné par son amour, il va jusqu'à vouloir renoncer à l'empire. (III, 5.)

Bérénice nous déclare qu'elle se contenterait de choisir l'impératrice, elle veut que Tite « la prenne de sa main ». (IV, 1.) Domitian voyant Domitie de plus en plus décidée à se faire épouser se résout à faire agir la jalousie, comme on le lui conseille.

> Demandez Bérénice afin d'obtenir l'autre.
> (IV, 4.)

On comprend les irrésolutions de Tite : d'un côté, Domitie le somme, la menace à la bouche, de l'épouser ; de l'autre, Bérénice le supplie de différer un peu son hymen et ne pas permettre au sénat de la bannir. Il va céder, le sénat prévient ses désirs ; proclame Bérénice Romaine ; elle peut devenir impératrice : et c'est alors qu'elle refuse. (V, 5.)

La voilà tout à fait héroïne : c'est « une âme romaine » qui trouve sa gloire à « ce refus généreux » et qui se console en disant :

> Votre cœur est à moi, j'y règne, c'est assez.
> Ne me renvoyez pas, mais laissez-moi partir.
> Ma gloire ne peut croître, et peut se démentir.
> Elle passe aujourd'hui celle du plus grand homme,
> Puisqu'enfin je triomphe et dans Rome et de Rome.
> J'y rentrais exilée et j'en sors triomphante.

Encore une fois, c'est héroïque, ce n'est guère touchant. Tite désespéré jure de n'en point épouser d'autre et de laisser Domitie à Domitian.

L'œuvre de Racine ne nous offre pas une pareille complexité. Titus n'est pas placé entre deux rivales, mais entre sa gloire et son amour; le seul personnage ajouté est Antiochus, qui sert d'intermédiaire entre les deux amants et qui reçoit le contre-coup des joies et des déceptions de Bérénice.

Le sujet n'est autre en effet qu'une rupture, et aucun élément étranger ne vient se mêler à l'intrigue. Au premier acte, tout nous apprend et nous fait comprendre l'amour de Titus et de Bérénice, — non seulement la joie de cette dernière, mais aussi la douleur d'Antiochus qui part désespéré. C'est à peine si nous remarquons ces objections, si graves cependant, et qui contiennent en germe toutes les luttes qui vont suivre.

> Titus n'a point encore expliqué sa pensée.
> Rome vous voit, madame, avec des yeux jaloux :
> La rigueur de ses lois m'épouvante pour vous
> L'hymen chez les Romains n'admet qu'une Romaine :
> Rome hait tous les rois et Bérénice est reine.
>
> (I, 5.)

Titus et Bérénice se sépareront-ils? Telle est la seule question qui se pose. Attendri par le désespoir de la reine, Titus veut mettre fin à ses jours : cette résolution ébranle Bérénice, qui se sentant toujours aimée, par un dernier effort veut couronner tout le reste.

Elle résume ainsi le dénouement :

> Je l'aime, je le fuis; Titus m'aime, il me quitte.

6° Si Racine n'avait pas mis tant d'art dans la composition de *Bajazet*, il aurait pu être tenté de nous faire connaître les coutumes et les mœurs des Ottomans par des incidents ou des épisodes caractéristiques : pour ne pas compliquer l'action, il les a de parti pris éloignés, et n'a fait qu'un usage très sobre des muets et des vizirs, et de tout cet attirail extérieur que Saint-Evremond, à propos de l'*Alexandre*, lui reprochait de ne pas employer. Un autre danger était de nous présenter, à côté d'une intrigue d'amour, une intrigue politique, qui, prêtant davantage aux grands développements et aux grands sentiments, aurait fini par attirer toute notre attention. N'est-ce pas un peu ce qui était arrivé à Corneille dans sa pièce d'*Othon*, qui renferme d'ailleurs des portraits si énergiques des Romains de l'Empire, et quelques-uns des plus beaux vers qu'il ait écrits? Nous pouvons d'autant mieux faire ce rapprochement que cette tragédie de Corneille contient en germe celle de *Bajazet*.

Othon aime Plautine et va malgré lui faire sa cour à Camille, nièce de Galba, comme Bajazet, qui aime Atalide, va malgré lui vers Roxane, qui peut lui donner l'empire ottoman. Il y a même certaines scènes qui se répondent assez bien. Ainsi Plautine (I, 4) engage Othon à aller vers Camille; elle se contentera d'un amour épuré :

> Il est un autre amour dont les vœux innocents
> S'élèvent au-dessus du commerce des sens.
> Donnez la main, mais gardez-moi le cœur...

Aussi héroïque au fond, mais moins fière dans ses propos, Atalide ordonne à Bajazet de plaire à la sultane :

> Il faut vous rendre : il faut me quitter et régner.
> Dites tout ce qu'il faut, seigneur, pour vous sauver.
> (II, 5.)

De même on peut comparer la scène où Plautine (II, 1) se fait raconter l'entrevue d'Othon et de Camille, à celle où Atalide se fait raconter l'entrevue de Bajazet et de Roxane. (III, 1.)

Mais si la situation est la même, quelle différence dans la peinture des sentiments! quelle peinture, chez Racine, merveilleusement fine et profonde du dévouement qui pousse au sacrifice, mais qui ne peut pas étouffer l'amour! Du reste, chez Corneille, les scènes politiques sont au premier plan; elles sont de beaucoup les plus nettes, les mieux écrites, les plus intéressantes; les autres ont un peu l'air de hors-d'œuvre, et se rapprochent même parfois du ton de la comédie [1]. Chez Racine, sans doute, la politique est mêlée à l'intrigue, mais le fond du drame repose sur l'amour. Tous les plans du grand vizir s'appuient sur

---

1. Voir surtout au quatrième acte la scène quatrième entre Plautine et Camille.

Bajazet; Bajazet dépend de Roxane, qui dépend elle-même de sa passion : c'est ce qui fait l'unité et la simplicité de la pièce.

La première scène, qui renferme une des plus habiles expositions qu'il y ait au théâtre, nous explique la situation de chacun des personnages. Acomat a bien l'air de mener toute l'intrigue : c'est lui qui a montré Bajazet à Roxane et fait naître l'amour de la sultane; c'est lui qui a fait précipiter dans le fond de l'Euxin l'esclave qui venait de la part d'Amurat demander la tête de son frère; c'est lui qui pousse Bajazet au trône; et, pour que tout soit prévu, il doit lui-même épouser Atalide, afin de s'assurer un appui contre Bajazet. Mais tout cet échafaudage, un caprice de Roxane, une maladresse de Bajazet peut le renverser; la prudence d'Acomat pourra bien préparer les événements : c'est la passion de Roxane ou celle de Bajazet qui amènera le dénouement. Ce n'est pas un drame politique, c'est un drame de passion. Et nous le comprenons bientôt : Acomat presse Roxane de se déclarer; les arguments qu'il présente sont irréfutables.

Que répond-elle ?

> Je verrai Bajazet. Je ne puis dire rien
> Sans savoir si son cœur s'accorde avec le mien.
> (I, 2.)

> Enfin, belle Atalide,
> Il faut de nos destins que Bajazet décide.
> Pour la dernière fois je le vais consulter.
> Je vais savoir s'il m'aime....
> (I, 3.)

Et le drame se précipite : incertitudes d'Atalide, fureur de Roxane que Bajazet refuse d'épouser, prières d'Atalide l'engageant à obéir à la sultane, premier soupçon de Roxane devant la froideur de Bajazet, soupçon confirmé par l'évanouissement d'Atalide et le billet que l'on trouve enfermé dans son sein; rupture violente et définitive de Roxane et de Bajazet, qui sort pour être égorgé, tandis que Roxane sera tuée par ordre d'Amurat, et qu'Atalide se punira elle-même d'avoir causé la mort de son amant

> ....par ses artifices,
> Ses injustes soupçons, ses funestes caprices.

Comme on le voit, les événements sont peu nombreux : l'arrivée d'un esclave, un billet trouvé, la révolte à main armée d'Acomat ne compliquent pas beaucoup l'action.

7° Dans *Mithridate*, Racine ne s'est pas laissé aller à peindre la résistance du roi de Pont aux Romains et à faire des péripéties de cette lutte le fond même de son drame : ce n'en est, en effet, que le cadre. Mithridate étant le personnage important de la pièce, le poète ne pouvait se dispenser de montrer en lui l'ennemi des Romains, mais il ne serait pas exact de dire qu'il y a ici comme deux parties soudées ensemble : l'une, où nous voyons la résistance historique de Mithridate aux Romains; l'autre, où nous voyons les amours inventées de Xipharès et de Monime. Non, il y a ici unité d'action et très grande simplicité dans l'intrigue. Quels sont les faits que Racine imagine ou prend dans l'histoire? Au début, le retour de Mithridate qu'on avait cru mort; à la fin, la trahison de Pharnace, la révolte des soldats et la mort du vieux roi. Quel est donc le sujet de la pièce? L'amour de Mithridate pour Monime. Nous verrons plus tard si ce sujet est ridicule ou trop romanesque. Pour le moment, nous constatons que c'est lui qui fait l'unité et la simplicité de l'action. C'est cet amour qui rend si critique la situation de Pharnace, de Monime et de Xipharès; c'est cet amour, dont il est toujours enflammé, qui fait venir Mithridate aux lieux où est la reine, qui lui fait trouver étrange la présence à Nymphée de ses deux fils, qui provoque le désintéressement sublime et de Xipharès et de Monime (II, 6); c'est encore lui qui le pousse à sonder les intentions de ses fils, et surtout de Pharnace dont il se défie; c'est sa jalousie, et par conséquent son amour, qui lui inspire cet artifice et ce mensonge, qui doivent lui faire connaître la vérité; c'est cet amour qui rend terribles sa colère et sa dissimulation, qui le rendrait implacable pour Xipharès, qui retient son bras quand Monime ose lui résister en face (IV, 4); c'est cet amour qui l'aurait poussé à sacrifier même Xipharès, si la mort n'était venue l'arrêter; c'est lui encore qui lui permet en mourant de récompenser son fils de son zèle.

> Vous me tenez lieu d'empire et de couronne,
> Vous seule me restez, souffrez que je vous donne,
> Madame, et tous ces vœux que j'exigeais de vous,
> Mon cœur pour Xipharès vous les demande tous.

On voit bien qu'il n'y a pas là un drame historique mêlé à une intrigue d'amour, mais un drame de passion dans un cadre historique. On voit qu'il n'y a pas là une accumulation de faits, propre à faire ressortir peut-être le savoir de l'écrivain, mais aussi à étouffer le véritable sujet, le seul qui nous intéresse : l'amour de Mithridate pour Monime, et les conséquences funestes qu'entraîne cet amour du vieux roi.

8° Dans les deux pièces suivantes, imitées d'Euripide, Racine n'a pas cru devoir conserver la très grande simplicité de la tragédie grecque; — ce qui ne veut pas dire que l'intrigue de son *Iphigénie* et de sa *Phèdre* soit bien compliquée. Seulement il a compris que les croyances religieuses et les traditions nationales donnaient à ces pièces pour les Grecs un intérêt qui ne suffirait pas aux spectateurs du XVIIe siècle; il a compris que l'amour avec ses violences et ses jalousies pouvait rendre l'intrigue de ces pièces plus dramatique sans la compliquer beaucoup. Si donc par rapport à Euripide et au théâtre grec, Racine a moins de simplicité, nous ne pouvons pas lui reprocher cependant un trop grand nombre d'incidents ni une trop grande complication d'intrigue.

L'intrigue de l'*Iphigénie* d'Euripide est d'une extrême simplicité. « La fable d'Iphigénie [1], réclamée comme victime expiatoire au nom de Diane, amenée jusqu'à l'autel sous le prétexte de son hymen avec Achille, sauvée enfin au moment du sacrifice par la déesse, qui la transporte dans son temple de Tauride et en fait sa prêtresse, après lui avoir substitué, sous le couteau sacré, une biche », cette fable, Euripide la rend intéressante en peignant les hésitations d'Agamemnon, la violence et le repentir de Ménélas, l'amour maternel de Clytemnestre, la colère d'Achille, la douleur, puis la résignation d'Iphigénie. Sans doute il y avait là les éléments d'un chef-d'œuvre, puisque Euripide en a tiré son *Iphigénie*. Mais avouons que pour des

---

[1] Patin, *Euripide*, t. 1, p. 5.

spectateurs français, c'eût été un spectacle un peu sévère, manquant sinon d'émotion, du moins de passion et de mouvement; d'autant plus que le Ménélas et l'Achille d'Euripide étaient presque impossibles sur notre scène, et que le dénouement de la pièce grecque, consacré par les légendes religieuses, ne pouvait que nous paraître absurde.

Je ne crois donc pas qu'on puisse faire un reproche à Racine d'avoir apporté au drame grec des changements et des additions.

Avant Racine, Rotrou, qui cependant suit d'assez près le poète grec, n'avait pas cru pouvoir se contenter des éléments fournis par Euripide. Il avait ajouté l'amour d'Achille pour Iphigénie.

On sait que, dans la pièce grecque, Achille n'aime pas Iphigénie, qu'il ne la connaît même pas : s'il prend sa défense, c'est irrité contre Agamemnon à cause de l'abus qu'on a fait de son nom. Nous trouvons très naturelle chez un poète grec du ve siècle avant notre ère cette peinture d'un héros de l'époque homérique; mais nous trouvons très naturelle aussi la modification apportée à ce caractère par nos poètes du xviie siècle. L'amour d'Achille rendra la pièce encore plus dramatique pour nous. C'est ce qu'avait compris Rotrou : mais chez lui cet amour est tout à fait romanesque. Il ne précède pas l'action; il naît presque à la fin de la pièce : car son Achille, qui ne paraît qu'à la quatrième scène du troisième acte, ne voit Iphigénie qu'à la cinquième scène du quatrième acte. Il ne l'avait jamais vue : il en devient tout d'un coup amoureux; de saisissement il laisse tomber son épée; son cœur est « foudroyé », il est « vaincu d'un seul de ses regards ».

Combien est plus vrai l'Achille de Racine qui aime avant le lever du rideau et qui défend avec passion son amante et sa fiancée!

On doit encore à Rotrou la fermeté théâtrale d'Iphigénie, fermeté que nous retrouverons, quoique avec moins d'exagération, dans l'héroïne de Racine; et le personnage d'Ulysse, dont Racine tirera un excellent parti, supprimant du reste le personnage de Ménélas, que Rotrou avait conservé.

Rotrou avait osé mettre le dénouement en action : au moment où Calchas allait immoler Iphigénie, elle était enlevée au ciel, et Diane apparaissait.

Ce dénouement fabuleux, Racine a le bon goût de ne pas l'accepter; et il peut en présenter un autre plus vraisemblable par la mort d'Ériphile qui est sacrifiée au lieu d'Iphigénie. Ce personnage d'Ériphile appartient tout entier à Racine. Il complique évidemment l'action, mais sans l'embarrasser; sa jalousie envieuse donne plus de mouvement à la pièce; elle ne dédouble nullement l'action puisqu'elle accroit simplement les dangers d'Iphigénie; et enfin elle permet à Racine de remplacer un dénouement surnaturel par un dénouement naturel.

Ici encore, nous ne trouvons pas que les additions de Racine nuisent beaucoup à la simplicité d'action, quoique nous reconnaissions sans peine encore plus de simplicité dans la pièce d'Euripide.

9° Nous ferons la même observation pour *Phèdre*. Nous n'avons pas ici à montrer les profondes modifications apportées par Racine à l'œuvre d'Euripide : il est bien évident que la rivalité des deux déesses, Diane et Vénus, ne pouvait pas intéresser les spectateurs du XVII° siècle, qui d'ailleurs n'auraient pas été bien touchés par la chasteté sauvage d'Hippolyte. Le poète s'est surtout appliqué à mettre en lumière la passion de Phèdre et ses remords.

Examinons l'intrigue de sa pièce. Elle est moins simple que celle de ses devanciers, Euripide et Sénèque.

Au premier il a, d'une façon générale, emprunté l'entrée de Phèdre, les aveux d'Œnone, et la scène où Thésée maudit et chasse son fils; au second, la scène des aveux de Phèdre à Hippolyte, et la scène de la fin où elle revient pour le justifier. De plus, tandis que le Thésée d'Euripide revient de consulter l'oracle, celui de Racine, comme celui de Sénèque, revient des Enfers où l'avait entraîné son amitié pour Pirithoüs.

Racine a ajouté à ces éléments le personnage d'Aricie, et la fausse nouvelle de la mort de Thésée (I, 4). Cette dernière innovation nous paraît très heureuse. Phèdre restait accablée après ses aveux à Œnone, Œnone n'avait plus d'arguments à présenter à sa maîtresse :

> Madame, je cessais de vous presser de vivre;
> Déjà même au tombeau je songeais à vous suivre;

Pour vous en détourner je n'avais plus de voix;
Mais ce nouveau malheur vous prescrit d'autres lois.
Votre flamme devient une flamme ordinaire.

(I, 5.)

Et Phèdre, qui n'aurait jamais osé parler à Hippolyte, osera, malgré elle et poussée par sa passion, lui parler de son amour.

L'invention du personnage d'Aricie a soulevé de plus nombreuses critiques. Était-il possible cependant de représenter sur la scène française, en l'an 1677, un jeune héros insensible et farouche, sacrifiant à Diane et insultant Vénus, comme celui d'Euripide; ou s'écriant, comme celui de Sénèque : « Je hais toutes les femmes, je les déteste, je les fuis, je les abhorre! Soit raison, soit instinct, soit colère aveugle, je veux les haïr.

> *Detestor omnes, horreo, fugio, exsecror.*
> *Sit ratio, sit natura, sit dirus furor;*
> *Odisse placuit.*

(Vers 566-568.)

Etait-il possible de faire admettre, je ne dis pas admirer, la beauté virginale de ce chasseur, dévot adorateur de Diane?

Évidemment non. C'était donc pour Racine une nécessité de rendre Hippolyte amoureux. Je ne prétends pas qu'il n'y ait quelque longueur et quelque fadeur dans ces amours, quoique après tout on soit bien sévère pour ces délicates analyses de sentiments. Mais de plus, n'y a-t-il pas là un contraste intéressant entre l'amour timide d'Aricie et la passion ardente de Phèdre? Et peut-on blâmer l'invention d'un personnage sans lequel eût été impossible la scène de la jalousie, la plus belle scène peut-être qu'il y ait au théâtre? (IV, 6.)

Là non plus, par conséquent, nous ne voyons pas de grande complication d'intrigue.

10° Laissons de côté toutes les allusions que Racine a pu faire à des personnages contemporains; ne nous demandons pas s'il ne s'est pas éloigné de la Bible plus qu'il ne le croit ou, tout au moins, plus qu'il ne le dit; prenons le drame qui se trouve dans *Esther*.

Les poètes, qui avant Racine, ont traité ce sujet, n'ont pas toujours su lui laisser sa simplicité et se sont perdus dans de trop grandes complications : témoin ce Pierre Mathieu qui en

1578 donna son *Esther*, dans laquelle la répudiation de Vasthi tenait autant de place que la chute d'Aman, si bien que plus tard (en 1589), il tira de sa première pièce une *Vasthi* et un *Aman*. De même, quoique avec moins de longueur, dans l'*Esther* de du Ryer (1643), la rivalité d'Esther et de Vasthi occupe les trois premiers actes.

Racine ne dira que quelques mots de la disgrâce de l'altière Vasthi (vers 31-36), et nous fera entrer tout de suite dans le véritable sujet, la lutte entre Esther et Aman, lutte qui se terminera par la chute du tout-puissant favori. Dans cette lutte, dont la vie de tout un peuple est l'enjeu, l'ambitieux et orgueilleux Aman est soutenu par les services qu'il a rendus au roi, et par la confiance qu'il lui inspire; Esther est soutenue par l'amour du roi; par la « vigilance » de Mardochée; enfin et surtout par Dieu, qui, ici comme dans *Athalie*, conduit les événements.

Cette intervention de Dieu et cette confiance en Dieu éclatent d'un bout à l'autre de la pièce.

C'est Dieu qui fait naître l'amour du roi :

> Dieu tient le cœur des rois entre ses mains puissantes.
> Et le ciel, qui pour moi fit pencher la balance,
> Dans ce temps-là sans doute agissait sur son cœur.
> (I, 1.)

Sa puissance est attestée par Mardochée quand il ordonne à Esther de parler pour le peuple juif (I, 3); par Esther quand elle supplie son souverain roi (I, 4) d'accompagner ses pas

> Devant ce fier lion qui ne le connaît pas;

quand, voulant confondre Aman, elle supplie

> Ce Dieu, maître absolu de la terre et des cieux,

de confondre l'audace et l'imposture. Cela seul suffirait à faire l'unité de cette pièce.

Considérée à un point de vue purement humain, elle est encore très simple. Le premier acte nous fait connaître Esther et nous apprend le péril des Juifs; le second nous fait connaître Aman. La récompense donnée à Mardochée et sur l'avis d'Aman lui-même ne fait qu'accroître encore sa haine contre cet homme, qui sera cause par sa fierté du massacre des Juifs : il semble que rien ne peut les sauver. Esther paraît (II, 7) : la lutte est engagée.

Les premières scènes du troisième acte nous dévoilent tous les replis de l'âme d'Aman : sa fureur de l'humiliation qu'il a subie lui fait savourer d'avance le plaisir de la vengeance. Esther démasque ses artifices, et le misérable, malgré ses supplications, est puni par ordre du roi.

11° Dans *Athalie*, la lutte est engagée entre Joad, représentant de Dieu, et Athalie, ou plutôt entre Dieu et Athalie.

> Dieu des Juifs, tu l'emportes !

dira-t-elle elle-même :

> Impitoyable Dieu, toi seul as tout conduit.

Joad le proclame assez haut :

> Et comptez-vous pour rien Dieu qui combat pour nous ?
> Mais ma force est au Dieu dont l'intérêt me guide.

On a souvent blâmé l'extrême simplicité du sujet : aussi n'aurai-je pas grand'peine à l'établir.

Athalie, inquiétée par un songe, poussée par un instinct secret, que les païens eussent appelé fatalité, entre au temple des Juifs pour tâcher d'apaiser leur Dieu : elle y aperçoit un enfant qui ressemble étonnamment à celui qu'elle a vu en rêve; elle veut le regarder de plus près ; puis, charmée par lui et poussée par Mathan, elle demande qu'on le lui livre. L'action va se nouer. En effet, cet enfant est Joas, et depuis longtemps le grand prêtre prépare une restauration de l'héritier légitime. Au premier acte, il s'est assuré le concours d'Abner, sans le mettre dans la confidence, et il a déclaré à Josabeth qu'il fallait enfin parler. La demande d'Athalie précipitera le dénouement. Joad refuse de livrer l'enfant et proclame Joas. Il fait croire cependant à Abner qu'il est disposé à contenter la reine, pourvu qu'elle vienne sans une trop forte escorte. Athalie tombe dans le piège : elle est égorgée.

L'action est des plus simples, il est vrai, mais elle est en même temps, quoi qu'en dise Voltaire, des plus vives et des plus dramatiques.

CONCLUSION. — Nous voyons donc que, depuis sa première jusqu'à sa dernière pièce, Racine est resté fidèle à cette simplicité d'action, qui est un des caractères les plus frappants de son théâtre, pour nous un de ses plus rares mérites, pour d'autres un de ses plus grands défauts. Qu'il écrive *la Thébaïde* ou qu'il compose *Athalie*, il s'efforcera d'employer le moins de matière possible. Si cependant il lui arrive d'ajouter quelque chose à certains sujets pris dans Euripide, nous avons pu nous rendre compte que ces additions ne compliquaient pas beaucoup l'intrigue, et qu'elles étaient en outre presque toujours commandées par les conditions mêmes du théâtre moderne. S'il prend son sujet dans l'histoire, il sait résister à la tentation de faire montre de son érudition; il ne croit pas que l'histoire soit une matière dramatique qui puisse se traiter et intéresser par elle-même; il ne fera pas de tragédies politiques. Il sacrifie sans hésitation les événements ou les personnages qui ne feraient que compliquer le drame ou encombrer la scène.

Non seulement, en effet, ce système dramatique n'admet pas un grand nombre de faits; il n'admet pas non plus un grand nombre de personnages : non pas qu'avec peu de personnages une action soit nécessairement simple, mais avec beaucoup elle risque fort de présenter des complications inutiles, et le poète ne peut que faire défiler devant nous, en les esquissant à peine, les personnages de son drame.

Ce système s'adapte merveilleusement à la règle des trois unités, et pourrait même en être un de ses plus heureux effets. Un drame touffu, surchargé d'événements et de personnages, ayant la prétention de nous montrer le spectacle infiniment varié d'une époque ou les différentes transformations d'un personnage, ne pourra pas évidemment se contenter d'un seul jour et d'un seul lieu, et aura beaucoup de mal à se renfermer dans une seule action.

Au contraire, un drame renfermant très peu d'événements et faisant agir un nombre assez restreint de personnages, pourra bien plus facilement, — je ne dis pas devra, — se renfermer dans un seul jour, un seul lieu, une seule action.

Par suite, une pièce réduite à sa plus extrême simplicité d'intrigue, loin d'être gênée par ces règles ou conventions, semblera s'y conformer naturellement. « Ces lois observées, dit Voltaire [1], non seulement servent à écarter les défauts, mais elles amènent de vraies beautés; de même que les règles de la belle architecture, exactement suivies, composent nécessairement un bâtiment qui plaît à la vue. On voit qu'avec l'unité de temps, d'action et de lieu, il est bien difficile qu'une pièce ne soit pas simple; aussi c'est là le mérite de toutes les pièces de M. Racine, et celui que demandait Aristote. M. de Lamotte, en défendant une tragédie de sa composition, préfère à cette noble simplicité la multitude des événements. »

J'en dirai de même pour la forme du poème dramatique que Racine ne cherche point à varier. Sauf *Esther*, qui ne fut pas écrite pour le théâtre, toutes ses tragédies sont coulées dans le moule ordinaire, qu'il avait reçu de ses prédécesseurs. Est-ce faiblesse d'invention? infériorité de génie? Nul ne le pensera. Cette forme lui paraît suffisamment bonne et il s'y tient. Changer un usage accepté depuis si longtemps, et qui venait de l'antiquité latine, s'insurger contre Horace et les nombreux auteurs de Poétiques, eût été, en somme, une innovation plus apparente que réelle. Racine, convaincu peut-être que cette ancienne division était la meilleure pour le développement que demande la tragédie, n'a pas cherché dans cette question à se distinguer de ses prédécesseurs. C'est sur d'autres points qu'il fera porter l'effort de son génie. Nous ne prétendons nullement déclarer par là qu'une tragédie en quatre actes, qui ne respecterait pas l'unité de temps et celle de lieu, serait nécessairement mauvaise : mais nous voulons faire remarquer que Racine n'est en rien gêné par les trois unités et qu'il n'éprouve pas le besoin d'allonger ou de raccourcir les cinq actes de la tragédie; que la simplicité de ses pièces s'accommode aussi bien de ces règles que de cette convention.

Nous avons parlé plus haut de ceux qui blâmaient cette simplicité : c'est que l'on confond quelquefois la simplicité avec l'absence d'action. Voltaire, que nous avons vu si enthousiaste de la simplicité de Racine, dira ou plutôt fera dire à un Anglais, « l'un des meilleurs esprits qu'ait produits la Grande-Bretagne », dans le

---

1. Préface d'*Œdipe*, édition de 1730.

Discours historique et critique : « Si on ne joue point *Athalie* à Londres, c'est qu'il n'y a point assez d'action pour nous; c'est que tout se passe en longs discours; c'est que Josabeth et Mathan sont des personnages peu agissants; c'est que le grand mérite de cet ouvrage consiste dans l'extrême simplicité et dans l'élégance noble du style. La simplicité n'est point du tout un mérite sur notre théâtre! nous voulons bien plus de fracas, d'intrigues, d'action et d'événements variés. Les autres nations nous blâment; mais sont-elles en droit de vouloir nous empêcher d'avoir du plaisir à notre manière [1]? En fait de goût comme de gouvernement, chacun doit être le maître chez soi. Pour la beauté de la versification elle ne peut jamais se traduire. Enfin le jeune Éliacin en long habit de lin et le petit Zacharie, tous deux présentant le sel au grand prêtre, ne feraient aucun effet sur les têtes de mes compatriotes, qui veulent être profondément occupés et fortement remués. » Nous ne voulons relever ici que la confusion faite par Voltaire entre la simplicité et l'absence d'action. Sans doute il n'y a pas chez Racine ce fracas, ces intrigues, cette variété d'événements, qui se trouvent chez la plupart des écrivains dramatiques : c'est en cela que consiste le mérite de sa simplicité. Mais il y a en général dans ses pièces assez d'action, et une action assez vive, assez pathétique, assez féconde en péripéties, pour intéresser et émouvoir lecteurs et spectateurs. Il nous serait trop facile de trouver beaucoup de pièces pleines de fracas, par lesquelles nous ne sommes ni « profondément occupés ni fortement remués ».

Donc Racine n'hésite pas à se priver de tout l'intérêt que la variété des événements, la complication de l'intrigue, le mouvement extérieur de la scène, les questions politiques traitées par des personnages historiques, l'attrait de nouvelles formes dramatiques peuvent apporter à ses pièces. Il se prive volontairement de tous ces secours, qui souvent ont suffi pour faire un grand succès, ou tout au moins pour en donner l'illusion.

Sur quoi donc compte-t-il pour remplir ses pièces et intéresser les spectateurs? Sur l'étude et le développement des caractères.

---

1. C'est précisément ce qu'un Français, partisan de notre tragédie classique, pourrait à son tour répondre à cet Anglais.

Évidemment, et pour ne parler que du xvii siècle, l'auteur du *Cid* et de *Polyeucte* lui avait tracé la route. Mais que de fois Corneille lui-même s'en était écarté! que de fois avait-il abandonné la tragédie de caractère pour la tragédie de situation, la tragédie implexe! Et dans ses dernières pièces, surtout, que de fois l'habileté ou la subtilité de l'intrigue avait remplacé l'étude du cœur humain!

Dès ses premières pièces, c'est cette étude de l'homme qui semble le plus préoccuper Racine, « le poète de l'univers qui a le mieux connu le cœur humain [1] ».

1. Voltaire, *Siècle de Louis XIV*, chap. sur le Jansénisme.

CHAPITRE II

LES CARACTÈRES

Les passions. — 1° L'amour. L'amour chez les hommes. Amour violent : Oreste, Pyrrhus, Néron, Mithridate, Pharnace. — 2° Amour chevaleresque : Britannicus, Achille, Bajazet, Xipharès, Hippolyte, Antiochus, Titus. — 3° L'amour chez les femmes. Amour timide : Junie, Iphigénie, Aricie. — Amour héroïque : Atalide, Bérénice, Monime. — Amour violent : Ériphile, Hermione. — Amour sensuel : Roxane. — 4° La jalousie dans le théâtre de Racine. — La jalousie n'existe pas dans le théâtre de Corneille. Elle apparaît chez Rotrou, dans Hercule mourant; surtout dans Laure persécutée et dans Venceslas. Elle est plus d'une fois traitée par Racine : Hermione, Néron, Mithridate, Phèdre. — 5° L'amour maternel : Andromaque et Clytemnestre. 6° L'ambition chez la femme : Agrippine, Athalie. — 7° L'ambition chez les hommes : Agamemnon, Acomat, Joad. — 8° Personnages secondaires : Ulysse, Narcisse, Œnone, Mathan, Aman, Abner; chacun a une physionomie particulière. — 9° Le christianisme dans le théâtre de Racine. En même temps que nos faiblesses il peint le châtiment. — Rapport du jansénisme de Pascal et de la morale de Racine. Racine et les sujets bibliques. — 10° Conclusion à tirer de l'analyse des caractères. Les personnages de Racine sont, non pas abstraits, mais généraux, non pas froids et uniformes, mais vivants, variés et passionnés. Opinion de Voltaire au sujet de l'amour dans le théâtre de Racine. Les personnages ne sont pas des peintures historiques. Il ne devait pas, il ne pouvait pas le faire, en réalité il ne l'a pas fait. Ce ne sont pas non plus des portraits des contemporains. — 11° Conséquences générales de la substitution de la tragédie de caractère à la tragédie de situation.

Voyons donc quels sont les caractères qu'il nous présente dans son œuvre [1].

Que de critiques n'a-t-on pas dirigées contre les personnages du théâtre classique et contre ceux de Racine en particulier. « Corneille et Racine, a-t-on dit, ont fait des discours admirables, et n'ont pas créé un seul personnage vivant. » Nous espérons mon-

---

[1]. Nous laisserons de côté pour le moment la *Thébaïde* et *Alexandre* qui feront un peu plus tard l'objet d'une étude spéciale.

trer par une simple analyse que ces êtres abstraits, ces êtres de raison sont des êtres bien réels et bien vivants, et que pour être des caractères généraux, ce qui est un mérite, ils n'en sont pas moins très humains.

D'*Andromaque* à *Athalie*, ce sont bien des êtres humains, emportés le plus souvent par leurs passions que nous allons voir défiler devant nous.

Racine a peint avec une égale perfection les diverses passions qu'il a mises dans le cœur de ses personnages; il en est une, cependant, qui semble l'attirer davantage, c'est l'amour. C'est en effet la plus générale de toutes; tous les hommes l'ont ressentie ou ont cru la ressentir; elle est sinon de tous les âges, du moins de toutes les conditions; elle a dans l'histoire, aussi bien que dans la vie ordinaire, des conséquences bien souvent funestes; elle occupe, elle intéresse dans la réalité comme dans la fiction.

Elle occupe, elle intéresse surtout la femme plus sensible et plus désœuvrée; la femme se laisse guider surtout par le sentiment, dans le bien comme dans le mal; elle n'a pas toujours le contrepoids de la raison; elle n'a pas, surtout dans un certain monde, ces mille occupations, qui sont pour l'homme une nécessité ou un plaisir, mais toujours une distraction; elle a plus de temps pour le rêve et l'analyse de ses sentiments, et le rêve et l'analyse surexcitent les sentiments; elle a peut-être aussi davantage le besoin de se dévouer et de se donner. Ses qualités comme ses défauts, tout la pousse de ce côté. Nous trouvons tout naturel qu'elle se livre à cette passion; il nous faut un certain effort pour l'accepter mêlée à des occupations qui nous paraissent du domaine de l'homme. Nous l'aimons mieux femme et faible, qu'héroïne et forte.

Mais pour que la passion nous intéresse, il faut qu'elle soit tragique, qu'elle soit par conséquent violente et exaspérée; qu'elle mène les personnages et fasse marcher les événements. On peut bien dans la vie être partagé entre divers sentiments ou diverses occupations : au théâtre, ce partage, j'oserai presque dire cette dispersion de l'être humain sera plus difficile à faire accepter; en tout cas, un personnage sera d'autant plus intéressant qu'un sentiment dominera en lui, ce qui ne veut pas dire existera seul en lui.

L'amour et l'expression de l'amour diffèrent suivant l'âge, le sexe, la condition, le tempérament, les mœurs, le caractère; c'est ce qu'a bien vu Racine, et, chose plus rare, c'est ce qu'il a su nous montrer. Quoiqu'il ait fait autre chose que des peintures d'amour, quoiqu'il ait rendu d'autres passions avec autant de sûreté et de profondeur, c'est comme peintre de l'amour qu'il est surtout connu. Non seulement il a excellé dans la peinture de cette passion, ce qui n'est pas contesté, mais « il y a excellé le premier [1] » : c'est la grande nouveauté de son théâtre. Que d'amants et d'amantes avaient été mis avant lui sur le théâtre! mais combien leurs sentiments étaient froids et artificiels! que de subtilité dans leurs raisonnements que n'auraient pas désavoués les auteurs de l'*Astrée* ou du *Grand Cyrus*! Avec Racine nous entrons dans un monde nouveau : l'amour passion est mis pour la première fois sur la scène; l'amour avec ses délicatesses, mais aussi ses emportements, son égoïsme, son absence de scrupules, ses bassesses, ses lâchetés, ses infamies et ses crimes; l'amour tel que la nature le déchaîne quand il n'est pas maîtrisé par une loi morale plus haute et plus forte que lui.

Nous allons voir comment Racine a su peindre ses amants et ses amantes, quelle variété il a su mettre dans ses peintures, quoique cependant on lui ait reproché beaucoup de *monotonie*.

1º Oreste, Pyrrhus, Néron, Mithridate, Pharnace, représentent, avec des différences que nous allons noter, l'amour violent, sans scrupules.

Oreste est le seul type dans Racine de ces héros qui semblent maudits par la destinée et dévoués au crime et au malheur, héros qui seront chers aux poètes dramatiques du XIXe siècle et lanceront sur la scène leurs imprécations lyriques contre la force qui les conduit et les étreint [2]. Comme Xipharès, avec plus de raison que lui peut-être, il pourrait s'écrier :

> Je suis un malheureux que le destin poursuit.

---

1. Brunetière, *Revue des Deux Mondes*, du 1er mars 1884.
2. *Hernani* est le type le plus littéraire sinon le plus raisonnable de ces héros.
> Je suis une force qui va!
> Agent aveugle et sourd de mystères funèbres!
> Une âme de malheur faite avec des ténèbres!
> Où vais-je? Je ne sais, mais je me sens poussé
> D'un souffle impétueux, d'un destin insensé.
> (III, 4)

Cet Oreste vient directement d'Euripide, mais Racine l'a traité avec son goût et son tact habituels, ne le laissant jamais tomber ni dans la déclamation ni dans l'invraisemblance. Les deux traits qui le caractérisent c'est, d'une part, cette fatalité qui l'accable et l'entraîne ; de l'autre, son amour ardent pour Hermione, avec ses alternatives d'espérance et de désespoir. C'est son amour pour Hermione qui l'amène à la cour de Pyrrhus et non pas le désir de livrer aux Grecs le fils d'Andromaque.

> Heureux si je pouvais dans l'ardeur qui me presse
> Au lieu d'Astyanax lui ravir ma princesse.
> (I, 1.)

Aussi, quelle joie quand le refus de Pyrrhus lui donne quelque espérance ! mais c'est une joie un peu troublée par la connaissance qu'il a du cœur d'Hermione.

> Et le destin d'Oreste
> Est de venir sans cesse adorer vos attraits
> Et de jurer toujours qu'il n'y viendra jamais.
> (II, 2.)

Un instant cependant il croit pouvoir ne plus douter de son bonheur. Ne lui a-t-on pas dit ? « Je suis prête à vous suivre ». C'est à ce moment que Pyrrhus lui annonce qu'il se décide à épouser Hermione.

Pour comprendre à quelles extrémités pourra se porter sa fureur, il faut nous le figurer tel que le poète nous l'a montré au début, poursuivi par le sort dont il est la victime, accablé par le « courroux » de la fortune, succombant sous le poids de « cette mélancolie », qui depuis longtemps s'est emparée de son âme. Sa dernière espérance de bonheur est cet amour.

C'est à ce moment que Pyrrhus vient tranquillement lui annoncer qu'il a changé d'avis et qu'il épouse Hermione.

La fureur d'Oreste longtemps contenue éclate.

> Mon innocence enfin commence à me peser !

De nouveau abandonnée par Pyrrhus, Hermione lui demande de la venger en assassinant le roi d'Épire. Malgré son amour, malgré sa fureur, une telle proposition fait hésiter Oreste. C'est un trait de caractère. Oreste n'est pas une âme vile. Il peut bien s'écrier : « Je suis las d'écouter la raison ». Mais devant un assassinat, il recule épouvanté; les objurgations d'Hermione n'y feraient peut-être rien; il faut pour le décider que son amante menace d'accomplir elle-même ce qu'il n'ose exécuter. Cette résistance à Hermione, ainsi que l'amitié que lui a vouée Pylade, voilà ce qui nous attache à ce personnage. Enfin, la passion l'emporte.

Il devient parricide, assassin, sacrilège.

Pour qui? pour une ingrate qui, le meurtre commis, lui redemande Pyrrhus et va se tuer sur le corps de celui qu'elle n'a jamais cessé d'aimer. Ces coups répétés sont trop violents pour ne pas ébranler son esprit : le délire s'empare de lui; ses compagnons l'emportent privé de sentiment.

Pyrrhus, lui aussi, est entraîné par la violence de sa passion; lui non plus n'est pas maître de soi, étant « le jouet d'une flamme servile ». Mais que de différences avec Oreste! ce n'est plus ce maudit du Destin qui éclate en imprécations : il est roi; il y a chez lui plus de dignité et de calme, sinon dans les sentiments, du moins dans les paroles et dans le geste. Malgré ses perfidies, qu'Hermione pourra justement lui reprocher, malgré son parjure, il y a en lui une certaine magnanimité. Andromaque l'estime :

Je sais quel est Pyrrhus : violent mais sincère.
(IV, 1.)

Elle ne peut pas, elle ne veut pas l'épouser, mais elle lui laissera son fils. « Il fera plus qu'il n'a promis de faire. » Sa sincérité se montre bien dans son entretien avec Hermione; il n'essaye pas de la tromper :

J'épouse une Troyenne. Oui madame, et j'avoue
Que je vous ai promis la foi que je lui voue.
(IV, 5.)

C'est cette sincérité unie à un ardent amour qui nous attache à ce personnage, si faible du reste, et dont Pylade et Phœnix connaissent et jugent si bien la faiblesse.

Seuls, les personnages, emportés par leurs passions, ne se rendent pas compte de cet état d'esprit de Pyrrhus. Hermione

voit surtout sa cruauté et sa perfidie; Oreste attribue à son
arrivée fatale le retour de Pyrrhus vers Hermione :

> Le cruel ne la prend que pour me l'arracher.
> (III, 1.)

Non, certainement, Oreste ne le connaît pas. Mais Pyrrhus se
connaît assez lui-même. C'est bien à lui qu'on peut appliquer
les vers d'Ovide.

> *Video meliora proboque :*
> *Deteriora sequor.*

Cette connaissance de lui-même et de sa propre faiblesse n'est
pas un des traits les moins curieux de son caractère. Rarement
un poète a montré avec une netteté aussi impitoyable cet empire,
cette obsession de la passion sur une âme du reste noble et
élevée, qui a conscience de sa faiblesse et de ses perfidies.

C'est surtout quand il s'adresse à Hermione qu'il montre cette
connaissance de lui-même, qui désarme à force de franchise,
mais qui peut indigner à force de cynisme; — qu'on se rappelle
le passage qui commence par ces mots :

> Je ne viens point armé d'un indigne artifice
> D'un voile d'équité couvrir mon injustice.
> (IV, 5.)

Dans cette confession brutale et sincère il ne se ménage pas :

> Après cela, madame, éclatez contre un traître
> Qui l'est avec douleur et qui pourtant veut l'être.

On le voit, si lui aussi est l'esclave de son amour, il ne ressemble guère à cet Oreste furieux, précipité au crime malgré
lui par une inexorable fatalité.

Avec Néron apparaissent tous les vices, toutes les perfidies
que ce nom rappelle. Méchant et cruel, il a en lui les semences
de tous les vices; mais il a l'habitude de la soumission et d'une
vertu hypocrite, dont il ne s'est pas encore débarrassé. Depuis
longtemps, il désire secouer le joug de sa mère, devant laquelle
il tremble, et de Burrhus dont il respecte encore la probité. L'enlèvement de Junie sera l'occasion de cette lutte. D'un côté, avec

Néron, Narcisse soutenu par les instincts vicieux de son maître, de l'autre, avec Britannicus,

> ....Octavie, Agrippine, Burrhus,
> Sénèque, Rome entière et trois ans de vertus.
> (II, 2.)

De là, les hésitations, les indécisions, les retours en arrière. Mais finalement le monstre se découvrira. C'est, en effet, la transformation de Néron en monstre que le poète nous présente. Il ne s'agit pas ici des grands intérêts du peuple romain, « des affaires du dehors, comme dit Racine. Néron est ici dans son particulier et dans sa famille [1] ».

Voyons ce que l'amour va faire de ce maître du monde qui ne se connaît pas encore lui-même, mais que les yeux clairvoyants de Burrhus et de Narcisse ont déjà deviné.

C'est « un désir curieux » qui l'a mis pour la première fois en présence de Junie; c'est brusquement, tout d'un coup, qu'il en est devenu amoureux :

> J'aime, que dis-je aimer? j'idolâtre Junie!

Mais Néron ne sera pas un amant ordinaire; il aime déjà la souffrance, même dans l'objet qu'il idolâtre :

> J'aimais jusqu'à ses pleurs que je faisais couler.

Son amour est violent, mais peu délicat :

> J'employais les soupirs et même la menace.

Il n'est pas jusqu'à la vertu de Junie qui ne soit un attrait de plus pour cet adolescent, à qui la perversité de ses instincts fait déjà deviner les raffinements de la débauche sénile et de la sensualité blasée.

> Et c'est cette vertu si nouvelle à la cour
> Dont la persévérance irrite mon amour.
> (II, 2.)

On peut dès maintenant prévoir qu'il n'hésitera pas à se débarrasser de celui, quel qu'il soit, que Junie pourrait aimer. Il aurait pu dédaigner Britannicus prétendant; mais il frappera Britan-

---

1. Première Préface de *Britannicus*.

nicus rival et rival heureux. Ne l'oublions pas : cet amour de Néron est sérieux, ou tout au moins Néron le prend au sérieux. C'est avec une sincérité étonnée qu'il s'écrie :

> Narcisse, c'en est fait, Néron est amoureux.

Sans cet amour, la tragédie n'existe pas : c'est lui qui surexcite toutes les passions de l'empereur, qui lui donne l'audace de résister à sa mère et de faire empoisonner son frère.

Néron, au moment où Racine le prend, est capable de tous les crimes, quoique n'en ayant encore commis aucun; mais en même temps c'est un prince qui aime les lettres et les arts, et qui s'exprime avec une exquise élégance. Et ce n'est pas un des côtés les moins vrais de ce caractère, que ce mélange de galanterie et de brutalité. A peine a-t-il dit à Junie :

> Est-ce donc une légère offense
> De m'avoir si longtemps caché votre présence?
> (II, 3.)

que le ton devient moins poli, dès la moindre contradiction :

> Ma mère a ses desseins, madame, et j'ai les miens.

pour devenir bientôt irrité :

> Je vous ai déjà dit que je la répudie.
> Ayez moins de frayeur ou moins de modestie.

Il n'épargne même pas l'ironie à la victime qu'il tient en son pouvoir :

> La sœur vous touche ici beaucoup moins que le frère.

Mais la colère l'emporte bientôt :

> Et ce sont ces plaisirs et ces pleurs que j'envie.

Néron se montre à nous tel qu'il est, tel qu'il doit être, aimant à faire souffrir, à torturer ses victimes.

> Je ne veux point le perdre. Il vaut mieux que lui-même
> Entende son arrêt de la bouche qu'il aime.
> Caché près de ces lieux, je vous verrai, madame.

Il fallait être Néron pour imaginer un tel raffinement de cruauté. Il n'est pas satisfait, cependant; sa jalousie est exaspérée : il a vu combien son rival était aimé.

> Mais je mettrai ma joie à le désespérer.
> Je me fais de sa peine une image charmante,
> Et je l'ai vu douter du cœur de son amante.

Le deuxième acte est une peinture complète de cet amour subit de Néron avec sa galanterie, sa jalousie et sa cruauté! Il a « découvert son génie ». Bravé par son frère devant Junie, il ne lui pardonnera pas de l'avoir humilié. Rien ne pourra contenir sa férocité, ni les reproches et les menaces de sa mère qui ne feront que l'irriter davantage, ni les prières de Burrhus qui ne pourront que l'arrêter un instant, mais seront trop faibles pour résister aux habiles insinuations de Narcisse. Son premier crime sera consommé sans qu'il ressente la moindre émotion : il est devenu Néron.

C'est avec une curiosité mêlée d'un certain effroi, mais sans aucune espèce de sympathie, que nous voyons se développer devant nous ce caractère de Néron; il n'en est pas de même de celui de Mithridate, qui, malgré ses défauts et ses faiblesses, nous intéresse et nous attache.

Sa valeur indomptable, sa constance dans l'adversité, sa haine pour les Romains, la grandeur de ses plans, voilà ce qui nous séduit chez lui et ce que le poète met en pleine lumière.

> Tout vaincu que je suis et voisin du naufrage,
> Je médite un dessein digne de mon courage.
> (II, 2.)

Ce dessein, il y fait allusion plusieurs fois, il le développe dans la grande scène qui ouvre le troisième acte; la mort seule viendra l'arrêter.

Mais ne nous y trompons pas : ce n'est là que le cadre de l'action. Le vrai sujet n'est pas la haine de Mithridate pour les Romains, mais son amour pour Monime.

Ce que Racine a mis sur la scène, c'est la peinture de l'amour et de la jalousie d'un vieillard, amour et jalousie que d'autres ont rendus comiques, que lui a rendus tragiques.

C'est encore un violent que Mithridate : mais combien différent de ceux que nous avons déjà rencontrés!

C'est un vieillard et un vaincu; il a « la défiance attachée au malheur »; il a la dissimulation et la ruse que l'histoire lui reconnaît, que le poète ne lui enlève pas. Il dissimule avec Pharnace qu'il déteste.

Il dissimule avec Monime dont il veut surprendre les sentiments.

Il dissimule avec Xipharès sans parvenir à le tromper. (IV, 2.)

Rusé et dissimulé, il pourrait être un personnage de comédie; violent et cruel, il est un héros de tragédie.

Il sait lui-même qu'il peut s'emporter

> ...à des fureurs dont son cœur outragé
> Ne se repentirait qu'après s'être vengé.
> (II, 5.)

Il n'hésite pas à condamner son fils bien-aimé Xipharès : « Ah! fils ingrat, tu périras ». Nul, du reste, ne le connaît mieux que son fils Xipharès, malgré son affection et son admiration pour son père. Il le juge avec une complète clairvoyance.

> Vous dépendez ici d'une main violente
> Que le sang le plus cher rarement épouvante;
> Et je n'ose vous dire à quelle cruauté
> Mithridate jaloux s'est souvent emporté.
> (IV, 2.)

Ce qui domine chez lui, c'est l'amour et la jalousie :

> Amant avec transport, mais jaloux sans retour.
> (I, 5.)

Rien de plus émouvant que cet amour profond et impétueux qui, au moindre obstacle, au moindre soupçon même, on le sent, le poussera à quelque fureur sanglante.

L'amour et la jalousie ne se séparent pas dans le cœur de Mithridate vieilli et défiant. C'est cet amour qui l'amène à Nymphée où se trouve Monime ; c'est parce qu'il aime, qu'il va soupçonner Pharnace, en attendant qu'il soupçonne Xipharès. Cet amour, précisément parce qu'il est sincère, ne va pas sans quelque aveuglement.

Se défiant de Pharnace, c'est à Xipharès qu'il confie Monime.

Mais aussi, quel désespoir quand il sait qu'il a été trahi! Lui, si rusé, ne sait même plus dissimuler. « Seigneur, vous changez de visage! » Il a peine à retenir son courroux! c'est qu'il est frappé dans ses plus chères illusions et ses dernières espérances.

Comme il essaye plus loin de toucher Monime par un sentiment des plus délicats, par la pitié qu'elle doit avoir pour le malheur! (IV, 4.)

Comme cette émotion de vieillard amoureux est mêlée naturellement à l'emportement et à la menace, qu'on ne s'étonne pas de trouver dans la bouche d'un Mithridate!

Cet amour est si fort et si sincère que, bravé en face, le cruel Mithridate n'osera pas agir et ne saura que répondre.

> Qui suis-je? Est-ce Monime et suis-je Mithridate?

Sur le point de mourir, le plus grand effort qu'il fera sur lui-même ce sera de céder Monime à Xipharès.

Fourbe, dissimulé, cruel, ce vieillard amoureux, rival de son fils, n'est ni ridicule ni odieux, parce que le poète a su nous intéresser à lui à la fois par sa grandeur d'âme, et par la violence et la sincérité de sa passion.

Racine n'a pas pu donner beaucoup de développement au caractère de Pharnace; mais, bien plus que Xipharès, il est le fils de Mithridate : c'est Mithridate dépouillé de ce prestige, que sa longue lutte avec les Romains, son opiniâtreté, ses exploits, ont attaché à son nom. Au lieu d'être l'ennemi de Rome, il en est l'ami, l'esclave. Mais il a la fourberie, la cruauté, l'impétuosité et la violence de son père. « En ses desseins toujours impétueux », à peine a-t-il appris la mort de son père, qu'il vient s'emparer de Nymphée; dès qu'il apprend le retour de Mithridate, il propose sans hésiter à Xipharès de lui résister; il ose tenir tête à son père (III, 1), lui proposer l'amitié de Rome, refuser nettement d'accomplir ses ordres; mis en prison, il s'échappe, essaye d'entraîner les soldats, les « rassure » quand il les voit reculer devant Mithridate.

Dans son amour il est aussi violent et encore moins scrupuleux que son père. Il se déclare amoureux de Monime, s'offre en la place de son père, n'admet pas qu'elle puisse lui résister : si bien que par « sa coupable audace » il la force à implorer la protection de Xipharès contre « l'ennemi qui l'opprime ». N'a-t-elle pas raison de parler des « fureurs de Pharnace »? Voyez de quel ton il s'adresse à elle :

> Jusques à quand, madame, attendrez-vous mon père?

C'est bien ainsi que doit lui parler le fils de Mithridate.

Si Pharnace avait dans la pièce un rôle plus important, nous verrions se développer chez lui cette violence et cette jalousie haineuse qu'il montre à l'égard de son frère, violence et jalousie qui sont bien d'un fils de Mithridate, et qui ont fait comparer cette scène (I, 3) à une scène analogue entre Néron et Britannicus.

On voit si ce sont des abstractions que Racine met sur la scène. Des abstractions, ces êtres si vivants, agissant le plus souvent avec tant de décision et de promptitude, capables même d'un crime pour assouvir la passion, qui les emporte! Et quelle variété dans la peinture de leurs sentiments! Sans doute tous ceux que nous venons d'analyser sont violents et peu scrupuleux; mais comme chacun a son caractère propre, et comme l'amour d'un Mithridate diffère de l'amour d'un Néron ou d'un Oreste!

2° A côté de ces violents se trouvent des amants moins énergiques, mais plus délicats, plus nobles, plus chevaleresques, qui ne se ressemblent pas non plus autant qu'on l'a prétendu.

Le plus jeune est évidemment Britannicus, qui a quinze ans dans l'histoire, dix-sept ans à peine dans la pièce de Racine, et dont l'honnêteté candide contraste avec la férocité farouche de Néron. Ne servirait-il qu'à faire ressortir le caractère de l'empereur et à faire naître sa jalousie, ce personnage ne serait pas inutile à la tragédie : mais par lui-même aussi, sans être au premier plan, il excite notre compassion et notre sympathie. Il a « beaucoup de cœur [1], beaucoup d'amour, beaucoup de franchise et beaucoup de crédulité ».

Son amour pour Junie est tendre et touchant, profond même, sans rien de violent ni de sensuel. On peut dire que cet amour est sa vie. A peine est-il privé de son amante qu'il court la chercher dans le palais de son rival « parmi ses ennemis ». Quelle tristesse et quelle douleur dans ses plaintes! (I, 3.)

Sans doute, la plainte n'est pas une arme bien puissante, mais il est désarmé, et n'a pas d'appuis assez solides pour « semer l'épouvante ».

Il ne peut pas croire, malgré les apparences, à la trahison de Junie. (III, 6.)

---

1. Première Préface de *Britannicus*.

Quand il croit être réconcilié avec Néron, dans sa joie il va jusqu'à pardonner à celui qui l'a dépouillé de l'empire. Pourvu qu'il ait Junie, « il lui laisse le reste avec moins de regret ».

Sans doute, cet amour d'adolescent ne va pas sans quelques expressions un peu fades et du domaine de la galanterie : mais ces taches, peu nombreuses du reste, n'enlèvent rien à la sincérité de cette affection.

Racine parle de sa franchise et de sa crédulité : si ce ne sont pas là des passions éminemment tragiques, ce sont des traits de caractère, — qualités ou défauts suivant les circonstances, — qui conviennent à un jeune prince. Il n'a pas eu le temps d'apprendre la défiance. Il a confiance dans Agrippine, dans Narcisse, dans Néron même, dont Junie, plus pénétrante que lui, l'engage à se défier.

Il n'y aurait pas là, j'en conviens, de quoi faire un personnage bien intéressant. Mais à certains moments il se relève et parle avec plus de force et d'énergie. Il songe à se servir d'Agrippine et des mécontents pour lutter contre Néron. Il ne renonce pas à l'empire « où il était destiné ».

> Nos ennemis communs ne sont pas invincibles.
> (III, 5.)

Il trouve des accents à la fois fiers et ironiques dans sa fameuse dispute avec Néron en présence de Junie. Ces lieux, dit-il,

> ...ne s'attendaient pas, lorsqu'ils nous virent naître,
> Qu'un jour Domitius me dût parler en maître.
> (III, 8.)

Voilà de ces traits de fierté courageuse qui, ajoutés à son amour et à sa franchise, empêchent Britannicus d'être le personnage banal de jeune prince amoureux, dont on s'est quelquefois moqué.

Amour et gloire, tels sont les deux sentiments qui font agir Achille, et qui s'unissent dans son cœur pour lui faire prendre la défense d'Iphigénie contre son père et, s'il le faut, contre toute l'armée : ce sont là ses oracles, ses dieux. L'impatient Achille porte dans son amour, qui précède l'arrivée d'Iphigénie, et qui par suite est très vraisemblable, toute sa fougue, toute son ardeur, toute sa sincérité. Cet hymen va le rendre « le plus heureux des mortels ». Il est d'Iphigénie « épris plus que jamais ». Il parle de

« ses transports ». Quand Iphigénie est menacée, il prendra sa défense avec une impétuosité bien digne de lui. Il va même dans son désir de la défendre jusqu'à vouloir l'entraîner dans sa tente pour mieux la mettre à l'abri. Ce mouvement d'Achille nous paraît naturel ; il paraît malséant à la « princesse » qui s'écrie avec étonnement :

> Quoi ? Seigneur, vous iriez jusques à la contrainte ?
> (V, 2.)

C'est bien son amour qui le fait agir ainsi ; mais c'est aussi, c'est au moins autant son honneur, intéressé dans la défense de sa fiancée. Il est difficile de pousser plus loin que lui cet amour de la gloire, qui est la règle de sa conduite.

> L'honneur parle, il suffit : ce sont là nos oracles.
> (I, 2.)

Avec quel accent d'indignation contenue il s'écrie :

> Suis-je sans le savoir la fable de l'armée ?
> (II, 7.)

Cette passion de l'honneur et de la gloire, son courage, ses exploits, sa jeunesse, lui inspirent un orgueil, une fierté, souvent même une arrogance et une impertinence, qui complètent ce caractère.

> Qu'ils viennent vous chercher sous les tentes d'Achille.
> (V, 2.)
> Un barbare osera m'insulter !
> Il faut que le cruel qui m'a pu mépriser
> Apprenne de quel nom il osait abuser.
> (III, 6.)

La scène entre Achille et Agamemnon nous montre (IV, 6) cette fierté et cet amour d'Achille, tantôt éclatant, tantôt se contenant, avec une nuance de mépris que nous trouvons souvent dans ses paroles.

> Rendez grâce au seul nœud qui retient ma colère.
> D'Iphigénie encor je respecte le père.

S'il a un pareil respect pour le « chef de tant de rois », on se doute bien de celui qu'il doit avoir pour les politiques rusés, comme Ulysse, ou les interprètes des dieux, comme Calchas.

Voyez de quel ton il parle « des timides conseils » qu'on ose donner à Agamemnon (I, 2).

Amour, honneur, impétuosité, franchise, générosité chevaleresque, arrogance et impertinence : tels sont les principaux traits du caractère d'Achille.

Achille, par sa situation au moins autant que par son caractère, n'a pas à cacher son amour : il n'en est pas de même d'autres personnages aussi généreux, aussi chevaleresques que lui, et qui en sont réduits, soit à user de ruse, soit à dissimuler leur passion : Bajazet, Xipharès, Hippolyte.

Racine semble avoir voulu peindre dans Bajazet l'embarras d'un galant homme aux prises avec une situation fausse. Élevé avec Atalide qu'il aime, comme Britannicus aime Junie, Roxane lui offre tout à coup son amour et l'empire, comme Néron offre à Junie l'empire et son amour.

Bajazet est désireux de sortir de la servitude où il est tenu; il est brave et

...............dédaigna de tout temps
La molle oisiveté des enfants des sultans.
(I, 1.)

Il est ambitieux :

Combien le trône tente un cœur ambitieux!
(V, 4.)

Aussi consent-il à se laisser aimer par Roxane, quoiqu'il aime Atalide : il n'a pas le choix des moyens. Il faut ou périr ou régner, et il ne peut régner que par l'appui de la sultane. Mais, précisément, un trait saillant de son caractère c'est la franchise : et on le voit tout le temps se débattre entre sa franchise d'une part, et de l'autre une feinte que tout le monde lui impose, même Atalide, surtout Atalide, et que rend facile l'amour impétueux de la sultane. Mais combien il souffre de ne pas pouvoir avouer l'amour qu'il ressent pour son amante! comme un observateur désintéressé remarquerait bientôt, sous les respects qu'il prodigue à Roxane, le peu d'amour qu'il éprouve pour elle!

L'ingrat ne parle pas comme on le fait parler.
(I, 3.)

Atalide tremble toujours qu'il ne se trahisse et avoue qu'il « ne sait point se cacher », c'est-à-dire dissimuler ses véritables sentiments.

Roxane veut être épousée. Un personnage ordinaire n'hésiterait pas. Tout le monde y pousse Bajazet, mais, par scrupule de conscience, il refusera. Il ne veut pas acquérir l'empire par une lâcheté, il ne veut pas se sauver par une perfidie. Il préfère la mort; aussi bien ce sera la fin de ses ennuis. Une seule chose peut le décider à feindre encore, c'est l'intérêt d'Atalide. Néanmoins il ne peut parler à Roxane étonnée que de « ses soins et de sa juste complaisance », termes qui ne répondent pas trop aux ardeurs de la sultane. Aussi quel soulagement pour lui quand enfin il peut parler à cœur ouvert! Le mystère de son amour est dévoilé. Loin de s'en plaindre, il en serait heureux, s'il n'avait à craindre que pour lui. Nous sommes à la fin du cinquième acte (V, 4), et pour la première fois, Bajazet, qui rougit de mentir, peut se dispenser de feindre:

> Vous savez un secret que, tout prêt à s'ouvrir,
> Mon cœur a mille fois voulu vous découvrir.

Comme sa nature se montre bien dans sa réponse indignée à Roxane qui lui offre sa grâce, mais après qu'Atalide aura été égorgée :

> Je ne l'accepterais que pour vous en punir.

Mais il s'agit avant tout de sauver son amante :

> Séparez ses vertus de mon crime.

Voilà donc encore un caractère nouveau. Si nous avons trouvé des affections aussi profondes que celle de Bajazet, nous n'avons pas encore rencontré de personnage dans une situation pareille, et, par suite, nous n'avons pas pu voir comme ici les scrupules délicats d'un honneur raffiné et d'une conscience alarmée.

Cette même délicatesse, nous la trouvons chez Xipharès, mais dans une situation différente. Trois sentiments se partagent l'âme de Xipharès : sa haine des Romains, son affection pour son père, son amour pour Monime.

Il a hérité de son père cette haine pour les Romains qui éclate dans ses premières paroles, dans sa discussion violente avec

Pharnace (I, 3), dans son cri de colère quand Pharnace propose de s'allier à Rome :

> Rome, mon frère ! O ciel ! qu'osez vous proposer?
> (III, 1.)

jusque dans les derniers mots qu'il prononce.

Un des traits les plus particuliers de son caractère, c'est son affection profonde et dévouée pour ce père qu'il admire, qu'il respecte et qu'il plaint. Rival de son père, il ne songe pas un instant à se révolter.

> Quand son père paraît, il ne sait qu'obéir.
> (I, 5.)
> Père injuste, cruel, mais d'ailleurs malheureux.
> (II, 6.)

Comme il lui en coûte de mettre en garde Monime contre la cruauté de son père ! (Vers 1205.)

Ce n'est jamais son père; c'est le Destin qu'il accuse :

> C'est lui qui m'a ravi l'amitié de mon père.
> (IV, 2.)

Que Monime le connaissait bien quand elle répondait à Mithridate :

> Et quand il n'en perdrait que l'amour de son père,
> Il en mourra, seigneur...
> (IV, 4.)

Nous ne nous étonnerons pas de la discrétion et de la délicatesse de son amour pour Monime. Il l'aima « le premier », et « d'un amour légitime », qui s'est « accru dans le silence », qu'il a caché dès qu'il a connu les desseins de son père, qu'il n'a plus à dissimuler quand il ne s'agit que de combattre Pharnace. La violence, il la laisse à Pharnace, et ne s'en servirait que pour défendre Monime. C'est en tremblant qu'il ose faire l'aveu de son amour; et il n'apprendra qu'il est aimé de Monime qu'au moment même où il apprend qu'il ne doit plus songer à son amour. « Qu'avons-nous fait ?... » dit-il avec tristesse, dès qu'il sait l'arrivée de son père; il ne verra plus son amante. C'est la volonté seule de Mithridate qui les met en présence. Que peut-il faire si ce n'est à la fois se réjouir du bonheur d'être aimé, et se plaindre du malheur attaché à leur amour?

Il ne la reverra que pour la mettre en garde contre la férocité de Mithridate et pour la supplier de ne pas résister à son père.

Tel est le conseil que, fils respectueux, amant délicat et dévoué, il donne à celle qu'il aime et dont il est aimé.

L'amour d'Hippolyte pour Aricie, amour si souvent raillé et cependant si utile à la marche de la pièce, si nécessaire pour faire éclater la jalousie de Phèdre, et l'empêcher de révéler à Thésée l'innocence de son fils, cet amour en lui-même nous offre quelque chose de nouveau et d'intéressant à étudier. Nous avons vu souvent jusqu'ici des personnages qui voulaient cacher à d'autres leur passion; c'est à lui-même qu'Hippolyte voudrait la cacher. Jusque-là insensible, c'est un captif étonné de ses fers, et qui veut fuir celle qu'il aime. Il a honte de cet amour qu'éprouve pour la première fois son cœur fier et dédaigneux, de cet amour qu'il considère comme une humiliation.

> Et les dieux jusque-là m'auraient humilié!
> (I, 1.)

Ce qui augmente son embarras, c'est que cet amour est précisément le seul que son père lui défende. Et lui, jusque-là impeccable, est humilié de cette désobéissance.

La nouvelle de la mort de Thésée, qui va donner à Phèdre l'audace de révéler son amour, va permettre aussi à Hippolyte de faire connaître le sien. Timide, il se garde bien de dire à Aricie la seule chose qui les intéresse tous deux : il lui parle de sa liberté qu'il lui rend, d'Athènes qu'il lui cède; et il faut qu'on prononce les mots de haine et d'inimitié pour qu'il puisse faire sortir de son cœur les sentiments qu'il ne peut plus contenir :

> Je vois que la raison cède à la violence.
> (II, 2.)

Suit une déclaration d'un charme étrange, où le rebelle Hippolyte se montre à nous luttant contre cette passion à laquelle il rougit d'être asservi :

> Portant partout le trait dont il est déchiré.

Et laissant échapper des aveux tout remplis d'une passion naïve :

> Présente, je vous fuis; absente, je vous trouve.

A côté de cette passion sauvage et touchante qui caractérise Hippolyte, quelle pureté de sentiments, qui le fait rougir plus encore qu'être indigné des paroles de Phèdre! quelle délicatesse héroïque qui l'empêche de révéler cet horrible secret! que ne peut-il se le cacher à lui-même! (II, 6.)

Aricie sera la seule personne à qui il le dévoilera :

> Je n'ai pu vous cacher, jugez si je vous aime,
> Tout ce que je voulais me cacher à moi-même.
> (V, 1.)

Mais il ne se résignera jamais à faire cet aveu à Thésée.

Accusé, maudit par son père, le respect, la pudeur l'empêchera de parler. Cette pudeur, ce respect, ce silence, voilà des traits bien particuliers d'un héroïsme délicat et pour ainsi dire virginal.

Pour ne pas se terminer par un sanglant dénouement, la pièce de *Bérénice* n'en est pas moins très touchante ; elle nous présente de ces analyses de sentiments dont Racine semble avoir le secret.

Antiochus n'est certes pas un personnage bien tragique, et ne concentre pas l'intérêt sur lui : il sert de trait d'union entre Titus et Bérénice, et les fait ressortir. Lui-même, cependant, n'est pas aussi insignifiant qu'on l'a prétendu. On l'a appelé avec quelque raison un Oreste élégiaque : s'il n'a pas, en effet, les fureurs et les emportements d'Oreste, il est un peu dans la même situation que lui. Résolu à quitter Rome quand il croit que Titus va épouser Bérénice, son espoir naît, puis s'évanouit : n'est-il pas accusé même par Bérénice de lui avoir tendu un piège? Son espoir reparaît encore (V, 2), puis disparaît définitivement. C'est même le seul moment où nous retrouvons dans ses paroles comme un écho des imprécations d'Oreste :

> Tous mes moments ne sont qu'un éternel passage
> De la crainte à l'espoir, de l'espoir à la rage.
> (V, 4.)

Mais ces emportements sont rares chez cet amoureux discret, et ne sembleraient pas bien s'accorder avec sa résignation et sa mélancolie.

Aussi bien est-il sacrifié, par le poète comme par Bérénice, à Titus, type idéal du souverain tel que se le représentait Racine, tendre et généreux, amoureux mais héroïque, non pas de cet héroïsme cornélien qui excite l'admiration, mais d'un héroïsme tout particulier, qui touche plutôt le cœur.

Amoureux, Titus l'est, non pas d'un de ces amours furieux, qui précipitent au crime ou à la folie, mais d'un de ces amours profonds qui remplissent une vie et peuvent briser une âme.

> Je me suis fait un plaisir nécessaire
> De la voir chaque jour, de l'aimer, de lui plaire.
> (II, 2.)

Mais cet amour est combattu dans son cœur par la gloire. Rome et l'empire s'opposent à cet amour. D'un côté, le devoir; de l'autre, la passion : mais l'issue de la lutte est plus incertaine que chez les héros de Corneille; ici, l'amour serre de plus près et est sur le point de terrasser le devoir.

Titus est décidé à se séparer de Bérénice; à s'en séparer pour jamais.

> Bérénice a longtemps balancé la victoire;
> Et si je penche enfin du côté de ma gloire,
> Crois qu'il m'en a coûté, pour vaincre tant d'amour,
> Des combats dont mon cœur saignera plus d'un jour.
> (II, 2.)

Tout son caractère est là. Mais se maintiendra-t-il? ne fléchira-t-il pas devant les pleurs de Bérénice? Nous n'avons pas à craindre qu'il se raidisse dans un mépris brutal de sa douleur : mais au contraire, n'y sera-t-il pas trop sensible? En présence de Bérénice, il ne peut que balbutier : « Rome, l'empire... » La question se pose, en effet, pour lui, entre l'empire et l'amour. Il se dira à lui-même :

> Ah! lâche, fais l'amour et renonce à l'empire.
> (IV, 4.)

Mais devant le désespoir de la reine, Titus se trouble. C'est alors que le poète fait intervenir pour ainsi dire la voix de la conscience, qu'il personnifie dans Paulin[1]. Ira-t-il avec Paulin du côté du devoir ou avec Antiochus du côté de l'amour? Heureusement

> ....les tribuns, les consuls, le sénat
> Viennent le demander au nom de tout l'État.

Titus chancelant sait reconnaître ce secours inespéré que les dieux lui envoient.

> Je vous entends, grands dieux. Vous voulez rassurer
> Ce cœur que vous voyez tout prêt à s'égarer.

Nous savons maintenant que Titus ne sacrifiera pas son devoir à son amour. Mais il pourra, accablé par le désespoir, déserter son poste

> Pour sortir des tourments dont son âme est la proie.

Le poète ne veut pas que leurs adieux soient ensanglantés : Titus vivra portant au cœur une éternelle blessure, mais sorti victorieux de ce combat où son honneur aurait pu périr.

Toutes les nuances de l'amour, depuis la passion la plus violente jusqu'à la tendresse la plus délicate, nous ont été montrées par Racine dans ses personnages de héros : il mettra encore plus de profondeur et de variété dans la peinture des caractères féminins.

Ces héros, qui, dit-on, se ressemblent tous et se confondent, qui seraient par conséquent comme des types abstraits d'un amour convenu et banal ont, au contraire, chacun une vie propre, un caractère particulier : mérite d'autant plus grand qu'avant lui l'amour, avec toutes ses nuances, ne nous avait guère été présenté sur la scène.

L'amour chez les poètes qui l'ont précédé, — et il n'y a d'exception à faire que pour quelques personnages, très rares, de Corneille et de Rotrou, — tout en étant un ressort indispensable, reste un sentiment factice et superficiel.

De ce ressort, reconnu nécessaire, Racine fit une passion vraie et touchante.

---

1. On peut comparer les paroles de Paulin à Titus (IV, 6) à celles qu'adresse Ulysse à Agamemnon (*Iph.*, I, 5).

Plus rares encore étaient les caractères de femme, où la femme pût se reconnaître. Chimène et Pauline ne sont pas tout le théâtre de Corneille ; un héroïsme déplacé ou une sentimentalité fade, voilà tout ce qu'on trouvait avant Racine. Sa grande nouveauté est peut-être d'avoir traité cette passion, non plus comme un ressort ou comme un ornement, mais pour elle-même, et d'en avoir donné des peintures aussi profondes que variées, qu'il s'agisse de l'amour timide, de l'amour héroïque, de l'amour ardent ou de l'amour sensuel.

3° Junie, Aricie, Iphigénie, toutes ces jeunes princesses qui représentent l'amour timide et honnête, semblent au premier abord se ressembler beaucoup : regardons-les de plus près.

Junie est fière et courageuse. Élevée dans le malheur, elle n'en a pas la timidité, mais elle en a la défiance. Britannicus par inexpérience et candeur, Agrippine par orgueil, ne doutent pas du cœur de Néron ; elle, en doute ; elle craint, elle ne le croit pas sincère ; elle se défie de Narcisse.

Elle est parfois ironique. Le poète n'oublie pas qu'elle était appelée *festivissima omnium puellarum*. Elle l'est avec Néron à qui elle demande « quels sont ses attentats » ; elle l'est même avec Britannicus qui s'est permis de douter d'elle.

Elle est fière et courageuse. Elle ne se laisse pas intimider par l'empereur qui la flatte et la menace ; elle lui tient tête ; refuse en somme d'accepter la place d'Octavie.

Ce serait un crime pour elle rien que d'y penser. Britannicus mort, elle quittera hardiment le palais, et se réfugiera dans le temple des Vestales.

Mais elle a encore une autre raison pour résister à Néron, c'est l'amour qu'elle ressent pour Britannicus, amour fait de tendresse et de pitié, amour qu'elle n'hésite pas à avouer à Néron, répondant par une affirmation catégorique à une insinuation de l'empereur, amour qu'elle sait exprimer du reste avec une délicatesse exquise.

Iphigénie paraît plus jeune de caractère que Junie ; elle est plus crédule, elle se laisse plus facilement aller à son émotion ; elle a toujours été heureuse ; elle ne peut pas avoir la défiance attachée au malheur. Elle est heureuse en songeant à son hymen avec Achille, à l'affection et à la puissance de son père. Aussi est-elle étonnée et de la froideur de son père et de l'absence de son amant. Elle s'abandonne facilement à sa douleur : quand elle se croit trahie par Ériphile, elle éclate contre elle : « Oui vous l'aimez, perfide ». Mais dans sa douleur il y a autant de chagrin d'être trahie par une amie que de désespoir d'être abandonnée par son amant.

Elle est bonne : à peine Achille l'assure-t-il de son amour, qu'elle regrette d'avoir sans respect affligé la misère d'Ériphile.

Elle aime Achille. Elle a pour lui la pudique mais vive affection d'une fiancée qui peut étaler ses sentiments.

Le sacrifice de sa vie lui paraît moins cruel que le sacrifice de son amour. Mais il y a dans son amour beaucoup de réserve, de pudeur et de discrétion. Il faut qu'Achille lui reproche son indifférence pour qu'elle ose lui avouer son amour. (III, 6.)

Mais elle s'indigne contre Achille qui voudrait la sauver malgré elle, par la force.

C'est qu'elle est soutenue par deux sentiments qu'elle pousse jusqu'à l'héroïsme : son amour pour son père et son amour pour la gloire; c'est là où elle puisera le courage nécessaire pour supporter le coup inattendu qui la frappe. Ce qu'elle craint, ce n'est pas de mourir, c'est de voir son père et son amant en venir aux prises. « Songez qu'il est mon père. » Elle ne pâlit pas en apprenant « de sa mort la nouvelle sanglante » : elle est la seule à n'en pas trembler. Cette timide jeune fille se relève héroïne, quand il s'agit de défendre sa propre gloire et l'honneur de son père. C'est ce qui explique la fermeté dont elle fait preuve jusqu'à la fin : c'est l'amour filial poussé à l'extrême, c'est l'amour de sa gloire, de sa dignité poussé presque à l'excès. Tous ses efforts, elle les met à arrêter la fougue d'Achille. Si elle supplie son père, c'est surtout « pour prévenir les pleurs qu'elle va leur coûter ». Seule, elle le défend contre tout le monde, peut-être contre lui-même.

> Pour me rendre à vos pleurs que n'a-t-il point tenté?

Que dit-elle à sa mère dont elle voit la douleur et le désespoir?

> Ne reprochez jamais mon trépas à mon père.

C'est cette fermeté, cet amour de sa gloire, ce dévouement héroïque, cet amour filial sublime dans son désintéressement, qui donne à cette pure figure de jeune fille une physionomie si particulière.

Aricie elle-même, malgré le voisinage redoutable de Phèdre, est loin d'être complètement effacée.

Élevée dans le malheur, « triste jouet d'un sort impitoyable », « le cœur toujours nourri d'amertume et de pleurs », prisonnière d'un roi qui lui interdit de songer à l'hymen, elle s'est enveloppée dans sa tristesse et sa fierté. Du reste, « à l'amour opposée », « ses mépris » s'accordent avec l'injuste rigueur de Thésée. Le seul homme qui ait fait battre son cœur, et c'est à peine si elle ose se faire cet aveu à elle-même, c'est le fils de Thésée : mais ce n'est pas sa beauté qui l'a séduite, ce sont ses vertus, son orgueil, son courage inflexible. Ce qui lui plaît, ce qui l'irrite, c'est

> De porter la douleur dans une âme insensible.

Du reste elle soupçonne qu'elle ne lui est pas tout à fait indifférente : aussi comme elle écoute avidement les paroles de sa confidente qui confirment ses secrètes espérances.

Bientôt Hippolyte lui-même l'instruira du secret « que son cœur ne peut plus renfermer ».

Avec cela une pudeur craintive, qui rappelle Iphigénie, qui l'empêche de fuir avec son amant; et une résolution, qui rappelle Junie, et qui lui fait à la fin blâmer le silence d'Hippolyte et tenir tête à Thésée. Elle a promis de se taire; mais elle en dit assez pour tourmenter le mari de Phèdre, et peut-être le faire se repentir de ses vœux homicides : résignée, tant qu'il ne s'agissait que d'elle; prête à la révolte, du moment qu'il s'agit d'Hippolyte.

Plus douloureuse est la situation d'Atalide entre Bajazet qu'elle aime et Roxane dont elle est à la fois la rivale et la confidente. Partagée entre la jalousie et l'amour, elle précipite par « ses funestes caprices » son amant à la mort, elle-même à sa perte.

Dans la situation fausse où elle se trouve engagée, elle espère toujours contre toute espérance, tant qu'aucune résolution définitive n'a pas été prise. Elle ment à la sultane, elle se ment à elle-même; elle veut et ne veut pas; ce que son amour fait, sa jalousie le défait, et elle est la première à s'effrayer des dangers dans lesquels elle pousse Bajazet. La crise va éclater et va jeter Atalide dans les plus cruelles incertitudes. Bajazet doit périr ou épouser la sultane.

> S'il se rend, que deviens-je en ce malheur extrême?
> Et s'il ne se rend pas, que devient-il lui-même?
> (I, 4.)

Quand elle croit Bajazet disposé à se sacrifier, elle lui défend de se perdre pour elle :

> Il faut vous rendre : il faut me quitter et régner.
> (II, 5.)

Avec quelle douloureuse tendresse elle le supplie de ne pas résister à la sultane! mais à peine est-elle seule qu'elle est de nouveau reprise par ses angoisses et ses tristesses. Sans doute elle peut se donner à elle-même ce témoignage de son dévouement désintéressé :

> J'ai fait ce que j'ai dû : je ne m'en repens pas.
> (III, 1.)

Mais avec quelle amertume déclare-t-elle que c'est bien elle qui l'a voulu :

> Qu'il vive, c'est assez. Je l'ai voulu sans doute,
> Et je le veux toujours, quelque prix qu'il m'en coûte.

Bientôt elle est de nouveau en proie à ses soupçons jaloux. Elle trouve que Bajazet a trop bien joué son rôle : et ses larmes et sa tristesse le forcent à détromper la sultane. A peine a-t-il agi que, nouvelle inconséquence, elle déplore ce qu'il a fait et ce dont elle-même est cause. Il est trop tard. Roxane, aveugle jusque-là, commence à croire qu'elle a été dupe : elle s'en assure. Atalide a perdu Bajazet, malgré l'effort généreux qu'elle fait pour le sauver en s'accusant elle-même.

Tel est ce caractère, bien féminin, fait d'amour dévoué et de soupçons jaloux, d'inconséquences funestes et de désintéressement sublime.

Bérénice n'a personne à tromper, et elle ne trompe personne. Il semble que rien ne doive s'opposer à son bonheur qu'elle mérite du reste par son affection désintéressée. En Titus elle n'aime que lui-même :

> Un soupir, un regard, un mot de votre bouche,
> Voilà l'ambition d'un cœur comme le mien.
> (II, 4.)

Aussi son étonnement égalera sa douleur quand elle connaîtra l'affreuse vérité. L'embarras de Titus (II, 4) la trouble, mais sans l'éclairer. Comme elle se trompe en croyant à sa jalousie !

> Si Titus est jaloux, Titus est amoureux.

Elle apprend de la bouche d'Antiochus la rupture que Titus n'a pas osé lui annoncer lui-même. Elle n'a plus qu'une idée : voir l'empereur. Cette scène que nous attendons a lieu (IV, 5). Que d'arguments elle a à faire valoir !

> Je me suis crue aimée.
> Ignoriez-vous vos lois,
> Quand je vous l'avouai pour la première fois ?

Comme elle passe de la colère à l'attendrissement ! Elle va même jusqu'à renoncer à son hymen, pourvu qu'elle puisse rester à Rome. Elle plaide la cause de l'amour en contradiction avec les lois.

> Rome a ses droits, seigneur : n'avez-vous pas les vôtres ?

Puis l'indignation et la fureur s'emparent de son âme.

Le poëte ose nous présenter ces amants ensemble une seconde fois (V, 5). C'est de la part de Bérénice une scène de dépit, de colère, de désespoir, mêlé de l'amour le plus tendre et le plus passionné.

> Ah ! cruel, par pitié montrez-moi moins d'amour.

Elle ne se calmera que devant le désespoir de Titus résolu à se tuer, et devant celui d'Antiochus qui ne peut plus supporter la vie. Ces désespoirs sincères rendront le calme à l'âme de Bérénice. Elle serait peut-être morte si Titus avait cessé de l'aimer : fière d'être aimée toujours, fière et résignée, elle suivra les ordres absolus de l'empereur.

Ici tout l'obstacle est venu de Titus qui refuse de sacrifier les lois à son amour.

Dans Monime l'obstacle viendra de Monime elle-même.

Jamais Racine ne nous a présenté une figure d'un charme plus pénétrant, d'une mélancolie plus douce et plus résignée, et en même temps d'une fierté plus énergique, que cette fille d'Éphèse, arrachée au doux sein de la Grèce et transplantée dans un climat barbare, où le jaloux Destin semble la poursuivre.

Ce qui nous frappe d'abord en elle, c'est sa tristesse mélancolique et sa résignation douloureuse.

> Sans parents, sans amis, désolée et craintive,
> Reine longtemps de nom, mais en effet captive.

« Esclave infortunée », elle n'a jamais pu disposer encore de son cœur. Elle a combattu par vertu l'amour qu'elle ressentait pour Xipharès. Quand elle croira Mithridate mort, elle se laissera aller à quelque espoir. Mais ce ne sera que pour dissiper les soupçons injurieux de Mithridate et de Xipharès qu'elle fera à ce dernier l'aveu de son amour; et avec quelle discrétion timide!

> Sous quel appui tantôt mon cœur s'est-il jeté?
> Quel à nour ai-je enfin sans colère écouté?

Elle est fière et vertueuse; elle a, autant qu'une héroïne de Corneille, le sentiment du devoir; mais elle est femme, elle aime, elle se défie un peu d'elle-même.

Que de tendresse et de profondeur dans ce couplet :

> Enfin je me connais : il y va de ma vie.
> De mes faibles efforts ma vertu se défie.
> Plus je vous parle et plus, trop faible que je suis,
> Je cherche à prolonger le péril que je fuis.

Il est impossible de joindre une plus entière connaissance de soi-même à une plus grande pureté, à une plus exquise délicatesse. Son destin et son devoir l'ordonnent : elle sera l'épouse dévouée de Mithridate qu'elle n'aime pas, mais qu'elle a accepté par obéissance. Ce mot d'obéissance, plusieurs fois répété, ne répond guère à l'ardent amour du vieux roi. Cependant il viendra un moment où elle ne le prononcera plus, et où elle osera refuser d'obéir. C'est là le trait qui complète ce caractère. Nous l'avons vue douce, tendre et résignée : nous allons la voir révoltée. Sa révolte, du reste, ne sera pas déclamatoire et n'usera pas de grands mots; elle ne cherchera pas à accabler le vieux roi de ses mépris et de ses insultes; mais elle lui opposera une résistance ferme et invincible, faite de fierté, d'amour-propre, de pudeur, en même temps que de tendresse pour Xipharès. Elle est indignée de la ruse dont s'est servi Mithridate; elle est effrayée du péril que court Xipharès. Envers le roi, son mot le plus dur sera celui-ci : « Quoi! seigneur, vous m'auriez donc trompée! » C'est lui qui l'appelle « perfide ». Elle se contente de déclarer qu'elle ne peut pas épouser un homme à qui elle a fait l'aveu de l'amour qu'elle ressentait pour un autre.

> Vraiment vous croyez m'étonner.
> Mais le dessein est pris, rien ne peut m'ébranler.

Elle ne s'emporte pas; mais elle fait sentir que sa résolution est inébranlable. Seul, peut-être, Racine pouvait allier tant de force et d'énergie à tant de douceur et de tendresse, et composer, faire vivre et faire aimer ce caractère de Monime, où une fermeté si inébranlable se cache sous une exquise délicatesse, sans qu'un mot emphatique, un geste violent, une attitude raide vienne rompre le charme de cette figure presque divine.

Ériphile, au contraire, est la figure la plus sombre qu'ait tracée Racine : vrai type de ces déshérités dont le théâtre moderne a tant abusé. Elle ne ressemble à aucune autre des héroïnes de notre poète.

Elle est malheureuse, et elle a le sentiment très vif de son infortune; elle a été toujours seule, abandonnée, sans parents autour d'elle qui puissent l'envelopper de leur affection.

Elle en veut au ciel de sa misère. (II, 1.)

De là une incurable tristesse, mais qui n'est nullement résignée, qui se tourne en révolte; de là ses fureurs, sa jalousie, l'envie à l'aspect d'un bonheur dont elle ne peut pas jouir.

Ce qui va exciter encore plus son envie et sa haine, c'est l'amour qu'elle ressent pour Achille : elle en voulait à Iphigénie, sa protectrice, d'être heureuse; elle lui en voudra d'être aimée. Qu'une occasion se présente, elle deviendra criminelle.

L'idée du crime, nous la voyons germer et se développer dans cette âme jalouse. C'est d'abord un cri d'étonnement : « Qu'entends-je? » quand elle apprend qu'Achille a changé de pensée. Mais Achille aime toujours Iphigénie. N'importe. « Sur eux quelque orage est tout prêt d'éclater. » L'espérance de nuire naît dans son cœur : elle ne mourra pas sans vengeance. Elle apprend enfin le redoutable secret. Que faire? Elle hésite un instant.

« Ah! si je m'en croyais. » Mais nous savons bien que sa haine envieuse l'emportera, et qu'elle avertira et l'armée et Calchas. Iphigénie va peut-être devoir son salut à la tendresse d'Agamemnon. Ériphile éclate :

> Je n'emporterai point une rage inutile.
> Plus de raisons. Il faut ou la perdre ou périr.
> Viens, te dis-je. A Calchas je vais tout découvrir.
> (IV, 11.)

Cette perfidie et cette haine envieuse, nous ne les retrouverons pas chez les autres personnages de femmes, ardentes et passionnées, qu'il nous reste encore à examiner : Hermione, Roxane et Phèdre [1].

Hermione est une jeune fille fière, orgueilleuse, mais follement éprise d'un indifférent qui la dédaigne, tandis qu'elle est fatiguée de l'amant qui la poursuit. Le dépit la poussera jusqu'au crime. Quelle peinture des irrésolutions, des incertitudes de la femme qui aime! de la jeune fille naïve qui s'abandonne tout entière à ses sentiments, qui sans la moindre coquetterie a cru pouvoir être sincère!

> Je n'ai, pour lui parler, consulté que mon cœur.
> (II, 1.)

Au début, ce n'est que la tristesse, la douleur d'être abandonnée, et de l'être aux yeux d'un amant méprisé. Mais bientôt la fierté, l'orgueil, la colère, le désespoir vont s'emparer de son âme. Elle n'a jamais eu d'affection pour le malheureux Oreste

---

[1]. Nous ne dirons rien dans ce chapitre du caractère de Phèdre, que nous aurons occasion d'analyser à un autre moment. Voir la troisième partie, chap. XII.

« qu'elle voudrait aimer ». Elle a pu quelquefois, dans sa tristesse et son ennui, souhaiter de le voir, mais à peine l'annonce-t-on :

Ah! je ne croyais pas qu'il fût si près d'ici.

Au fond, elle ne songe qu'à Pyrrhus qu'elle adore; elle se plaint qu'il la méprise, mais elle n'admet pas qu'on lui dise ce qu'elle se dit, hélas! à elle-même. Elle a beau s'écrier :

Ah! je l'ai trop aimé pour ne le point haïr.

Elle voudrait se tromper elle-même.

Elle veut qu'on arme contre lui toute la Grèce, mais elle tremble à l'idée qu'il peut épouser Andromaque. Elle passera bientôt à la joie la plus triomphante et la moins dissimulée :

Qui l'eût cru que Pyrrhus ne fût pas infidèle?
(III, 2.)
Conçois-tu les transports de l'heureuse Hermione!
(III, 3.)

Aussi quelle douleur affreuse quand elle apprendra la nouvelle infidélité de Pyrrhus! Sa douleur sera concentrée, silencieuse, mais n'en sera que plus profonde. Elle veut être vengée, elle veut l'être tout de suite et par Oreste. C'est un emportement d'enfant, qui ne sait pas se maîtriser, et qui veut être obéi à l'instant même.

Ne vous suffit-il pas que je l'ai condamné?

Pas le moindre calcul, du reste, pas la moindre préméditation; bien plus, pas la moindre haine contre Pyrrhus. A peine annonce-t-on l'arrivée du roi, qu'elle veut que l'on coure arrêter Oreste. Elle-même, incertaine, flotte entre divers sentiments :

Ah! ne puis-je savoir si j'aime ou si je hais?

Elle va être bientôt fixée dans ses vœux irrésolus. Pyrrhus mort, elle va l'adorer et en vouloir à celui qu'elle a poussé à l'assassiner.

Il est mort. Qu'ont-ils fait? Tais-toi perfide.
Pourquoi l'assassiner? qu'a-t-il fait? à quel titre?
Qui te l'a dit?
(V, 3.)

Hermione est une jeune fille qui n'a pas encore l'expérience du malheur; aussi est-elle dure et sans pitié : et pour Oreste, qu'elle souhaite seulement quand elle croit avoir besoin de lui; et pour Andromaque qu'elle insulte par un ironique compliment :

> S'il faut fléchir Pyrrhus, qui le peut mieux que vous?

On la haïrait, si elle n'était si jeune, si inexpérimentée, si sincère dans l'affection dont elle mourra.

Ce sont ces brusques retours, ces revirements soudains, ces incertitudes mêlées de crainte et de joie, ces cris de désespoir succédant à ces paroles d'allégresse, toutes ces inconséquences d'une passion, qui ne se contient plus, qui font le naturel et la vérité de ce caractère d'Hermione.

Roxane n'a ni la fierté et la pureté d'Hermione, ni les hésitations et les remords de Phèdre. C'est l'esclave du sérail, attachée à ses seuls intérêts, et qui n'a d'autre but que de satisfaire par tous les moyens ses caprices ou ses passions. Elle est ambitieuse, elle veut se faire épouser; mais elle est surtout entraînée par sa passion, passion sensuelle qu'Acomat a fait naître, en lui « vantant les charmes de Bajazet », passion qui s'est emparée de tout son être, et qui la rend tantôt violente, tantôt humble à l'égard de son amant. Et c'est là un trait curieux de cet amour, ce mélange de soumission et d'emportement, ce passage de la prière à la menace, de la menace à la prière. Bajazet doit choisir entre l'hymen ou la mort.

Elle croit l'avoir épouvanté par ses menaces, et tout à coup :

> Bajazet, écoutez : je sens que je vous aime.
> Ne désespérez point une amante en furie.
> (II, 1.)

En même temps elle lui donne des armes contre elle-même.

> De toi dépend ma joie et ma félicité!

Même quand elle est sûre de sa trahison, elle l'aime encore; elle en veut surtout à sa rivale, — ce qui est bien humain, — et elle pardonnerait à son amant. Le billet trouvé ne lui laisse plus de doute; elle va ordonner sa mort, mais avant, elle veut le confondre : Acomat, qui connaît bien le cœur de la sultane, ne peut s'empêcher de dire :

Il n'est pas condamné, puisqu'on veut le confondre.

Elle lui offre de nouveau, en effet, l'empire et son amour : mais il doit voir la mort d'Atalide. Elle fait froidement cette proposition, sans se douter de l'horreur qu'elle doit inspirer à Bajazet. Il refuse : il mourra.

Tel est cet amour violent, exalté, sensuel, sans délicatesse ni pudeur, avec quelque chose d'emporté, de cruel et de sanguinaire, qui semble bien convenir à une esclave d'Orient, à la favorite d'un sultan.

4° Il nous reste à parler de la jalousie dans le théâtre de Racine. Nous ne discuterons pas ici toutes les questions que ce mot de jalousie soulève; nous laisserons aux moralistes et aux poètes le soin de les approfondir ou tout au moins de les indiquer. Les poètes dramatiques, et en particulier les poètes comiques se sont souvent demandé si la jalousie était un manque ou un excès d'amour; si elle témoignait d'une passion violente [1] ou d'une médiocre estime [2]; si elle venait du tempérament [3] ou de l'amour-propre [4], c'est-à-dire de la vanité et de l'orgueil. C'est dans *les Fâcheux* (II, 4) que cette question est le plus nettement posée et discutée, entre Orante qui ne veut pas pour amants

> De ces gens dont l'amour est fait comme la haine,
> Et qui, pour tous respects et toute offre de vœux,
> Ne s'appliquent jamais qu'à se rendre fâcheux;
> Dont l'âme, que sans cesse un noir transport anime,
> Des moindres actions cherche à nous faire un crime;

1. Qui peut avec excès aimer sans jalousie ?
(Cas. Delavigne, *Vêpres siciliennes*.)
2. La jalousie a beau s'imputer à l'amour,
C'est toujours un manque d'estime.
(La Chaussée, *Retour imprévu*, II, 8.)

3. Le tempérament a beaucoup de part à la jalousie, et elle ne suppose pas toujours une grande passion. (La Bruyère.)
4. Pourquoi tant de jalousie ? — Comme tous les maris, ma chère, uniquement par orgueil. (*Mariage de Figaro*.) Libertin par ennui, jaloux par vanité. (*Id.*)

> Et l'amour-propre fait peut-être
> Autant de tyrans que l'amour.
> (Imbert, *Jalouse sans amour*.)

et Climène, qui présente au contraire la défense des jaloux :

> Fi! ne me parlez point, pour être vrais amants,
> De ces gens qui pour nous n'ont nuls emportements;
> De ces tièdes galants de qui les cœurs paisibles
> Tiennent déjà pour eux les choses infaillibles,
> N'ont point peur de nous perdre, et laissent, chaque jour,
> Sur trop de confiance endormir leur amour;
> Sont avec leurs rivaux en bonne intelligence,
> Et laissent un champ libre à leur persévérance.
> Un amour si tranquille excite mon courroux,
> C'est aimer froidement que n'être point jaloux.

C'est, du reste, un sujet sur lequel Molière est souvent revenu, et les jaloux ne sont pas rares dans son théâtre. On sait que quelques-uns des principaux traits qu'il donna à la jalousie d'Alceste, il les avait déjà donnés à don Garcie de Navarre, ou le prince jaloux. Ici, en effet, l'intention était manifeste, et dans cette comédie héroïque, c'est bien la peinture de la jalousie que Molière a voulu faire. Malheureusement, la pièce est manquée, l'intrigue est romanesque, les personnages restent dans l'abstraction la plus vague; aucun ne nous intéresse; don Garcie passe son temps à commettre de lourdes erreurs, qui excitent sa jalousie, mais le rendent ridicule, sans le rendre cependant tout à fait comique; il semble qu'il aurait fallu, pour que nous fussions intéressés, que la jalousie de don Garcie mît réellement en danger la personne qu'il aime : mais alors nous sortions du domaine de la comédie. Peut-être, en effet, les transports de la jalousie sont-ils plus naturellement et plus facilement exprimés dans une tragédie que dans une comédie.

Demandons-nous donc la place qui a été faite à la jalousie dans notre théâtre tragique.

Cette place sera d'autant plus grande que l'amour et les entraînements de la passion seront peints par le poète avec plus de complaisance. Acceptons la psychologie superficielle peut-être, mais sûrement dramatique du poète Tristan :

> Comme les bruits confus accompagnent le jour,
> Toujours la jalousie accompagne l'amour.
> (*Panthée.*)

Les personnages de Corneille sont trop fiers, trop sûrs d'eux-mêmes, trop héroïques, pour pouvoir être troublés par la jalousie.

Que l'on prenne la pièce la plus caractéristique à ce sujet, *Polyeucte*. Voici Pauline entre son ancien amant et son mari. L'amant peut bien dans son for intérieur envier le sort du mari; mais il rougirait d'exprimer un si vil sentiment; il croirait s'abaisser s'il se laissait aller à des soupirs indécents; à plus forte raison, n'entendrons-nous pas de lui des cris de désespoir et des imprécations farouches :

> Puisse le juste ciel, content de ma ruine,
> Combler d'heur et de jours Polyeucte et Pauline !

Quant au mari, qui aurait pu, à la rigueur, dans un monde plus humain, je veux dire plus accessible aux faiblesses humaines, prendre quelque ombrage de la présence de Sévère, il ne songera pas plus à se montrer inquiet que Pauline à dissimuler ses véritables sentiments. Il se hâte ; pourquoi ? Pour venir lui rendre un honneur qu'il mérite.

> J'ai gagné sur lui qu'il ne me verra plus,

lui dit Pauline.

> Quoi ! vous me soupçonnez déjà de quelque ombrage ?

s'écrie Polyeucte presque avec indignation. Et Pauline répond :

> Je ferais à tous trois un trop sensible outrage.

Et dans ce qui suit, avec une hardiesse, que seule la vertu la plus haute et la plus ferme peut se permettre, elle fait comprendre à son mari que, tout en étant sûre de ne pas faillir, elle n'est pas tranquille en la présence de Sévère; que « son repos est troublé par ses regards ».

> Et bien que la vertu triomphe de ses feux,
> La victoire est pénible et le combat honteux.

Au lieu d'être mordu par la jalousie, Polyeucte en prend occasion pour admirer la vertu trop parfaite de Pauline. Il a certainement raison. Mais qui ne voit que de telles âmes[1] ne sont pas faites pour les tortures du doute et des soupçons ?

---

1. On pourrait encore citer dans *Rodogune* les deux frères, Antiochus et Séleucus, qui, amoureux tous deux de la même princesse, n'ont l'un pour l'autre rien de caché, et font assaut de générosité. On admire de pareils caractères sans les trouver naturels.

Il n'en est pas de même des personnages de Rotrou, plus faibles, plus facilement entraînés par leurs passions ou trompés par les apparences. Dans sa première tragédie, *Hercule mourant*, se trouve la peinture de la jalousie de Dejanire, peinture faite d'une main encore lourde et maladroite. Mais c'est surtout dans *Laure persécutée* et dans *Venceslas* que le poète, s'élevant pour ainsi dire au-dessus de lui-même, a fait dans *Orantée* et dans *Ladislas* une peinture admirable de l'amour jaloux, de ses mélancolies, de ses doutes, de ses colères et de ses fureurs[1].

Racine nous donnera-t-il ce type de la jalousie que Shakespeare avait déjà créé, qu'au siècle suivant, Voltaire essayera, avec quelque succès, de faire revivre dans son *Orosmane*?

Racine, le peintre par excellence de l'amour, semblait destiné tout naturellement à traiter un pareil sujet : il l'a traité, il est vrai, mais, sauf une fois, sans l'aborder de front, y revenant souvent, tournant pour ainsi dire autour, mais sans créer cependant en ce genre aucun personnage qu'on puisse opposer à Othello. Peut-on le lui reprocher?

Il y a, semble-t-il, deux façons de traiter ce sujet. On peut prendre un personnage dont on fait le centre de la pièce, nous le présenter surtout, presque uniquement comme jaloux, ménager des situations qui permettent à ce caractère de s'étaler et d'éclater, en tirer des effets comiques ou tragiques, suivant les circonstances : c'est ce qu'a voulu faire Molière dans *Don Garcie de Navarre*. « Le prince jaloux » devient un maniaque, une espèce de fou, qui semble ne chercher que les occasions de se tromper et d'entrer en fureur. Le personnage ainsi conçu est fort peu attachant : Molière n'a pas réussi à nous intéresser à lui.

Mais il y a une autre façon de comprendre et de traiter le sujet, c'est de ne pas regarder le jaloux comme un être abstrait, mais de regarder la jalousie comme une conséquence presque fatale de l'amour, surtout, admettons-le, dans les âmes faibles, qui se laissent ordinairement guider par la passion, et qui n'ont pas pour elles et ne reconnaissent pas chez les autres un principe

---

[1]. On peut citer aussi, dans la *Marianne* de Tristan, la jalousie d'Hérode. Mais combien ce personnage, malgré son amour furieux et sa jalousie, est loin du charme, de la poésie, de la vérité et de la profondeur que Rotrou a su mettre dans la peinture d'Orantée et de Ladislas!

supérieur. Alors le moindre geste, le moindre mot, le plus léger soupir, sera interprété et mal interprété; alors le doute et les soupçons entreront dans des âmes peu habituées à compter sur la force du devoir et l'énergie de la volonté. Alors la jalousie, qui est bien souvent le signe d'un amour violent, mais qui est en somme toujours une mésestime, exercera ses ravages. Elle ne sera pas tout le personnage, mais elle en fera partie; elle sera la conséquence de l'amour; elle sera toujours cachée au fond du cœur, toujours prête à en sortir, mais elle aura besoin d'une raison, d'une occasion, d'un prétexte pour éclater. Elle aiguillonnera, elle excitera l'amour; elle le rendra sinon plus profond, au moins plus ardent; elle poussera à l'action; elle précipitera les crises, les dénouements; elle sera un ressort important, parfois le ressort indispensable. N'est-ce pas ainsi avec plus ou moins de violence que la jalousie se présente à nous dans la réalité? N'est-ce pas ainsi que Racine nous la présente le plus souvent dans son théâtre?

Une seule fois Racine a fait de cette passion le fond d'un caractère. Hermione, en effet, est la personnification de la jalousie, et de la jalousie furieuse. Elle aime, elle se sent dédaignée par Pyrrhus, qui lui préfère une captive. Si elle était fière, d'une fierté hautaine, elle pourrait mépriser à son tour qui la méprise; dévorer par orgueil ses larmes, ses ennuis, et quitter la cour de Pyrrhus. Si elle était douce et timide, elle pourrait se résigner, tout en pleurant, au triomphe d'Andromaque, et s'éloigner sans protester. Mais la jalousie est entrée dans son cœur. Son amour se tourne en fureur contre l'ingrat, l'infidèle qui l'abandonne. Elle l'a trop aimé pour ne pas le haïr. Mais cette jalousie n'est que la conséquence de son amour trompé : qu'elle ait un semblant d'espérance, et son cœur ira au-devant de Pyrrhus et elle fera dire à Oreste de ne pas se hâter dans l'accomplissement de ses projets; que l'espérance, au contraire, disparaisse, et toute sa fureur renaîtra, et elle deviendra violente, et elle demandera la mort de l'infidèle. Ce n'est pas ici l'obstination d'un personnage qui s'efforce avec une logique implacable de saisir tous les fils d'une intrigue et de reconstruire, pour ainsi dire, la trahison, ou qui cherche avec opiniâtreté à surprendre un secret qui l'intéresse. Cette recherche patiente, cette opiniâtreté, cette logique est plutôt le propre d'un homme. Hermione est une jeune fille, et le poète nous l'a présentée comme telle, ardente, emportée, ne demandant qu'à aimer et à pardonner, joyeuse d'un retour soudain, sans rechercher si elle peut compter beaucoup sur Pyrrhus, qui a déjà donné tant de preuves de son inconstance, agissant non par calcul mais sous le coup d'une passion forte; incertaine, ne se connaissant pas, hésitant entre l'amour et la haine; capable par conséquent d'un coup de tête qu'elle regrettera bientôt après : tel est le type le plus complet de la jalousie que Racine nous ait montré.

Dans ses autres pièces, la jalousie apparaît, mais pour renforcer, pour ainsi dire, l'amour. L'amour seul, en effet, fait commettre bien moins de crimes et de fautes que la jalousie. Ce qu'on ne fait pas par amour, on le fera par jalousie, par dépit, pour désespérer un rival, pour ne pas lui céder une conquête, à laquelle on ne tiendrait peut-être pas beaucoup, si personne ne nous ne la disputait. Néron a vu Junie « excité d'un désir curieux ». Il l'aime ou croit l'aimer. Peut-être que, devant la résistance de Junie, soutenue par Agrippine, l'empereur se serait arrêté. Mais Narcisse lui fait entrevoir que Britannicus aime Junie et en est aimé. Toutes les mauvaises passions se réveillent au cœur de l'empereur :

> Néron impunément ne sera pas jaloux.

Ce n'est pas seulement l'amour qui fait naître la jalousie, c'est la vanité, c'est l'orgueil, c'est le désir de dominer, de supplanter quelqu'un; c'est aussi la joie de faire le malheur d'un être qu'on déteste. « Je mettrai ma joie à le désespérer. » On voit comment cette jalousie de Néron va précipiter la crise, en enflammant son amour pour Junie, en excitant sa colère contre Britannicus.

Mithridate est bien plus intéressant dans sa jalousie que Néron, parce que le soupçon est un trait persistant de son caractère; et que le soupçon, chez un vieux prince amoureux, doit nécessairement se tourner en jalousie.

> Amant avec transport, mais jaloux sans retour.

Nous connaissons bientôt cette jalouse fureur qui va se montrer dans ses actes et dans ses paroles. C'est ainsi qu'à peine arrivé il soupçonne ses fils; au peu d'empressement de Monime, sa jalousie se réveille ; elle éclate au refus de Pharnace de s'associer à ses projets : « Monime te retient » ; elle le torture quand Pharnace accuse son frère d'aimer la reine et même d'en être aimé ; elle se montre dans le piège qu'il tend à la malheureuse Monime, dans la fureur qui le transporte contre Monime et contre Xipharès, enfin dans le poison qu'il envoie à sa fiancée. Mais cette jalousie n'est pas, comme chez Néron, le caprice d'un enfant méchant et vicieux ; elle est inséparablement liée à son amour, à son caractère ; elle est, pour ainsi dire, son caractère même. Elle est dramatique parce que nous la trouvons naturelle, et qu'elle fait planer la terreur sur la pièce tout entière.

On ne peut pas dire que Phèdre et Roxane [1] soient de complexion jalouse, quoique cette dernière en particulier ait toute espèce de raisons pour ne pas être tranquille. Placée entre Atalide et Bajazet, mécontente du peu d'empressement de celui qu'elle aime, elle mettra bien du temps avant d'être tourmentée par les soupçons.

Dans une situation bien faite pour exciter sa jalousie, elle fait tout ce qu'elle peut pour fermer les yeux, pour n'être pas jalouse : on peut dire que c'est le triomphe de l'amour sur la jalousie.

Il n'en est pas de même de Phèdre que la jalousie arrête au moment, peut-être, où un aveu allait sauver le fils de Thésée.

Toute à son amour, à ses incertitudes, à ses craintes, à ses terreurs, à ses remords, convaincue, du reste, que le fils de l'Amazone est insensible, elle a eu la criminelle faiblesse de laisser Œnone accuser et noircir Hippolyte. Mais à peine a-t-elle entendu « la voix redoutable » de Thésée condamner son fils, qu'effrayée, poussée par ses remords, bien plus poussée par le repentir, elle vient intercéder pour celui qu'elle a laissé accuser ; peut-être même ne pourra-t-elle pas retenir « l'affreuse vérité ». C'est alors que la jalousie intervient pour donner un nouvel aliment à sa passion. Un mot que laisse échapper Thésée sur l'amour d'Hippolyte pour Aricie, amour qu'il rejette d'ailleurs comme un « frivole artifice », est pour Phèdre un coup de foudre et réveille dans son cœur un feu mal étouffé.

Hippolyte est sensible et ne sent rien pour moi.

1. Je ne parle pas ici d'Ériphile, plutôt envieuse du bonheur d'Iphigénie que jalouse.

Voilà le cri de la douleur et de la jalousie.

Et je me chargerais du soin de le défendre.

Voilà la conséquence tragique de cette jalouse rage. Voilà aussi ce qui achève de peindre le caractère de Phèdre : faible et passionnée, vaincue par cet amour qui la domine et qui maîtrise sa volonté, qui l'empêche de faire le bien, même quand elle est décidée à bien faire. Pour que cette peinture de la passion fût complète, il lui fallait cette jalousie, aussi ardente que son amour, jalousie qui la tourmente et la consume, et la pousse définitivement au crime et à la mort. Ce n'était donc pas assez ce qu'elle avait souffert jusque-là ! Elle était « réservée à ce nouveau tourment » : avoir une rivale. Tout disparaît devant ses yeux, et l'horreur de son crime et sa velléité de sauver un innocent; elle ne voit plus qu'une chose, c'est que « ce farouche ennemi reconnaît un vainqueur ». Jamais âme ne fut ébranlée et secouée par un coup plus rude. Tantôt elle en veut à Œnone de ne pas l'avoir avertie; tantôt elle envie l'innocence de leur amour qu'elle compare avec amertume à ses craintes et à ses tourments; tantôt emportée par ses transports jaloux, elle veut perdre Aricie, jusqu'au moment où elle a horreur et d'elle-même et de ses crimes et de ses impostures, et où elle croit voir l'Enfer (elle dit, il est vrai, les Enfers) s'ouvrir devant elle. Après cette explosion de rage et de fureur, elle voit plus clair dans son âme et dans sa situation; elle ne songe plus à accabler Aricie et Hippolyte; elle maudit la malheureuse qui l'a perdue. Il n'est plus temps de sauver Hippolyte : elle n'a plus qu'à mourir.

Quand même Racine ne nous aurait pas présenté le caractère d'Hermione, et tout en reconnaissant que d'ordinaire il n'aborde pas ce sujet de front, mais qu'il se sert de la jalousie comme d'un ressort pour exciter l'amour et précipiter la crise, il suffirait du rôle de Mithridate et d'une scène du rôle de Phèdre pour montrer que Racine, qui a si bien su peindre l'amour, a su aussi bien peindre la jalousie.

Dira-t-on après cela, en voyant cette vérité et cette variété de passions, que tous ces caractères se ressemblent! Pour la première fois, avec lui, la femme n'est plus ce type convenu d'héroïne déclamatoire ou de fade amoureuse que, sauf deux ou trois exceptions, nous avions toujours vu avant lui sur le théâtre. Pour la première fois, la femme nous est présentée telle qu'elle est, tantôt hardie et comme inconsciente dans le crime, tantôt sublime dans sa délicatesse, presque toujours, même quand elle fait le bien, esclave de sa sensibilité, rarement soumise à la raison. Le poète échappe à la monotonie par les nuances infinies qu'il met dans les passions de ses personnages, depuis l'amour timide et chaste jusqu'à l'amour violent, incestueux; il échappe à la fadeur par la vérité de ses peintures, à la froideur par la sincérité des sentiments, à la recherche et à la subtilité par la profondeur et le caractère général des types qu'il présente. On lui a reproché, comme à tous les écrivains de l'école classique, d'avoir mis des abstractions sur la scène. Je crois que les analyses faites jusqu'ici réfutent suffisamment cette assertion : abstractions, si deux ou trois traits toujours les mêmes formaient la physionomie sans vie et sans couleur de ces personnages. Nous avons vu que ce n'était pas le cas ici, chacun ayant un caractère particulier. Ah! sans doute, nous trouvons chez eux de ces traits généraux qui appartiennent à l'humanité tout entière : nous nous retrouvons en eux, nous reconnaissons nos sentiments et nos passions; nous ne sommes pas déroutés par l'étrangeté des personnages. Mais ce serait une erreur de confondre des caractères généraux avec des caractères abstraits.

5° Ce n'est pas seulement l'amour que notre poète a dépeint dans la femme, c'est aussi l'amour maternel et l'ambition.

Deux sentiments qui se confondent en un seul vivent dans le cœur d'Andromaque, le culte de l'époux qu'elle a perdu, l'amour du fils que lui a laissé Hector. Captive de Pyrrhus qui la poursuit de son amour, elle n'a d'autre consolation que d'aller voir son fils qu'elle aime, non seulement parce qu'il est son fils, mais parce qu'il lui rappelle Hector.

C'est surtout la veuve d'Hector que le poète a voulu peindre en elle : s'il y a des femmes qui, une fois mères, oublient leur époux, ce n'est pas d'Andromaque qu'on peut le dire. Les premières paroles qu'elle prononce nous la montrent bien telle qu'elle est, unissant dans un même amour Astyanax, Troie, Hector.

> Puisqu'une fois le jour vous souffrez que je vole
> Le seul bien qui me reste et d'Hector et de Troie,
> J'allais, seigneur, pleurer un moment avec lui :
> Je ne l'ai point encore embrassé d'aujourd'hui.

Tout son caractère, toute son âme est dans ces vers : sa tendresse pour son fils, sa fidélité inviolable au vaillant Hector, le chef des Troyens, et aussi sa mélancolie résignée et touchante. Elle ne pousse pas de cris, elle n'a pas d'emportements farouches : elle a la conscience de son état, comme elle a la pudeur de ses larmes : elle voudrait se cacher quelque part avec son fils et pleurer avec lui sur le tombeau d'Hector.

Mais il s'agit de sauver son fils, « ce fils sa seule joie et l'image d'Hector »; et elle ne peut le sauver qu'en étant infidèle à Hector. Douloureuse alternative!

> Quoi je lui donnerais Pyrrhus pour successeur!

Sa pudeur, sa dignité, sa délicatesse, se révoltent à cette seule idée : et de ces hésitations, de cette lutte entre la mère et l'épouse naît ce qu'on a improprement appelé sa coquetterie, c'est-à-dire l'innocent stratagème qu'elle emploie pour ne pas désespérer, pour ménager Pyrrhus, qu'elle peut haïr, mais qu'elle ne peut pas mépriser, et qu'elle ne voudrait pas épouser.

> Mais il me faut tout perdre et toujours par vos coups.

Je vois là une tristesse résignée et touchante, et non de la coquetterie. Aux déclarations brûlantes de Pyrrhus comment répond-elle? En parlant de Troie et d'Hector, et de son infortune, et de sa tristesse, en insistant sur tout ce qui sépare Andromaque et Pyrrhus. On n'aurait pas voulu, j'imagine, qu'elle accablât d'invectives le vainqueur généreux, qui lui offre sa couronne et sa main, et qui, d'un mot, peut perdre ou sauver Astyanax. Lorsqu'elle dit à Céphise : « Tu vois le pouvoir de mes yeux », ce n'est pas avec coquetterie, c'est avec l'abattement le plus profond qu'elle prononce ces paroles : et s'il y a sur ses lèvres un sourire, c'est un sourire navré, sourire voisin des larmes.

Lui reprochera-t-on de se jeter aux genoux de Pyrrhus et de s'écrier :

> Vos serments m'ont tantôt juré tant d'amitié!

Mais ne comprend-on pas que même ce terme adouci d'amitié lui déchire la bouche, et que, pour le prononcer, il faut qu'elle ait présente à l'esprit l'affreuse image de son fils assassiné. Je vois partout le suprême effort d'une mère qui ne veut pas que son fils périsse, et j'entends comme les sanglots de l'épouse qui, dans sa sublime délicatesse, se croit infidèle à son Hector : je ne vois nulle part l'ombre de ce qu'on appelle la coquetterie.

Jamais Racine n'a rien écrit de plus achevé, de plus tendre, de plus touchant et de plus vrai.

Cette mélancolie résignée que nous venons de voir chez Andromaque, la veuve toujours fidèle d'Hector, nous ne la trouverons pas chez Clytemnestre, l'épouse bientôt adultère et criminelle du roi des rois. L'orgueil et l'amour maternel forment le fond de son caractère, orgueil de reine, qui est fière de son titre et de sa puissance, amour de mère qui a mis toutes ses affections sur ses enfants et qui ne confond pas, comme le fait Andromaque, dans un même sentiment, l'amour conjugal et l'amour maternel.

Son orgueil éclate dans les premiers mots qu'elle prononce : Il s'agit de sauver sa gloire et celle de sa fille. Le coup est d'autant plus rude qu'elle était toute fière de ce mariage.

Quand Agamemnon l'éloigne de l'autel, c'est son orgueil surtout qui se révolte.

Me croit-il, à sa suite, indigne de paraître?

Mais l'amour maternel retient les emportements de sa vanité blessée :

Ma fille, ton bonheur me console de tout.

Le danger que va courir sa fille développera un autre côté de son caractère, que, jusqu'ici, le poète n'a pu que nous faire entrevoir : sa violence et son emportement; et ses explosions de colère et de fureur nous feront pressentir les crimes dont le palais d'Agamemnon sera un jour le théâtre. C'est en vain qu'Iphigénie lui dit :

Ne reprochez jamais mon trépas à mon père.

La douceur fière et résignée d'Iphigénie forme un admirable contraste avec la fureur presque sauvage de Clytemnestre.

Elle est la seule qui ose protester contre les ordres des dieux :

> Les dieux ordonneraient un meurtre abominable!

Tandis que son amour de mère abaisse son orgueil aux pieds d'Achille, son courroux éclate contre son perfide époux :

> Il ne soutiendra point la fureur qui m'anime.

On a souvent fait remarquer que Racine avait (IV, 4) renversé l'ordre des discours adopté par Euripide, et avait laissé Iphigénie parler avant sa mère; sans doute pour pouvoir donner aux paroles de Clytemnestre plus de véhémence encore. Aux vœux timides d'Iphigénie, Agamemnon a répondu par quelques mots empreints d'une résignation douloureuse, mais dans lesquels le père accepte le sacrifice de sa fille. La mère, elle, ne l'accepte pas; et, tout espoir étant perdu, ne garde plus aucune mesure contre ce barbare, ce cruel, qui sacrifie sa fille à son ambition. Ces imprécations d'une violence inouïe (je n'ai pas besoin de parler de leur beauté) sont bien conformes au caractère de Clytemnestre qui, sauf une courte minute d'espoir (IV, 10), va passer par toutes les angoisses de la douleur la plus légitime, jusqu'au moment où Ulysse, Ulysse lui-même, viendra lui annoncer que sa fille est sauvée.

Tel est ce caractère si hardiment tracé, fait d'orgueil, de violence et d'amour maternel, et dans lequel on peut déjà apercevoir les emportements et les fureurs qui pousseront plus tard Clytemnestre à devenir la complice d'Égisthe.

6° Agrippine et Athalie représentent l'ambition féminine, très différente du reste chez la mère de Néron et chez la reine de Juda.

Ce qu'il faut d'abord remarquer c'est que leur situation n'est pas du tout la même. Agrippine n'est que la mère de l'empereur; elle n'a de puissance que celle que son fils veut bien lui laisser, ou plutôt que celle qu'elle exerce sur son fils; elle sent que son pouvoir lui échappe, elle veut le ressaisir. Le poète a voulu nous montrer la disgrâce d'Agrippine : avec un autre système dramatique, on aurait pu nous mettre sous les yeux les différents moments de cette disgrâce. Tous ces traits épars, le poète les a rassemblés autour de l'enlèvement de Junie et de la mort de

Britannicus, événements qui marquent l'affranchissement complet de Néron et la ruine du crédit d'Agrippine; tous les faits qui doivent nous aider à comprendre cette disgrâce, le poète les groupe habilement dans les premières scènes, et la mère de l'empereur se charge elle-même de nous en instruire. (I, 1.)

Elle va tâcher de retenir ce pouvoir qui lui échappe. Il ne faudrait pas croire cependant qu'elle veut le pouvoir pour réaliser de grands projets, pour faire de grandes choses : rien de plus petit et de plus puéril que les mobiles qui la poussent. Elle veut être maîtresse tout simplement pour être la maîtresse, pour n'avoir personne au-dessus d'elle, pour qu'on implore son appui, pour que la cour soit à ses pieds, pour qu'elle puisse dispenser les grâces et les honneurs, pour jouir de la pompe des Césars. (III, 4.)

De quels moyens peut-elle se servir pour reconquérir son pouvoir? Elle n'aime pas son fils et elle en est détestée : Néron est impatient du joug de ses bienfaits; mais, craintif et lâche, il tremble devant elle :

> Mon génie étonné tremble devant le sien.
> (II, 2.)

Aussi fait-il tous ses efforts pour éviter un fâcheux entretien avec l'implacable Agrippine. Celle-ci, au contraire, n'a que ce moyen de ressaisir son autorité, qui est battue en brèche à la fois par la probité de Burrhus et par la perfidie de Narcisse. Cet entretien que Néron veut toujours éviter, il le subira.

Quels sont les traits particuliers de ce caractère d'Agrippine? Une absence complète de scrupules, beaucoup d'orgueil :

> Moi fille, femme, sœur et mère de vos maîtres!

beaucoup de violence et d'imprudence. Elle est bien la femme « impotens sui » : elle est incapable de se contenir dans la joie ou dans la colère; elle a jusqu'ici été servie par son audace : elle manque de cette habileté et de cette souplesse nécessaire peut-être dans les cours. Elle est arrogante envers Burrhus et menace devant lui le pouvoir même de Néron; elle est plus calme en présence de Narcisse : mais en dit assez pour perdre Pallas et se compromettre elle-même (I, 3); l'exil de Pallas la met hors d'elle-même; en vain Burrhus la supplie de calmer ses transports; elle en devient plus imprudente et plus hautaine :

> Ah! l'on s'efforce en vain de me fermer la bouche,
> Et c'est trop respecter l'ouvrage de mes mains.
> (III, 3.)

Elle va même jusqu'à faire prévoir une révolution en faveur de Britannicus. A peine en présence de Néron, sans tenir compte des conseils désintéressés de Burrhus, oubliant qu'elle est la sujette de son fils, elle le traite en enfant, et lui fait « un long récit de ses ingratitudes ». Elle va jusqu'à jouer l'amour maternel. Elle prend pour de la soumission la lassitude de Néron.

> Hé bien donc! prononcez : Que voulez-vous qu'on fasse ?

Tout à l'heure elle était presque suppliante : elle se relève arrogante, convaincue qu'elle a enfin reconquis son autorité sur son fils.

Son aveuglement est extrême, ses illusions sont entières. Elle a tant de hâte de reprendre le pouvoir qu'elle semble ne pas connaître Néron. Elle ne comprendra son erreur que lorsque le crime sera accompli; aussi, exaspérée, ne gardera-t-elle aucune mesure envers le meurtrier de Britannicus :

> Je prévois que tes coups viendront jusqu'à ta mère.

Mais son ambition est tenace. Qui sait si les remords ne le ramèneront pas?

> Voyons quel changement produiront ses remords.

Ambition, absence de scrupules, orgueil, maladresse, violence féminine, tels sont les principaux traits de ce caractère.

Athalie ne dépend de personne, elle est maîtresse absolue; il y a dans son passé bien des crimes, mais il y a aussi une certaine grandeur; il y a, par suite, dans son ambition, quelque chose de plus élevé et de plus noble que dans celle d'Agrippine, obligée de raffermir par l'intrigue un crédit ébranlé.

Il y a aussi chez elle de la fierté et de l'arrogance.

Mais nous pardonnons cette fierté à une femme qui peut dire :

> Par moi, Jérusalem goûte un calme profond.

Ce pouvoir, elle n'a pas eu de peine à le retenir, à le conserver, tant qu'elle a été « éclairée, intrépide »,

> Élevée au-dessus de son sexe timide.
> (III, 3.)

Mais son gouvernement a vieilli avec elle et comme elle; elle n'a plus confiance en elle-même; elle a des hésitations qui pourraient bien être des remords; elle n'a plus cette tranquillité sereine dont elle jouissait : un rien la fait pâlir et trembler; un rien montre « son trouble et sa faiblesse », et lui enlève

> Cette paix qu'elle cherche et qui la fuit toujours.
> (II, 3.)

C'est l'heure critique pour son gouvernement. Qu'un danger se présente, qu'un obstacle surgisse, et elle semblera s'abandonner à

> ....cet esprit d'imprudence et d'erreur
> De la chute des rois funeste avant-coureur.

Nous allons voir par quels traits Racine a marqué non pas tant la faiblesse que l'affaiblissement de cet esprit, autrefois viril et résolu.

C'est un songe qui la préoccupe et la tourmente ; elle en rougit elle-même, mais ne peut rendre la paix à ses sens agités. Elle est affolée. Elle ne raisonne plus. Elle est livrée à la superstition. Elle se laisse entraîner par un « instinct »; elle va prier le Dieu des Juifs.

> La peur d'un vain remords trouble cette grande âme.
> Elle flotte, elle hésite : en un mot, elle est femme.

On ne saurait mieux nous faire comprendre le changement qui se manifeste dans Athalie : c'est bien le caractère de la femme qui se révèle dans ces superstitions et ces hésitations; il se révélera aussi dans cet attendrissement subit et inattendu qui s'emparera d'elle à la vue d'Éliacin, attendrissement qui l'étonne elle-même.

> Je serais sensible à la pitié!

Il se révélera aussi dans cet emportement sauvage qui interrompt l'interrogatoire de Joas :

> Oui ma juste fureur, et j'en fais vanité,
> A vengé mes parents sur ma postérité.

et dans ces imprudences qu'elle commettra jusqu'à la fin et qui la feront tomber désarmée entre les mains de Joad.

S'il y a des traits dans ce personnage qui appartiennent à tout ambitieux, il y en a beaucoup, on le voit, qui caractérisent non seulement la femme, mais la femme fatiguée par l'âge, et qui de ses mains affaiblies laisse échapper le pouvoir.

7° L'ambition chez les hommes n'a pas, en général, de ces hésitations, ou, si elle en a, elles ne sont pas aussi souvent provoquées par un caprice ou un manque de sang-froid, mais par un danger imminent, ou par un sentiment naturel très louable, par exemple l'amour paternel.

C'est le cas pour Agamemnon tiraillé entre son ambition et son amour pour sa fille. C'est cette lutte qui forme l'intérêt dramatique de ce caractère.

L'ambition et l'orgueil dominent assez dans cette âme pour qu'il n'ait pas protesté avec indignation contre le sacrifice que Calchas ose lui demander. Il aime le pouvoir, il voudrait le garder, dût-il pour cela commettre un crime ou une lâcheté. Clytemnestre (IV, 4) ne se trompe pas sur les mobiles de cette ambition.

Agamemnon nous dévoile lui-même sa vaniteuse ambition :

> Ce nom de roi des rois et de chef de la Grèce
> Chatouillait de mon cœur l'orgueilleuse faiblesse.
> (I, 1.)

Il ne nous cache pas sa faiblesse :

> Sauvez-la de ma propre faiblesse.

mais en même temps il trouve quelque consolation à penser que les Grecs qui immoleront sa fille

> Reconnaîtront son sang en le voyant couler.

Toute sa discussion avec Achille nous le montre surtout jaloux de son autorité. Achille avec ses violences et sa fierté est bien le plus mauvais avocat qu'on puisse souhaiter à Iphigénie : il ne fait qu'aigrir et exaspérer la jalouse vanité d'Agamemnon.

> Ma gloire intéressée emporte la balance.
> Ma pitié semblerait un effet de ma peur.
> (IV, 7.)

Plus peut-être que son ambition, l'orgueil blessé d'Agamemnon rendra la perte de sa fille inévitable, mais l'amour paternel la sauvera ou tout au moins essayera de la sauver.

Nous avons dit de quelle monstrueuse ambition Agamemnon doit être la proie pour qu'il ait pu accepter l'idée du sacrifice d'Iphigénie : mais à mesure que le moment fatal approche, son amour paternel semble se réveiller dans son cœur.

> Non tu ne mourras point, je n'y puis consentir.

Ce vers nous met à nu l'âme d'Agamemnon qui, poussé par Ulysse et par son ambition, a bien pu consentir à ce sacrifice, mais qui maintenant va faire tous ses efforts pour arracher sa fille au sort qui la menace. Elle l'emporte sur l'intérêt des Grecs ; il lui sacrifie son rang, sa sûreté. Il souffre, il gémit :

> Hélas! en m'imposant une loi si sévère,
> Grands dieux, me deviez-vous laisser un cœur de père?
> (IV, 5.)

Son amour paternel va triompher; il triomphera même de son orgueil :

> Cédons au sang, à l'amitié,
> Et ne rougissons plus d'une juste pitié.
> (IV, 8.)

Au moins une fois il fera un viril effort pour sauver sa fille. Néanmoins nous pouvons trouver que cet amour, qui se répand en protestations, n'agit pas beaucoup : c'est que le poète a voulu nous le montrer dominé par l'orgueil et l'ambition; il a voulu nous montrer jusqu'où un homme, qui n'a pas cependant une âme vile et scélérate, peut descendre, entraîné par la plus forte et la plus triste des passions, la peur de perdre le pouvoir.

Avec Acomat et Joad, l'ambition ne sera plus en conflit avec aucune autre passion : elle n'aura à lutter pour ainsi dire que contre des obstacles matériels.

Quel chef de parti que cet Acomat, et comme Voltaire a raison de l'admirer! Il est l'âme de la conspiration, qui doit porter Bajazet au trône : c'est lui qui l'a montré à Roxane, et qui a fait naître la passion de la sultane.

Et pourquoi? Pour prévenir le sultan qui a juré sa ruine, et pour se venger de l'inaction où il le fait languir.

Ce sont ces craintes, cette inaction forcée, cette chute ou tout au moins cet éloignement du pouvoir, qui le jettent dans la révolte, lui le vizir aimé des soldats, qui ne peut songer sans émotion à sa gloire passée : c'est peut-être la seule émotion qu'il soit susceptible de ressentir.

> Crois-tu qu'ils me suivraient encore avec plaisir,
> Et qu'ils reconnaîtraient la voix de leur vizir?

Voilà le seul enthousiasme qu'il puisse éprouver. Ce qui l'a attaché à Bajazet c'est qu'il a été pour ainsi dire son maître et qu'il l'a formé à l'art de la guerre.

Il a toutes les qualités d'un chef de parti. Il se sert des passions des autres, mais il n'est pas de ceux qui en ressentent. Il sait bien qu'il n'est plus jeune et que sa fiancée n'a pas à attendre de lui « de doux emportements ». Tout ce qu'il peut faire c'est de se plier à parler de profonds respects et d'un long esclavage

> Tel que nous le devons au sang de nos sultans.
> (III, 2.)

Voilà bien, en effet, ce qui l'a attiré, et non pas la grâce et la beauté d'Atalide :

> J'aime en elle le sang dont elle est descendue.
> (I, 1.)

Parole d'ambitieux et non pas d'amoureux. Avec quel superbe mépris traite-t-il ces questions d'amour et de sentiment!

Son fidèle Osmin a-t-il cru un instant qu'il agissait par jalousie?

> Moi, jaloux!...
> (IV, 7.)

La passion, ce grand ressort, mais aussi souvent ce grand obstacle, n'existe pas pour lui. La seule chose qui l'intéresse c'est la réussite de ses projets. C'est un politique sans le moindre scrupule, qui se sert de la religion comme des passions des autres, c'est-à-dire comme d'un instrument de succès.

Il sait combien le peuple est « crédule en sa dévotion », et il n'a pas hésité à gagner par « des brigues secrètes » les sacrés interprètes de la loi. (I, 2.) Il trouve même qu'il est ridicule de garder sa foi, et ce cynisme du vieux politique contraste avec les scrupules timides et chevaleresques de Bajazet.

Il sait jouer tous les rôles, et sa profonde habileté est servie par un admirable sang-froid. Vient-il d'apprendre de la bouche de Roxane la folie de Bajazet? Il se garde bien de prendre sa défense; il feint de partager le courroux de la sultane :

> Oui, puisque jusque-là l'ingrat m'ose outrager,
> Moi-même, s'il le faut, je m'offre à vous venger.
> (IV, 6.)

C'est qu'il a besoin de tout son calme et de toute sa souplesse au milieu de ces passions déchaînées, qui s'entre-choquent, et qui menacent à chaque instant d'engloutir ses projets. Un seul instant il a failli être découragé d'avoir à lutter contre tout le monde, et d'avoir contre lui « les amants, l'amour et la fortune ». (III, 1.) Mais ce moment est de courte durée; et si quelque chose égale son sang-froid, c'est cette énergie indomptable, cette ténacité opiniâtre avec laquelle il lutte jusqu'au bout, cet esprit de décision qui lui fait prendre à l'instant même son parti. Il sait que, s'il échoue, il n'a aucune grâce à attendre de « son maître irrité ». Et s'il faut mourir, il saura mourir en brave « comme un vizir ». La mort de Bajazet emporte toutes ses espérances, mais ne détruit pas son énergie et son audace. Il n'oublie pas que ses amis se sont compromis pour lui, qu'il a la garde d'Atalide. Le poète a bien fait de ne pas nous le montrer cherchant dans la mort la fin de ses malheurs. Acomat doit lutter jusqu'au bout; et, s'il meurt, doit mourir en combattant, en cherchant à sauver non pas sa vie, mais celle de ces amis et la « tête sacrée » d'Atalide. (V, 11.)

Acomat est un politique froid, habile, énergique, sans scrupules et sans préjugés; Joad est, lui aussi, un chef de conspirateurs énergique et habile; mais à l'habileté du politique, il joint l'enthousiasme du prêtre. Ne nous demandons pas, comme le fait Voltaire, si ce n'est pas un personnage dangereux qu'il faudrait enfermer : à ce compte, il faudrait enfermer bien des personnages de tragédie qui ont le tort de se laisser entraîner au crime par leurs passions.

Il s'agit ici d'une restauration monarchique préparée par des prêtres; le chef de la révolution qui va s'accomplir est le grand prêtre Joad. Il a été souvent mal compris et mal jugé, parce qu'on a voulu se placer uniquement au point de vue humain. C'est une erreur et une injustice de juger à ce point de vue des personnages comme Polyeucte ou Joad. Pour ce dernier, en particulier, il faut se résoudre à voir en lui un fourbe et un imposteur, si l'on n'admet pas la sincérité de son enthousiasme.

Ce caractère est plus complexe : nous allons essayer de montrer les éléments qui le composent.

Sans doute Joad est un chef de parti, un chef de conspirateurs, voulant réussir dans son entreprise, qui a pour but de renverser Athalie et de couronner Joas. Comme tel il sera énergique et habile, décisif et prévoyant. Il a besoin, sinon de l'appui, tout au moins de la neutralité du chef de l'armée. Nous le voyons au début sonder Abner, et s'assurer de son concours, sans lui dévoiler le secret de l'entreprise. Comprend-il que le moment d'agir est arrivé : il n'hésite pas. Pendant qu'Athalie interroge Joas, il ne s'éloigne pas, prêt à intervenir avec ses lévites. Il n'oublie aucun des détails qui peuvent assurer ou compromettre le succès de son entreprise. Il n'oublie pas de faire fermer le temple, et de distribuer aux lévites les armes consacrées par David.

> Peut-on les employer pour un plus noble usage?

Au moment d'agir il harangue ses troupes.

Quand la bataille est sur le point d'être livrée, les ordres deviennent plus précis; en vrai général, il dispose ses troupes :

> Amis, partageons-nous;

mais que chacun

> Garde en mourant le poste où je l'aurai placé.
> (IV, 5.)

Il n'hésite même pas à employer la ruse, la trahison, le guet-apens, pour s'emparer d'Athalie, qu'il attire dans le temple, sous prétexte de lui livrer le trésor de David. Il veut bien qu'elle vienne avec ses plus braves chefs, mais qu'elle laisse à la porte ses soldats. Qu'aurait-elle à craindre de prêtres et d'enfants?

Il veut la tromper jusqu'au bout :

> Que sur son passage
> Tout d'un calme profond lui présente l'image.
> (V, 3.)

Aussi n'est-il pas trop effrayé de l'escorte qui l'accompagne :

> Je vois que du saint temple on referme la porte.
> Tout est en sûreté!...

Mais ce n'est pas seulement un politique habile et énergique, c'est aussi un prêtre, le chef de la religion, qui ne prêche pas, il est vrai, l'humilité et la soumission, mais qui respire la fierté et l'intolérance. — C'est, dit Mathan, « de tous les mortels le plus superbe ». Mathan a raison. Son orgueil et son intolérance éclatent à chaque parole : il chasse Athalie du temple; il accable Mathan d'invectives furieuses. On sent qu'il imiterait Abraham qui

> .... sur son fils innocent
> Leva sans murmurer un bras obéissant.

Ne dit-il pas à ses lévites :

> Dans l'infidèle sang baignez-vous sans horreur.
> Frappez et Tyriens et même Israélites.
> (IV, 4.)

Ce n'est pas seulement au figuré qu'il a le droit de s'écrier :

> L'ange exterminateur est debout avec nous.
> (V, 4.)

C'est un prêtre, avons-nous dit; c'est, en effet, un complot religieux en même temps qu'un complot politique : c'est au nom de la religion, c'est pour la religion que Joad et ses lévites agissent. Sans doute il doit avoir quelque tendresse pour cet enfant qu'il a arraché à la mort et qu'il a élevé, mais les moments sont bien rares où il s'attendrit; il voit surtout dans Joas l'enfant qu'il destine au trône, avec l'espérance qu'il ne cessera pas d'en être le tuteur et par suite le maître.

Il aimerait mieux le voir mort qu'infidèle à sa religion.

> Il faut que sur le trône un roi soit élevé
> Qui se souvienne un jour qu'au rang de ses ancêtres
> Dieu l'a fait remonter par la main de ses prêtres.
> (I, 2.)

Que veut-il donc? qu'il soit « un instrument utile » dans ses mains; utile aux desseins de Dieu, c'est-à-dire aux desseins des prêtres, interprètes et représentants de Dieu sur la terre.

Est-ce à dire pour cela qu'il y ait la moindre supercherie dans les paroles et les actes de Joad? Pas du tout. Il est bien de la race de ces prophètes inspirés qui confondent leur cause avec celle de Dieu, il est vrai, mais naturellement et sincèrement. C'est bien sous l'influence de l'enthousiasme religieux qu'il enflamme les lévites et qu'il prédit l'avenir. (III, 7.)

C'est qu'en effet, Dieu est présent d'un bout à l'autre de la pièce : la lutte est entre Dieu et Athalie. C'est ce qui rend, au point de vue dramatique, sublime et non pas odieux le caractère du grand prêtre; c'est ce qui excuse, jusqu'à un certain point, et sa conspiration et les moyens dont il se sert pour triompher d'Athalie. Il ne nous apparaît plus alors comme un homme ordinaire. Dans sa lutte contre l'impiété, c'est le ministre des vengeances du Très-Haut; c'est l'ange exterminateur qui frappe avec une rigueur qui nous paraît cruauté, et qui n'est que justice. Et Joad a bien le sentiment que ce n'est pas pour ainsi dire un rôle humain qu'il joue. De là sa confiance absolue en Dieu dont il ne fait qu'exécuter les ordres.

> Mais ma force est au Dieu dont l'intérêt me guide.
> (IV, 3.)

Athalie elle-même a bien le sentiment que la lutte qu'elle soutient n'est pas une lutte ordinaire, que ce n'est pas à des hommes qu'elle a affaire, mais à un Dieu.

> Dieu des Juifs, tu l'emportes!
> Impitoyable Dieu, toi seul as tout conduit.

De là toutes ces paroles qui paraîtraient atroces dans une autre bouche, qui semblent presque naturelles dans celle de Joad :

> Grand Dieu, voici ton heure : on t'amène ta proie.

Ton heure! L'heure du châtiment juste et mérité, qu'il est chargé par la volonté de Dieu d'infliger à l'usurpatrice.

Il y a eu crime : il y a châtiment. Joad est chargé de faire exécuter la sentence. Voilà pourquoi il sera impitoyable.

C'est à ce point de vue qu'il faut se placer pour bien comprendre ce caractère, mélange de calcul ambitieux et d'enthousiasme sincère.

8° Ce n'est pas seulement aux personnages qui portent pour ainsi dire le poids de toute la pièce que Racine a donné une telle variété de caractères, une telle intensité de vie, c'est aussi à ceux qui, sans être au premier plan, sont cependant des ressorts indispensables ou tout au moins importants de l'action : tels sont Ulysse, Narcisse, Mathan, et quelques autres personnages secondaires. Ce ne sont pas des comparses effacés, des confidents vagues qu'on a peine à reconnaître; ils sont tracés par le poète avec netteté et vigueur : ils ont chacun leur physionomie propre, ils vivent chacun d'une vie particulière.

Il suffit à Racine de quelques scènes du premier acte d'*Iphigénie* pour nous faire connaître à fond l'astucieux et éloquent Ulysse, politique froid et peu scrupuleux, conseiller d'Agamemnon sur lequel il exerce une redoutable influence, connaissant les replis les plus cachés de son cœur et lui dictant ses volontés. Le roi des rois le reconnaît pour son maître : c'est lui seul qu'il redoute. Il peut résister à Calchas, à Achille; il pourra résister à Clytemnestre et à Iphigénie : mais d'avance il se sait vaincu par l'éloquence et l'habileté d'Ulysse. Quand Achille vient le trouver, il s'apprête à lui répondre; mais il est comme paralysé par la vue d'Ulysse. « Dieux! Ulysse le suit! » Il se rend bien compte de l'influence que son conseiller exerce sur lui. Il se rend même très bien compte des moyens qu'il emploie pour triompher de ses hésitations : il connaît et il redoute « sa cruelle industrie ». (I, 1.)

C'est lui qui tire Agamemnon d'embarras quand Achille paraît; c'est lui qui répond pour le roi des rois, que le trouble empêche de parler. (I, 2.)

Mais il attend d'être seul avec lui pour faire agir « sa cruelle industrie » dans les deux merveilleux discours que nous trouvons à la fin du premier acte. Dans le premier de ces discours, il est dur, inexorable. C'est qu'Achille peut devenir dangereux; c'est qu'Agamemnon hésite et laisse échapper des paroles qui le montrent décidé à sauver sa fille.

Il lui fait peur; lui montre l'armée prête à se soulever contre lui; lui rappelle qu'il est le seul auteur des événements qui arrivent; qu'il a lui seul entraîné tous les chefs des Grecs. Et quelle habileté perfide dans ce mot jeté en passant : « Ces rois, qui pouvaient vous disputer ce rang »!

L'arrivée d'Iphigénie rassure tout à fait Ulysse. Aussi dans le second de ses discours (I, 5), sera-t-il moins dur et moins cruel. Il approuve en apparence les paroles d'Agamemnon, entre dans ses sentiments : « Loin de blâmer vos pleurs, je suis prêt de pleurer. » Puis il le relève et l'excite par le sentiment le plus puissant dans l'âme d'Agamemnon, par l'ambition :

> Pleurez ce sang, pleurez; ou plutôt, sans pâlir,
> Considérez l'honneur qui doit en rejaillir.

Nous ne reverrons plus Ulysse qu'au cinquième acte; et les paroles qu'il prononcera nous réconcilieront avec lui. Nous comprenons le cri de Clytemnestre :

> Ne vois-je pas Ulysse?
> C'est lui. Ma fille est morte, Arcas, il n'est plus temps.
> (V, 5.)

Le poète a voulu qu'Ulysse vînt annoncer et annonçât avec « joie et ravissement » qu'Iphigénie était sauvée. S'il a demandé sa mort, ce n'est pas du tout par intérêt personnel ou par une cruauté féroce : c'est pour servir l'intérêt des Grecs et de la patrie.

Tout autre est Narcisse, qui, lui aussi, pousse au meurtre d'un innocent, mais nullement pour servir l'intérêt des Romains, ni même l'intérêt de son maître; uniquement pour faire entrer Néron dans la voie du crime, où il espère être seul à le guider.

Hypocrite, bas, rampant, habile et perfide, connaissant à fond le cœur de son maître et les mobiles les plus secrets qui peuvent le faire agir, ne consultant du reste que ses propres intérêts, il cherche à arracher Néron à l'influence qu'exercent sur lui

> ....Agrippine, Burrhus,
> Sénèque, Rome entière et trois ans de vertus.

Il a toute la confiance de Britannicus, et le vend tous les jours à Néron ; il l'excite à agir, afin de pouvoir un jour s'armer contre lui de ces prétendus complots dont il aura été l'instigateur.

Toute sa morale contient dans ce vers :

> Et, pour nous rendre heureux, perdons les misérables.

Confident de Néron, il apprend avec joie l'amour de son maître pour Junie. Il tient donc enfin le moyen de précipiter Néron dans la voie du crime ; il le pousse dans le sens où ses passions l'emportent, excite sa jalousie contre son frère. Néron ne lui échappera pas. Aussi concevons-nous son étonnement et sa fureur lorsqu'il entend de la bouche de l'empereur ces paroles :

> Et ne souhaite pas que vous alliez plus loin.
>
> (IV, 4.)

Néron a été ramené vers le bien, il s'agit de le retourner vers le mal, où du reste ses instincts le poussent ; c'est ce que fera Narcisse avec une habileté infernale, entrant d'abord dans les vues de l'empereur, puis tâchant d'exciter en lui tantôt la peur, tantôt l'amour et la jalousie, enfin son désir d'indépendance. Néron est ébranlé : la vertu de Burrhus le retient encore. C'est le dernier obstacle à renverser : on le renversera en excitant en lui sa vanité de cocher et d'histrion. Britannicus mourra : et Narcisse, affermi par ce forfait qui le rend l'instrument nécessaire des plaisirs et des crimes de son maître, relèvera la tête et osera justifier ce crime devant Agrippine, que Néron seul n'aurait pas osé braver en face.

Dans certains drames on représente un personnage placé entre son bon et son mauvais génie : c'est ici un peu la situation de Néron, avec cette différence que nous n'avons pas devant nous des êtres symboliques, mais des êtres bien vivants et très nettement tracés : d'une part Narcisse, et de l'autre Burrhus, honnête homme qui est presque forcé de justifier en gémissant les fautes ou les attentats qu'il voit commettre autour de lui, qui s'efforce de calmer sans y parvenir les emportements d'Agrippine, et qui parvient un instant, par l'ascendant de sa vertu, à retenir Néron sur la pente où Narcisse le pousse, où l'entraînent ses instincts criminels.

Narcisse, Aman, Mathan, sont trois conseillers qui poussent au crime Néron, Assuérus, Athalie : l'un par intérêt pour s'attacher son maître par la complicité d'un meurtre; le second par vanité; Mathan par orgueil et jalousie.

Nous ne pouvons pas mettre dans ce nombre la nourrice de Phèdre, Œnone, qui sans doute est criminelle à ne considérer que les faits, puisque c'est elle qui se charge d'accuser Hippolyte, mais qui agit ainsi uniquement par affection, par dévouement pour celle qu'elle a préférée à son pays, à ses enfants. Bien plus, ce crime qu'elle va commettre, elle en sent quelque remords, mais il s'agit de sauver l'honneur menacé de sa maîtresse. En présence de Thésée elle abrégera autant que possible un entretien qui l'embarrasse et la trouble. (IV, 1.) Au désespoir de Phèdre elle répond par des paroles qui seraient odieuses, si elles n'étaient pas dictées par le dévouement le plus aveugle.

Elle trouve sa faiblesse toute naturelle.

> Mortelle, subissez le sort d'une mortelle.

Quand Phèdre, par ses imprécations, la chasse de sa présence, étonnée de sentiments auxquels son âme d'esclave ne peut pas s'élever, mais ne comprenant qu'une chose c'est qu'elle a perdu l'affection de sa maîtresse, elle ne peut plus supporter la vie : elle n'a plus de raison de vivre.

Aman, le sanguinaire Aman, est poussé par une vanité monstrueuse et par un orgueil démesuré. Parti de très bas, il est devenu le ministre tout-puissant d'Assuérus, et il s'est servi de son pouvoir pour augmenter ses trésors et pour satisfaire les caprices de son âme « à sa grandeur tout entière attachée ».

Aussi est-il détesté de tous ceux qui l'entourent.

Le roi n'est pour lui qu'un instrument dans ses mains.

Son orgueil est tellement exalté qu'il veut faire périr toute la nation des Juifs, parce qu'un Juif ne veut pas se courber devant lui. C'est bien là le signe de cette infatuation folle, que Racine a voulu peindre chez ceux que le pouvoir a comme enivrés. Il suffit qu'un vil esclave, un insolent le brave, pour qu'il soit lui-même malheureux, pour qu'il en perde le repos et le sommeil.

> Mardochée, assis aux portes du palais,
> Dans ce cœur malheureux enfonce mille traits.

Et voilà le motif pour lequel des peuples entiers vont être noyés dans le sang.

Il est aussi criminel que Narcisse; mais, plus puissant que lui, il n'a pas besoin de ramper; il peut presque commander.

Il n'a pas, du reste, la complexité qui fait de Mathan un des types les plus curieux du théâtre de Racine.

L'ambition et l'hypocrisie dominent chez Mathan, ce prêtre sacrilège, ce conseiller perfide et sanguinaire d'Athalie, qu'il pousse toujours à des mesures de rigueur, à la fois pour affermir son crédit et pour se venger de Joad : politique sans foi, fourbe et flatteur, toujours prêt à approuver les actes du pouvoir, et à poursuivre au nom de l'État ses ennemis particuliers.

Il a l'air de s'effrayer du songe d'Athalie (II, 5), mais c'est uniquement pour l'exciter à user de violence.

Il nous parlera lui-même de son amour des grandeurs, de sa soif de commander, de sa dextérité, de l'art avec lequel il a su s'approcher de l'oreille des rois :

> J'étudiai leur cœur, je flattai leurs caprices,
> Je leur semai de fleurs le bord des précipices.
> Près de leurs passions rien ne me fut sacré.

C'est le parfait modèle du courtisan qui veut arriver par tous les moyens. Ne se vantera-t-il pas, comme Narcisse, d'être « prodigue surtout du sang des misérables? » Du reste, il ne cherche pas à se faire illusion à lui-même. Remords et conscience n'existent pas pour lui. Seul avec son confident, il rit « du mensonge heureux » dont il s'est servi pour abuser la reine.

Mais ce n'est pas tout : ce politique sans scrupules est un prêtre sacrilège : il a des fureurs de rénégat jointes à je ne sais quelle vague terreur du temple qu'il a abandonné et du Dieu qu'il a renié. Il en veut à Joad, uniquement parce que Joad l'a emporté sur lui malgré ses brigues et ses combats. (III, 3.) C'est par ambition que cet apostat s'est fait le prêtre de Baal.

Malgré tout,

> Du Dieu qu'il a quitté l'importune mémoire
> Jette encore en son âme un reste de terreur.

En entendant les anathèmes de Joad, il se trouble : aussi voudrait-il que ses yeux fussent délivrés « de ce temple odieux ».

Et parmi le débris, le ravage et les morts
A force d'attentats perdre tous ses remords.
(III, 3.)

Aussi se jettera-t-il dans la lutte non plus avec le sang-froid d'un politique sceptique, mais avec une espèce de fureur antireligieuse.

A cette haine du temple et de Joad s'ajoute une hypocrisie bien digne de Tartufe. Il a dans ses paroles la même onction.

Il aura l'impudence de dire à Josabeth avec une douceur mielleuse :

Je ne veux point ici vous vanter mes services,
De Joad contre moi je sais les injustices;
Mais il faut à l'offense opposer les bienfaits.
(III, 4.)

Comme Tartufe et comme don Juan, il mettra toujours le ciel en avant et s'abritera derrière les volontés de Dieu :

Le ciel nous le fait voir un poignard à la main :
Le ciel est juste et sage et ne fait rien en vain.
Que cherchez-vous de plus?...
(II, 5.)

Si Mathan rappelle la perfidie de Narcisse avec quelque chose encore de plus odieux, Abner rappelle la probité de Burrhus, mais avec des traits de caractère particuliers. C'est un soldat qui, resté fidèle à la foi de ses pères, sert sans enthousiasme le gouvernement d'Athalie, regrettant du reste Ochosias et prêt à défendre et à soutenir un de ses héritiers, si par hasard il en existait un.

De quelle ardeur j'irais reconnaître mon roi !

Il le prouvera bien au dénouement lorsque, ayant à choisir entre Joas et Athalie, il abandonnera la reine qui avait le droit de compter sur sa fidélité, et qui lui dit avec quelque raison :

Laisse-là ton Dieu, traître,
Et venge-moi!...

Tout le monde autour de lui estime sa bravoure et son honnêteté.

Abner, le brave Abner voudra-t-il nous défendre?

dit Josabeth. Athalie elle-même, quoique le sachant attaché à la religion de Joad et au sang de ses anciens rois, met en lui toute sa confiance, n'hésite pas à le prendre pour confident, à l'envoyer même comme ambassadeur auprès de Joad.

Ce n'est que pendant un court moment et poussée sans doute par Mathan, qu'elle se défiera de lui et le fera jeter dans les fers.

Quant à Abner, il n'estime guère Athalie, il estime encore moins Mathan; il sert par devoir : mais si ses convictions politiques et religieuses entraient en conflit avec ce devoir, « l'impie étrangère » pourrait être abandonnée. Déjà il ne se fait pas faute d'avertir Joad du danger qu'il court, et de le défendre même contre Athalie.

Il est humain, et plaide avec chaleur contre Mathan la cause de cet enfant inconnu, que le prêtre de Baal n'hésiterait pas à sacrifier. Quand Athalie interroge Joas, il est près de l'enfant, et c'est avec une satisfaction visible qu'il dit à Josabeth :

> Je vous l'avais promis :
> Je vous rends le dépôt que vous m'avez commis.
>   (II, 7.)

Il est loyal et ne prendrait certainement pas les armes contre Athalie : aussi Joad se garde-t-il bien de le faire entrer dans la conspiration ; il s'est assuré de sa neutralité et même de sa bonne volonté; il sait qu'à un moment donné, moment de surprise, il est vrai, il se jettera aux pieds du roi. Cela suffit. Il se sert même de lui pour entraîner Athalie dans le temple. Si Abner croyait qu'il l'entraîne dans un piège, il reculerait, il la défendrait : aussi Joad lui cache-t-il jusqu'au dernier moment la vérité. S'il l'avait sue plus tôt, Abner se serait cru obligé, par son honneur de soldat, de rester fidèle à sa souveraine. Quand il apprend brusquement le complot, il est forcé de se décider à l'instant même. Il ne peut pas tirer l'épée contre l'héritier légitime, contre Joas, « son maître ». Voilà comment, sans être un traître, il est infidèle à la reine.

Tel est Abner : soldat loyal, humain, généreux, franc, n'entendant rien à la politique ni aux complots, servant un gouvernement qu'il déteste et méprise, mais le servant par devoir avec fidélité, jusqu'au moment où il se trouvera brusquement placé entre Baal et l'usurpatrice d'un côté, son Dieu et Joas de l'autre. Je dis brusquement, car avec son honnêteté, laissé à la réflexion, il n'aurait voulu peut-être ni trahir Athalie ni sacrifier Joas : ce n'est pas avec ces scrupules qu'on assure le succès d'une conspiration, c'est avec ces hésitations qu'on les fait échouer. C'est ce qui nous explique la conduite de Joad à l'égard d'Abner.

9° Comme nous venons de le voir, comme nous aurons occasion de le montrer encore, Racine est plus attiré par ce qui plie dans l'âme humaine que par ce qui résiste, par la faiblesse que par la force, par les défaites que par les triomphes de la volonté. Voilà pourquoi il est si attachant dans la peinture de l'amour; voilà pourquoi il est si à l'aise dans la peinture de la femme. Oui, il nous montre la passion maîtrisant, annihilant, supprimant la volonté; et quoique l'art d'un Racine purifie tout, un tel spectacle aurait pu énerver, affaiblir nos âmes, s'il n'avait peint, en même temps que nos faiblesses, le châtiment, qui en est la conséquence.

Il eût été à la fois contraire à la vérité et à la morale de nous présenter, au dénouement, tranquilles et heureux, sans catastrophe, sans crainte, sans remords, des êtres qui ont foulé aux pieds tout devoir, toute loi morale, toute pudeur, toute pitié, et qui n'ont été que les esclaves de leurs vices ou de leurs passions. Prenez les principaux personnages de Racine, d'Oreste à Phèdre; comment finissent-ils tous ceux que nous avons vus entraînés, sans frein ni règle, par leurs ardentes passions? Par la mort ou le désespoir. C'est là le châtiment, qui est comme la rançon de leurs faiblesses : Racine n'hésite pas à le leur infliger.

En cela moraliste et psychologue profond, mais surtout moraliste et psychologue chrétien.

Je ne crois pas que Racine ait jamais eu l'intention, sauf dans sa tragédie de *Phèdre*, d'apporter au théâtre une philosophie religieuse et janséniste. C'est sans qu'il le veuille, mais tout naturellement et comme instinctivement, que cette philosophie influe sur le caractères de ses personnages. Et je ne parle pas ici seulement de cette délicatesse exquise qu'il a donnée à certains types de femmes : Andromaque, Monime, Esther, qui sont des modèles achevés de la pureté féminine, faite de vertu, de douceur, de résignation, de désintéressement, et d'un certain héroïsme d'autant plus sûr de lui peut-être qu'il paraît plus tranquille et plus calme. On peut signaler dans ces créations l'union de l'esprit antique, de l'esprit moderne et de l'esprit chrétien. Mais je vois dans l'œuvre de Racine une marque plus profonde de son christianisme.

Élève de Port Royal, si les doctrines religieuses de ses maîtres ne transforment pas tout de suite son être moral, elles restent néanmoins dans son esprit, et ne sont pas sans influence sur l'idée qu'il se fait de l'homme et de sa nature.

Il a entendu dire, et il croit que la religion chrétienne est tout entière dans le dogme de la chute et dans le dogme de la grâce; que « toute la foi [1] consiste en Jésus-Christ et en Adam; toute la morale en la concupiscence et en la grâce »; que depuis le péché originel la nature humaine est corrompue; que « en l'état de corruption et de péché [2] l'homme est rendu semblable aux bêtes »; que l'homme est impuissant à faire le bien par lui-même, à vaincre par lui-même la concupiscence; que, pour se relever, il a besoin d'une influence étrangère, de la grâce, que Dieu lui donne et lui donne gratuitement; que, sans ce secours extérieur et qui descend d'en haut, l'homme ne peut qu'être entraîné de chute en chute, de péché en péché, de crime en crime.

Racine ne dut pas dans sa jeunesse approfondir ces questions, si obscures et si délicates; mais il dut accepter ces doctrines sans la moindre protestation de son esprit docile. Ne voit-on pas quelles conclusions il put en tirer?

Que la volonté, dont des poètes stoïciens comme Corneille étaient si fiers, était une duperie de notre amour-propre et de notre orgueil; que cette croyance à une volonté, maîtresse d'elle-même, maîtresse de ses actes, était un semi-pélagianisme; que le fond de notre être n'était que péché et que vice; que non seulement notre nature était faible, mais encore corrompue; et que, par conséquent, livrée à elle-même, sans le secours de la grâce, elle était impuissante à faire le bien.

Telle est la conception religieuse que Racine avait au fond de son esprit, qu'il apporta inconsciemment peut-être dans son théâtre; conception religieuse qui, il faut bien le dire, n'était pas absolument démentie par l'observation et l'expérience. L'observa-

---

1. Pascal.
2. Id.

tion et l'expérience lui montraient, en effet, l'homme le plus souvent vaincu par ses propres faiblesses.

Comprend-on bien maintenant le sens profond du passage de Vinet que nous avons cité plus haut? « Comme poète, Corneille est resté païen, tandis que Racine, qui ne glorifie pas l'orgueil et la volonté propre, mérite bien mieux le titre de poète chrétien. Il ne tente pas de m'apprendre que je puis tout; il me fait voir qu'en moi-même je ne puis rien. »

Sans doute, bien d'autres poètes ont montré l'homme entraîné par ses passions; aucun ne l'a montré avec une netteté aussi implacable et aussi effrayante. C'est que tout le pousse à ne voir que la faiblesse de l'homme; c'est que tout le pousse à regarder l'énergie humaine ou comme un don de Dieu, ou comme une illusion monstrueuse de notre orgueil.

Néanmoins il n'a eu peut-être qu'une seule fois tout à fait conscience des rapports de sa philosophie religieuse avec son théâtre, c'est en écrivant le rôle de Phèdre. C'est à ce rôle qu'aboutit tout le génie de Racine, fécondé à la fois par l'antiquité et par le christianisme, ici l'on peut dire nettement par le jansénisme. Jamais aucun personnage n'a montré comme Phèdre la faiblesse de la volonté aux prises avec une passion violente; la chrétienne à qui la grâce a manqué. C'est bien pour cela qu'elle fut approuvée par le grand Arnauld, et qu'elle réconcilia Racine avec Port-Royal.

Voit-on aussi pourquoi ces personnages nous émeuvent et nous troublent? C'est qu'ils sont les victimes d'une espèce de fatalité; c'est qu'ils ne sont pas les agents tout à fait responsables de leur destinée; c'est qu'ils ont une nature faible et corrompue, comme celle de nous tous depuis le péché originel; que leur corruption est la nôtre, que leur faiblesse est la nôtre; et que, par conséquent, ce n'est pas de la colère, c'est de la pitié qu'excitent en nous, même ceux qui paraissent les plus criminels.

Racine était donc chrétien et même janséniste, comme poète, comme moraliste, comme psychologue, même au temps de ces égarements qu'il déplora plus tard. Que sera-ce quand, devenu dans sa vie tout à fait chrétien et janséniste, il fera parler non plus des Oreste et des Phèdre, mais des Esther et des Joad? quand non seulement chaque personnage sera un exemplaire de la faiblesse humaine ou de la grâce divine, mais quand l'idée chrétienne aura pénétré la pièce tout entière, « la grande idée chrétienne [1], Dieu devenant ouvrier avec nous, la Providence faisant concourir à ses desseins la volonté de l'homme, et, plus particulièrement encore, Dieu ajoutant sa force à la faiblesse humaine pour assurer sur la terre le triomphe de l'innocence et du droit ».

Ici le sujet n'est plus l'étude d'une passion, qui doit décider du sort de quelques individus; les intérêts de tout un peuple, dans *Esther* comme dans *Athalie*, sont en jeu. Le sujet s'élargissant, et s'inspirant de la religion comme les anciennes tragédies grecques, la forme dramatique se rapproche aussi davantage de celle qu'Eschyle et Sophocle employaient : le dialogue ne suffit plus; le poète ajoute les chœurs qui, dans leurs chants, comme les chœurs antiques, plus même que certains chœurs antiques, s'associent à l'action, tantôt regrettant la patrie absente, tantôt maudissant les méchants et les impies, tantôt partageant les craintes ou les espérances des principaux personnages :

> D'Esther, d'Aman, qui le doit emporter?
> Est-ce Dieu, sont-ce les hommes,
> Dont les œuvres vont éclater?
>
> (*Esther*, II, 9.)

Si Joad représente bien l'ancienne loi, avec sa rigueur implacable, Esther annonce bien la loi nouvelle, avec son aimable douceur.

Esther est bien le type le plus suave que notre poète ait créé : Dévouée à son peuple, elle obéit tremblante aux desseins secrets de Mardochée. Elle est timide. Elle n'est pas vaine de ses faibles attraits : elle a toute l'humilité chrétienne. Si elle a été choisie par Assuérus, c'est que Dieu l'a voulu :

> Dieu tient le cœur des rois entre ses mains puissantes.

Tout son plaisir est de s'humilier aux pieds de l'Éternel, et de se faire oublier. Ce n'est pas une vertu stoïcienne, toujours prête à la lutte, à la résistance, même à la bravade. Quand elle apprend les desseins d'Aman, son premier mot est une prière à Dieu. Il faut l'autorité de Mardochée pour qu'elle aille se présenter au roi.

---

1. VINET, *Poètes du siècle de Louis XIV*, p. 300.

Encore n'osera-t-elle qu'après s'être agenouillée devant Dieu, « son souverain roi », qui lui donnera la force d'agir et de parler. Soutenue par lui, elle marchera, mais devant Assuérus sa force l'abandonne. Elle a besoin d'entendre « la voix salutaire » de son époux pour pouvoir revenir à elle. Assuérus nous dira le charme de cette pudeur aimable et de cette timidité chaste :

> Je ne trouve qu'en vous je ne sais quelle grâce
> Qui me charme toujours et jamais ne me lasse.
> De l'aimable vertu doux et puissants attraits !
> Tout respire en Esther l'innocence et la paix.
> Du chagrin le plus noir elle écarte les ombres,
> Et fait des jours sereins de mes jours les plus sombres.
>
> (II, 7.)

Elle est obligée de se faire violence à elle-même pour oser au roi « expliquer ses soupirs ». Et encore elle s'appuie sur le Dieu qui « confond l'audace et l'imposture ».

De toutes les femmes créées par Racine, ce n'est certes pas la plus caractérisée et la plus dramatique ; mais c'est la plus chrétienne, dans le sens le plus élevé du mot.

C'est qu'elle est sortie d'une inspiration toute chrétienne, d'un cœur tout plein de la majesté de Jéhovah et de la douceur de Jésus-Christ ; c'est qu'il y a ici à la fois un artiste admirable et un humble croyant ; c'est que tous les sentiments de ses personnages sont bien en même temps ceux de Racine. Est-ce Racine ou Esther qui fait cette profession de foi ?

> L'Éternel est son nom ; le monde est son ouvrage :
> Il entend les soupirs de l'humble qu'on outrage,
> Juge tous les mortels avec d'égales lois,
> Et du haut de son trône interroge les rois.
>
> (III, 4.)

Est-ce Racine ou une Israélite qui chante ?

> Que le Seigneur est bon, que son joug est aimable !
> Heureux qui dès l'enfance en connaît la douceur !
>
> (III, 9.)

Ou encore :

> O divine, ô charmante loi !
> O justice, ô bonté suprême !
> Que de raisons, quelle douceur extrême
> D'engager à ce Dieu son amour et sa foi !
>
> (Athalie, I, 4.)

C'est le chrétien, élève de Port-Royal, qui, après avoir fait passer dans son théâtre la philosophie religieuse de ses maîtres, sincèrement converti, fait dans ses deux dernières pièces un véritable acte de foi : accord touchant d'un génie d'artiste qui s'élève jusqu'à Dieu, et d'une âme de croyant qui s'humilie devant le Très-Haut!

10° De cette étude sur les personnages de Racine quelle conclusion pouvons-nous, quelles conséquences devons-nous tirer?

C'est que ces personnages ne sont ni aussi abstraits ni aussi froids qu'on a bien voulu le dire. Nous entendons par abstraits certains personnages tout d'une pièce, qui sont la personnification d'une seule idée ou d'un seul sentiment, et qui se réduisent par suite à quelques types toujours les mêmes, immuables et comme immobiles dans une attitude raide et de convention, sans chaleur et sans vie, ne nous inspirant d'autre intérêt que celui d'une curiosité bientôt lassée de ce spectacle monotone. Y a-t-il rien de pareil dans le théâtre de notre poète? où est-il le type abstrait de l'amoureux ou de l'amoureuse, de l'ambitieux ou de l'ambitieuse? est-ce Oreste ou Néron? Monime ou Phèdre? Acomat ou Agrippine? Bien loin de là : chacun de ces noms nous rappelle un personnage particulier, ayant son caractère propre, ses idées, ses sentiments, ses qualités ou ses défauts, ses instincts bons ou mauvais, sa situation même qui peut influer sur certains de ses actes. Mais combien ces personnages sont différents les uns des autres, même ceux chez qui domine la même passion, soit l'amour, soit l'ambition? L'étude que nous venons de faire a eu surtout pour but de nous montrer combien nombreux, combien variés étaient ces types. Il faut du parti pris pour les réduire tous à la même formule.

Il faut plus que du parti pris pour les accuser de froideur. Froids ces personnages qui sont tout entiers à leurs passions, qui se précipitent avec impétuosité dans le crime, comme Néron ou Oreste; dans le suicide, comme Hermione ou Phèdre; qui ne reculent devant rien pour satisfaire leur ambition et leur intérêt, comme Agrippine ou Mathan! Mais n'est-on pas, au contraire, frappé de la violence vraiment tragique de leurs passions? N'est-on pas épouvanté par leur rage et leur fureur? et se peut-il que l'art infini et le style divin du poète cachent à ce point leur naturel violent et farouche? On les trouverait peut-être plus tragiques si, au lieu d'imprécations oratoires et de sanglots harmonieux, ils poussaient des cris rauques et des hurlements saccadés! Non, ce ne sont pas des êtres de raison, des êtres abstraits que ces êtres si *variés*, si *vivants*, si *passionnés*.

Et c'est là précisément la grande nouveauté de son théâtre; c'est ce qui le sépare si complètement de tous ses prédécesseurs, c'est ce qui fait de lui non pas le continuateur de Corneille, mais le créateur d'un système dramatique particulier : tandis que pour Corneille l'amour est un ornement, pour Racine il est non pas le ressort unique, mais le ressort principal de son théâtre. Tandis que ses prédécesseurs tombent forcément dans la galanterie la plus fade et transforment leurs héros en bergers et en céladons, Racine abandonne ces amours d'idylle et de comédie : dès *Andromaque*, qui inaugure cette nouvelle forme dramatique, il peint l'amour passion, l'amour qui ne se contente pas d'effleurer les âmes, mais qui les pénètre et les bouleverse. Sans doute cet amour n'a pas toujours les mêmes conséquences tragiques, ni la même fureur fatale et déréglée; ce n'est pas toujours un amour criminel, mais c'est toujours un amour profond et sincère. Notre poète a compris qu'une telle passion n'était pas faite pour être mise au second plan, mais bien pour occuper le premier. Qu'importe que cet amour soit timide et discret, ou qu'il soit violent et sensuel : c'est toujours une passion sincère et profonde que le poète met au cœur de ses personnages; c'est une passion qui fait, pour ainsi dire, toute leur vie et qui sera souvent cause de leur mort; ce n'est pas pour eux une simple distraction ou l'amusement d'une heure. Ses personnages prennent la passion au sérieux. Et voilà pourquoi presque tout a vieilli dans les rôles d'amoureux qui badinent et soupirent dans les tragédies du xviie siècle, tandis que presque rien n'a vieilli non seulement dans les sentiments, mais même dans le langage des personnages de Racine.

Et encore les hommes peuvent avoir bien d'autres intérêts et bien d'autres occupations. Mais il semble qu'au théâtre (peut-être en est-il de même dans la vie), la femme ne puisse s'intéresser et nous intéresser qu'à cela. Or, avant Racine, je ne vois guère que Chimène et Pauline dont la passion nous émeuve : d'Hermione à Phèdre, nous avons vu quelles touchantes ou tragiques figures Racine nous a présentées. On peut dire, en somme, qu'avant lui la femme n'existe pas dans la littérature française : tous les personnages, qu'on nous présente sous cette apparence, sont des types de convention, marqués au coin de la mode, galante, idyllique ou romanesque, types sortis de l'esprit et non du cœur du poète, types amusant l'esprit, mais ne touchant pas le cœur du spectateur. Avec Racine apparaissent à la fois la femme et l'amour, la femme avec sa sensibilité, ses délicatesses, ses faiblesses, l'amour avec sa violence, ses ardeurs, ses emportements : et l'on sait depuis la part qu'il s'est faite dans la littérature.

Doit-on s'indigner, avec d'austères moralistes, de ces peintures qui peuvent devenir dangereuses? Racine, auteur dramatique, essaye d'intéresser par la peinture des caractères et des sentiments. Il ne cherche pas à corrompre, il cherche à émouvoir. Et, grâce à sa profonde connaissance du cœur humain, cette distraction devient avec lui utile et profitable; il nous fait mieux connaître et nous-mêmes et les autres; il nous étale nos faiblesses, et nous apprend à nous en défier. Il nous donne, si nous savons lire son livre, une expérience qui peut nous servir, qui cependant ne dessèche pas notre cœur. Racine ne doit pas être responsable d'œuvres qui, parlant, elles aussi, d'amour, arrivent à exalter l'imagination et à fausser l'esprit, et paraissent n'avoir d'autre but que de chatouiller les sens.

Voltaire est le premier qui nous paraît avoir bien compris le rôle tragique de la passion au théâtre, et la grande originalité de Racine. « Pour que l'amour soit digne du théâtre tragique [1], il faut qu'il soit le nœud nécessaire de la pièce, et non qu'il soit amené par force pour remplir le vide de nos tragédies; il faut que ce soit une passion véritablement tragique regardée comme une faiblesse et combattue par des remords. Il faut ou que l'amour conduise aux malheurs et aux crimes, pour faire voir combien il est dangereux, ou que la vertu en triomphe, pour montrer qu'il n'est pas invincible; sans cela ce n'est qu'un amour

---

1. *Discours sur la tragédie* à mylord Bolingbroke, en tête de *Brutus*, 1730.

d'églogue ou de comédie. » — « Je voudrais que sur le théâtre l'amour fût toujours tragique : l'amour doit régner seul, il n'est pas fait pour la seconde place ; ne confondons point ici avec l'amour tragique l'amour de comédie et d'églogue. »

Voici où il montre bien l'originalité de Racine :

« Ne croyez pas [2] que cette malheureuse coutume d'accabler nos tragédies d'un épisode inutile de galanterie soit due à Racine : c'est lui, au contraire, qui a fait ce qu'il a pu pour réformer en cela le goût de la nation. Jamais chez lui la passion de l'amour n'est épisodique, elle est le fondement de toutes ses pièces ; elle en forme le principal intérêt. C'est la passion la plus théâtrale de toutes, la plus fertile en sentiments, la plus variée : elle doit être l'âme d'un ouvrage de théâtre ou en être entièrement bannie. Si l'amour n'est pas tragique, il est insipide ; et, s'il est tragique, il doit régner seul ; il n'est pas fait pour la seconde place. C'est Rotrou, c'est le grand Corneille lui-même qui, en créant notre théâtre, l'ont presque toujours défiguré par ces amours de commande. »

Il revient souvent sur cette erreur de Corneille et de nos premiers tragiques : « Corneille n'a jamais évité cette faiblesse [3] ; et il faut avouer que, dans ses tragédies, si vous exceptez le Cid et Polyeucte, cette passion est aussi mal peinte qu'elle y est étrangère. » — « Dans notre nation [4], la tragédie a commencé par s'approprier le langage de la comédie. Si l'on y prend garde, l'amour, dans beaucoup d'ouvrages, dont la pitié et la terreur devraient être l'âme, est traité comme il doit l'être, en effet, dans le genre comique. La galanterie, les déclarations d'amour, la coquetterie, la naïveté, la familiarité, tout cela ne se trouve que trop chez nos héros et nos héroïnes de Rome et de la Grèce, dont nos théâtres retentissent. Qu'on jette les yeux sur les premières tragédies qui eurent de si prodigieux succès vers le temps du cardinal de Richelieu, la *Sophonisbe* de Mairet, la *Mariamne*, l'*Amour tyrannique*, *Alcionée*, on verra que l'amour y parle sur un ton aussi familier et quelquefois aussi bas que l'héroïsme s'y exprime avec une emphase ridicule.... Depuis la *Sophonisbe* de Mairet, on avait

---

1. Dédicace de *Zulime* à Mlle Clairon, 1740.
2. Dédicace de *Mérope* à M. le marquis Scipion Maffei.
3. Préface de *la Mort de César*.
4. Préface de *Nanine*.

commencé à regarder les déclarations d'amour des héros, les réponses artificieuses et coquettes des princesses, les peintures galantes de l'amour, comme des choses essentielles au théâtre tragique. Ceux même dont le génie mâle et sublime était fait pour rendre en tout à la tragédie son ancienne dignité, se laissèrent entraîner à la contagion. »

Voltaire a tout à fait raison. Racine avait, lui aussi, très bien compris, — et de plus il a eu le mérite rare de l'appliquer dans ses œuvres, — que l'amour doit être tragique et doit être l'âme d'une pièce de théâtre, ou en être tout à fait banni. Mais ce n'est pas là ce qu'avaient fait ses devanciers : il ne les continua pas par conséquent. Il réagit contre eux, et créa ainsi une nouvelle forme dramatique.

Ce n'est donc pas à ses personnages qu'on peut reprocher de manquer de vie et de passion, puisqu'au contraire il n'y en a pas au XVIIe siècle, et peut-être même dans tout notre théâtre, chez qui la passion soit aussi ardente et aussi tragique.

Une autre cause d'erreur dans les reproches adressés à Racine, c'est peut-être la confusion faite souvent de l'abstrait et du général. S'ils ne sont pas abstraits, les caractères, tracés par notre poète, sont généraux : c'est-à-dire qu'ils ne sont pas une reproduction servile de personnages vus et copiés par le poète. Cette imitation voisine de l'esclavage nous donnerait des cas trop particuliers, des cas exceptionnels, qui pourraient piquer la curiosité de quelques-uns, mais seraient en somme indifférents au public, auquel le poète s'adresse, à plus forte raison à la postérité. Sans tomber dans l'abstraction, Racine sait s'élever à un type général, fait d'observations personnelles, d'invention par analogie [1], de souvenirs historiques et littéraires, tout cela si bien fondu ensemble que le personnage est vrai, vivant, et naturel; type qui nous intéresse parce que nous tous nous nous reconnaissons en lui, parce que ses passions, ses sentiments sont les nôtres, et que, par suite, non seulement notre intelligence est captivée, mais notre sensibilité est émue.

---

[1]. BALZAC parle d'une « espèce de seconde vue qui permet de deviner la vérité dans toutes les situations possibles, de je ne sais quelle puissance qui transporte les écrivains là où ils doivent, là où ils veulent être. Ils inventent le vrai par analogie ». (Préf. à la 1re édit. de *la Peau de chagrin.*)

C'est pour cela, du reste, que les peintures de Racine ne sont ni des peintures historiques ni des peintures de mœurs contemporaines.

Je n'instituerai pas ici un parallèle entre Corneille et Racine considérés comme historiens. Je ne crois pas ni que Racine soit aussi infidèle, ni que Corneille soit aussi fidèle à l'histoire qu'on l'a souvent dit. On peut cependant constater que les considérations historiques et politiques tiennent plus de place chez l'auteur de *Cinna* et d'*Othon*; qu'elles y sont même développées quelquefois dans une proportion nuisible à l'intérêt dramatique de la pièce; que le poète semble vouloir nous intéresser à certains personnages non pas seulement comme à des hommes, nos semblables, mais comme à des personnages célèbres ayant vécu à un certain moment, ayant agi d'une certaine manière. L'histoire finit par être traitée pour elle-même, tandis que pour Racine elle n'est en somme que le décor, que le cadre dans lequel il fait agir ses personnages. Nous savons bien qu'il protestera contre cette interprétation donnée à sa pensée, et qu'il parlera très haut dans la plupart de ses Préfaces [1], de sa fidélité à l'histoire. Mais il ne devait pas faire, il ne pouvait pas faire, en réalité il n'a pas fait de peintures historiques.

Il ne devait pas le faire. Car cette reconstitution de types disparus n'aurait ni intéressé le public ni satisfait les érudits. Le théâtre n'est pas un musée archéologique; il n'est pas chargé de nous faire connaître les mœurs de l'âge homérique : Homère suffit pour cela. Il doit nous faire connaître les mœurs, les sentiments, les passions des hommes en général, de façon que tous les spectateurs et tous les lecteurs puissent y trouver leur intérêt, et, si l'on veut, aussi leur instruction. Il faut, d'abord et avant tout, que ces personnages soient des hommes; il faut qu'ils soient, au point de vue moral, à peu près au même niveau que ceux qu'ils ont la prétention de toucher et d'émouvoir. Comment en serait-il ainsi si vos héros ont réellement trente siècles de moins que nous? Quel courant de sympathie entre eux et nous pourrez-vous établir? Non, la tragédie ne doit pas borner son rôle à piquer la curiosité de quelques érudits. Tout ce qu'ils ont le droit de

---

[1]. Voir troisième partie, ch. IV.

demander au poète c'est qu'il n'y ait rien dans les personnages qui heurte trop violemment la vérité historique, généralement acceptée et connue; ce qu'on peut souhaiter c'est qu'à certains traits, à certaines nuances, on reconnaisse le Grec, le Barbare, le Romain ou l'Ottoman. Et encore combien y a-t-il de gens qui soient sensibles à cette exactitude! En somme, ce que le poète doit respecter ce n'est pas tant la vérité historique, que l'idée que le public se fait de tel ou tel événement historique ce n'est pas toujours la même chose, c'est même quelquefois tout le contraire.

Le poète faisait invoquer les dieux par Bérénice : on l'avertit qu'une Juive ne devait pas imiter l'idolâtrie des Romains. Racine se conforma à cette observation, et rendit à Bérénice ses croyances monothéistes. Est-ce que son polythéisme la rendait moins touchante? et quel spectateur s'en était aperçu?

Non, Racine ne devait ni ne pouvait faire des peintures historiques. Aussi ne l'a-t-il pas fait.

D'abord, quoiqu'il prétende le contraire, il ne suit pas toujours très exactement les faits ou les dates de l'histoire. Il avance ou recule tel événement à sa convenance, c'est-à-dire non pas arbitrairement et sans raison, mais suivant ce qui convient le mieux à l'intérêt dramatique. *La Mort de Mithridate* de la Calprenède s'écartait moins de l'histoire que la pièce de Racine. On sait que Racine, dans *Britannicus* par exemple, ne se conforme pas rigoureusement à l'enchaînement des faits. Il n'hésite pas à changer la situation de quelque personnage, si ce changement doit rendre l'action plus pathétique : c'est ainsi que de Roxane il fait la femme et non plus la mère d'Amurat.

Mais il est une autre fidélité plus importante et aussi plus délicate : c'est celle des mœurs et des caractères. La grande difficulté pour le poète est de rester sur cette limite de l'érudition et de l'imagination, qui est la vraisemblance. Racine, malgré son érudition, n'a jamais eu l'air de faire œuvre d'érudit; et quand il a demandé un caractère à son imagination, il n'a jamais fait œuvre de fantaisiste. Il serait trop long et vraiment trop facile de montrer par le détail que les héros de Racine ne sont pas en réalité des Grecs et des Romains de l'époque d'Homère ou de l'époque de Lucain; et que ses Turcs ne sont pas de véritables

Turcs. Son Andromaque a une délicatesse d'épouse; sa Phèdre a des hésitations et des remords; tous ses personnages enfin ont une connaissance d'eux-mêmes et une profondeur exquise de sentiments, qui est bien le fruit de la civilisation moderne; et il est sûr que le désir de plaire à une amante n'était pas le mobile principal du véritable Oreste ou du véritable Achille. Mais le poëte doit nous présenter des héros que nous comprenions, et auxquels nous puissions nous intéresser; l'idéal est de les conserver aussi antiques que nous pouvons les supporter. « Une des premières règles, dit Voltaire[1], est de peindre les héros connus tels qu'ils ont été, ou plutôt tels que le public les imagine; car il est bien plus aisé de mener les hommes par les idées qu'ils ont qu'en voulant leur en donner de nouvelles. Il est vrai qu'il faut peindre les héros tels qu'ils ont été, mais il est encore plus vrai qu'il faut adoucir les caractères désagréables; qu'il faut songer au public pour qui l'on écrit encore plus qu'aux héros que l'on fait paraître. C'est pour lui et non pour moi que j'écris; ce sont ses sentiments et non les miens que je dois suivre. »

Sans aller aussi loin que Voltaire, Racine cependant s'efforce de faire accepter ses héros du public, de les rendre vraisemblables; et il y réussit par l'art infini avec lequel il sait fondre les souvenirs de l'antiquité et même de la mythologie avec des nuances et des traits de caractère plus modernes. Chez tout autre probablement, les souvenirs mythologiques, qui se trouvent dans *Iphigénie* et surtout dans *Phèdre*, auraient paru des ornements rapportés, et auraient choqué le sentiment des spectateurs : dans Racine, ils sont vraisemblables, ils n'étonnent pas, ils sortent naturellement du sujet, ils sont le style du sujet, ils sont le sujet même.

Nous reconnaissons Néron, l'empereur romain, comme nous reconnaissons Joad, le grand prêtre juif : mais en même temps nous trouvons dans ces personnages les sentiments et les passions, qui poussent et font agir tous les hommes.

En résumé, Racine est fidèle, autant qu'un poëte dramatique peut et doit l'être, à la vérité historique.

Plaçons-nous maintenant à un point de vue différent. Quand

---

[1]. Préface de *Mariamne*.

il invente un personnage, ce n'est pas un être de fantaisie qu'il crée; non seulement il en fait un caractère vivant et agissant, mais il sait lui donner certains traits qui en font un homme d'une telle époque, d'une telle civilisation. L'histoire pour Mathan ne lui donnait qu'un nom; pour Acomat, pas même un nom : on sait ce qu'il en a fait.

Mais en écrivant pour le public du XVIIe siècle, Racine ne s'est pas laissé entraîner à peindre exclusivement les mœurs de son siècle.

On a dit de lui [1], et je m'associe tout à fait à ces paroles : « Comme Shakespeare et Sophocle, Racine est un poète national; rien de plus français que son théâtre. »

Ce qui suit est fort juste, mais est loin, d'après moi, de renfermer toute la vérité. « On a blâmé Racine d'avoir peint sous des noms anciens des courtisans de Louis XIV; c'est là justement son mérite; tout théâtre représente les mœurs contemporaines. » Oui, mais tout théâtre doit représenter encore autre chose, ce quelque chose de général et d'universel qui se trouve dans la nature humaine. Tout poète, vraiment digne de ce nom, doit savoir observer et peindre les mœurs de son temps; c'est déjà un mérite rare. Mais un grand poète ne s'en tient pas là. Il ne s'arrête pas à la superficie des choses et des êtres : il va jusqu'au fond. Derrière l'éphémère et le passager, il voit l'éternel et le permanent. Derrière les manifestations extérieures et changeantes, il aperçoit le caractère intime et durable. Des *Précieuses ridicules* il s'élève aux *Femmes savantes*. Dans le domaine tragique, Racine a fait comme l'auteur du *Misanthrope*.

Sans doute ses héros (nous en avons fait la remarque et montré la nécessité) ont des mœurs plus délicates que leurs originaux dans l'antiquité; ils ont même des sentiments et des façons de s'exprimer, qui sont bien le produit de la civilisation moderne. C'est en ce sens qu'ils sont des courtisans français. Mais c'est pour des modernes qu'il écrivait : il fallait donc qu'il mît dans le cœur de ses personnages de quoi intéresser les spectateurs du XVIIe siècle, évidemment en progrès au point de vue de la délicatesse morale

---

1. TAINE, dans un article charmant et profond (*Nouveaux essais de critique et d'histoire*), dans lequel l'éminent critique montre surtout le côté aristocratique du théâtre de Racine.

sur les contemporains d'Agamemnon. Il leur a laissé cependant assez de violence, assez de férocité native pour que bien des critiques de son temps en aient été choqués. Ce fut précisément l'effort de son génie de faire accepter par ses contemporains des personnages qui, pour n'être pas purement antiques, apportaient cependant dans leurs passions une ardeur farouche, que les lecteurs de la *Clélie* n'avaient pas l'habitude de rencontrer dans les romans ou les tragédies de l'époque. Il ne faut donc pas l'accuser d'avoir affadi la scène; il faut le louer d'avoir réagi contre la fadeur des héros de son temps.

Mais il a rendu amoureux des Achille et des Pyrrhus. L'amour est-il un sentiment humain, général, ou bien une mode particulière aux contemporains de Louis XIV? C'est tout ce que nous avons le droit de nous demander. Si c'est un sentiment humain et universel, — comme il l'est en effet, — pourquoi interdire à notre poète de nous attacher et de nous émouvoir par la peinture de cette passion, dont le premier il a fait le ressort principal de son théâtre? Il est vrai que, plus que l'amour maternel ou la piété filiale, plus que l'ambition ou le patriotisme, ce sentiment est sujet à la mode, c'est-à-dire à être gâté et dénaturé par la mode ; chaque époque a une façon particulière de comprendre l'amour et d'en parler le langage; chaque époque a un jargon particulier, qui influe même sur la sincérité du sentiment.

Précisons un peu plus : l'amour dans les pièces de Racine (car tout le monde reconnaît l'absolue vérité de ses autres peintures) porte-t-il la date de la deuxième partie du XVIIe siècle? Je crois avoir suffisamment montré que chez Racine ce sentiment était, avec plus ou moins de violence et d'emportement, toujours dans la vérité; mais je reconnais que quelquefois, très rarement du reste, l'expression de ce sentiment se ressent un peu du voisinage de la cour de Versailles; quelques tours de phrase, quelques mots d'une galanterie un peu fade nous avertissent que nous sommes au XVIIe siècle, et par suite ont vieilli, comme a vieilli le jargon amoureux de cette époque. Mais ce n'est que rarement qu'on rencontre dans Racine ce jargon amoureux. Pourquoi? Précisément parce qu'il restait toujours dans la nature et la vérité; que la tragédie n'était pas pour lui un madrigal; que pour peindre Roxane ou Phèdre le langage de la galanterie ne lui convenait pas.

C'est qu'en effet Racine n'avait pas plus à faire des peintures contemporaines que des peintures historiques. Ce sont des caractères humains, puisés dans la nature, qu'il voulait nous présenter : caractères humains, et non pas seulement grecs ou français ; généraux, et non pas particuliers à telle époque ou à telle civilisation ; caractères généraux et universels, que ses contemporains pourraient apprécier, parce qu'ils s'y reconnaîtraient en tant qu'hommes, et non pas seulement en tant que contemporains de Louis XIV, mais qui seraient pour la postérité autre chose que des documents sur le règne de Louis XIV. S'il n'avait peint que les hommes de son temps, ses contemporains l'auraient admiré ; nous, nous l'admirerions moins ; or c'est le contraire qui est arrivé : nous admirons plus Racine que ses contemporains ne l'ont fait.

11° Quelles sont les conséquences générales dans l'œuvre de Racine de cette étude approfondie de la nature humaine et de la substitution de la tragédie de caractère à celle de situation ?

C'est d'abord, comme nous l'avons vu, de lui faire rejeter toute complication d'intrigue, de lui faire rechercher la plus grande simplicité : ce n'est pas par une combinaison plus ou moins ingénieuse d'incidents imprévus qu'il veut s'attacher le spectateur.

C'est, par suite, de n'employer qu'un petit nombre de personnages, dont il puisse analyser les sentiments et les passions. Comment les faire vivre et agir, comment nous intéresser à eux, si l'on nous présente une multitude de fantoches, qui ne font que gêner l'action en encombrant la scène, silhouettes à peine esquissées dont les noms même nous échappent ?

De là aussi, sans compter mainte autre raison venant des conditions matérielles du théâtre et des mœurs aristocratiques du temps, l'absence du peuple sur la scène et le dénouement mis en récit : ici du moins l'art, à notre avis, était d'accord avec les habitudes ou préjugés de l'époque ; et nous n'aurions rien à gagner à remplacer des récits, toujours bien faits et intéressants, malgré quelques longueurs faciles à signaler et à critiquer, par des spectacles souvent comiques (l'expérience l'a montré) et rarement aussi dramatiques que l'imagination du poète les suppose.

C'est aussi de se contenter d'une seule forme dramatique et des lois ou conventions généralement acceptées à son époque. Nous avons vu Corneille, comme à l'étroit dans la tragédie, chercher à varier le spectacle, vouloir attacher le spectateur par de nouvelles formes dramatiques, tragi-comédie ou comédie héroïque. Racine n'a pas de ces inquiétudes : il s'en tient, de *la Thébaïde* à *Phèdre*, à la tragédie en cinq actes; et l'on sait par suite de quelles circonstances particulières il mit des chœurs dans *Esther* et dans *Athalie*.

Amoureux de l'unité et de la simplicité, il ne songe pas un instant à mêler le comique et le tragique : il croit que chacun doit être traité à part, puisque chacun correspond à une disposition particulière et différente de notre esprit; il comprend qu'en somme ce mélange ne peut que nuire à l'unité d'impression, que nous demandons au théâtre, et altérer, sinon détruire, la beauté de l'œuvre.

Il applique sans effort les trois unités. Nous ne le voyons pas se révolter contre elles ni essayer de les tourner en déclarant qu'il les respecte. Il n'a pas l'air de s'en occuper ni de s'en préoccuper. Sa tragédie s'en accommode comme d'une chose toute naturelle. Je ne veux pas rentrer après tant d'autres, dans ce débat, et me demander à mon tour si ces règles (il s'agit bien entendu des unités de temps et de lieu, celle d'action étant hors de contestation) sont des conventions arbitraires ou des convenances suprêmes de notre esprit, et par suite des lois du poème dramatique. Je remarquerai seulement qu'elles conviennent tout particulièrement au système dramatique de Racine.

C'est qu'en effet toute pièce de Racine est une *crise*. Non seulement le poète ne nous présente pas l'histoire d'un pays ou d'une famille, il ne nous présente pas non plus la série des aventures d'un individu, ni même toute l'histoire morale d'un héros : cette minutieuse étude psychologique serait trop lente pour la scène qui a besoin d'action, c'est-à-dire de rapidité. Toutes les lenteurs doivent être écartées pour que l'impression soit forte. C'est là une grosse difficulté : concilier la netteté avec la rapidité, la profondeur avec la brièveté. Racine prend ses personnages quand ils sont mûrs pour l'action : les passions sont déjà excitées, les intérêts déjà engagés : un incident, un mot va faire éclater la lutte dont nous verrons les péripéties et le dénouement, lutte dont l'exposition, toujours claire et complète, nous fait connaître les éléments, en nous faisant connaître les passions et les intérêts des principaux personnages. Nous n'avons pas vu naître la passion d'Oreste pour Hermione ; nous n'avons pas vu la fille d'Hélène arriver en Épire et souffrir des mépris outrageants de Pyrrhus ; nous n'avons pas vu le roi d'Épire essayer de vaincre les résistances d'Andromaque, tandis que celle-ci, étonnée, indignée en songeant à Hector, se contraint dans l'intérêt de son fils, et ménage, sans lui donner trop d'espérances, un vainqueur qui l'aime et dont la violence lui est connue. Tous ces faits, ces sentiments, ces passions, demanderaient de nombreuses pages pour être racontés et analysés : Racine nous jette au milieu du sujet, et son habileté sera de nous faire connaître et comprendre le plus rapidement possible tout ce qu'il n'a pas le temps de nous développer. Sous la politesse de l'ambassadeur, Oreste nous montre bientôt les ardeurs d'un amant. La demande qu'il fait à Pyrrhus du jeune Astyanax, réclamé par les Grecs, est l'incident qui va faire éclater à nos yeux toutes ces passions qui grondaient déjà depuis longtemps : et les fureurs d'Oreste, et l'amour d'Hermione, et la tendresse d'Andromaque et les incertitudes de Pyrrhus. Son amour pour Andromaque, son manque de foi à sa fiancée, les fureurs d'Hermione et d'Oreste vont précipiter le dénouement. Les passions étaient montées à un point tel que la crise ne pouvait pas durer longtemps. « L'action est prise le plus près possible de sa fin, a dit Diderot, pour que tout soit dans l'extrême. »

Si l'action marche avec cette rapidité, on comprend que le poète n'ait pas besoin de la disperser en vingt lieux différents. Il faut, au contraire, qu'il ait sous la main tous ses personnages. L'action est trop vive pour qu'ils puissent s'éloigner : tous y jouent un rôle important ; les passions de l'un ont un contre-coup dans le cœur de l'autre.

L'unité de lieu a été regardée, et peut, en effet, à la rigueur, être regardée comme une conséquence de l'unité de temps ; et celle-ci, sans être indispensable, sert à resserrer l'action et à concentrer l'intérêt.

Voilà pourquoi, sans doute, la tragédie de Racine, si fidèle à l'unité d'action, s'adapte si facilement aux autres unités.

Voilà pourquoi aussi, de l'exposition au dénouement, la trame d'une tragédie de Racine est si serrée : l'action est trop rapide, les passions sont trop excitées pour qu'il y ait place à des digressions descriptives et lyriques, où brille l'imagination de l'auteur, et à des incidents inutiles, qui peuvent relever un peu une pièce languissante, mais qui feraient languir une pièce bien faite. On ne louera jamais trop les plans des pièces de Racine : on sait, du reste, l'importance qu'il y attachait. Il ne se hâtait pas d'écrire en vers son poëme; il ne se piquait pas de cette prodigieuse facilité, qui permettait à Voltaire, emporté par sa fureur poétique, de jeter en huit jours toute une tragédie sur le papier : quitte après cela à reprendre, revoir et retoucher plusieurs fois de suite l'œuvre si rapidement ébauchée : mais qui ne voit que le plan de la pièce et les caractères des personnages devaient se ressentir un peu de cette hâte fébrile? Racine formait lentement au dedans de lui-même et les personnages et l'intrigue dans laquelle il les plaçait; il unissait étroitement leurs caractères à l'action, qui en devenait ainsi comme la conséquence inéluctable; il ne laissait rien au hasard de l'inspiration, c'est-à-dire, en somme, au hasard; il savait que « la scène demande une exacte raison ». Que de choses dans ces mots : une exacte raison! Il faut que chaque héros parle et agisse comme il doit le faire, entre et sorte au moment voulu et nécessaire, et non pas arbitrairement; que chaque scène soit intimement liée et non capricieusement ajoutée à celle qui précède; que « l'étroite bienséance y soit partout gardée ». De là, chez notre poëte, cette suite naturelle des scènes; cette logique des dénouements, qui sortent directement du développement et du conflit des caractères entre eux, et cela malgré les chocs et les revirements des passions, — car au fond rien n'est plus naturel et rien n'est plus logique que ces chocs et ces revirements; — de là cette harmonie savante du milieu de laquelle n'éclate aucune de ces dissonances, que l'on prend quelquefois pour des traits hardis ou sublimes. Pour ne pas se faire illusion à lui-même, pour bien se rendre compte de la valeur de son plan, il avait l'habitude d'écrire d'abord ses pièces en prose. Une fois ce premier travail fini, « il n'avait plus que les vers à faire ».

Je terminerai ces observations par quelques lignes écrites, il est vrai dans sa première jeunesse, par Victor Hugo, qu'il est assez curieux de trouver partisan et défenseur de la tragédie classique : « Les pièces de Shakespeare et de Schiller ne diffèrent des pièces de Corneille et de Racine qu'en ce qu'elles sont plus défectueuses [1]. C'est pour cela qu'on est obligé d'y employer plus de pompe scénique. La tragédie française méprise ces accessoires parce qu'elle marche droit au cœur, et que le cœur hait les distractions : la tragédie allemande les recherche parce qu'elle s'adresse souvent à l'esprit et plus souvent encore à tous les sens. L'une présente un spectacle attachant, l'autre un tableau singulier. Dans l'une, tout concourt au même but; dans l'autre, il n'y a point d'ensemble. Les Français veulent que l'intérêt se concentre sur quelques personnes; les Anglais regardent la variété comme une qualité tragique. Chez nous, l'intérêt va toujours croissant; chez eux, chaque scène en est réduite à son propre intérêt. »

Je n'ai pas à rechercher jusqu'à quel point est juste ce jugement porté par V. Hugo, critique de dix-sept ans, sur les théâtres allemand et anglais. Mais n'est-il pas piquant de voir le futur auteur de la *Préface de Cromwell* admirateur de Racine et disciple de Boileau?

1. *Conservateur littéraire*, t. I, p. 355, écrit vers 1819. Cité par Souriau, *Annales de la Faculté des lettres de Caen*, 1887.

CHAPITRE III

PLUS GRANDE RESSEMBLANCE DE SON THÉÂTRE AVEC LA VIE

Plus de vérité dans les passions et les caractères, même dans les intrigues et dans les moyens employés, excepté dans ses deux premières pièces. — 1° *La Thébaïde* et *Alexandre*. Le romanesque et l'imitation de *Corneille*. — 2° A partir d'*Andromaque*, vérité, familiarité même de l'intrigue. — 3° Rapports de la tragédie de *Racine* et de la comédie. — 4° Vérité dans les caractères. — 5° De la pitié dans le théâtre de *Racine*.

La plus grande nouveauté que Racine ait apportée au théâtre tragique, c'est encore la *vérité*. Non seulement il substitue partout depuis *Andromaque*, la tragédie de caractère à la tragédie de situation ; non seulement il recherche la simplicité d'action et laisse à d'autres les intrigues embarrassées : mais, changement plus profond peut-être et plus important, il met dans les caractères et les passions des personnages, même dans les intrigues et dans les moyens qu'il emploie, plus de vérité, une plus grande ressemblance avec la vie.

« L'esprit romanesque, a dit un de nos plus fins critiques [1], est le grand défaut de la tragédie française, défaut qui tient aux origines mêmes de cette tragédie, à la nature et à l'éducation de celui qui lui donna sa forme : Corneille était romanesque, et la France a longtemps confondu le roman et la poésie. Racine avait presque guéri la tragédie de cette fausse tendance : Phèdre, Esther, Athalie ne sont certes pas romanesques ; mais Crébillon ui fit subir une rechute. Le romanesque est une pure illusion sur

[1] VINET, *Littérature française au XVIII° siècle*. (A propos de Crébillon.)

la vie humaine; c'est la fuite du réel et du possible, le rêve d'un monde qui n'existe point et ne peut pas exister, une sorte de convention dans laquelle vivent certains esprits et certaines époques. La poésie, au contraire, c'est la plus vive compréhension des choses, leur plus intime comme leur plus haute vérité. »

1° Avant de montrer cette plus grande ressemblance avec la vie dans les intrigues des pièces et les caractères des personnages de Racine, je ne dois pas oublier que ses deux premières tragédies, où il n'est pas encore lui-même, se ressentent de cet esprit romanesque qui, depuis un demi-siècle, animait et gâtait tout notre théâtre, et de l'imitation de Corneille, par laquelle Racine a naturellement commencé.

Sont imités de Corneille : ces dialogues coupés dont il usera si sobrement dans la suite; ces vers à effet, à sentence ou à antithèse; ces pointes dignes d'un madrigal[1]; ces maximes politiques dignes des conseillers de Ptolémée; ces amoureux parlant tantôt en matamores, tantôt en céladons; mais surtout cet odieux Créon, politique et amoureux, ambitieux et hypocrite, à qui tous les moyens sont bons pour arriver au pouvoir, qui soutient comme Cinna la théorie d'un pouvoir unique et absolu[2], déclare détester son fils Hémon, entretient l'inimitié entre Étéocle et Polynice, se vante de ses intrigues criminel, et encore plus fanfaron de crimes.

Il se réjouit même de la mort d'un de ses fils, qui était son rival :

> En me privant d'un fils, le ciel m'ôte un rival.

Il finit par des fureurs amoureuses qu'on n'attendait pas d'un tel politique et d'un tel père :

> Vous m'ôtez Antigone : ôtez-moi tout le reste.
> (V, 6.)

Si nous sommes intéressés par l'intrigue de la pièce, par les situations, nous ne pouvons pas être touchés par cette grandeur

---

1. Voir toutes ces stances d'*Antigone* au cinquième acte, qui rappellent, en les affaiblissant, celles du *Cid*.

2. Les souvenirs de *Cinna* sont nombreux dans le passage qui commence ainsi :

> L'intérêt de l'État est de n'avoir qu'un roi,
> Qui, d'un ordre constant gouvernant ses provinces,
> Accoutume à ses lois et le peuple et les princes.
> (I, 5.)

artificielle et froide, par des sentiments qui, sauf dans quelques vers entre Hémon et Antigone, n'ont rien de naturel ni d'humain, par des personnages produits par l'imitation et sortis de l'imagination, non du cœur du poète. Les imprécations de Jocaste, les plaintes d'Antigone, le cynisme de Créon, n'éveillent en nous aucune sympathie. Ce n'est pas ainsi que sent et que parle ni une mère ni une amante ni un ambitieux : pas un mot, pas un cri qui nous avertisse que c'est de nous qu'il s'agit, que c'est notre histoire qu'on raconte, que ce sont nos passions qu'on représente. Que dire d'Étéocle et de Polynice? Leurs fureurs, souvent du reste exprimées en beaux vers, me laissent froid : nulle variété dans les caractères, nulle différence entre les deux frères. Chez Euripide, Polynice est non seulement présenté comme plus malheureux, mais comme plus doux et plus humain : l'exilé s'attendrit à la vue de sa mère et de ses foyers, et nous attendrit aussi. Dans Racine, quoique Jocaste lui dise :

> Et vous que je croyais plus doux et plus soumis,

Polynice est aussi intraitable que son frère.

Ce sont des héros de théâtre, qui ont une voix sonore, mais qui n'ont point d'âme.

Encore le sujet de *la Thébaïde* est-il un des plus tragiques que l'antiquité nous ait laissés : tandis que, dans l'*Alexandre*, le poète, n'étant pas soutenu par le sujet, tombe complètement dans le faux et le romanesque. Il n'a pas encore, ou il ne sait pas l'employer, cette science des passions, cette habileté et cette profondeur dans l'analyse des sentiments, que l'on admire dans ses autres pièces : il n'a pas encore trouvé sa voie. Sauf dans une scène [1] où nous pouvons deviner quelque chose du vrai Racine, dans la peinture des caractères nous ne le retrouvons pas, ou plutôt nous ne le trouvons pas encore, nous ne voyons qu'un bon élève de Corneille, déjà, du reste, excellent écrivain. Laissons

---

[1]. Taxile parle d'Axiane à sa sœur Cléofile dans un langage qui annonce celui d'Hermione :

> Non, ma sœur, je la veux adorer.
> Je l'aime : et quand les vœux que je pousse pour elle
> N'en obtiendraient jamais qu'une haine immortelle,
> Malgré tous ses mépris, malgré tous vos discours,
> Malgré moi-même, il faut que je l'aime toujours.
>   (IV, 4.)

de côté Taxile, âme incertaine et timide valeur, qui ne se battra que pour plaire « aux beaux yeux d'Axiane ennemis de la paix » (I, 1); et sa sœur Cléofile « s'efforce de le gagner à la cause d'Alexandre, et qui défend auprès d'Alexandre la cause de son frère : que sont les principaux personnages de la pièce, Alexandre, Porus, Axiane ? Des héros de roman, ayant à la fois ce langage de la galanterie, mis à la mode par les Scudéry et les la Calprenède, et cette hauteur surhumaine de sentiments, que l'auteur de *Nicomède* avait introduite au théâtre, et que son génie même n'avait pas toujours rendue vraisemblable. « J'ai bien de la peine, se disait Boileau à ce même moment, à m'imaginer que les Cyrus et les Alexandre soient devenus tout à coup, comme on me le veut faire entendre, des Thyrsis et des Céladons. » Comment nous parle-t-on en effet du terrible et hardi conquérant de l'Asie ? Un peu comme on nous parle de César dans *Pompée* :

> Cent messages secrets m'assurent de sa flamme.
> Pour venir jusqu'à moi ses soupirs embrasés
> Se font jour au travers de deux camps opposés.
> (I, 1.)

Éphestion va nous faire connaître « les secrètes raisons qui l'amènent ici »; s'adressant à Cléofile :

> Pour ce héros j'ose vous demander
> Le repos qu'à vos rois il veut bien accorder.
> (II, 1.)

Son langage est aussi galant que celui de son confident.

« Et tous ces héros-là, dit Pluton, ont-ils fait vœu comme les autres de ne jamais s'entretenir que d'amour ? — Ce serait beau qu'ils ne l'eussent pas fait ! Et de quel droit se diraient-ils héros s'ils n'étaient pas amoureux ? N'est-ce pas l'amour qui fait aujourd'hui la vertu héroïque ? »

Quand il ne parle pas en amoureux, Alexandre parle en matamore :

> Encore une victoire et je reviens, madame.
> (V, 1.)

Porus osant résister seul à Alexandre, vaincu par lui et plus grand dans sa défaite qu'il ne l'aurait été par la victoire, plut extrêmement aux spectateurs du xvii° siècle. Mais l'esprit seul est frappé, le cœur n'est pas ému par cette attitude toujours héroïque, ni par ces fadeurs galantes que l'amant d'Axiane se croit obligé de débiter.

Il me semble même parler bien plus comme un républicain de Rome que comme un roi de l'Orient :

> J'attendrai qu'un tyran [1] daigne nous pardonner.
> (I, 2.)

Ou comme un gentilhomme imbu des idées chevaleresques chères à une époque plus moderne :

> Des devoirs qui ne nous coûtent rien,
> Compterai-je pour rien la perte de ma gloire?
> (I, 2.)

Il n'hésitera pas à sacrifier ses peuples à sa gloire; il est heureux de se mesurer avec Alexandre. Comme Horace, c'est là « pour son courage une illustre matière ». (II, 2.) Comme le Cid, avec quelque chose même de plus déclamatoire dans le ton, il s'écrie :

> Qu'on dise partout, dans une paix profonde :
> Alexandre vainqueur eût dompté tout le monde;
> Mais un roi l'attendait au bout de l'univers
> Par qui le monde entier a vu briser ses fers.

Sans doute à la fin il y a dans sa réponse à Alexandre une grandeur réelle, et on sent enfin quelque chose d'humain dans sa haine contre Taxile :

> Va le voir expirer sur le champ de bataille!

Mais de tels cris sont rares dans la bouche de Porus; rares dans la bouche d'Axiane qui accable d'invectives la lâcheté de Taxile.

Si Porus est mort en roi, elle saura, elle aussi, mourir en reine. (IV, 1.)

Que dis-je! elle tient tête à Alexandre, elle lui déclare une haine non exempte, du reste, de subtilité. (IV, 2.)

Il me semble que nous avons déjà vu quelque part de pareilles héroïnes. Il est piquant de trouver un dernier exemplaire des

---

1. Ce mot de tyran revient à chaque instant dans la pièce, souvenir déplacé.

Cornélie et des Viriate chez celui qui bientôt, d'une plume mordante et acérée, trop mordante même et trop acérée, devait faire justice « des conquérants qui ne débitent que des maximes d'amour, des femmes qui donnent des leçons de fierté à des conquérants [1] ».

Si Racine en était resté là, nous aurions eu un excellent écrivain en vers (il y a peu de pièces de théâtre, en dehors des autres pièces de Racine, et des chefs-d'œuvre de Corneille, aussi bien écrites que l'*Alexandre*), nous n'aurions pas eu un grand poète dramatique. Jusqu'ici, Racine a imité plus ou moins heureusement ; il a composé ses pièces avec son esprit et son imagination : il n'ose pas être lui-même. Il n'ose pas ou ne sait pas encore mettre dans son œuvre cette vérité de sentiments et de passions qui, bien plus que le style, en progrès du reste lui aussi, sépare son *Andromaque* de l'*Alexandre*.

2° Avec *Andromaque* commence une nouvelle ère dans l'histoire de la poésie dramatique. *Alexandre* était une nouvelle tragédie ajoutée à tant d'autres ; *Andromaque* c'est la tragédie nouvelle. Nous allons suivre cette transformation opérée par Racine à la fois dans les intrigues qui deviennent plus familières et dans les caractères qui deviennent plus vrais.

Cette remarque a déjà été faite, mais je suis bien forcé de la faire à mon tour : Sous le décor historique de la plupart des tragédies de Racine, sous ces légendes embellies par la poésie et qui à leur tour embellissent le poème, nous trouvons des événements que nous connaissons bien, des faits de tous les jours, des drames dont nous avons été parfois témoins, dont nous pouvons avoir été les acteurs. Plus de ces faits extraordinaires qui peuvent être historiquement vrais, mais ne sont jamais vraisemblables ; plus de ces épisodes romanesques, qu'une imagination brillante enfante avec facilité, qu'une imagination rêveuse suit avec délices : nous allons rencontrer non seulement la vérité, mais la vérité de tous les jours, et par conséquent la vraisemblance.

Une femme, une veuve, tout entière à son chagrin, presque forcée de donner sa main, sinon son cœur, à un protecteur puissant qui menace sans cela de l'abandonner elle et son enfant ; une

---

[1]. Première Préface de *Britannicus*.

jeune fille ardente et vive, qui espérait épouser ce même homme, lequel lui avait promis sa foi, et qui, désespérée, furieuse autant de dépit que d'amour, arme contre son infidèle le bras d'un autre amant, qu'elle désavoue ensuite : n'est-ce pas une intrigue qui nous est familière, et n'est-ce pas en somme le sujet d'*Andromaque*?

Dans une famille, le père mort, ne voyons-nous pas souvent le fils et la mère se disputer la domination ; un autre enfant, plus jeune et d'un premier lit, souffrir de cette lutte, perdre dans ce conflit sa part d'héritage, et servir de jouet ou d'épouvantail entre les mains des deux adversaires? et n'est-il pas arrivé plus d'une fois qu'un amant vicieux et brutal ait supprimé par le crime un rival timide et embarrassant, comme Néron supprime Britannicus?

S'il y a au fond du sujet de *Bérénice* l'éternelle histoire de l'abandon de la maîtresse par l'amant, il y a ici, il faut l'avouer, un cas plus particulier, mais très vrai aussi, celui de l'homme qui, arrivé à une grande situation, se sépare tristement mais se sépare de la femme qu'il a aimée et qu'il aime encore; il l'aurait gardée près de lui s'il était resté dans une position modeste; son intérêt la lui fait congédier, dès qu'il occupe un poste plus élevé. Mais que Titus renvoie Bérénice pour se marier avec l'empire ou avec une autre femme, c'est au fond le même drame, la même suite dans les faits, le même conflit de sentiments, le même dénouement inévitable.

Que voyons-nous dans *Bajazet*, en laissant de côté l'intrigue politique si merveilleusement soudée aux intrigues amoureuses? Un jeune homme au cœur généreux, à l'esprit ambitieux, placé entre une femme qu'il n'aime pas et qui lui offre la fortune, et une autre qu'il aime et qui ne lui offre que son amour. Ici cependant, reconnaissons dans *Bajazet* un dernier reste de romanesque, puisqu'à la fortune il préfère l'amour : mais il y a tel cas où le romanesque se rapproche de la vérité; et l'on voit, dit-on, quelquefois des esprits romanesques de l'espèce de Bajazet.

Si l'on ne rencontre pas tous les jours des princes aussi indomptables que Mithridate, on rencontre souvent des vieillards qui, avec de grands fils auprès d'eux, veulent se remarier. La préférence accordée par la jeune fiancée ou même par la jeune femme à un des fils n'est pas du domaine de la légende. Quant au dénouement, il diffère sensiblement suivant que le père est un Géronte ou un Mithridate.

Il n'y a pas dans *Iphigénie* qu'un sacrifice humain, que le suicide d'Ériphile, remplaçant l'intervention de Diane, vient empêcher à temps. Il y a le conflit, bien fréquent, hélas! de l'influence paternelle et de l'influence maternelle : la mère ne voyant que l'intérêt de sa fille, n'hésitant pas à braver et à menacer son époux, quand un intérêt si sacré est en jeu; le père, se croyant plus habile et plus profond, et sacrifiant le bonheur, sinon la vie de son enfant, à sa politique, à son ambition, à sa fortune ou à ses préjugés.

Il n'y a pas dans *Phèdre* que la fille de Minos et de Pasiphaé : il y a l'amour incestueux dont la belle-mère poursuit son beau-fils, au milieu des hésitations, des larmes et des remords, amour que le jeune homme ne repousse pas toujours et que l'arrivée du mari n'interrompt pas nécessairement par une catastrophe aussi sanglante que celle de la fable antique.

Quant à *Esther* et *Athalie*, le théâtre spécial auquel Racine destinait ces pièces, les sources où il a puisé, le mélange de l'humain et du divin, en leur donnant un caractère tout particulier, pourraient à la rigueur nous dispenser d'y chercher cette familiarité et cette réalité auxquelles nous avons cru pouvoir ramener les autres pièces de notre poète : quoique la douce Esther remplaçant dans le cœur d'un maître tout-puissant l'altière Vasthi; un ministre se perdant par l'excès même de son pouvoir, et faisant servir son autorité à satisfaire ses rancunes personnelles; un clergé travaillant à renverser le gouvernement établi et à rétablir le fils des anciens rois, ne soient pas des sujets propres à nous étonner et à nous trouver incrédules. Mais le rôle de la divinité est si important dans ces deux ouvrages que, sans rien enlever à la vérité des caractères, il donne au sujet une grandeur que je m'en voudrais de diminuer.

Si donc nous faisons exception pour les deux premières et, si l'on veut, pour les deux dernières pièces de Racine, nous nous trouvons en présence de scènes que l'on peut sans aucune difficulté et, je crois, sans aucune exagération, retrouver autour de soi, dans la vie de tous les jours. Nous pouvons donc en conclure qu'il y a chez lui une plus fidèle image de la vie que chez aucun de ses prédécesseurs.

3° Bien plus. Si l'on peut se figurer ces passions un peu moins terribles par leurs conséquences surtout, si l'on peut supprimer le dénouement, on se trouve en présence non plus des drames, mais des comédies de l'amour et de la jalousie. Les mobiles qui poussent Hermione ou Pyrrhus, Roxane ou Atalide, ne sont pas différents de ceux qui poussent et font agir bien des personnages de comédie. Quoi d'étonnant? Que fait, en effet, le poète comique? Il peint la vie humaine. Or, si par vie humaine, on entend non pas des ridicules éphémères qui n'amusent qu'une génération, mais des passions éternelles qui intéressent et intéresseront toujours l'humanité, le poète comique et le poète tragique pourront et devront même se rencontrer : Car les passions humaines et leurs conséquences inéluctables sont aussi bien la matière de la comédie que la matière de la tragédie.

Ce principe est si vrai que Racine, qui a toujours évité avec un soin si scrupuleux de mêler le ton de la comédie à la tragédie, s'est servi quelquefois de moyens qui semblent appartenir en propre à la comédie, mais qui, chez Racine, n'ont pourtant rien de comique.

Qu'on se rappelle Néron, caché derrière une tapisserie, écoutant la conversation de Junie et de Britannicus : n'est-ce pas là une scène de vaudeville? et comment se fait-il que nul ne songe à sourire? que peu même, peut-être, s'aperçoivent que l'empereur emploie un simple ressort de comédie? C'est que la situation et les passions sont tragiques; c'est que Néron vient de dire avec une perfidie cruelle :

> J'entendrai des regards que vous croirez muets;
> Et sa perte sera l'infaillible salaire
> D'un geste ou d'un regard échappé pour lui plaire.

Toutes les paroles de Britannicus et de Junie rendent la situation plus émouvante encore. Rien n'est plus atroce que la torture infligée à cette jeune fille, désespérant par amour celui qu'elle aime, et forcée, pour le sauver, de jouer avec lui l'indifférence. Aussi quel intérêt poignant dans ces mots si simples dont Britannicus ne comprend pas le sens, mais dont le spectateur comprend toute la portée :

> Vous êtes en des lieux tout pleins de sa puissance :
> Ces murs même, seigneur, peuvent avoir des yeux ;
> Et jamais l'empereur n'est absent de ces lieux [1].

Qu'on se rappelle Mithridate usant du même moyen qu'Harpagon pour connaître le secret de Monime et de Xipharès. Quel artifice digne de Molière, qui, du reste, l'avait employé cinq ans auparavant dans l'*Avare*! Mais quelle terreur plane sur toute cette scène (III, 5), quand Monime repousse d'abord avec effroi le bonheur trop désiré qu'on lui présente ; quand enfin elle finit par croire aux paroles du vieux roi, qu'elle laisse échapper de sa bouche le fatal secret, et que, à peine les mots : « Nous nous aimions », prononcés, elle pousse ce cri d'effroi : « Seigneur, vous changez de visage ! »

Qu'on se rappelle aussi les confidences faites par Roxane à sa rivale Atalide, qui les reçoit et en souffre, en attendant d'en mourir. N'est-ce pas là, en effet, un ressort tout à fait approprié à la comédie ? Et n'y a-t-il pas là, dans les moyens employés par Racine, comme dans les intrigues elles-mêmes, une plus grande familiarité, une plus grande ressemblance avec la vie ?

4° Que dire des personnages mêmes qu'il fait vivre et agir sur la scène ? Je n'ai qu'à rappeler ici le chapitre que j'ai consacré à l'étude et à l'analyse des caractères dans les tragédies de Racine [2]. Il m'a été impossible de les analyser sans montrer en même temps combien ils étaient vivants et personnels, c'est-à-dire humains ; combien ils étaient éloignés de la convention et de l'abstraction. Nous ne pouvons pas ne pas nous reconnaître en eux ; ce ne sont plus des héros de roman, ni même des héros de tragédie : ce sont des hommes. Ils ont nos vices et nos faiblesses, ils sont poussés par la logique de leurs caractères à des actes qui nous effrayent quelquefois, mais que nous comprenons toujours ; ils ne nous entraînent jamais dans le domaine du rêve et de la fantaisie ; ils ne nous étonnent pas par des chutes soudaines ou des élans imprévus, qui nous ravissent souvent, mais plus souvent encore nous déconcertent.

---

1. FONTENELLE trouve « ce ressort ridicule et digne de la comédie ». Oui, la comédie pourrait s'en servir et s'en est servi, mais il n'est ici nullement ridicule.
2. Voir deuxième partie, chap. II.

Quant à leur grandeur, à leur héroïsme même, nous n'y voyons rien d'arrogant ni d'humiliant pour nous. Cet héroïsme, peu bruyant, tempéré pour ainsi dire et délicat, — ce qui n'enlève rien à sa fermeté et à son énergie, — semble résulter tout naturellement d'un ensemble de qualités et de vertus, qu'il ne nous paraît pas tout à fait impossible d'atteindre ou d'acquérir. C'est un accord harmonieux de toutes les qualités du personnage, qualités de son cœur, de son esprit, de son caractère, avec son sexe et sa situation, plutôt qu'une qualité particulière et pour ainsi dire abstraite, que le poète mettrait en relief au détriment des autres. Cet accord, cette harmonie des sentiments, de la voix, du geste, cette convenance parfaite et absolue est ce qu'il y a au monde de plus difficile à rencontrer. Le génie seul ne suffit pas. A force de goût et de tact, Racine a su presque toujours la réaliser et l'exprimer dans ses œuvres.

Ce qui fait que ces personnages nous intéressent, c'est que leurs passions ne diffèrent pas en qualité de celles qui nous remuent nous-mêmes; elles n'en diffèrent, si l'on peut parler ainsi, qu'en intensité. Elles sont tirées du fond même de notre nature; nous n'avons pas besoin de nous guinder pour y arriver; nous n'avons pas besoin de faire effort pour les comprendre; c'est avec un mélange de plaisir et de honte que nous suivons les progrès et les ravages de ces passions. C'est qu'en effet, le poète ne s'est pas complu à peindre des sentiments si subtils et si raffinés que seuls quelques cultistes surannés l'auraient applaudi; ni des passions si exceptionnelles et si étranges que seuls quelques esprits hardis auraient pu l'admirer. Il décrit pour tous des sentiments et des passions que tous peuvent comprendre et sentir. Il donne à ses personnages des passions « dont nous sommes susceptibles » comme disait Corneille. Et c'est une des raisons pour lesquelles l'amour, la plus universelle des passions dans tout pays, dans toute condition, tient une si grande place dans son théâtre.

Est-il étonnant après cela que nous soyons de cœur avec ces personnages? que nous suivions avec sympathie même ceux dont les actes devraient nous révolter? Est-il étonnant que nous soyons émus de leurs souffrances même méritées? et que la catastrophe nous arrache des larmes d'attendrissement? larmes qui ne sont pas douloureuses, car Racine est un poète, mais qui émeuvent agréablement notre pitié.

5° C'est là, en effet, une conséquence de cet art nouveau de Racine, — nouveau par rapport à quelques-uns de ses contemporains ou de ses prédécesseurs immédiats : car il n'y a rien de plus ancien et par conséquent de moins nouveau que la nature et la vérité. Mais les hommes, même les plus grands, s'en écartent si souvent, qu'il a l'air de faire du nouveau le poète qui revient à la nature. Les personnages de Racine ne provoquent pas notre admiration : ce ne sont pas des héros; ne piquent pas non plus la curiosité de notre esprit : ce ne sont pas des énigmes. Ce sont des hommes, et ils émeuvent notre sensibilité, ils excitent notre compassion, ils attirent notre pitié sur leurs misères qui sont les nôtres, sur leurs angoisses et leurs remords que nous connaissons bien. Et qu'on ne croie pas que cette pitié ait rien d'amollissant pour nous : ce n'est pas là une complicité coupable; ce n'est pas une occasion, choisie avec empressement, d'excuser des vices ou des passions, que le poète flatterait en nous; c'est une connaissance plus intime, qui ne peut jamais être nuisible, qui peut être souvent bienfaisante, de nous-mêmes et de nos lâchetés. S'il est utile de tracer des peintures de la grandeur idéale de l'homme, ce qui peut nous pousser à l'héroïsme, n'est-il pas utile aussi d'en tracer de sa faiblesse réelle, ce qui peut nous faire rentrer en nous-mêmes, nous faire examiner notre conscience et nous pousser à la défiance de nous-mêmes et à la modestie?

Vérité, simplicité, familiarité même, fidèle reproduction de la vie, voilà en somme ce que nous trouvons dans le théâtre de Racine, aussi bien dans les intrigues de ses pièces que dans les caractères et les passions de ses personnages.

Allons plus loin : ces mêmes qualités, nous allons les rencontrer dans son style.

CHAPITRE IV

DU STYLE DE RACINE, L'ÉLÉGANCE DE L'EXPRESSION

Ç'a été pendant bien longtemps un lieu commun au XIX⁰ siècle de railler le style de Racine ; et, s'ils sont rares ceux qui l'ont accusé « de fourmiller d'images fausses et de fautes de français [1] », ils sont fort nombreux ceux qui n'ont voulu voir en lui qu'un tendre élégiaque, s'exprimant dans une langue trop noble, trop soutenue, trop pompeuse, c'est-à-dire trop éloignée de la simplicité et de la vérité.

Nous avons suffisamment montré que Racine était autre chose qu'un tendre élégiaque. Essayons de montrer que Racine, dans sa langue et dans son style (à part quelques exceptions que nous

---

1. V. Hugo cité par PAUL STAPFER dans ses intéressantes *Causeries parisiennes*, qui contiennent, pages 47-54, un jugement très curieux sur Racine. « Le poète que V. Hugo critiquait le plus volontiers, c'est Racine. Il l'attaquait principalement comme écrivain avec les armes de la grammaire. V. Hugo accorde à Racine un certain talent de composition et surtout d'analyse psychologique : ses pièces sont assez bien faites comme pièces, la trame en est ourdie doctement et sa métaphysique des passions est fort intéressante ; c'est un auteur estimable du deuxième ou du troisième ordre. Mais ce n'est pas un grand écrivain, et « il est, dit-il, révolté de l'erreur monstrueuse que le « goût français a commise en le plaçant au premier rang. Racine m'a-t-il dit bien « souvent, fourmille de fautes de français et d'images fausses. Voulez-vous voir « une image fausse ? Prenez le premier vers venu de Racine. Quant aux fautes « de français, elles sont si nombreuses ;... mais elles échappent à une lecture « rapide, parce qu'elles n'ont rien de très choquant pour la plupart et qu'elles « se dérobent habilement dans le tissu harmonieux du style. Combien peu « d'hommes aujourd'hui sont assez éclairés pour voir ou assez indépendants « pour dire que Racine est un écrivain sans vrai talent ! Il faut donner à la « roue de l'opinion un tour complet, mettre Racine en bas, et Pradon en haut. » M. Paul Mesnard a pris la peine de réfuter point par point les principales assertions de V. Hugo.

reconnaîtrons nous-même), a su rester plus simple, plus vrai, plus naturel, qu'on ne l'a dit et qu'on ne l'a cru quelquefois.

Essayons de nous représenter ce qu'était la langue de la tragédie au XVII° siècle quand Racine a débuté ; quel instrument il a eu en main ; comment il a su s'en servir et l'approprier à son génie particulier.

Remarquons d'abord [1] que ni Corneille ni Racine n'ont créé la langue tragique dont ils ont usé dans leurs pièces ; qu'ils se sont servis avec plus ou moins de discrétion et d'habileté de la langue de leur temps et de celle de leurs devanciers : Corneille naturellement plus rapproché du XVI° siècle par ses lectures, ses souvenirs et les mots qu'il emploie ; puisant, du reste, dans tous les vocabulaires spéciaux, dans celui de la théologie comme dans celui de la guerre, ayant par suite plus de variété dans son style ; plus tendu, plus oratoire, par suite paraissant plus énergique ; Racine profitant du travail qui s'est fait avant lui, se contentant de la langue ordinaire et générale de son temps, usant du langage un peu spécial mais alors très répandu de la galanterie ; du reste naturellement d'un esprit plus modéré et d'une imagination plus poétique.

Quand Corneille commença à écrire, la plus grande licence et la plus complète anarchie régnaient, non seulement dans les mœurs, mais dans la langue du théâtre : la décence était chose inconnue, la propriété dans les termes, chose rare et presque de hasard, le style prétendu tragique était un mélange d'extravagance et de bouffonneries ; les limites d'aucun art, d'aucun style n'étaient fixées. Ce qu'il a fallu de génie à Corneille pour se débarrasser de ces influences et pour écrire *le Cid* et *le Menteur*, je n'ai pas à le dire ici ; mais je dois faire remarquer, sans songer d'ailleurs à m'en étonner, que le grand Corneille n'a pas pu et ne pouvait pas triompher complètement de ces fâcheux exemples et de ces détestables habitudes ; que s'il avait bien raison de prendre pour modèle « la conversation des honnêtes gens », il ne pouvait pas du premier coup trouver et fixer le ton de la comédie et de la tragédie.

[1]. Après M. Marty-Laveaux et Paul Mesnard dans leurs remarquables études sur la langue et le style de Corneille et de Racine. Inutile de dire que ces études nous ont beaucoup servi.

La preuve, c'est que sa comédie élève parfois un peu trop le ton, et qu'en revanche sa tragédie l'abaisse souvent un peu trop. Pour en rester à la tragédie, je me bornerai à rappeler que, dans ses meilleures pièces, des scènes entières, les scènes secondaires il est vrai, où le poète n'est plus soutenu par la grandeur des pensées et des sentiments, sont écrites d'un style de comédie; et que souvent dans les meilleures scènes on est, sinon surpris, du moins attristé de rencontrer des termes trop familiers; sa simplicité si énergique dégénère souvent en trivialité. Je ne suis pas de ceux qui lui en font un mérite, encore moins de ceux qui le lui reprochent. Je constate seulement que le style noble et le ton de la tragédie ne sont pas encore fixés.

Pendant que Corneille entasse chefs-d'œuvre sur œuvres médiocres, autour de lui se fait un travail, auquel prennent part les écrivains, les grammairiens, les précieuses, les honnêtes gens, travail qui a pour but d'épurer la langue, de la polir, et qui va avoir pour conséquence de l'appauvrir, de la priver de tous ces termes spéciaux et de tous ces mots du langage ordinaire, dont Corneille s'était parfois si heureusement servi : il ne fallait peut-être que classer, on élimina. Il fut de bon ton de laisser de côté les mots propres, précis, particuliers; d'employer surtout les expressions vagues, générales, abstraites. C'était la mort de notre littérature, si nos grands écrivains, qu'on a souvent accusés d'avoir fait le mal, n'avaient réagi contre ces excès.

Ce n'était certes pas Quinault qui pouvait le faire. Nous avons vu [1] ce que valait son œuvre; dans le style, en particulier, il n'a fait que suivre docilement la mode de son temps.

Racine a-t-il contribué pour sa part à faire entrer la langue de la poésie tragique dans cette mauvaise voie? Est-il le principal créateur de ce style noble, si souvent et si justement raillé, quand il s'agit des prétendus disciples et continuateurs de Racine, pâles copistes sans originalité propre, dont nous n'avons pas à nous occuper ici? Ou bien au contraire, peut-on dire de lui qu'il « offre l'exemple du plus beau naturel [2] »? Pour ne pas être triviale, sa diction est-elle aussi éloignée qu'on l'a dit et qu'on le dit encore de la simplicité?

1. Voir première partie, chap. ix.
2. Vinet, *Poètes du siècle de Louis XIV*, p. 331.

« *Alexandre*, a dit La Harpe, est la première de nos pièces qui ait été écrite avec cette élégance, qui consiste dans la propriété des termes, dans la noblesse de l'expression et dans le nombre et la cadence des vers. » Il semble qu'il n'y ait pas de mot qui rende mieux que celui d'élégance, je ne dirai pas la qualité, mais l'ensemble des qualités qui font de Racine le plus parfait peut-être de nos écrivains en vers.

D'autres ont une énergie plus oratoire ou une simplicité qui paraît plus mâle; d'autres ont plus d'éclat et de brillant dans les images; d'autres détachent davantage certains mots ou certains vers, et mettent en relief non seulement leurs qualités, mais aussi leurs défauts. Racine a « l'élégance de l'expression » : c'est ainsi qu'il caractérise lui-même son style [1].

L'élégance implique le choix, le goût, la mesure, la sobriété, si l'on veut, qui consiste à se priver de l'énorme, du grotesque, du faux, à éliminer les ornements superflus, les subtilités, la déclamation, l'affectation, la recherche, tout ce qui montre l'art et l'esprit, tout ce qui trahit le faux goût de l'écrivain; à supprimer les élans lyriques déplacés, les énumérations faciles, les tirades retentissantes dont l'effet est sûr, dont la convenance est douteuse; elle consiste aussi, dans des œuvres où tout est vrai dans les sentiments et les caractères, à trouver et à trouver toujours (les impropriétés d'expression sont excessivement rares chez Racine) l'expression juste qui correspond exactement aux sentiments du personnage, à son caractère, à sa situation. Dans cette langue appauvrie et générale, qu'il est obligé d'employer, il est toujours précis; il a beau se servir de l'expression abstraite : l'expression abstraite n'est jamais vague ni obscure chez lui.

Il n'oublie pas qu'il est poète et qu'il écrit en vers. Son imagination lui fournit des images fréquentes, mais toujours justes. Sans elles son style serait un excellent style; avec elles c'est un excellent style poétique. Nous pouvons compter sur son goût pour ne pas les prodiguer, pour ne pas les employer mal à propos, pour les adapter au sujet particulier qu'il traite, pour les faire sortir naturellement de ce même sujet. L'image chez Corneille est plus oratoire, moins poétique.

---

1. Préface de *Bérénice*.

Racine aurait pu se servir de ces dialogues coupés, de ces ripostes vives si brillantes chez Corneille. Il ne l'a pas voulu. Il a effacé de sa première pièce ce qui rappelait trop la manière de Corneille. Il craignait sans doute avec raison de ne pouvoir jamais l'emporter sur son rival dans ce genre d'écrire, et s'il l'imitait, de toujours rester un imitateur. De plus, son goût pour la mesure l'éloignait de ces antithèses, de ces oppositions éclatantes et parfois un peu bruyantes, que le génie seul il est vrai peut rendre sublimes, mais qui même sans génie font de l'effet sur le public : il en a usé assez rarement [1]. Il préférait à ces mouvements un peu brusques un développement plus ample, plus complet, plus fini, où tout était si bien préparé et si bien fondu que le trait, comme enveloppé de grâces et d'élégance, passe souvent par-dessus la foule pour aller ravir les délicats.

La Harpe ajoute : « le nombre et la cadence du vers ».

Par l'élégance de l'expression, par la souplesse de la période, par le choix habile et toujours sûr des sons qui conviennent le mieux à la pensée qu'il développe et au sentiment qu'il exprime, par le soin qu'il met à éviter dans l'expression ou dans la phrase tout ce qui est heurté, saccadé, violent, au risque de perdre quelques effets de force et de vigueur, il arrive à un vers bien plus musical que ne l'est celui de Corneille, à des périodes, à des scènes entières dont l'harmonie peut littéralement rivaliser avec celle de la musique; mais ne l'oublions pas : cette harmonie n'est jamais un peu de virtuose, exécuté uniquement pour charmer l'oreille; elle va droit au cœur et le trouble et l'émeut délicieusement.

> Ariane, ma sœur, de quel amour blessée
> Vous mourûtes aux bords où vous fûtes laissée!

Sans doute c'est chez lui l'effet d'un instinct heureux : mais pour que cet instinct ne se trompe jamais, il faut que le poète y ajoute ce soin minutieux, cet art exquis dont nous avons déjà vu tant d'exemples. Néanmoins c'est cette harmonie, chose si nécessaire à la poésie, qui a fait croire à certains esprits un peu distraits que la douceur du tendre Racine n'avait rien de tragique.

1. Il s'en est servi notamment dans la huitième scène du troisième acte entre Néron et Britannicus.

C'est encore son goût pour la mesure et le souci constant de l'élégance qui lui font conserver dans toutes ses pièces et d'un bout à l'autre de ses pièces l'unité de ton. Il n'admet pas le passage de la noblesse à la trivialité dans une même scène, ni d'une scène à l'autre. Il emploie autant d'art dans les scènes secondaires, si souvent sacrifiées même par les plus grands poètes, que dans les scènes capitales de ses tragédies. Nous ne passons pas brusquement de l'ombre à la lumière : aussi la lumière, toujours égale, paraît-elle moins éclatante.

Ce sont toutes ces qualités de son style, son élégance parfaite et son harmonie continue, qui l'ont fait accuser d'avoir gâté, corrompu, dénaturé le style tragique, de lui avoir enlevé la simplicité et l'énergie, d'avoir remplacé le naturel par la noblesse et la pompe, par un langage factice et convenu, fade, sans couleur, sans précision, ayant horreur du mot propre, ayant un culte pour la périphrase.

Que faut-il penser de ces critiques?

Quoique nous n'étudiions ici que les tragédies de Racine, nous ne devons pas oublier, surtout quand il s'agit du style, que Racine a écrit autre chose que des tragédies. Il est bon de remarquer que dans ses notes, sa correspondance, ses ouvrages historiques, il ne craint pas d'employer le mot propre, qu'il se sert fort souvent de termes bas et familiers, de locutions patoises, de façons de parler proverbiales; que le style des *Plaideurs*, non seulement par sa netteté, mais par sa familiarité de bon aloi, est un enchantement et, j'oserai même dire, un étonnement pour ceux qui n'auraient lu que les tragédies du même auteur. Nous voyons donc que de lui-même et naturellement Racine n'a horreur ni du mot propre ni de la familiarité.

Mais dans ses tragédies ne prend-il pas un autre style? Voyons quelle est à ce sujet l'opinion des contemporains.

Nous ne croyons pas devoir nous occuper de ceux qui attaquent le style de Racine au nom de la netteté[1], comme Subligny qui, dans *la Folle Querelle* et dans la préface mise en tête de cette petite pièce, parodie et satire de l'*Andromaque* de Racine,

---

[1]. Cette critique sera reproduite au siècle suivant par l'abbé D'OLIVET, dans ses *Remarques de grammaire sur Racine*.

« a compté près de trois cents fautes de diction », et crie sans façon au « galimatias ».

Mais n'est-il pas curieux de voir qu'on accuse son style de manquer de noblesse ?

Sans doute à partir de *Britannicus* plus d'un critique trouve les vers « plus magnifiques » comme Saint-Evremond, « fort épurés et beaux » comme Boursault. Mais ce même Boursault n'hésite pas à condamner certaines expressions comme trop familières, par exemple : « que fais-je, que dis-je et quoi qu'il en soit, qui n'entrent guère dans la belle poésie ». On se moque dans *Bérénice* de certains vers d'une simplicité un peu familière. A côté « d'expressions qui ne se souffriraient pas dans la poussière des classes » Subligny trouve dans *Phèdre* des expressions « bourgeoises » des termes « bas et rampants [1] ».

Ne serait-ce pas déjà une réponse presque suffisante à ceux qui de notre temps lui ont reproché un style trop noble et trop pompeux ?

La langue de Racine est en effet plus simple qu'elle ne le paraît tout d'abord. Nous avons dit plus haut comment l'élégance et l'harmonie du style, et l'éclat poétique de certaines images pouvaient faire illusion et tromper sur la qualité même de la langue. Laissons de côté les figures qu'emploie si souvent Racine, comme la métonymie et la synecdoche, très naturelles chez tout écrivain et en particulier chez un poète ; laissons de côté ses nombreux latinismes, si aisés, si forts, si concis, une des richesses, une des originalités de sa manière d'écrire. Si nous regardons la langue en elle-même, nous verrons combien le plus souvent elle est simple et familière.

Il n'hésite pas à se servir des tours de phrase les plus familiers : ce qui serait mauvais si c'était une habitude générale, mais est comme un repos au milieu de ses périodes poétiques.

---

1. Voir *les Ennemis de Racine*, par DELTOUR. Dans cette expression de bourgeois, Subligny se rencontre avec Victor Hugo. « Racine est un poète bourgeois. Il répond à un besoin, le besoin de la poésie bourgeoise. Les bourgeois veulent avoir leur poète, leur bon petit poète sage et médiocre, qui ne les dépasse pas trop et leur présente un ordre de beauté moyenne où leur intelligence soit à son aise : Racine est ce poète par excellence. La famille des poètes bourgeois commence à Racine et finit à Émile Augier, en passant par Casimir Delavigne et Ponsard. » (*Caus. paris.*, ouv. cité.)

Dans les moments les plus dramatiques, la simplicité de l'expression n'a d'égale que la violence du sentiment. Le « Songez-y bien » de Pyrrhus est tragique, malgré les railleries faciles de Subligny. Le « Qui te l'a dit? » d'Hermione est sublime.

Il fait entrer dans ses vers le terme propre (par exemple bouc, chien, cheval, pavé, s'ennuie), quelque peu habitué que l'on soit autour de lui à s'en servir dans le style de la tragédie.

Il est plus hardi que bien de ses contemporains, puristes et grammairiens. Il se plaint quelque part [1] « de notre langue, qui ne peut presque rien souffrir, et qui ne souffrirait pas qu'on fît des églogues de vachers comme Théocrite, ni qu'on parlât du porcher d'Ulysse comme d'un personnage héroïque : mais ces délicatesses sont de véritables faiblesses ».

Mais son originalité la plus piquante me semble consister, à ce point de vue, soit dans la manière dont il relève et ennoblit une expression familière par les termes qui l'entourent, soit dans ces alliances de mots si curieuses, si hardies, et qui paraissent cependant si naturelles ; véritables créations, les seules peut-être que, en fait de style, un bon écrivain doive se permettre.

> Vous, dont j'ai pu laisser vieillir l'ambition
> Dans les honneurs obscurs de quelque légion...
> Qui tous auraient brigué l'honneur de l'avilir,
> Dans une longue enfance ils l'auraient fait vieillir.

L'œuvre de Racine est pleine de ces alliances de mots, qui permettent à un écrivain d'être très original sans le moindre néologisme.

Est-il superflu de faire remarquer que l'auteur des *Lettres à Port-Royal*, des *Plaideurs*, des *Épigrammes*, c'est-à-dire peut-être l'homme du xviie siècle dont l'esprit fut le plus piquant et le plus acéré, s'est abstenu à peu près complètement dans ses pièces de toute pointe, de tout trait d'esprit, malgré l'exemple de ses devanciers, malgré la mode, malgré la pente naturelle de son talent? Il sentait bien qu'une situation vraiment tragique ne comporte guère que le sérieux et la simplicité, et qu'un personnage vraiment ému ne songe pas à faire de jeux de mots. Il savait aussi que plus le trait est spirituel, plus il découvre l'écrivain; et ce

---

1. *Remarques sur l'Odyssée.*

n'est pas lui, c'est Hermione ou Phèdre qu'il veut mettre en scène. Boileau dut être content de lui. Les pointes sont excessivement rares dans l'œuvre de Racine. On cite toujours et avec raison :

> Brûlé de plus de feux que je n'en allumai.

Notre auteur n'est pas tombé souvent dans cette faute.

Ce qu'il n'hésite pas à employer (mais que nous sommes loin de la « pointe frivole » !), c'est l'ironie, l'ironie violente et passionnée, vraiment tragique, telle que la manie Hermione par exemple. L'ironie peut devenir l'arme naturelle de la passion; la pointe empêche de prendre la passion au sérieux. Ce n'est pas d'un héros de Racine qu'on peut dire avec Fénelon : « Encore fallait-il que ses soupirs fussent ornés de pointes et que son désespoir fût exprimé par des espèces d'épigrammes. On n'osait mourir de douleur sans faire des pointes et des jeux d'esprit en mourant. »

Mais les confidents au moins ne s'éloignent-ils pas dans leur langage du naturel? la noblesse de leurs expressions n'est-elle pas choquante?

Il est bien entendu que nous ne recherchons pas dans l'œuvre de Racine la reproduction et comme la résurrection des temps homériques; que nous admettons que non seulement Néron et Titus, mais Pyrrhus et Achille parlent le langage le plus élégant de la cour la plus polie du XVIIᵉ siècle : nous ne nous indignons pas de les entendre se traiter de seigneur et de madame. Pourquoi voudrions-nous que cette tragédie, qui n'a rien ou presque rien des mœurs antiques, eût conservé le « vieux serviteur » de l'antiquité avec son naïf langage? Tout théâtre est forcé d'admettre un certain nombre de conventions : la tragédie classique a ses confidents. Est-ce donc une convention plus extraordinaire que les autres? Elle me paraît au contraire très facile à accepter. Serait-il naturel que les héros de nos tragédies vécussent solitaires et isolés, sans avoir auprès d'eux un personnage pour qui aucun secret n'existe? L'histoire ne nous montre-t-elle pas à chaque instant la vérité de cette assertion? notre expérience personnelle ne nous apprend-elle pas que bien peu de gens savent renfermer dans leur cœur leurs sentiments, leurs passions, leurs craintes ou leurs espérances? Les confidents ne servent donc pas seulement à faciliter l'exposition de la pièce. En réalité ils existent, souvent amis dévoués, parfois ennemis jaloux, toujours confidents des pensées les plus secrètes, des sentiments les plus intimes, qu'un cœur confiant se plaît à épancher dans leur sein. Pourquoi le théâtre ne les reproduirait-il pas? Et n'est-il pas naturel d'admettre qu'ils sont du même monde et par suite qu'ils parlent la même langue que les augustes personnes qui daignent se confier à eux? Les courtisans qui entourent Louis XIV, les dames qui entourent la duchesse d'Orléans ne s'en distinguent pas par leur manière de parler. Pourquoi ne veut-on pas que Pylade parle comme Oreste, Cléone comme Hermione, Albine comme Agrippine? Quand on fait ce reproche à Racine, ou bien l'on songe aux mœurs antiques qui n'ont rien à voir ici, ou bien l'on prend les Cléone et les Albine pour des servantes, erreur dont Racine n'est pas responsable.

Néanmoins n'a-t-il pas dans certaines pièces un peu dépassé la mesure, et n'a-t-il pas trop prodigué la périphrase, qui, au dire de certains critiques, serait le caractère principal du style classique?

Nous voulons parler principalement d'*Iphigénie* et de *Phèdre* [1]. Si le style de ces tragédies diffère de celui de *Britannicus* par exemple, n'est-il pas juste de considérer non seulement un peu chez Racine le désir de varier et de se renouveler, mais aussi dans les sujets la différence des temps? Il est vrai, par la noblesse et la pompe, par le nombre et l'éclat des images, le style se rapproche parfois de l'épopée. Mais ne sommes-nous pas avec Agamemnon dans une période épique, et même, avec Thésée, dans un temps mythologique? Ces personnages n'ont-ils pas tous pour ancêtres des héros et des dieux? Est-il étonnant que la fille de Léda dise de sa fille : « C'est le pur sang du dieu qui lance le tonnerre »? qu'elle parle de l'horrible festin des Atrides, elle la femme

---

[1]. Les contemporains ont surtout admiré le style de ces deux pièces. « Rien de plus pur ni de plus proprement écrit que son *Iphigénie*. Je regarde M. Racine comme une des plus délicates plumes de notre siècle. » (*Remarques sur l'Iphigénie*, par un anonyme.) — Se rappeler aussi l'épître de Boileau à Racine. A propos de *Phèdre*, Visé écrit dans le *Mercure* : « M. Racine est toujours M. Racine, et ses vers sont trop beaux pour ne pas donner à la lecture le même plaisir qu'ils donnent à les entendre réciter au théâtre. »

d'Agamemnon? que pour elle Mégère soit une personne et non une simple métaphore? Est-il nécessaire de rappeler dans quels temps fabuleux se passe le sujet de *Phèdre*, elle-même petite-fille du Soleil, fille de Minos, « qui juge aux Enfers tous les pâles humains », femme de Thésée, qui est le descendant de Neptune, l'ami et le compagnon d'Hercule? Aussi comme tout vit dans la pièce! Comme Neptune et Vénus sont loin d'être des abstractions, mais sont au contraire des personnages agissants et passionnés!

> O haine de Vénus, ô fatale colère,
> Dans quels égarements l'amour jeta ma mère.

Les ornements, que Racine a semés dans ces deux pièces, ne sont donc pas de simples figures poétiques : ce ne sont pas des couleurs empruntées, c'est la couleur même du sujet.

Quant aux périphrases, elles ne servent pas chez Racine à masquer le mot propre, mais le plus souvent à renforcer le sens, à augmenter l'effet. La question n'est pas de savoir si elles sont en grand nombre, mais si elles sont déplacées. On ne lui reprochera pas par exemple d'avoir écrit :

> De l'autre l'on verra le fils d'Ænobarbus,

ni

> La fille de Minos et de Pasiphaé.

Cette dernière périphrase a généralement plu aux critiques de notre temps les moins enthousiastes de la forme classique. Il est même heureux pour Racine qu'il ait écrit ce vers : car, sans cela, Théophile Gautier n'aurait rien trouvé à admirer dans son œuvre. On voit que la périphrase sert à quelque chose.

Il y a, il est vrai, quoique cela soit assez rare, dans certaines périphrases un peu d'excès et d'exagération. Malgré le ton général de la pièce, qui explique et excuse bien des images, nous trouvons trop poétiques les vers mis dans la bouche d'Œnone :

> Les ombres par trois fois ont obscurci les cieux
> Depuis que le sommeil n'est entré dans vos yeux;
> Et le jour a trois fois chassé la nuit obscure
> Depuis que votre corps languit sans nourriture.

Tout en n'étant pas assez simples, ces vers ne sont pas ridicules : ils ne le seraient que s'ils éclataient tout d'un coup au milieu d'un drame bourgeois : ce qui n'est pas le cas ici.

Quant au récit de Théramène, j'admets qu'il soit écrit en style un peu majestueux, quoique les images les plus critiquées soient bien dans le ton du sujet; mais qu'on ne l'attaque pas au nom de la simplicité antique. Les partisans exclusifs de l'antiquité, comme Fénelon, oublient que le récit de la prétendue mort d'Oreste dans l'*Électre* de Sophocle, pour ne prendre que cet exemple, est plus long que celui de la mort d'Hippolyte [1], et que les vers du poète grec renferment, eux aussi, bien des expressions brillantes et des images épiques [2]. On oublie que c'est le récit d'un événement non seulement tragique, mais encore merveilleux; que le monstre est excité et poussé par un Dieu, que toute la nature, le ciel, la terre, l'eau, s'intéresse à cette catastrophe.

Voilà pourquoi Racine n'a pas cru pouvoir raconter la mort d'Hippolyte, frappé par la main d'un Dieu, du même ton dont il a raconté la mort de Britannicus, empoisonné par son frère.

Il y a cependant une partie de la langue de Racine qui prête à la critique; c'est aussi bien la seule qui ait vieilli : c'est la langue de la galanterie. Rien, on le sait, n'est plus sujet à la mode que ce langage. Racine, il est vrai, et c'est une circonstance atténuante, n'a pas créé celui dont il se sert; il a pris celui que la mode de son temps lui donnait, et sur ce point, au lieu de réformer le goût de ses contemporains, il s'y est assujetti. Ses amoureux et ses amoureuses ont trop souvent, je dois l'avouer, un langage de convention; comme la convention change, ce langage a cessé d'être vrai, ou plutôt ce langage romanesque et artificiel a cessé de paraître vrai; il n'a pas conservé l'éternelle jeunesse, c'est-à-dire l'éternelle vérité que nous trouvons dans les paroles d'une Andromaque ou d'une Agrippine. M. Marty-Laveaux [3] a spirituellement fait justice de cette langue qui porte bien la date du XVIIe siècle :

---

1. Le récit a 83 vers dans Sophocle, 72 dans Racine.
2. Faut-il regarder comme le chef-d'œuvre du genre le spirituel dénouement de *la Mort d'Agrippine*, par CYRANO DE BERGERAC? Le récit traditionnel allait commencer, Tibère interrompt le narrateur :

    Sont-ils morts l'un et l'autre? — Oui, tous deux. — C'est assez.

Et la toile tombe.

3. RACINE, édition P. MESNARD, t. VIII, p. IV.

« Tantôt l'amant est représenté, avec toute la rigueur des termes militaires, se préparant à l'attaque, à l'assaut, et enfin « menant en conquérant sa nouvelle conquête », et l'amante le proclame son vainqueur; tantôt, au contraire, le poète nous le montre s'avouant vaincu, lui rendant les armes, enchaîné, subissant un joug, captif, perdant sa franchise, passant sous les lois d'une belle, dont les yeux sont ses aimables tyrans; recevant une atteinte, une blessure, ayant l'âme blessée pour une cruelle, une ingrate, une inhumaine, de laquelle il attend toutefois « quelque « heureuse faiblesse », pour laquelle il brûle, à qui il demande de couronner sa flamme, ses feux. »

Il ne faudrait pas cependant exagérer cette erreur de goût : d'abord des caractères entiers, comme celui de Phèdre, sont écrits d'un bout à l'autre avec le style même de la passion; et pour les plus ternes parmi ses amoureux, ce n'est en somme que de loin en loin que l'on rencontre chez eux le jargon de la galanterie de l'époque.

Malgré les réserves que nous avons été obligé de faire, et les quelques taches que nous n'avons pas négligé de signaler, le style de Racine, également éloigné de la trivialité et de l'emphase, est toujours en harmonie avec le caractère et la situation des personnages, par conséquent vrai et naturel; il a bien dans l'ensemble une certaine noblesse et une certaine pompe, mais cela ne l'empêche pas d'être formé de termes propres et précis; quoique poétique et imagé, il est très souvent simple et même familier. Le mot qui le caractérise le mieux est le mot d'élégance, « qui consiste, répéterons-nous avec La Harpe et ce sera notre conclusion, dans la propriété des termes, dans la noblesse de l'expression, dans le nombre et la cadence des vers ».

Nous avons suffisamment montré ce qu'il fallait ajouter à ce jugement, pour qu'il définît complètement l'élégance propre au style de Racine.

TROISIÈME PARTIE

LA POÉTIQUE DE RACINE D'APRÈS SES PRÉFACES

LA RAISON DANS LA LITTÉRATURE CLASSIQUE AU XVII° SIÈCLE

Nous n'allons pas démontrer après tant d'autres que le XVII° siècle est le siècle de la raison. On a même tant insisté sur cette idée, on a tant exagéré ou dénaturé le sens de certains termes, on a tellement pris l'habitude de présenter cette littérature sous son côté abstrait, on a tellement laissé dans l'ombre tout ce qu'elle renferme de vie et de passion, que l'on a fait croire à bien des gens que cette littérature était trop raisonnable pour être intéressante. Ce qui était une vérité[1] est devenu le principe d'une erreur. Au lieu de dire : dans ce siècle toutes les facultés sont subordonnées à la raison, on a dit : sont supprimées au profit de la raison. Ce que demande en effet Boileau (citons-le à notre tour, puisque c'est toujours lui que l'on cite), c'est la domination de la raison, et non la suppression des autres facultés.

Rappelons-nous en effet le chaos littéraire d'où Boileau contribua à nous faire sortir par ses exemples et ses préceptes; rappelons-nous ce mépris de toute convenance et de toute vraisemblance, cette licence effrénée, ce triomphe de l'absurde et du burlesque (ce qui montre bien, du reste, que le XVII° siècle n'est

---

[1]. La raison « c'est proprement la recherche du vrai et la répulsion du faux ». (VINET.) Rapprocher ces mots du vers de BOILEAU :

Rien n'est beau que le *vrai*; le vrai seul est aimable.

pas asservi tout entier au joug de la raison) : il semblait que Malherbe et le Corneille du *Cid* n'eussent jamais existé. Peut-on dire que cette époque fut le plein épanouissement de notre génie national, qui n'était, il faut le reconnaître, gêné par aucune entrave? Non, c'était la débauche d'esprits faciles et d'imaginations en délire, quelque chose comme une Fronde intellectuelle. Le sens droit de Boileau n fut choqué. Il comprit — et c'est là pour nous le trait de génie de sa critique — que tout le mal venait du mépris et de l'oubli de la raison : et jusqu'à la fin de sa carrière il ne cessa de le répéter.

CHAPITRE I

LA RAISON DANS L'ŒUVRE DE RACINE

Racine est d'accord avec Boileau : les œuvres de l'un expliquent, on pourrait presque dire appliquent les préceptes de l'autre. Son théâtre a pour principe la *raison* : ce qui, nous l'avons vu, n'enlève rien à l'imagination et à la sensibilité du poète, ni au mouvement de ses pièces et aux passions de ses personnages. D'après ses premiers essais poétiques, on peut bien présumer que son imagination n'était pas assez fougueuse pour l'entraîner tout d'abord vers des excentricités choquantes ; et l'éducation sérieuse qu'il avait reçue devait contribuer à le préserver de certains écarts. Mais malgré cela que d'obstacles il avait à vaincre pour arriver à l'exacte raison! Il avait à se défendre de l'imitation de certains modèles dangereux malgré leur génie ou à cause de leur génie ; d'autre part, son extrême facilité, son penchant à la manière et au bel esprit, sa sensibilité même, pouvaient le faire tomber dans des défauts aussi graves que la déclamation. « Ce sonnet[1], dit Louis Racine, dont il était sans doute très content à cause de la chute et à cause de ce vers :

> Fille du jour qui nais devant ton père,

prouve, ainsi que les strophes des odes que j'ai rapportées, qu'il aimait alors ces faux brillants dont il a été depuis si grand ennemi. Les principes du bon goût, qu'il avait pris dans la lecture des anciens et dans les leçons de Port-Royal, ne l'empê-

---

1. *Mémoires sur la vie et les ouvrages de Jean Racine*, par Louis Racine. Il s'agit d'un sonnet que fit Racine pour célébrer la naissance d'un enfant de Mme Vitart sa tante.

ch..ient pas, dans le feu de sa première jeunesse, de s'écarter de la nature, dont il s'écarte encore dans plusieurs vers de la *Thébaïde*. Boileau sut l'y ramener. »

Dès le début cependant, il déteste le galimatias. « J'ai bien peur[1] que les comédiens n'aiment à présent que le galimatias, pourvu qu'il vienne d'un[2] grand auteur. » — « Trahir le bon sens[3] » lui paraît la faute capitale pour un écrivain. Car c'est là un élément qui ne doit pas varier dans les jugements humains. Ce qui est sensé aujourd'hui sera sensé demain. L'artiste doit donc travailler non pour satisfaire quelque opinion particulière et changeante, mais pour satisfaire la raison. « J'ai reconnu[4] que le bon sens et la raison étaient les mêmes dans tous les siècles. » Que dit-il de Corneille quand il veut faire son éloge : « Il fit voir sur la scène la raison[5] ».

La raison est-elle donc si nécessaire au poème dramatique ? Le poète n'est donc pas le maître de nous présenter l'humanité sous la forme qui lui plaît ? Non, certes. La prétendue liberté qu'il aurait de tout combiner suivant le caprice de sa fantaisie est une erreur qui a égaré de grands génies. Le théâtre doit être la peinture des passions humaines et nous donner jusqu'à un certain point l'illusion de la réalité. Il faut donc que nous puissions admettre les événements qui se passent devant nous, que nous en voyions la suite logique ; il faut que nous reconnaissions les personnages qui s'agitent devant nous, que nous suivions le développement de leurs caractères. Nous n'aimons pas à être surpris et comme déroutés par des événements extraordinaires, des aventures extravagantes, des caractères bizarres : nous aimons à comprendre au théâtre.

> Une merveille absurde est pour moi sans appas ;
> L'esprit n'est point ému de ce qu'il ne croit pas[6].

Racine a toujours été très net sur ce point. La raison nous commande « de ne pas nous écarter du naturel pour nous jeter

---

1. *Lettre à l'abbé Le Vasseur*, du 5 septembre 1660.
2. Racine avait d'abord écrit : « du grand auteur » (sans doute Corneille).
3. Première Préface de *Britannicus*.
4. Préface d'*Iphigénie*.
5. *Discours prononcé à l'Académie française*, le 2 janvier 1685.
6. Boileau, *Art poétique*.

dans l'extraordinaire[1] ». Il trouve absurdes « ces jeux de théâtre d'autant plus surprenants qu'ils sont moins vraisemblables, ces déclamations où l'on fait dire aux acteurs tout le contraire de ce qu'ils devraient dire[2] ». Il ne trouve pas naturel de « représenter quelque héros ivre qui se voudrait faire haïr de sa maîtresse de gaîté de cœur, un Lacédémonien grand parleur, un conquérant qui ne débiterait que des maximes d'amour, une femme qui donnerait des leçons de fierté à des conquérants[3] ». Tout cela est contre le bon sens, car tout cela est contre le naturel et la vraisemblance. Or « il n'y a que le vraisemblable qui touche dans la tragédie[4] ».

La Bruyère avait raison de dire que ses pièces étaient « prises dans le bon sens et dans la nature ». Nous n'avons d'exception à faire que pour ses deux premières tragédies, où se montrent l'inexpérience de la jeunesse et de maladroites imitations. Il sent déjà ce qu'il faudrait faire; il ne peut pas encore le réaliser, il n'est pas en possession de tout son génie : aussi ni l'action n'est raisonnable ni les caractères ne sont naturels. Mais à partir d'*Andromaque*, quel changement! Plus rien d'extravagant dans les sujets, plus rien d'outré dans les caractères, plus rien d'exagéré dans le style. On ne peut pas dire de lui ce qu'il disait des prédécesseurs de Corneille[5] : « La plupart des sujets extravagants et dénués de vraisemblance, point de mœurs, point de caractères; la diction encore plus vicieuse que l'action, et dont les pointes et de misérables jeux de mots faisaient le principal ornement; en un mot, toutes les règles de l'art, celles même de l'honnêteté et de la bienséance, partout violées ».

Mais nous pouvons lui appliquer l'éloge qu'il fait de Corneille : « Il fit voir sur la scène la raison, mais la raison accompagnée de toute la pompe, de tous les ornements dont notre langue est capable ».

En résumé, la raison, et par suite le naturel et la vraisemblance, voilà ce que nous trouvons à la base de son théâtre.

1. Première Préface de *Britannicus*.
2. *Ibidem*.
3. *Ibidem*.
4. Préface de *Bérénice*.
5. *Discours à l'Académie française*, 1685.

CHAPITRE II

CE QU'EST POUR RACINE UNE TRAGÉDIE

Examinons maintenant ce qu'est pour Racine une tragédie.

Ce n'est pour lui ni un lambeau détaché de la réalité sans commencement ni fin, ni une suite de conversations élégantes et nobles, ni une fantaisie lyrique, étincelante mais vide, ni une série d'événements découpés dans l'histoire : c'est « l'imitation d'une action complète où plusieurs personnes concourent[1] ». Une seule action et une action complète. Nous n'avons pas besoin d'insister sur l'unité d'action, ce principe d'une vérité éternelle.

Une action complète est une action que nous voyons commencer et finir, sans qu'elle s'arrête ou s'interrompe dans l'intervalle. Il faut donc que toutes les scènes soient liées les unes aux autres, simplement et logiquement. C'était là une des parties que travaillait le plus notre poète. « Quand il avait ainsi lié toutes les scènes entre elles, il disait : « Ma tragédie est faite[2]. » Déjà il écrivait dans la préface d'une de ses premières œuvres[3] : « De quoi se plaignent-ils (ces critiques), si toutes mes scènes sont bien remplies, si elles sont liées nécessairement les unes avec les autres, si tous mes acteurs ne viennent point sur le théâtre, que l'on ne sache la raison qui les y fait venir ? » — « On ne peut prendre trop de précaution, dit-il ailleurs[4], pour ne rien

---

1. Première Préface de *Britannicus*.
2. *Mémoires* de Louis Racine.
3. Première Préface d'*Alexandre*.
4. Préface de *Mithridate*.

mettre sur la scène qui ne soit très nécessaire. Et les plus belles scènes sont en danger d'ennuyer, du moment qu'on les peut séparer de l'action, et qu'elles l'interrompent au lieu de la conduire vers sa fin. »

Mais à cette action plusieurs personnes concourent. Le poète ne nous laissera pas dans l'incertitude à leur sujet. Le bon sens demande que nous soyions fixés sur le sort des personnages auxquels, pendant deux ou trois heures, l'auteur s'est efforcé de nous intéresser. « Cette action n'est point finie[1] que l'on ne sache en quelle situation elle laisse ces mêmes personnes. »

Est-il besoin d'ajouter que cette action doit être régulière ? « Quel désordre, quelle irrégularité ! » s'écrie-t-il en parlant des devanciers de Corneille ; et nous ne sommes pas étonné de l'entendre dire « qu'il aimerait beaucoup mieux imiter la régularité de Ménandre et de Térence que la liberté de Plaute et d'Aristophane[2] ».

1. Première Préface de *Britannicus*.
2. Préface des *Plaideurs*. Qu'on remarque cette variante : « La régularité de Ménandre et de Térence me semblait bien plus glorieuse et même plus agréable à imiter que la liberté de Plaute et d'Aristophane ». (Édition de 1669.)

CHAPITRE III

LA THÉORIE DE L'INVENTION

Faire quelque chose de rien. — Racine défend lui-même dans ses différentes préfaces la simplicité d'action. — Préface de *Bérénice*.

Mais cette action, de quels éléments, avec quelle matière va-t-il la former?

C'est ici qu'éclate la différence du théâtre classique et de toutes les autres formes théâtrales qu'on lui oppose quelquefois.

Les uns croient en effet que le théâtre doit représenter en même temps les différents côtés et les divers accidents de la vie humaine; que l'humanité tout entière doit pour ainsi dire défiler devant nous; que l'histoire avec son mouvement et ses personnages doit solliciter notre attention; que notre curiosité doit être sans cesse excitée par des incidents nouveaux et inattendus : de là cette histoire découpée en tableaux qui a la prétention de nous présenter toute une époque et qui ne fait que fatiguer notre esprit; de là cette série d'épisodes et ces changements de scène et de décor; de là tous ces événements qui s'entassent les uns sur les autres, et tous ces personnages qui se gênent mutuellement; de là ce nombre trop considérable d'actions qui se succèdent devant nos yeux sans se suivre logiquement; cette armée de figurants qui ne disent chacun qu'un mot ou qu'une phrase et qui se tiennent gauchement sur une scène qu'ils encombrent; de là cette foule d'incidents qui ne sont reliés entre eux que par le nom d'un héros célèbre qui forme la seule unité du drame; de là ce mouvement tout extérieur et matériel pour ainsi dire qui donne parfois au public l'illusion d'un génie abondant et inventif : abondance stérile et facile invention !

D'autres pensent au contraire qu'un drame est autre chose qu'une complication d'événements et qu'une suite de tableaux prétendus historiques.

Que donne en effet l'histoire ? Elle donne le fait, le fait brutal : elle ne nous fait pas connaître les mobiles des personnages et les passions qui les ont poussés ; elle montre le résultat sans nous apprendre la cause ; elle a beau être minutieuse dans les détails, elle ne parvient pas à nous faire saisir l'insaisissable. Puisez à pleines mains dans les chroniques, mettez en œuvre les matériaux qu'elles vous fournissent : on voit bien la part du manœuvre, on ne voit pas celle du créateur.

Du reste nous ne voulons pas que le théâtre soit simplement une reproduction visible ou une illustration d'événements que nous pouvons connaître aussi bien, sinon mieux, par la lecture d'ouvrages historiques. Nous voulons y trouver ce qui est au fond de tous les événements, c'est-à-dire l'homme, c'est-à-dire les passions humaines.

Traitez ces passions comme vous le voudrez : montrez-les coupables ou innocentes ; représentez-les perdant l'individu, détruisant la famille, menaçant même la société ; montrez-les poussant l'homme aux plus généreuses actions ; prenez-les par le côté héroïque, par le côté ridicule ou par le côté terrible ; montrez-les subjuguées par la volonté, comme cela arrive quelquefois, ou — comme il arrive plus souvent — subjuguant cette même volonté et l'anéantissant ; servez-vous de la forme qui vous plaira, pourvu que vous arriviez à ce but : la peinture du cœur humain.

Pour un observateur superficiel, il semble qu'on ait bientôt fait le tour du cœur humain : mais que de découvertes précieuses pour qui sait le déchiffrer ; que de passions diverses, et quelle infinie variété de nuances pour chaque passion !

C'est là, c'est dans le cœur humain, c'est dans l'étude approfondie de l'intérieur de l'homme, de nos sentiments et de nos passions que Racine est allé chercher et a trouvé l'intérêt éternel de son théâtre. Les sujets qu'il emprunte, soit aux historiens, soit aux poètes, ne sont pour lui que des cadres : son véritable sujet, c'est la peinture du cœur humain.

Nul poète n'a excellé plus que lui dans ce genre d'invention : connaître les passions humaines, les analyser même dans ce qu'elles ont de plus fuyant et de plus insaisissable ; nous faire voir ce que nous ne savons pas distinguer, nous forcer à voir ce que nous voudrions nous cacher à nous-mêmes ; nous peindre en un mot tous les sentiments et toutes les passions avec leurs multiples nuances et dans leur infinie variété ; malgré cela, nous présenter non pas pour ainsi dire des passions abstraites, mais, comme nous l'avons vu, des personnages vivants, dont chacun est une création originale de notre poète.

Voilà quelle est son invention !

Nous comprenons maintenant qu'il n'ait besoin ni de beaucoup d'incidents ni de beaucoup de matière. Ces incidents, indispensables aux auteurs ordinaires, gêneraient Racine dans le développement de ses caractères, et nous empêcheraient de prêter à ses analyses de passion l'attention qu'elles méritent.

Il ne faut pas que des événements imprévus viennent modifier la marche d'une action, dans laquelle nous voulons voir des chocs de passions, et non des changements de tableaux.

Dès ses premières œuvres, Racine pose ces principes et il leur reste fidèle jusqu'à la fin. Dans sa première pièce, il montre bien son goût pour la simplicité d'action. Et dans la préface, écrite, il est vrai, longtemps après, il nous dit : « Ce sujet [1] avait été autrefois traité par Rotrou sous le nom d'*Antigone* ; mais il faisait mourir les deux frères dès le commencement de son troisième acte. Le reste était en quelque sorte le commencement d'une autre tragédie, où l'on entrait dans des intérêts tout nouveaux ; et il avait réuni en une seule pièce deux actions différentes, dont l'une sert de matière aux *Phéniciennes* d'Euripide et l'autre à l'*Antigone* de Sophocle. Je compris que cette duplicité d'actions avait pu nuire à sa pièce, qui d'ailleurs était remplie de quantité de beaux endroits. »

« De quoi [2] se plaignent-ils (mes critiques) si, avec peu d'incidents et peu de matière, j'ai été assez heureux pour faire une pièce qui les a peut-être attachés malgré eux depuis le commencement jusqu'à la fin ? »

1. Préface de la *Thébaïde*. Voir l'Appendice.
2. Première Préface d'*Alexandre*.

Retenons ces deux expressions, que nous voyons pour la première fois dans les préfaces de Racine, « peu d'incidents et peu de matière ». Elles sont comme le résumé de tout ce que nous avons développé jusqu'ici.

Notre poète est heureux de dire dans la première préface d'*Andromaque* : « Voilà en peu de vers tout le sujet de cette tragédie [1] ».

Déjà il avait dit, à propos des critiques de son *Alexandre* : « Enfin la plus importante objection que l'on me fasse, c'est que mon sujet est trop simple et trop stérile [2] ».

Comme il oppose sa poétique à celle de ses rivaux ! « Au lieu [3] d'une action simple, chargée de peu de matière, telle que doit être une action qui se passe en un seul jour, il faudrait remplir cette même action de quantité d'incidents, qui ne se pourraient passer qu'en un mois ».

Mais c'est surtout la préface de *Bérénice* qui va nous faire connaître complètement les idées de Racine sur cette question.

« *Dimisit invitus invitam*. Titus renvoya Bérénice malgré lui et malgré elle. » Est-il possible de choisir un sujet moins compliqué, moins chargé de matière ? D'aucuns même ont trouvé que c'était là plutôt le sujet d'une élégie que d'une tragédie. Nous laisserons à Racine le soin de leur répondre.

Voyez comme il insiste à dessein sur cette simplicité !

« Ce qui m'en [4] plut davantage c'est que je le trouvai extrêmement simple. Il y avait longtemps que je voulais essayer si je pourrais faire une tragédie avec cette simplicité d'action qui a été si fort du goût des anciens : car c'est un des premiers préceptes qu'ils nous ont laissés. « Que ce que vous ferez, dit Horace, soit toujours simple et ne soit qu'un. » Ils ont admiré l'*Ajax* de Sophocle, qui n'est autre chose qu'Ajax qui se tue de regret à cause de la fureur où il était tombé après le refus qu'on lui avait fait des armes d'Achille. Ils ont admiré le *Philoctète*, dont tout le sujet est Ulysse qui vient pour surprendre les flèches d'Hercule. L'*Œdipe* même, quoique tout plein de reconnaissances, est moins chargé

---

1. Ces mêmes expressions sont reprises dans la seconde Préface.
2. Première Préface d'*Alexandre*.
3. Première Préface de *Britannicus*.
4. Il s'agit du sujet de *Bérénice*.

de matière que la plus simple tragédie de nos jours. Nous voyons enfin que les partisans de Térence, qui l'élèvent avec raison au-dessus de tous les poètes comiques pour l'élégance de la diction et pour la vraisemblance de ses mœurs, ne laissent pas de confesser que Plaute a un grand avantage sur lui par la simplicité qui est dans la plupart des sujets de Plaute. Et c'est sans doute cette simplicité merveilleuse qui a attiré à ce dernier toutes les louanges que les anciens lui ont données. Combien Ménandre était-il encore plus simple, puisque Térence est obligé de prendre deux comédies de ce poète pour en faire une des siennes! »

Ce n'est pas seulement par respect pour les anciens, c'est par respect pour la raison qu'il veut rester fidèle à cette règle. « Et il ne faut pas croire [1] que cette règle ne soit fondée que sur la fantaisie de ceux qui l'ont faite. Il n'y a que le vraisemblable qui touche dans la tragédie. Et quelle vraisemblance y a-t-il qu'il arrive en un jour une multitude de choses qui pourraient à peine arriver en une semaine! »

Mais ce n'est pas seulement pour rester fidèle aux unités, quoiqu'il les ait toujours rigoureusement appliquées, que Racine tient tant à cette simplicité : c'est qu'il faut opter entre la tragédie « chargée de matière », où il n'y a pas de place pour l'analyse des passions, et la tragédie faite « avec peu de matière », mais qui est en revanche tout entière consacrée à la peinture des sentiments; il faut opter entre la tragédie de situation et la tragédie de caractère.

On sait que le génie de Corneille se détourna bientôt vers la première de ces formes dramatiques : une fois entré dans cette voie des intrigues complexes ou embarrassées, il ne sut plus en sortir [2]. Du reste ses partisans, qui étaient presque tous en même temps des adversaires de Racine, lui faisaient honneur de cette fertilité d'invention. « La matière lui manque, dit Segrais [3] en parlant de Racine, et il dit des choses très communes pour donner à ses scènes la longueur qu'elles doivent avoir. Il y a plus de matière dans une seule scène de Corneille que dans toute une

---

1. Préface de *Bérénice*.
2. Voir ce que dit à ce sujet Nisard dans sa remarquable *Histoire de la littérature française*, t. II, p. 117-133.
3. Citation prise dans l'ouvrage de Deltour, *les Ennemis de Racine*.

pièce de Racine. » Même idée au fond des critiques de Saint-Évremond reprochant à Racine « de subordonner l'action aux caractères ». « J'ai soutenu, dit-il, qu'il fallait faire entrer les caractères dans les sujets et non pas former la constitution des sujets après celle des caractères ; que nos actions devaient précéder nos qualités et nos humeurs ; qu'il fallait remettre à la philosophie de nous faire connaître ce que sont les hommes, et à la comédie de nous faire voir ce qu'ils font ; et qu'enfin ce n'est pas tant la nature qu'il faut expliquer, que la condition humaine qu'il faut représenter sur le théâtre. J'avoue qu'il y a eu des temps où il fallait choisir de beaux sujets et les bien traiter ; il ne faut plus aujourd'hui que des caractères. Racine est préféré à Corneille, et les caractères l'emportent sur les sujets ».

On voit que Saint-Évremond avait très bien compris, tout en le combattant, le système dramatique de Racine, et qu'il se prononçait nettement pour la tragédie de situation.

Tel n'était pas l'avis de notre poète. On connaît son peu de goût pour les œuvres chargées de matière et son amour pour la simplicité.

« Il y en a [1] qui pensent que cette simplicité est une marque de peu d'invention. » Voici directement abordée par Racine la grave question que nous avons nous-même déjà discutée.

« Ils ne songent pas qu'au contraire toute l'invention consiste à faire quelque chose de rien. » Jamais écrivain n'a plus hardiment posé cette thèse, et cette parole semble lancée par Racine comme un défi.

Qu'importent au poète les événements antérieurs et les épisodes historiques ! Il n'est pas un copiste de la réalité ; il est, comme son nom l'indique, créateur ; il ne découpe pas des scènes historiques, même quand il s'appuie sur l'histoire ; c'est un créateur d'âmes. La matière sur laquelle il travaille, c'est le cœur humain. Avec quelques mots d'un historien, avec quelques vers d'un poète, il construira sa pièce ; avec rien même il la ferait, s'il lui plaisait de tout tirer de son imagination et de son cœur. N'oublions pas en effet que les personnages que Racine a créés absolument sont aussi vivants que ceux qu'il a empruntés à l'histoire ;

---

1. Préface de *Bérénice*.

et que ceux qu'il a empruntés à l'histoire sont des créations aussi originales que ceux qu'il a fait sortir de son cerveau.

Tel est le sens profond de cette parole : « faire quelque chose de rien », qui est tout un programme poétique.

Le poète constate avec une certaine fierté que pour tout tirer de soi, il faut dans le génie une certaine abondance et une certaine force. « Tout ce grand nombre d'incidents [1] a toujours été le refuge des poètes qui ne sentaient dans leur génie ni assez d'abondance ni assez de force pour attacher, durant cinq actes, leurs spectateurs par une action simple. »

Sur quoi donc veut-il que s'appuie son drame ?

Nous n'avons pas besoin de faire remarquer qu'il ne s'adresse pas aux sensations physiques, et que, s'il péchait par un excès, ce serait plutôt par un excès de délicatesse que par un excès de brutalité. Les catastrophes sanglantes, qui, chez les anciens comme chez les modernes, ont paru naturelles et indispensables même au théâtre, ne lui paraissent pas du tout nécessaires. « Ce n'est point [2] une nécessité qu'il y ait du sang et des morts dans une tragédie ; il suffit que l'action en soit grande, que les acteurs en soient héroïques, que les passions y soient excitées, et que tout s'y ressente de cette tristesse majestueuse qui fait tout le plaisir de la tragédie. »

Je ne sais pas si nous ne sortons pas un peu de ce qu'on est convenu d'appeler une tragédie : aussi bien ce sont les dernières conséquences que Racine tire de sa théorie, comme *Bérénice* est l'œuvre renfermant le moins d'incidents et le moins de matière de tout son théâtre.

Voici encore une des conséquences les plus naturelles du peu de goût de Racine pour les incidents et le mouvement extérieur : c'est que ses dénouements sont en récit.

Nous n'avons pas l'intention de plaider pour Racine les circonstances atténuantes ; de faire remarquer par exemple qu'un long usage et les conditions matérielles du théâtre s'opposaient à plus de mouvement sur la scène, et forçaient à remplacer par un récit une action impossible à mettre devant les spectateurs. Horace ne

---

1. Préface de *Bérénice*.
2. *Ibidem*.

reconnaît-il pas [1] que certains faits gagnent à être racontés, quoique leur vue puisse frapper davantage le spectateur?

Et Boileau ne déclare-t-il pas que :

> Il est des objets que l'art judicieux
> Doit offrir à l'oreille et reculer des yeux [2]?

Il nous semble qu'on a le plus souvent traité cette question avec beaucoup de parti pris et même de légèreté. Laissons de côté toutes les considérations secondaires et, nous plaçant uniquement au point de vue de l'art, de l'art judicieux, demandons-nous si la méthode classique n'est pas au moins égale, sinon supérieure à la méthode qu'on lui oppose.

Laissons de côté le cas où le dénouement est par lui-même difficile à faire accepter. Prenons un dénouement qui ne choque en rien la raison, celui de *Britannicus*. Il semble au premier abord qu'il serait plus dramatique s'il se passait sur la scène, si les spectateurs pouvaient voir la table du festin, les invités, Néron causant tranquillement avec ceux qui l'entourent, et offrant la coupe à Britannicus; Britannicus tombant foudroyé devant lui; parmi les convives, les uns effrayés, ne cachant pas leur trouble, les autres, « sur les yeux de César composant leur visage »; quelle scène dramatique! quelle émotion supérieure à celle que peut nous procurer un simple récit!

Mais si l'on y réfléchit un instant, quelle difficulté, quelle impossibilité pour figurer exactement cette scène! Sauf les deux ou trois principaux acteurs, les autres se préoccuperont fort peu du drame, ou ne sauront pas, le voudraient-ils, prendre la physionomie de leur emploi. Quelle contenance tiendront-ils? resteront-ils immobiles, ou feront-ils semblant de causer entre eux? quelles paroles échangeront-ils pendant ce repas, qui devra bien durer quelques minutes? A la mort du prince, quelle confusion! Ne voit-on pas que précisément ce qu'il y a de dramatique sera perdu au milieu des incidents comiques et grotesques, qui sont inévitables en pareille occasion? On l'a bien vu lorsqu'on a voulu, dans notre siècle, mettre les dénouements sur la scène. Beaucoup

---

1. *Épître aux Pisons* (vers 180-187).
2. *Art poétique*, chant III.

sont très dramatiques à la lecture, et paraissent tels à l'imagination du poète, qui le sont fort peu à la représentation. En écoutant les vers merveilleux de Racine, nous nous figurons très bien la scène qui s'est produite : nous voyons Britannicus tomber sans chaleur et sans vie, nous voyons l'effroi des uns, le calme des autres, le cynisme de l'empereur : et rien ne nous distrait de ce tableau; et aucun incident ridicule ne vient, pour nous, en altérer la terrible grandeur.

Ce n'est donc pas seulement pour obéir à la mode de son temps et par nécessité que Racine a mis ses dénouements en récit, lui qui a écrit cette phrase qui mérite d'être signalée : « Une des règles du théâtre [1] est de ne mettre en récit que les choses qui ne se peuvent passer en action ».

Cette question du dénouement peut être envisagée par nous à un autre point de vue que celui de la forme.

D'où Racine tire-t-il ses dénouements?

Rien ici n'est livré à la fantaisie du poète; rien n'est arrangé pour étonner le spectateur : ce sont les passions de ses personnages et le choc de ces passions qui provoquent le dénouement. Ce n'est pas parce qu'il faut finir la pièce et la finir par une catastrophe que Britannicus est empoisonné; c'est parce que Néron le jalouse et le craint, et que ce monstre naissant, tel que Racine nous l'a fait connaître, doit être par la crainte et la jalousie nécessairement amené à l'assassinat. Cette nécessité n'est pas une fatalité aveugle, et par cela même illogique; c'est la logique même des caractères qui le veut ainsi.

Mais quelquefois Racine se trouve en présence de dénouements que la tradition lui impose, et que son bon sens répudie. Il ne croit pas devoir se soumettre à la tradition.

> Jamais au spectateur n'offrez rien d'incroyable.
> Une merveille absurde est pour moi sans appas.
> L'esprit n'est point ému de ce qu'il ne croit pas.

Racine est du même avis que Boileau; il nous le dit nettement dans la Préface d'*Iphigénie*. « Quelle apparence de dénouer ma tragédie par le secours d'une déesse et d'une machine, et par une

---

1. Première Préface de *Britannicus*.

métamorphose, qui pouvait bien trouver quelque créance du temps d'Euripide, mais qui serait trop absurde et trop incroyable parmi nous? »

Il se vante avec raison de n'avoir eu besoin ni de miracle ni de machine, — ce qui, étant surnaturel, n'a aucun rapport avec l'analyse des passions et des sentiments de ses personnages, — mais « d'avoir tiré le dénouement du fond même de la pièce [1] ».

Cette action simple, dont parle le poète, par quoi doit-elle être soutenue? Elle doit l'être [2] « par la violence des passions, la beauté des sentiments et l'élégance de l'expression ».

Action simple, mais grande, fondée sur la vraisemblance [3];
Acteurs héroïques;
Violence des passions;
Beauté des sentiments;
Élégance de l'expression;
tels sont les principaux éléments dont se compose la tragédie de Racine.

Nous avons suffisamment montré sur quoi était fondée cette tragédie : sur la raison, le bon sens, la vraisemblance et le naturel;

Ce qu'était pour Racine une tragédie;

Ce qu'il appelait action simple et invention.

Entrons un peu plus avant dans la composition de son théâtre; examinons d'après ses Préfaces, les personnages qu'il fait agir, et les passions dont ils sont animés.

1. Préface d'*Iphigénie*.
2. Préface de *Bérénice*.
3. Toutes ces expressions se trouvent dans la Préface de *Bérénice*.

CHAPITRE IV

LES PERSONNAGES

Opinion des contemporains sur la fidélité historique de *Corneille* et de *Racine*. — *Racine* prétend que tout est fidèlement tiré de l'histoire. — Contradiction apparente avec sa théorie de l'invention.

Et d'abord, ses personnages, d'où les tire-t-il ?

De l'histoire ou de légendes consacrées par la poésie, et aussi connues que les événements historiques.

Il semble donc que, dans ces conditions, le poète soit tenu d'être fidèle aux mœurs, aux coutumes, aux caractères des nations et des époques dans lesquelles il va prendre ses personnages. Demandons-nous ce que Racine pense de cette fidélité qui lui a été si souvent contestée par ses adversaires. Autant Corneille a passé, et passe encore peut-être pour avoir peint avec exactitude les anciens héros et en particulier les Romains, autant Racine a passé, et passe encore aux yeux de bien des gens pour avoir manqué dans cette peinture de vérité et d'exactitude. On oublie que le Romain de Corneille, un peu raide et oratoire, n'est, en somme, qu'un type de convention, sorti de l'imagination du poète et de celle de ses contemporains, formé un peu sur le modèle du Castillan de tragédie, type d'ailleurs d'une incontestable grandeur et d'une admirable beauté, mais, osons le dire, aussi conventionnel, peut-être plus, que les personnages de Racine.

Mais ce ne fut pas l'avis des contemporains. Ce ne fut pas l'avis de Saint-Évremond, admirateur de Corneille, « ce grand maître du théâtre [1] à qui les Romains sont plus redevables de la beauté de

---

[1]. *De la Conversation.*

leurs sentiments, qu'à leur esprit et à leur vertu ». — « Les anciens, écrit-il à M. de Lionne, ont appris à Corneille à bien penser et il pense mieux qu'eux », Corneille qui fait mieux parler les Grecs que les Grecs, les Romains que les Romains, les Carthaginois que les citoyens de Carthage ne parlaient eux-mêmes. « Je voudrais [1] que Corneille formât avec la tendresse d'un père son vrai successeur. Je voudrais qu'il lui donnât le bon goût de cette antiquité qu'il possède si avantageusement, qu'il le fît entrer dans le génie de ces nations mortes, et connaître sainement le caractère des héros qui ne sont plus. C'est, à mon avis, la seule chose qui manque à un si bel esprit. Il a des pensées fortes et hardies, des expressions qui égalent la force de ses pensées; mais vous me permettrez de vous dire après cela qu'il n'a connu ni Alexandre ni Porus. » Il veut que ceux qui représentent « quelque héros des vieux siècles entrent dans le génie de la nation dont il a été, dans celui du temps où il a vécu, et particulièrement dans le sien propre ». Il ne faut pas que « ces grands personnages de l'antiquité, si célèbres dans leur siècle, et plus connus parmi nous que les vivants mêmes, les Alexandre, les Scipion, les César, perdent jamais leur caractère entre nos mains ».

Donc, d'après Saint-Évremond, Racine ne sait pas, comme Corneille, entrer dans le génie des nations mortes, et c'est même la seule chose qui lui manque.

Cette conviction semble établie même chez certains admirateurs de Racine comme La Bruyère, qui accorde à Corneille cette supériorité. « Laissez-le s'élever par la composition, dit-il de l'auteur de *Cinna* [2], il n'est pas au-dessous d'Auguste, de Pompée, de Nicomède, d'Héraclius; il est roi, et un grand roi, il est politique, il est philosophe; il entreprend de faire parler des héros, de les faire agir; il peint les Romains; ils sont plus grands et plus Romains dans ses vers que dans leur histoire. »

Corneille lui-même, tout naturellement, trouve plus de vérité dans ses personnages que dans ceux de son jeune rival. Avec quel mépris parle-t-il des « anciens héros refondus à notre mode »,

---

1. *Dissertation sur Alexandre.*
2. *Des Jugements.*

et fait-il observer que tous les personnages de *Bajazet* ont sous des habits turcs des sentiments français [1].

Mœurs mal observées et mal rendues, héros anciens refondus à notre mode, tel est un des principaux reproches faits à Racine par ses ennemis et ses rivaux.

C'est sans doute pour cette raison que Racine met tant de soin et même d'opiniâtreté à déclarer et à prouver qu'il a partout et toujours été fidèle à la vérité historique.

Les preuves abondent dans les préfaces : « Je ne rapporterai point ici [2] ce que l'histoire dit de Porus : il faudrait copier tout le huitième livre de Quinte-Curce. »

Il se contentait de ces quelques mots dans la première préface d'*Alexandre*; le reste était consacré à une défense du personnage d'Alexandre contre ceux qui « disent qu'il a fait Porus plus grand qu'Alexandre » et surtout à une réponse vive et même un peu aigre à ses critiques. Sans doute il fut frappé des objections historiques qu'on lui présenta, car la seconde préface tout entière est une réponse à ces objections. « Il n'y a guère de tragédie où l'histoire soit plus fidèlement suivie que dans celle-ci. Le sujet en est tiré de plusieurs auteurs, mais surtout du huitième livre de Quinte-Curce. C'est là qu'on peut voir tout ce qu'Alexandre fit quand il entra dans les Indes, les ambassades qu'il envoya aux rois de ces pays-là, les différentes réceptions qu'ils firent à ses envoyés, l'alliance que Taxile fit avec lui, la fierté avec laquelle Porus refusa les conditions qu'on lui présentait, l'inimitié qui était entre Porus et Taxile, et enfin la victoire qu'Alexandre remporta sur Porus, la réponse généreuse que ce brave Indien fit au vainqueur, qui lui demandait comment il voulait qu'on le traitât, et la générosité avec laquelle Alexandre lui rendit tous ses États et en ajouta beaucoup d'autres. »

---

1. Cette critique revient à chaque instant dans les satires écrites contre Racine :

> Mais c'était aussi grand dommage
> Que tant de gens morts à la fois,
> Qui n'étaient Turcs que de visage ;
> Car pour les mœurs, pour le langage,
> C'étaient des naturels français.
> (BARBIER D'AUCOUR, cité par M. DELTOUR.)

2. Première Préface d'*Alexandre*.

C'est là, dans l'histoire, que l'on peut voir tous les éléments de sa tragédie, tous les faits sur lesquels il s'est appuyé.

« Mes personnages sont si fameux dans l'antiquité, dit-il ailleurs [1], que, pour peu qu'on la connaisse, on verra fort bien que je les ai rendus tels que les anciens poètes nous les ont donnés : aussi n'ai-je pas pensé qu'il me fût permis de rien changer à leurs mœurs. »

Dans les deux préfaces de *Britannicus,* nous retrouvons à peu de chose près la différence de ton que nous avons déjà observée pour les deux préfaces d'*Alexandre.* La première est surtout défensive ou, si l'on veut, agressive ; la seconde, plus calme, est surtout explicative. Sans doute, dans la première, il parle bien de Néron, de Narcisse, de Britannicus et de Junie ; il cite Tacite, on voit qu'il s'appuie sur l'historien latin ; il insinue que ses critiques n'en ont peut-être pas fait une étude suffisante. « Il ne faut qu'avoir lu Tacite pour savoir que, s'il (Néron) a été quelque temps un bon empereur, il a toujours été un très méchant homme. » Mais tout cela n'est pour lui que l'accessoire, il a hâte d'arriver au plus pressé, et de prendre directement à partie ses adversaires.

Dans la seconde préface, sauf les premiers mots qui rappellent les anciennes luttes, tout le reste est employé à démontrer la vérité historique de ses personnages. « J'avais travaillé sur des modèles qui m'avaient extrêmement soutenu dans la peinture que je voulais faire de la cour d'Agrippine et de Néron. J'avais copié mes personnages d'après le plus grand peintre de l'antiquité, je veux dire d'après Tacite. Et j'étais alors si rempli de la lecture de cet excellent historien, qu'il n'y a presque pas un trait éclatant dans ma tragédie dont il ne m'ait donné l'idée. J'avais voulu mettre dans ce recueil un extrait des plus beaux endroits que j'ai tâché d'imiter, mais j'ai trouvé que cet extrait tiendrait presque autant de place que la tragédie [2]. Ainsi le lecteur trouvera bon que je le renvoie à cet auteur qui, aussi bien, est entre les mains de tout le monde ; et je me contenterai de rapporter ici quelques-uns de ses passages sur chacun des personnages que j'introduis sur la scène. »

1. Première Préface d'*Andromaque.*
2. Ceci est exagéré, mais montre combien cette question « de la vérité historique » préoccupait notre poète.

Et, en effet, prenant l'un après l'autre chacun de ses personnages, il montre, par des citations de Tacite, que, pour chacun, il est resté fidèle à la vérité historique.

C'est aussi ce qu'il déclare dans les deux préfaces de *Bajazet* : « Quoique le sujet de cette tragédie [1] ne soit encore dans aucune histoire imprimée, il est pourtant très véritable. C'est une aventure arrivée dans le sérail il n'y a pas plus de trente ans. »

Comment cet événement est-il venu jusqu'aux oreilles de Racine? Il va nous le dire : par le chevalier de Nantouillet, qui le tenait de M. le comte de Cézy, alors ambassadeur à Constantinople, et qui « fut instruit de toutes les particularités de la mort de Bajazet ».

Dans la seconde préface, il revient sur ces renseignements, et rappelle en quelques mots, qui ont la sécheresse d'un précis, les rapports de parenté du sultan Amurat et de Bajazet et la mort de ce dernier.

Mais, et ceci nous paraît plus important, ce n'est pas seulement aux faits historiques qu'il veut se conformer dans son œuvre, c'est aussi, c'est surtout aux mœurs et aux coutumes des peuples qu'il dépeint. « La principale chose à quoi je me suis attaché [2], ç'a été de ne rien changer ni aux mœurs ni aux coutumes de la nation; et j'ai pris soin de ne rien avancer qui ne fût conforme à l'histoire des Turcs et à la nouvelle relation de l'Empire ottoman, que l'on a traduite de l'anglais. » — « Je me suis attaché [3] à bien exprimer dans ma tragédie ce que nous savons des mœurs et des maximes des Turcs. Quelques gens ont dit que mes héroïnes étaient trop savantes en amour et trop délicates pour des femmes nées parmi des peuples qui passent ici pour barbares. Mais, sans parler de tout ce qu'on lit dans les relations des voyageurs, il me semble qu'il suffit de dire que la scène est dans le sérail.... Bajazet garde au milieu de son amour la férocité de la nation. Et si l'on trouve étrange qu'il consente plutôt de mourir que d'abandonner ce qu'il aime, et d'épouser ce qu'il n'aime pas, il ne faut que lire l'histoire des Turcs; on verra partout le mépris qu'ils font de la

---

1. Première Préface de *Bajazet*.
2. *Ibidem.*
3. Deuxième Préface. (Paragraphe qui se trouve dans les éditions de 1676 et 1687, supprimé dans celle de 1697.)

vie ; on verra en plusieurs endroits à quel excès ils portent les passions. »

Dans la préface de *Mithridate* il cite tous les auteurs sur lesquels il s'est appuyé.

« Il n'y a guère de nom plus connu que celui de Mithridate. Sa vie et sa mort font une partie considérable de l'histoire romaine.... Ainsi je ne pense pas qu'il soit besoin de citer mes auteurs [1].... Tout le monde reconnaîtra aisément que j'ai suivi l'histoire avec beaucoup de fidélité. En effet, il n'y a guère d'actions éclatantes dans la vie de Mithridate qui n'aient trouvé place dans ma tragédie.... La seule chose qui pourrait n'être pas aussi connue que le reste, c'est le dessein que je lui fais prendre de passer dans l'Italie. Comme ce dessein m'a fourni une des scènes qui ont le plus réussi dans ma tragédie, je crois que le plaisir du lecteur pourra redoubler, quand il verra que presque tous les historiens ont dit ce que je fais dire ici à Mithridate : Florus, Plutarque et Dion Cassius nomment les pays par où il devait passer. Appien d'Alexandrie entre plus dans le détail. »

Plus tard Racine ajouta encore à sa préface d'autres renseignements tirés de l'histoire, citant « la réflexion que fait Dion Cassius sur ce dessein de Mithridate », donnant un long extrait de Plutarque traduit par Amyot, pour expliquer le choix qu'il a fait de Monime. « J'ai choisi Monime entre les femmes que Mithridate a aimées.... Plutarque semble avoir pris plaisir à décrire le malheur et les sentiments de cette princesse. C'est lui qui m'a donné l'idée de Monime ; et c'est en partie sur la peinture qu'il en a faite que j'ai fondé un caractère que je puis dire qui n'a point déplu. »

C'est aussi dans l'histoire qu'il a trouvé les caractères des deux fils de Mithridate. « Il y a des historiens qui prétendent que Mithridate fit mourir ce jeune prince (Xipharès), pour se venger de la perfidie de sa mère. Je ne dis rien de Pharnace. Car qui ne sait que ce fut lui qui souleva contre Mithridate ce qui lui restait de troupes...? »

Ce n'est pas seulement les faits qu'il emprunte à l'histoire, il veut aussi que les mœurs soient conformes à la vérité : « J'y ai inséré (dans ma tragédie) tout ce qui pouvait mettre en jour les

---

1. C'est ce qu'il va faire cependant.

mœurs et les sentiments de ce prince, je veux dire sa haine violente contre les Romains, son grand courage, sa finesse, sa dissimulation, et enfin, cette jalousie qui lui était si naturelle et qui a tant de fois coûté la vie à ses maîtresses. »

Quand il ne peut pas s'appuyer sur les historiens, c'est l'autorité des poètes qu'il invoque. « Il n'y a rien [1] de plus célèbre dans les poètes que le sacrifice d'Iphigénie. Mais ils ne s'accordent pas tous ensemble sur les plus importantes particularités de ce sacrifice.

« Les uns, comme Eschyle dans *Agamemnon*, Sophocle dans *Électra*, et après eux Lucrèce, Horace, et beaucoup d'autres, veulent qu'on ait, en effet, répandu le sang d'Iphigénie, fille d'Agamemnon et qu'elle soit morte en Aulide.....

« D'autres ont feint que Diane, ayant eu pitié de cette jeune princesse, l'avait enlevée et portée dans la Tauride, au moment qu'on l'allait sacrifier, et que la déesse avait fait trouver en sa place ou une biche ou une autre victime de cette nature. Euripide a suivi cette fable, et Ovide l'a mise au nombre des métamorphoses.

« Il y a une troisième opinion, qui n'est pas moins ancienne que les deux autres, sur Iphigénie. Plusieurs auteurs et entre autres Stésichorus, l'un des plus fameux et des plus anciens poètes lyriques, ont écrit qu'il était bien vrai qu'une princesse de ce nom avait été sacrifiée, mais que cette Iphigénie était une fille qu'Hélène avait eue de Thésée. Hélène, disent ces auteurs, ne l'avait osé avouer pour sa fille, parce qu'elle n'osait déclarer à Ménélas qu'elle eût été mariée en secret avec Thésée. Pausanias rapporte et le témoignage et les noms des poètes qui ont été de ce sentiment. Et il ajoute que c'était la créance commune de tout le pays d'Argos.

« Homère enfin, le père des poètes, a si peu prétendu qu'Iphigénie, fille d'Agamemnon, eût été sacrifiée en Aulide, ou transportée dans la Scythie, que, dans le neuvième livre de l'*Iliade*, c'est-à-dire près de dix ans depuis l'arrivée des Grecs devant Troie, Agamemnon fait offrir en mariage à Achille sa fille Iphigénie, qu'il a, dit-il, laissée à Mycène, dans sa maison. »

1. Préface d'*Iphigénie*.

Voilà donc Racine bien à l'aise pour choisir telle tradition qu'il voudra, chacune d'elles étant appuyée sur des autorités sérieuses.

Mêmes scrupules de la part de Racine dans la préface de *Phèdre*, et mêmes observations. « Je rapporte ces autorités, dit-il en parlant d'Aricie, parce que je me suis très scrupuleusement attaché à suivre la fable. J'ai même suivi l'histoire de Thésée, telle qu'elle est dans Plutarque. C'est dans cet historien que j'ai trouvé que ce qui avait donné occasion de croire que Thésée fût descendu dans les Enfers pour enlever Proserpine, était un voyage que ce prince avait fait en Épire vers la source de l'Achéron, chez un roi dont Pirithoüs voulait enlever la femme, et qui arrêta Thésée prisonnier après avoir fait mourir Pirithoüs. Ainsi, j'ai tâché de conserver la vraisemblance de l'histoire, sans rien perdre des ornements de la fable, qui fournit extrêmement à la poésie. »

Si Racine respecte l'histoire et même la fable dans les sujets qui lui viennent de l'antiquité profane, est-il besoin de dire qu'il sera encore plus scrupuleux dans les sujets qu'il tire de la Bible?

« Il me sembla[1] que, sans altérer aucune des circonstances tant soit peu considérables de l'Écriture sainte, ce qui serait, à mon avis, une espèce de sacrilège, je pourrais remplir toute mon action avec les seules scènes que Dieu lui-même, pour ainsi dire, a préparées.

« Quoique j'aie évité soigneusement de mêler le profane avec le sacré, j'ai cru néanmoins que je pouvais emprunter deux ou trois traits d'Hérodote, pour mieux peindre Assuérus. Car j'ai suivi le sentiment de plusieurs savants interprètes de l'Écriture, qui tiennent que ce roi est le même que le fameux Darius, fils d'Hystaspe, dont parle cet historien. En effet, ils en rapportent quantité de preuves, dont quelques-unes me paraissent des démonstrations. Mais je n'ai pas jugé à propos de croire ce même Hérodote sur sa parole, lorsqu'il dit que les Perses n'élevaient ni temples, ni autels, ni statues à leurs dieux, et qu'ils ne se servaient point de libations dans leurs sacrifices. Son témoignage est expressément détruit par l'Écriture, aussi bien que par

---

[1]. Préface d'*Esther*.

Xénophon, beaucoup mieux instruit que lui des mœurs et des affaires de la Perse, et enfin par Quinte-Curce. »

La préface d'*Athalie* n'est guère autre chose que l'exposé historique de la situation du royaume de Juda et du royaume d'Israël.

« J'ai cru [1] devoir expliquer ces particularités, afin que ceux à qui l'histoire de l'Ancien Testament ne sera pas assez présente n'en soient point arrêtés en lisant cette tragédie. »

Les événements qui précèdent la mort d'Athalie ne sont peut-être pas non plus connus de tout le monde.

« Voici une partie des principaux événements qui devancèrent cette grande action. »

Quand arriva cet événement?

« L'histoire des Rois dit que ce fut la septième année d'après. Mais le texte grec des Paralipomènes, que Sévère Sulpice a suivi, dit que ce fut la huitième. C'est ce qui m'a autorisé à donner à ce prince neuf à dix ans, pour le mettre en état de répondre aux questions qu'on lui fait.

« J'ai suivi l'explication de plusieurs commentateurs fort habiles qui prouvent, par le texte même de l'Écriture, que tous ces soldats à qui Joïada ou Joad, comme il est appelé dans Josèphe, fit prendre les armes consacrées à Dieu par David, étaient autant de prêtres et de lévites, aussi bien que les cinq centeniers qui les commandaient. »

On voit que Racine tient à montrer et à démontrer que, partout et toujours, il s'est appuyé sur les autorités les plus graves, et qu'il ne s'est permis ni de dénaturer les faits historiques ni d'inventer les principaux personnages de ses tragédies.

Il va plus loin encore. Il ne veut pas être accusé d'avoir imaginé même des événements en apparence insignifiants, d'avoir inventé des personnages même secondaires. Certains poètes se feraient un mérite de cette invention : il s'en défend comme d'un crime.

« Les amours [2] d'Alexandre et de Cléofile ne sont pas de mon invention : Justin en parle aussi bien que Quinte-Curce. Ces deux

---

1. Préface d'*Athalie*.
2. Deuxième Préface d'*Alexandre*.

historiens rapportent qu'une reine des Indes, nommée Cléofile, se rendit à ce prince avec la ville où il la tenait assiégée et qu'il la rétablit dans son royaume en considération de sa beauté. Elle en eut un fils, et elle l'appela Alexandre. »

Quel mal il se donne pour prouver qu'il n'a inventé ni Junie, ni Ériphile, ni Aricie!

« Junie[1] ne manque pas non plus de censeurs. Ils disent que d'une vieille coquette, nommée Junia Silana, j'en ai fait une jeune fille très sage. Qu'auraient-ils à me répondre si je leur disais que cette Junie est un personnage inventé[2], comme l'Émilie de *Cinna*, comme la Sabine d'*Horace*? Mais j'ai à leur dire que s'ils avaient bien lu l'histoire, ils auraient trouvé une Junia Calvina, de la famille d'Auguste, sœur de Silanus à qui Claudius avait promis Octavie.

« Cette Junie était jeune, belle, et, comme dit Sénèque, *festivissima omnium puellarum*. Elle aimait tendrement son frère. »

« J'ai rapporté[3] tous ces avis si différents et surtout le passage de Pausanias, parce que c'est à cet auteur que je dois l'heureux personnage d'Ériphile, sans lequel je n'aurais jamais osé entreprendre cette tragédie. Quelle apparence que j'eusse souillé la scène par le meurtre horrible d'une personne aussi vertueuse et aussi aimable qu'il fallait représenter Iphigénie?... Je peux dire donc que j'ai été très heureux de trouver dans les anciens cette autre Iphigénie, que j'ai pu représenter telle qu'il m'a plu. »

« Cette Aricie[4] n'est point un personnage de mon invention. Virgile dit qu'Hippolyte l'épousa et en eut un fils, après qu'Esculape l'eut ressuscité. Et j'ai lu encore dans quelques auteurs qu'Hippolyte avait épousé et emmené en Italie une jeune Athénienne de grande naissance, qui s'appelait Aricie et qui avait donné son nom à une petite ville d'Italie. Je rapporte ces autorités, parce que je me suis très scrupuleusement attaché à suivre la fable. »

---

1. Première Préface de *Britannicus*.
2. Très bon argument, mais qu'il laisse de côté. Il ne veut pas qu'on puisse dire que ses personnages sont inventés.
3. Préface d'*Iphigénie*.
4. Préface de *Phèdre*.

S'agit-il même d'un fait sans grande importance : il ne veut pas qu'il soit « sans fondement ».

« Le voyage d'Achille à Lesbos [1] dont ce héros se rend maître et d'où il enlève Ériphile avant que de venir en Aulide, n'est pas non plus sans fondement. Euphorion de Chalcide, poëte très connu parmi les anciens, et dont Virgile et Quintilien font une mention honorable, parlait de ce voyage de Lesbos. Il disait dans un de ses poëmes, au rapport de Parthénius, qu'Achille avait fait la conquête de cette île avant que de joindre l'armée des Grecs, et qu'il y avait même trouvé une princesse qui s'était éprise d'amour pour lui. »

Notre poète se permet parfois cependant quelques libertés, — mais avouons avec lui qu'elles sont sans grande importance.

Tantôt il se permet de faire vivre un personnage un peu plus qu'il n'a vécu dans la réalité.

« Il est vrai [2] que j'ai été obligé de faire vivre Astyanax un peu plus qu'il n'a vécu ; mais j'écris dans un pays où cette liberté ne pouvait pas être mal reçue. Car sans parler de Ronsard qui a choisi ce même Astyanax pour le héros de sa *Franciade*, qui ne sait que l'on fait descendre nos anciens rois de ce fils d'Hector, et que nos vieilles chroniques sauvent la vie à ce jeune prince, après la désolation de son pays, pour en faire le fondateur de notre monarchie ? Combien Euripide a-t-il été plus hardi dans sa tragédie d'*Hélène* !... Je ne crois pas que j'eusse besoin de cet exemple d'Euripide pour justifier le peu de liberté que j'ai prise. Car il y a bien de la différence entre détruire le principal fondement d'une fable, et en altérer quelques incidents, qui changent presque de face dans toutes les mains qui les traitent. »

« Mais, disent mes critiques [3], ce prince (Britannicus) n'entrait que dans sa quinzième année lorsqu'il mourut. On le fait vivre lui et Narcisse deux ans plus qu'ils n'ont vécu. Je n'aurais point parlé de cette objection si elle n'avait été faite avec chaleur par un homme qui s'est donné la liberté de faire régner vingt ans un empereur qui n'en a régné que huit, quoique ce changement

---

1. Préface d'*Iphigénie*.
2. Deuxième préface d'*Andromaque*.
3. Première préface de *Britannicus*.

soit bien plus considérable dans la chronologie, où l'on suppute le temps par les années des empereurs. »

Monime et Xipharès étaient morts avant Mithridate; il les fait vivre après lui. C'est à cette liberté qu'il fait allusion quand il dit[1] : « Excepté quelque événement que j'ai rapproché par le droit que donne la poésie, tout le monde reconnaîtra aisément que j'ai suivi l'histoire avec beaucoup de fidélité. »

Tantôt, quand il manque de renseignements précis, il se permet de fixer de lui-même la date d'un événement.

« L'histoire[2] ne spécifie point le jour où Joas fut proclamé. Quelques interprètes veulent que ce soit un jour de fête. J'ai choisi celle de la Pentecôte qui était une des trois grandes fêtes des Juifs. »

Tantôt, — ceci est plus grave, mais nous sommes loin d'en blâmer Racine, — il apporte quelques modifications aux caractères des personnages.

Non seulement quand le personnage est à peu près inconnu : « Si je la présente plus retenue qu'elle n'était, dit-il de Junie[3], je n'ai pas ouï dire qu'il nous fût défendu de rectifier les mœurs d'un personnage, surtout lorsqu'il n'est pas connu. »

Mais même quand il s'agit de personnages plus importants : « Toute la liberté que j'ai prise[4], ç'a été d'adoucir un peu la férocité de Pyrrhus, que Sénèque, dans sa *Troade*, et Virgile dans le second livre de l'*Énéide*, ont poussée beaucoup plus loin que je n'ai cru le devoir faire. »

« Il ne s'agit point ici[5] de Molossus. Andromaque ne connaît point d'autre mari qu'Hector, ni d'autre fils qu'Astyanax. J'ai cru en cela me conformer à l'idée que nous avons maintenant de cette princesse. La plupart de ceux qui ont entendu parler d'Andromaque ne la connaissent guère que pour la veuve d'Hector et pour la mère d'Astyanax. On ne croit point qu'elle doive aimer ni un autre mari ni un autre fils. Et je doute que les larmes d'Andromaque eussent fait sur l'esprit de mes spectateurs l'im-

---

1. Préface de *Mithridate*.
2. Préface d'*Athalie*.
3. Première Préface de *Britannicus*.
4. Première Préface d'*Andromaque*.
5. Deuxième Préface d'*Andromaque*.

pression qu'elles y ont faites si elles avaient coulé pour un autre fils que celui qu'elle avait d'Hector. »

Il y a ici, en effet, de hautes convenances morales qui sont supérieures même à la vérité historique.

On voit d'après cela que si Racine « n'est pas entré dans le génie des nations mortes, s'il n'a pas connu sainement le caractère des héros qui ne sont plus », ce n'est pas faute d'y avoir travaillé. Partout et toujours il déclare qu'il a suivi l'histoire avec fidélité : la plupart de ses préfaces ne sont qu'une série de preuves à l'appui de cette assertion.

A ne considérer même que ses préfaces, il semble qu'il aille trop loin dans cette voie, et qu'il enlève au poète toute espèce de liberté. Prouver que même les plus petits détails sont historiques, c'est enlever à l'auteur dramatique le droit d'imaginer le moindre de ses détails. C'est ce qu'il dit, en effet, dans plusieurs passages que nous avons cités ; — et nous y verrions un excès si nous n'y voyions simplement une réponse à ses adversaires. Racine veut par là ôter à leur critique tout fondement et tout prétexte. Néron ou Achille leur paraissent tirés de l'imagination du poète : il leur démontrera que Junie et Ériphile mêmes sont tirées de l'histoire.

Il serait trop aisé d'arrêter Racine, si l'on voulait se donner le facile plaisir de le trouver en défaut. Se contente-t-il toujours « d'altérer quelques incidents, par le droit que donne la poésie » ? N'a-t-il inventé aucun personnage important ? Quoi ! pas même le grand vizir Acomat ? — nous nous permettons de faire, non pas cette réserve, mais cette réflexion, — tout en trouvant naturel que Racine, répondant à ses critiques, ait laissé dans l'ombre les faits qui semblaient leur donner raison : nous disons « qui semblaient », car des personnages aussi admirablement composés et développés que celui d'Acomat sont aussi vrais, aussi vivants, aussi historiques que ceux de Mithridate ou de Titus.

Mais n'y a-t-il pas là quelque contradiction avec la théorie si fièrement énoncée dans la préface de *Bérénice*? Comment concilier ce principe « faire quelque chose de rien » et le soin pris par Racine à déclarer qu'aucun personnage n'est de son invention ?

D'abord il faut voir dans ces précautions de Racine l'intention de désarmer ses ennemis ou tout au moins de leur répliquer. Cette préoccupation est si forte chez lui qu'il démontre l'authenticité de faits insignifiants ou de personnages tout à fait secondaires, que nul critique de bonne foi ne pourrait lui reprocher d'avoir « inventés ».

Mais allons plus loin : nous ne trouvons pas que cette préoccupation de l'histoire soit chez lui nuisible à son originalité.

C'est là, en effet, un des traits les plus curieux de cette époque, et en particulier du génie de Racine. Ce n'est plus comme au XVIe siècle où l'esprit naturel de certains écrivains est comme étouffé par les souvenirs de l'antiquité, où l'imitation des modèles est souvent maladroite et puérile, parce qu'elle est trop littérale, parce qu'elle est une véritable imitation. Ici, au contraire [1], l'esprit des écrivains est enrichi et non simplement surchargé; excité et non étouffé par le souvenir des œuvres admirables qui leur sont familières. Nul n'est plus à l'aise que Racine au milieu de cette antiquité qu'il connaît si bien. De la *Thébaïde* à *Phèdre* il s'en inspire presque constamment.

Il ne faut pas cependant oublier que l'auteur de *Bérénice* et d'*Esther* n'a pas eu besoin de « beaucoup de matière » pour écrire ces œuvres; et l'on peut dire aussi tout d'abord que l'auteur de *Bajazet* et d'*Athalie* n'a pas eu non plus besoin d'avoir sous les yeux une tragédie d'Euripide ou un livre de Tacite.

Quand bien même toutes ses œuvres seraient appuyées sur l'histoire, cela ne nuirait en rien à son originalité. — L'usage est, au XVIIe siècle, de tirer les sujets de tragédie le plus souvent de l'histoire, et en particulier de l'histoire grecque et romaine : nous n'avons, du reste, ni à louer ni à condamner cet usage auquel nous devons d'admirables et de détestables tragédies. Racine s'y conforme. Il y a, dans l'histoire, bien des tragédies qui semblent toutes faites; mais il n'y a là, pour ainsi dire, que le squelette de l'action. D'autres ont eu entre leurs mains ces mêmes histoires ou des histoires analogues qui n'en ont rien tiré que des œuvres médiocres.

C'est qu'en effet on peut bien trouver dans l'histoire des évé-

---

1.   Mon imitation n'est pas un esclavage,

a dit LA FONTAINE dans l'*Épître à Monseigneur l'évêque de Soissons*.

nements très dramatiques, qui peuvent faire l'action d'une tragédie : mais on n'y trouve pas ce développement de caractères, cette analyse de passions, que nous demandons à une œuvre de théâtre.

Sans doute Racine peut se croire, et est, en effet, fidèle à la vérité historique, quand il prend dans Tacite par exemple les faits principaux sur lesquels il s'appuie, le dénouement de son drame, le nom et même en partie le caractère de ses héros : Agrippine, Néron, Narcisse, nous sont déjà connus par les récits de l'historien ; nous savons que Néron est un fort méchant homme, Agrippine, une ambitieuse qui ne recule devant rien ; nous savons que Britannicus fut empoisonné par ordre de son frère. Il serait ridicule qu'un poète dramatique s'éloignât de la vérité historique dans ses lignes générales ; il est donc tout naturel que Racine y soit fidèle, et tienne à le dire, puisqu'aussi bien on l'accusait tant de ne pas la respecter.

Mais quel champ immense est encore ouvert à l'imagination du poète ; puisque le développement des caractères, des sentiments, des passions, c'est-à-dire le tout de la tragédie, est de son invention !

C'est pour cela que cette contradiction, dont nous parlions tout à l'heure, n'est qu'apparente.

Une seule chose étonne, mais n'étonne qu'à la réflexion : c'est le contraste entre l'élégance du langage, la délicatesse des sentiments d'une part, et de l'autre la cruauté, l'inhumanité même des actions qui forment souvent le fond de la pièce. Le contraste est d'autant plus saisissant que l'action est prise dans une époque plus reculée.

Nous admettons bien ce mélange à la cour de Néron ; nous comprenons qu'il ait pu y avoir tant d'astuce et de cruauté mêlées à tous les raffinements de parole et de pensée, produits par une civilisation avancée. Mais quand il s'agit de l'époque homérique, ne semble-t-il pas étrange que des personnages, si délicats dans leurs expressions et leurs sentiments, s'occupent des préparatifs d'un sacrifice humain ? Il fallait, c'est la première idée qui se présente à l'esprit, ou bien que les actions fussent dignes du langage et des sentiments des personnages, ou que leurs sentiments ne fussent pas plus élevés que leurs mœurs.

Mais, d'une part, Racine voulait prendre ses sujets dans l'antiquité ; d'autre part, il se serait bien gardé de donner à ses personnages la rudesse et la dureté des mœurs antiques. De là ce contraste qui, nous le répétons, n'est pas sensible à première vue : tant Racine a su mêler habilement ces mœurs, ces sentiments, et ces passions! tant il a su fondre tous ces contrastes dans l'unité vivante des caractères, dans l'harmonie vraiment merveilleuse de son style!

Nous voyons par là ce qu'il emprunte à l'histoire : le fait historique qui sert de point de départ et de dénouement à l'action; les traits principaux de ses personnages; certains événements, d'importance secondaire du reste, auxquels il fait allusion et dont il se sert dans le cours de son drame; enfin quelques traits de mœurs dont la cruauté nous révolterait, si l'art du poète était moins parfait. Après cela nous trouvons qu'il reste au poète tout à faire, c'est-à-dire à former, à créer l'âme même de ses personnages; à les faire agir et vivre devant nous, dans une action qu'il doit rendre vraisemblable et touchante : sans compter cette profondeur de passion, cette beauté de sentiment, cette élégance d'expression, toutes choses inséparables de ses personnages.

Donc, malgré qu'il soit fidèle, en un certain sens, à la vérité historique, nous voyons que cette fidélité n'est pas un obstacle pour son invention, ni une entrave pour l'originalité de son génie.

CHAPITRE V

DU CHOIX DU PERSONNAGE TRAGIQUE

Dignité du héros. — Opinion d'*Aristote*. — Le personnage doit être imparfait.

S'il prend ses personnages dans l'histoire, — et nous appelons ainsi, aussi bien l'histoire proprement dite que les légendes poétiques auxquelles notre poète s'adresse, — il ne lui suffit pas cependant qu'un personnage soit historique pour qu'il l'accepte : il faut qu'il satisfasse à certaines conditions particulières sur lesquelles nous allons nous arrêter.

On a dit souvent que l'art classique (et n'est-ce pas vrai de tout art vraiment digne de ce nom?) procédait par choix. Il ne copie pas, en effet, — et nous ne lui en ferons pas un reproche, — la réalité telle qu'elle est; il ne se croit pas tenu, soit de reproduire des faits extraordinaires, quelque authentiques qu'ils soient, soit de représenter des personnages tout à fait vils, tout à fait grotesques, ou tout à fait insignifiants, quelque nombreux qu'ils soient dans le monde : au nom de la vraisemblance, il repousse l'extraordinaire; au nom de l'harmonie, le grotesque et le vil; il préfère le beau au laid, le caractère à l'insignifiance. Ou plutôt ce qui ne signifie rien n'existe pas pour lui, et ne mérite ni le travail de l'écrivain ni l'attention du lecteur. Que dire du laid? Est-ce bien à son expression que l'artiste doit consacrer son temps et son génie? Non pas que le laid moral ne puisse pas trouver place dans l'œuvre dramatique : nos classiques ne sont pas si exclusifs. Et n'est-ce pas après tout une peinture de la laideur morale que la peinture des Néron et des Narcisse? Mais il ne faut pas oublier que « l'action de la tragédie [1] doit être grande, les acteurs en être héroïques, et que tout doit s'y ressentir de cette tristesse majestueuse qui fait tout le plaisir de la tragédie ».

Il faut que les héros aient « de la dignité [2] sur le théâtre », et qu'ils nous inspirent un certain « respect ». Voilà pourquoi on prend d'ordinaire des personnages antiques, voilà pourquoi dans la tragédie classique du XVII° siècle on prend si rarement des personnages modernes.

Dans le théâtre de Racine nous ne trouvons d'exception que pour *Bajazet*, et Racine fait remarquer lui-même sa hardiesse et ne conseille à personne de l'imiter. « Quelques lecteurs [3] pourront s'étonner qu'on ait osé mettre sur la scène une histoire si récente; mais je n'ai rien vu dans les règles du poëme dramatique qui dût me détourner de mon entreprise. A la vérité, je ne conseillerais pas à un auteur de prendre pour sujet d'une tragédie une action aussi moderne que celle-ci, si elle s'était passée dans le pays où il veut faire représenter sa tragédie; ni de mettre des héros sur le théâtre qui auraient été connus de la plupart des spectateurs. » Pourquoi cela? c'est que « les personnages tragiques doivent être regardés d'un autre œil que nous ne regardons d'ordinaire les personnages que nous avons vus de si près. On peut dire que le respect que l'on a pour les héros augmente à mesure qu'ils s'éloignent de nous : *major e longinquo reverentia*. L'éloignement des pays répare en quelque sorte la trop grande proximité du temps : car le peuple ne met guère de différence entre ce qui est, si j'ose ainsi parler, à mille ans de lui, et ce qui en est à mille lieues. C'est ce qui fait, par exemple, que les personnages turcs, quelque modernes qu'ils soient, ont de la dignité sur notre théâtre : on les regarde de bonne heure comme anciens. Ce sont des mœurs et des coutumes toutes différentes. Nous avons si peu de commerce avec les princes et les autres personnes qui vivent dans le sérail, que nous les considérons, pour ainsi dire, comme des gens qui vivent dans un autre siècle que le nôtre. »

1. Préface de *Bérénice*.
2. Seconde Préface de *Bajazet*.
3. Seconde Préface de *Bajazet*.

N'y a-t-il pas à craindre que ce respect et cette dignité, dont on nous parle, ne soient bien contraires à la vérité? n'y a-t-il pas à craindre qu'avec de tels principes les personnages créés ne soient trop loin de nous, ne soient trop idéalement beaux? Non certes, car nous avons affaire ici à un artiste plein de tact et de mesure, qui n'aime ni l'extravagant ni l'extraordinaire, et qui ne veut ni « trahir le bon sens ni s'écarter du naturel ». Sans doute ce n'est pas s'en écarter que de représenter la grandeur d'un Polyeucte ou d'un Horace : mais c'est plutôt noter les moments sublimes de notre nature que la représenter telle qu'elle est en général [1].

Notre poète, — tout en se réservant la liberté, que nul ne peut lui refuser, d'éloigner tel ou tel détail ignoble ou insignifiant, de choisir dans la vie de son héros le moment opportun pour le faire agir, de réunir, de concentrer des traits épars dans le caractère de son personnage, — prend toujours pour fondement de son œuvre l'observation de la nature. Et l'on est étonné et ravi de trouver à chaque page des marques d'une observation si pénétrante, et d'une connaissance si sûre.

Or voici ce que l'étude de notre nature nous présente tout d'abord de plus frappant.

Il n'est pas besoin d'être un Pascal pour remarquer que l'homme est un mélange de bien et de mal; que s'il est rare d'en trouver de tout à fait bons, il est rare aussi d'en trouver de tout à fait méchants.

Notre poète, partant de cette observation morale, n'est pas d'avis qu'on doive mettre sur la scène des « héros parfaits et des hommes impeccables ».

La perfection absolue, en admettant qu'elle existe, n'intéresserait que médiocrement la plupart des spectateurs : un sentiment d'ennui, peut-être même de sourde irritation, naîtrait bientôt dans notre âme au spectacle de ces vertus trop sûres d'elles-mêmes et trop inébranlables, — de même qu'un certain sentiment de dégoût s'emparerait de nous à la vue d'un avilissement trop complet d'une scélératesse trop basse.

---

[1]. C'est ce que LA BRUYÈRE a parfaitement compris quand il a dit : « Corneille est plus moral, Racine plus naturel. »

C'est entre ces deux excès que Racine a su se tenir.

Toutefois aux grands cœurs donnez quelques faiblesses,

a dit Boileau. C'est tout à fait le sentiment de Racine. « Le public[1] m'a été trop favorable pour m'embarrasser du chagrin particulier de deux ou trois personnes qui voudraient qu'on réformât tous les héros de l'antiquité pour en faire des héros parfaits. Je trouve leur intention fort bonne de vouloir qu'on ne mette sur la scène que des hommes impeccables. Mais je les prie de se souvenir que ce n'est pas à moi de changer les règles du théâtre. Horace nous recommande de dépeindre Achille farouche, inexorable, violent, tel qu'il était et tel qu'on dépeint son fils. Et Aristote, bien éloigné de nous demander des héros parfaits, veut au contraire que les personnages tragiques, c'est-à-dire ceux dont le malheur fait la catastrophe de la tragédie, ne soient ni tout à fait bons, ni tout à fait méchants. »

Ni tout à fait bons, ni tout à fait méchants, voilà bien, en effet, la moyenne de l'humanité ; elle se reconnaîtra par conséquent dans la peinture de ces personnages qui ne seront ni trop au-dessus, ni trop au-dessous d'elle : c'est bien là un principe digne d'un poète qui s'appuie sur la raison et ne veut pas s'écarter du naturel.

Mais ce principe n'est pas seulement conforme à notre nature, il l'est encore aux sentiments que le théâtre doit exciter en nous, sentiments assez vifs pour nous attacher à la pièce, assez doux pour ne pas nous faire souffrir.

« Aristote[2] ne veut pas qu'ils soient extrêmement bons, parce que la punition d'un homme de bien exciterait plutôt l'indignation que la pitié du spectateur ; ni qu'ils soient méchants avec excès, parce qu'on n'a point pitié d'un scélérat. Il faut donc qu'ils aient une bonté médiocre, c'est-à-dire une vertu capable de faiblesse, et qu'ils tombent dans le malheur par quelque faute qui les fasse plaindre sans les faire détester. »

« Je leur ai déclaré[3], dans la préface d'*Andromaque*, le sentiment d'Aristote sur le héros de la tragédie ; et que, bien loin d'être parfait, il faut toujours qu'il ait quelque imperfection. »

---

1. Première Préface d'*Andromaque*.
2. *Ibidem*.
3. Première Préface de *Britannicus*.

« Tombant [1] dans le malheur où cette amante jalouse voulait précipiter sa rivale, (Ériphile) mérite en quelque façon d'être punie, sans être pourtant tout à fait indigne de compassion. »

« Je ne suis point étonné [2] que ce caractère [3] ait eu un succès si heureux du temps d'Euripide, et qu'il ait encore si bien réussi dans notre siècle, puisqu'il a toutes les qualités qu'Aristote demande dans le héros de la tragédie, et qui sont propres à exciter la compassion et la terreur. En effet, Phèdre n'est ni tout à fait coupable, ni tout à fait innocente. »

« Pour ce qui est du personnage d'Hippolyte, j'avais remarqué dans les anciens qu'on reprochait à Euripide de l'avoir représenté comme un philosophe exempt de toute imperfection : ce qui faisait que la mort de ce jeune prince causait beaucoup plus d'indignation que de pitié. J'ai cru lui devoir donner quelque faiblesse qui le rendrait un peu coupable envers son père, sans pourtant lui rien ôter de cette grandeur d'âme avec laquelle il épargne l'honneur de Phèdre et se laisse opprimer sans l'accuser. J'appelle faiblesse la passion qu'il ressent malgré lui pour Aricie, qui est la fille et la sœur des ennemis mortels de son père. »

1. Préface d'*Iphigénie*.
2. Préface de *Phèdre*.
3. Caractère de Phèdre.

CHAPITRE VI

HÉROS ET CÉLADONS

Nous voyons que Racine ne veut pas de héros parfaits et impeccables, qu'il veut que leur vertu soit capable de faiblesse. On n'a pas toujours trouvé que cette faiblesse qu'il leur prêtait fût assez tragique : on a accusé ses héros d'être des céladons.

Voici quelques-unes des critiques dirigées contre notre poète à ce sujet.

« Avec tout cela, dit Perrault [1], je ne m'éloigne pas de blâmer notre siècle de l'excès de tendresse qui règne dans ces sortes d'ouvrages, et qui a si étrangement défiguré tous les héros. Ce reproche ne regarde pas moins les pièces de théâtre, où l'on prendrait les Cyrus, les Alexandre et les Mithridate pour des Céladons et des Silvandres, s'ils n'avaient pas une épée au côté. Quand on a dit que les auteurs de ces comédies avaient mis tous les héros de l'antiquité à la sauce douce, il me semble qu'on ne pouvait mieux dire ».

Et Barbier d'Aucour faisant un détestable jeu de mots sur le nom de notre poète [2] :

> Son suc est dangereux à prendre.
> Voyez comme il endort dans un honteux repos
> Les princes, les rois, les héros,
> Sur les bords du fleuve de Tendre.
> Au lieu d'inspirer aux grands cœurs

---

1. DELTOUR, *les Ennemis de Racine*, p. 102.
2. *Ibid.*, p. 288.

> De tant de célèbres vainqueurs
> L'amour de la vertu, le désir de la gloire,
> Il déshonore leur victoire
> Par de faibles soupirs et par d'indignes pleurs.

Cette accusation eût été bien grave si elle avait été justifiée, et Boileau n'aurait pas été le dernier à blâmer son ami, lui qui a écrit :

> Mais ne m'en formez pas des bergers doucereux.
> Qu'Achille aime autrement que Thyrsis et Philène.
> N'allez pas de Cyrus me faire un Artamène.

Est-il vrai que les héros de Racine, les Pyrrhus, les Néron et les Mithridate, soient, comme l'amant d'Astrée, tremblants devant leur maîtresse? Les voyons-nous craindre même d'écrire à celle qu'ils aiment? Les voyons-nous dans un ravissement de mystique, « se sentir dissoudre de trop de plaisir et de félicité »?

Racine est le premier à protester. Il ne croit pas que la liberté qu'il a prise « d'adoucir un peu la férocité de Pyrrhus » suffise pour faire de lui un céladon. Quoi! Pyrrhus avec ses menaces, Oreste avec ses ardeurs, Néron avec sa cruauté froide et hautaine, Mithridate avec ses ruses et ses emportements, des céladons! « J'avoue, dit-il [1] de Pyrrhus, qu'il n'est pas assez résigné à la volonté de sa maîtresse et que Céladon a mieux connu que lui le parfait amour. Mais que faire? Pyrrhus n'avait pas lu nos romans. Il était violent de son naturel. Et tous les héros ne sont pas faits pour être des Céladons. »

Cette réponse de Racine n'a pas sans doute paru suffisante ni au XVIIe siècle, ni au XIXe, puisque le même reproche lui a souvent été fait, puisqu'on a souvent parlé de la tendresse doucereuse de ses héros, de la fadeur de leurs déclarations.

> Et la seule tendresse est toujours à la mode.

Cette expression du grand Corneille [2] a été pour beaucoup de gens le dernier mot sur son jeune rival. Racine cependant n'est pas Quinault, quoique bien des reproches faits à l'auteur de *Britannicus* tombent surtout sur l'auteur de l'*Astrate*.

Ce qui a souvent trompé dans Racine, c'est l'harmonie et la

---

1. Première Préface d'*Andromaque*.
2. *Épître au roi sur son retour de Flandre*, 1667.

douceur de son style. On n'a pas voulu admettre que des expressions si élégantes et si polies, des phrases si merveilleusement écrites, pouvaient recouvrir les sentiments les plus violents et les passions les plus ardentes. Sans doute il faudrait à ces critiques des phrases hachées et incohérentes, des exclamations, des cris de bête fauve, des râles d'agonisants, des stupeurs silencieuses, des spasmes et des convulsions physiques. Sans doute cela serait très naturel, si l'on appelle ainsi ce qui se passe tous les jours devant nous. Mais ce n'est pas ainsi que nos classiques entendent la peinture des passions : c'est une analyse exacte et profonde qu'il nous en présentent, ou veulent nous en présenter. C'est une convention sans doute : mais il y en a bien d'autres dans l'art dramatique. C'est une convention aussi que de faire parler les personnages en vers : nous nous en félicitons si les vers sont bien faits. Il s'agit de nous faire bien connaître un personnage : la méthode que nous préférons est celle qui nous procure le plus de plaisir, et le plaisir le plus élevé, quand même elle serait la plus conventionnelle. Nous préférons les beaux discours d'Iphigénie et de Clytemnestre à quelques cris de douleur entrecoupés de sanglots.

Les passions de ces personnages sont-elles moins violentes pour être traduites dans un langage élégant et périodique?

CHAPITRE VII

SENSIBILITÉ DU POÈTE

Nous savons qu'il ne faut pas vouloir trop chercher dans la vie privée des écrivains l'explication de leur œuvre; que par là on s'expose à de cruelles méprises et qu'on se livre à d'étranges illusions. Nous connaissons les conseils donnés à ce sujet par Alfred de Vigny :

« Lorsqu'il s'agit d'examiner les œuvres d'un homme dont le génie est dramatique, d'un poète épique ou d'un romancier, de celui enfin qui crée et fait mouvoir des personnages, il ne faut pas chercher trop minutieusement dans ses œuvres l'histoire détaillée des souffrances de son cœur, ni la chronique des accidents et des rencontres de sa vie, mais seulement les milles rêves de son imagination.

« Quels rapports ingénieux ne trouverait-on pas entre les ouvrages d'un homme célèbre et les impressions qu'il reçut du dehors, entre sa vie idéale et sa vie réelle, si l'on voulait trop s'étudier à leur faire suivre deux lignes parallèles! Mais que de fois il faudrait tordre la ligne de la vérité des faits pour lui faire rejoindre celle des créations imaginaires, et qu'elle serait souvent rompue à la peine! — Le premier devoir du poète dramatique est le détachement de lui-même. »

Nous savons qu'à propos de notre poète on a parlé de sécheresse de cœur et de sensibilité d'imagination, et que certaines anecdotes célèbres nous le font voir moins délicat et moins passionné qu'on ne le voudrait. Nous n'allons pas essayer de trouver la passion d'Oreste ou de Titus dans ses amours de jeune homme.

Peu nous importe d'ailleurs. Mais comme nous nous trouvons en présence d'un fait nouveau et considérable, comme à partir de lui (et surtout chez lui), la passion dans ce qu'elle a de plus violent s'empare du théâtre, nous croyons pouvoir jeter un regard discret sur l'âme du poète qui a accompli une telle révolution.

Prenons quelques citations dans les *Mémoires sur la vie et les ouvrages de Racine,* par son fils Louis Racine.

« Quand vous l'aurez connu dans sa famille, vous saurez pourquoi ses vers sont toujours pleins de sentiments. »

« C'est une simplicité de mœurs si admirable dans un homme tout sentiment et tout cœur, qui est cause qu'en copiant pour vous ses lettres, je verse à tous moments des larmes parce qu'il me communique la tendresse dont il était rempli. »

« Oui, mon fils, il était né tendre, et vous l'entendrez assez dire; mais il fut tendre pour Dieu quand il revint à lui; et du jour qu'il revint à ceux qui, dans son enfance, lui avaient appris à le connaître, il le fut pour eux sans réserve; il le fut pour ce roi dont il avait tant de plaisir à écrire l'histoire; il le fut toute sa vie pour ses amis; il le fut depuis son mariage et jusqu'à la fin de ses jours pour sa femme et pour ses enfants sans prédilection; il l'était pour moi-même qui ne faisais pour ainsi dire que de naître quand il mourut, et à qui ma mémoire ne peut rappeler que ses caresses. »

« Ce père si tendre fut présent au sacrifice de sa fille, et pleurait encore quand il écrivit le récit dans une lettre qu'on trouvera la dernière de toutes ses lettres [1]. Il n'est pas étonnant qu'une victime qui était de son troupeau lui ait coûté beaucoup de larmes, puisqu'il n'assistait jamais à une pareille cérémonie sans pleurer, quoique la victime lui fût indifférente : c'est ce qu'on apprendra par une des lettres de Mme de Maintenon, qui écrivait à Saint-Cyr pour demander le jour de la profession d'une jeune personne où elle voulait assister. « Racine qui veut pleurer, dit-elle, viendra « à la profession de la sœur Lalie. » La tendresse de son caractère paraissait en toute occasion. Dans une représentation d'*Esther* devant le roi, la jeune actrice qui faisait le rôle d'Élise manqua

---

[1] « Votre mère et votre sœur aînée ont extrêmement pleuré, et pour moi je n'ai cessé de sangloter, et je crois que cela n'a pas peu contribué à déranger ma faible santé. » (*Lettre de Racine à son fils*, du 10 nov. 1698.)

de mémoire. « Ah! mademoiselle, s'écria-t-il, quel tort vous « faites à ma pièce! » La demoiselle, consternée de la réprimande, se mit à pleurer. Aussitôt il courut à elle, prit son mouchoir, essuya ses pleurs et en répandit lui-même. Je ne crains point d'écrire de si petites choses, parce que cette facilité à verser des larmes fait connaître la bonté d'un caractère, suivant cette maxime des anciens : ἄνατοι δ'ἀριδάκρυες ἄνδρες [1]. »

« Il y a grande apparence, dit-il presque à la fin de ses *Mémoires*, que sa trop grande sensibilité abrégea ses jours. »

1. Ils ne sont pas méchants ceux qui pleurent facilement.

CHAPITRE VIII

VIOLENCE DES PASSIONS

Racine, Corneille et *Shakespeare.*

Nous venons de voir par des exemples saisissants quelle était la sensibilité de Racine. Sans vouloir ici discuter toutes les questions qui se rattachent à un tel sujet, rappelons-nous qu'on le regardait autour de lui comme un homme « tout sentiment et tout cœur ». C'est à lui qu'il appartenait de donner aux personnages tragiques cette sensibilité pleine de naturel et de délicatesse, qui ne se rencontre avant lui que bien rarement au théâtre. Il ne s'agit pas, bien entendu, de retrouver dans Racine toutes ces passions qui tourmentent ses personnages, mais pour ainsi dire la source d'où toutes ces passions ont jailli.

Ces passions, que Racine met dans le cœur de ses personnages, comment se comportent-elles? Est-il bien vrai qu'on y trouve cette « violence » dont il parle dans la préface de *Bérénice*, et que ses détracteurs n'ont pas peut-être suffisamment remarquée?

N'était-il pas à craindre, en effet, qu'avec sa sensibilité, portée facilement aux larmes, il ne s'arrêtât dans l'élégie et ne restât en définitive le peintre de la tendresse? Il avait un goût trop sûr, un génie trop dramatique pour commettre cette faute; et à part quelques rares exceptions, on trouve en général dans son théâtre la peinture pathétique des sentiments les plus vifs, des passions les plus tragiques.

Quel que soit du reste le sentiment qu'il met au cœur de ses personnages, ce sentiment est toujours passionné. Ce ne sont pas par conséquent des sentiments légers et superficiels, — qui donnent de l'intérêt à la vie sans la tourmenter beaucoup, — tels qu'on pouvait les voir ou les analyser finement autour de la marquise de Rambouillet ou de mademoiselle de Scudéry.

Chez lui, l'amour n'est pas simplement cette galanterie à la mode, à laquelle n'échappe presque aucun personnage du temps et qui fait comme partie de sa tenue; l'ambition n'est pas simplement ce désir de faire un peu de bruit et de narguer un premier ministre, désir qui tracasse un instant les héros de la Fronde.

L'amour d'Oreste pour Hermione est une véritable fureur, et le pousse à violer le droit des gens, à égorger le prince auprès duquel il est envoyé comme ambassadeur.

L'amour qu'il a pour Andromaque rend Pyrrhus imprudent et parjure; il ne songe plus aux périls qui peuvent le menacer; et il manque à la parole plusieurs fois donnée, plusieurs fois reprise à la fille d'Hélène.

Hermione fait tuer Pyrrhus, et le pleure quand il est mort, et déteste son meurtrier.

Agrippine est capable de tous les crimes comme de toutes les bassesses et de toutes les perfidies pour retenir le pouvoir qu'elle sent lui échapper.

Néron, emporté par le désir de résister à sa mère, fait enlever sans scrupules la fiancée de Britannicus, — et bientôt amoureux d'elle, se débarrasse par le poison de celui qui aurait pu lui disputer l'empire et Junie.

Roxane, pour avoir Bajazet, ose, dans le harem, résister aux ordres du sultan, et préparer contre lui une révolte et une révolution, — toujours au moment ou d'égorger son amant, ou de le mettre sur le trône.

Mithridate s'acharne autant à vaincre les Romains qu'à trouver son rival; — fût-il son Xipharès, il n'hésiterait pas à le sacrifier.

Agamemnon, pour conserver son autorité sur les Grecs, immolera une fille qu'il aime, — et à la fois par ambition, par faiblesse et par amour-propre, livrera à Calchas Iphigénie.

Phèdre, malade d'amour, perdra ou laissera perdre Hippolyte, et mourra, tuée par le remords, comme elle serait morte tuée par son indifférence.

Joad, prêtre ambitieux, agissant au nom de Dieu, conspire contre sa reine Athalie, l'attire dans un piège, et la fait égorger, pour mettre à sa place un enfant dont il a la garde, et dont il espère bien conserver toujours la tutelle.

On voit par ces exemples, que nous pourrions multiplier, que ce n'est pas une passion légère et superficielle que Racine donne à ses personnages; ce n'est pas une fantaisie qui les agite un instant et à la surface : c'est une fureur qui s'empare d'eux pour toujours et les bouleverse complètement : ils en sont saisis et enveloppés; ils ne peuvent pas s'en défaire; tout leur être est secoué et ébranlé; toute leur âme est entraînée et comme possédée.

Oh! sans doute, ce ne sont pas des êtres instinctifs, obéissant aveuglément à une impulsion donnée, des forces naturelles se déchaînant devant nous. De tels spectacles, véritables études physiologiques, ne sont pas ceux que nous donne Racine.

Ses personnages (avons-nous besoin de le dire?) sont des êtres intelligents, capables par conséquent de raisonnement et de réflexion, s'analysant eux-mêmes avec une perspicacité merveilleuse. On ne peut donc pas dire que le libre arbitre n'existe pas chez eux, et qu'ils sont les jouets inconscients d'une fatalité qui est au-dessus d'eux. Donc, — et c'est ce qui les rapproche de la moyenne de l'humanité, — ils ont bien en eux ce libre arbitre qui pourrait et devrait diriger toutes leurs actions; mais ils ont en même temps au dedans d'eux des passions dont ils sont la proie, et qui étouffent complètement ou presque complètement ce libre arbitre.

Telle est la distinction que nous voudrions bien marquer.

C'est là la cause de ces hésitations, de ces temps d'arrêt, de ces retours en arrière, que nous voyons chez plusieurs d'entre eux.

Car il y a des nuances et des degrés dans l'énergie et la violence de leurs passions : tous sont possédés par quelqu'une, — mais tous ne le sont pas de la même manière.

Les uns, comme Oreste, comme Hermione, sont emportés par leur passion qui les secoue et les ballotte au gré de son caprice. Ceux-là sont le plus près de l'instinct, le plus loin de la personnalité morale; ils sont le plus liés aux forces de la nature, et sont pour ainsi dire soumis aux lois de la mécanique[1]. Rien ne paraît en effet plus capricieux que la passion, rien n'est au fond plus réglé, plus soumis à des lois. C'est la liberté humaine qui met l'inattendu dans nos actions; c'est cet élément dont on ne peut pas calculer la force, parce qu'il varie suivant chaque individu, et dans tout individu, suivant l'âge et le moment.

Ces violents se rapprochent par certains traits de quelques héros de drames modernes, et aussi de plusieurs personnages de Shakespeare. Chez celui-ci, en effet, l'être humain, livré tout entier à une passion qui l'absorbe, est tellement tourmenté et secoué par elle, qu'il se produit dans ses facultés comme une rupture d'équilibre : les passions complètement déchaînées, sans que rien vienne les enrayer, agitent tellement ces personnages (Macbeth, le roi Lear, Hamlet), qu'elles les conduisent souvent à la folie.

C'est là sans doute que seraient souvent aussi arrivés les personnages de Racine, s'il n'avait craint de souiller son théâtre par ces excès et par le spectacle trop navrant de douleurs physiques. Le seul de ces personnages qui finit ainsi (et encore est-ce une folie passagère), c'est Oreste. Les autres n'arrivent pas jusque-là : mais poussés par leurs passions, qui ne leur laissent pas de relâche, ils vont jusqu'au suicide ou à l'assassinat.

Quelques-uns, mais ils sont rares, semblent reconnaître une autre souveraineté que celle de la passion. Nous ne sommes pas ici en présence de cette vertu à peu près sûre d'elle-même, que nous trouvons souvent dans Corneille, et dont Porus est dans Racine le seul représentant : dès les premières scènes, nous savons qu'un Sévère, qu'un Horace, qu'une Pauline, pourront souffrir, mais que le devoir triomphera de leur passion. Ici, rien de semblable, sauf peut-être pour la seule Andromaque, dont le devoir, fait d'amour pour Hector et d'amour pour son fils, saura résister à la passion de Pyrrhus. A côté d'Andromaque nous ne trouvons guère que Titus, en qui se montre à la fin ce triomphe du devoir sur la passion, — triomphe obtenu on

---

[1]. Voir la remarquable étude de Janet sur *la Psychologie de Racine* (*Revue des Deux Mondes*, 1875).

sait après quelles incertitudes et au prix de quels déchirements : ce qui le met, par suite, au point de vue particulier auquel nous nous plaçons en ce moment, fort loin d'Andromaque et encore plus loin d'Horace et de Polyeucte. Xipharès aussi serait capable d'un tel désintéressement, et le silence d'Hippolyte accusé est digne d'un personnage de Corneille : mais c'est un trait de son caractère, ce n'est pas son caractère tout entier.

Le compte est, on le voit, bientôt fait chez Racine des personnages [1], qui ne se laissent pas entraîner par la passion.

Il nous semble que Shakespeare et Corneille représentent deux écoles dramatiques complètement opposées : chez l'un, la peinture des passions dans ce qu'elles ont de plus violent, de plus déréglé, de plus instinctif; dans l'autre, la peinture de la personne humaine dans ce qu'elle a de plus noble, de plus élevé, de plus moral; dans l'un, l'absence de la liberté morale, l'oubli du devoir, le déchaînement de la passion; dans l'autre, le triomphe de la liberté et du devoir sur l'instinct et sur la passion.

Il nous semble que Racine se trouve placé entre ces deux écoles : quoique pour la forme, il soit plus près de Corneille; pour le fond, il est plus rapproché de Shakespeare.

Comme ce dernier en effet, il a surtout été frappé de l'impuissance de l'homme à lutter contre les passions qui l'agitent et l'entraînent; comme ce dernier, c'est surtout notre faiblesse, nos hésitations, nos irrésolutions, nos désespoirs, nos doutes, nos crimes qu'il étale; comme ce dernier, il dépeint l'homme, ou possédé par une passion, ou tiraillé entre plusieurs; rarement il nous donne le spectacle de l'homme luttant avec ses passions et les domptant. Qu'on y regarde de près en effet; qu'on ne se laisse pas tromper par l'élégance de l'expression : ce qu'il y a au fond de toutes ses tragédies, ce sont des passions souveraines des âmes, les torturant et les maîtrisant à leur gré; ce qu'il y a, c'est notre impuissance à nous en débarrasser, notre lâcheté devant elles. Combien peu en effet que guide un devoir accepté et reconnu comme tel!

Êtres plus violents qu'énergiques, asservis par une passion

---

[1]. Nous ne parlons bien entendu que des principaux, sans cela il faudrait aussi citer Burrhus.

qu'ils ne peuvent ni ne veulent bien souvent dompter! Tandis que d'autres mettent leur gloire à être, à se sentir, à se dire maîtres d'eux-mêmes [1], eux semblent mettre la leur à être, à se sentir, à se dire esclaves. Tandis que d'autres acceptent avec joie cette lutte, qui les grandit, eux voient venir avec effroi cette lutte (ou plutôt cette prise de possession), qui les diminue. Où trouveraient-ils en effet un soutien, du moment qu'ils n'ont pas le sentiment du devoir? Ils ne sont pas des héros enfantés par une imagination avide de sublime et d'idéal. Ils n'ont pas en eux de principe désintéressé : ils n'ont même pas cet orgueil qui, dans certaines âmes, remplace la vertu. Ils n'obéissent guère qu'à leur intérêt et à leur passion.

Faut-il s'étonner qu'ils puisent si peu leurs inspirations dans la conscience? Faut-il s'en indigner? A quoi bon. Il faut simplement nous demander si cette peinture de l'homme est exacte.

Quant à la morale, absente de leurs paroles et de leurs actions, il ne serait pas difficile de montrer où elle est : Elle est dans le dénouement qui les frappe et les punit. « Les héros de Corneille [2] pour s'être mis au-dessus des faiblesses humaines sortent de ses tragédies pleins de vie et heureux. Ceux de Racine pour y avoir cédé périssent ou perdent la raison. »

Sans doute, au premier aspect, le spectacle que nous présente Corneille est plus viril et plus fortifiant. Mais dans celui, plus près de la vérité moyenne, que nous présente Racine, quel enseignement, si nous savons en profiter, et ne pas nous aveugler tout à fait sur nous-mêmes!

Nous croyons avoir suffisamment démontré : que les personnages de Racine sont bien des héros tragiques et non des céladons; qu'ils sont passionnés et non pas seulement tendres; que leurs passions ont assez de violence pour les pousser à toutes les faiblesses, pour les précipiter dans tous les forfaits.

---

1. Je suis maître de moi comme de l'univers,
    Je le suis, je veux l'être.
    (CORNEILLE, *Cinna*.)

2. NISARD, *Histoire de la littérature française*, t. III, p. 22.

CHAPITRE IX

L'AMOUR DANS LE THÉATRE DE RACINE

Opinions différentes de *Corneille* et de *Racine*.

Parmi toutes les passions qu'il leur met au cœur, il en est une qu'il ne se lasse pas de reproduire et dont il est le peintre incomparable, c'est l'amour. Ce n'est pas ici le lieu de montrer par l'analyse des caractères quelle vérité et quelle variété il a su mettre dans cette peinture. Nous voudrions seulement rechercher quelle idée il se faisait de cette passion.

Le goût de son temps, porté vers les études de morale, les portraits, les caractères; les ruelles où l'on discutait sur la métaphysique de l'amour; Versailles où la grande question, après s'être montré au roi, était d'être galant envers les dames; sa propre nature enfin tendre et sensible, tout le poussait non seulement à peindre l'amour, mais à lui donner la première place dans son œuvre, puisqu'aussi bien c'était la passion la plus générale et celle qui intéressait le plus de spectateurs.

> De cette passion la sensible peinture
> Est pour aller au cœur la route la plus sûre.

Mais il y a tant de façons de le représenter : ou bien comme une intrigue galante, qui ne met en jeu que l'esprit des personnages; ou bien comme un ornement qui sert à égayer le poème. Ne pouvait-il pas être tenté d'imiter de Quinault ses héros doucereux et son culte pour le Dieu-Amour? de Corneille ses raisonnements souvent entachés de subtilité et de bel esprit?

Il comprit de bonne heure que l'amour au théâtre, pour nous intéresser, devait être absolu. « Il était persuadé [1] que l'amour, à moins qu'il ne soit entièrement tragique, ne doit point entrer dans les tragédies. »

Et ce n'est pas seulement de Roxane, c'est de la plupart des femmes de son théâtre qu'il pourrait faire ce portrait : « Quelques gens ont dit [2] que mes héroïnes étaient trop savantes en amour et trop délicates pour des femmes nées parmi des peuples qui passent ici pour barbares. Il me semble qu'il suffit de dire que la scène est dans le sérail. En effet y a-t-il une cour au monde où la jalousie et l'amour doivent être si bien connus que dans un lieu où tant de rivales sont enfermées ensemble, et où toutes ces femmes n'ont pas d'autre étude, dans une éternelle oisiveté, que d'apprendre à plaire et à se faire aimer. »

Il ne croyait donc pas que n'importe quel sujet dût être orné par l'amour de quelque personnage. A la fin de sa vie, il osa (c'était une audace à cette époque) faire une tragédie sans amour, *Athalie*. Mais l'auteur d'*Andromaque* et de *Bajazet* comprenait fort bien que certains personnages, occupés par d'autres et de grands intérêts, n'avaient pas le temps de se laisser entraîner par l'amour; et que cette passion, jetée sur des personnages secondaires, n'était que médiocrement attachante pour le spectateur. « L'amour [3], qui a d'ordinaire tant de part dans les tragédies, n'en a presque point ici; et je doute que je lui en donnasse davantage, si c'était à recommencer; car il faudrait ou que l'un des deux frères fût amoureux, ou tous les deux ensemble. Et quelle apparence de leur donner d'autres intérêts que ceux de cette fameuse haine qui les occupait tout entiers? Ou bien il faut jeter l'amour sur un des seconds personnages, comme je l'ai fait; et alors cette passion, qui devient comme étrangère au sujet, ne peut produire que de médiocres effets. En un mot, je suis persuadé que les tendresses ou les jalousies des amants ne sauraient trouver que fort peu de place parmi les incestes, les parricides, et toutes les autres horreurs qui composent l'histoire d'Œdipe et de sa malheureuse famille. »

1. *Mémoires* de Louis Racine.
2. Préface de *Bajazet* (éditions de 1676 et 1687).
3. Préface de *la Thébaïde*.

Corneille n'était pas du tout de cet avis.

Dans une lettre à Saint-Évremond, qui venait de défendre *Sophonisbe*, il s'exprimait ainsi. « J'ai cru jusqu'ici [1] que l'amour était une passion trop chargée de faiblesse pour être dominante dans une pièce héroïque; j'aime qu'elle y serve d'ornement et non pas de corps, et que les grandes âmes ne la laissent agir qu'autant qu'elle est compatible avec de plus nobles impressions; nos doucereux et nos enjoués sont de contraire avis. »

On voit ici éclater l'antagonisme des deux auteurs, on pourrait dire des deux systèmes dramatiques.

L'un, amoureux de la force et de l'énergie, veut surtout peindre dans l'homme ce qui résiste et nous représenter « dans une pièce héroïque » le triomphe de la volonté. Ce qui doit dominer c'est la grandeur d'âme, qui lutte contre les entraînements des sens, et non pas une passion « chargée de faiblesse »; c'est l'énergie de la volonté, domptant les surprises du cœur, qui doit faire le fond, « le corps » d'une pièce; l'amour peut bien toucher « les grandes âmes », mais « elles ne le laisseront agir qu'autant qu'il sera compatible avec de plus nobles impressions » : c'est-à-dire qu'il servira surtout à montrer la grandeur d'âme des personnages par la résistance qu'ils lui opposeront et par la victoire qu'ils remporteront. Même dans les plus belles, et les plus touchantes créations de Corneille, dans Chimène et dans Pauline, l'amour semble surtout destiné à faire resortir leur grandeur d'âme et leur énergique volonté.

Bien différente est la conception de Racine qui trouve, au contraire, que l'amour doit dominer dans une tragédie précisément à cause de ses faiblesses, de ses ardeurs et de ses emportements! Il ne croit pas que ses héros soient abaissés pour en être uniquement possédés. Mais surtout il croit que l'amour dans une tragédie « doit servir de corps et non pas d'ornement ».

Fidèle à ses principes, Corneille essaye d'orner ainsi quelques-unes de ses pièces, en particulier *Œdipe*, dans lequel, il faut bien l'avouer, la peinture épisodique de cette passion fait non seulement un médiocre, mais un triste effet. N'est ce pas à lui que

---

1. *Lettre de M. de Corneille à M. de Saint-Évremond* pour le remercier des louanges qu'il lui avait données dans la *Dissertation sur l'Alexandre de Racine* (1668).

pensait Racine quand il écrivait? « Je suis persuadé [1] que les tendresses et les jalousies des amants ne sauraient trouver que fort peu de place parmi les incestes, les parricides, et toutes les autres horreurs qui composent l'histoire d'Œdipe et de sa malheureuse famille. »

Mais avouons d'un autre côté que, si Racine a parfaitement raison en principe, il a eu tort de ne pas se conformer toujours à sa théorie : non pas que l'amour soit jamais pour ses personnages une affaire de médiocre importance; mais peut-être quelquefois n'est-il pas assez tragique [2]; — et ce n'est pas seulement dans *Œdipe*, c'est peut-être aussi dans *Iphigénie* « que les tendresses et les jalousies des amants ne sauraient trouver que fort peu de place ».

1. Préface de *la Thébaïde*.
2. Antiochus de *Bérénice*.

CHAPITRE X

LES RÈGLES

Il se conforme aux règles, et ne veut pas avoir l'air de les prendre au sérieux.

Nous avons pu jusqu'ici étudier d'après ses préfaces la constitution du théâtre de Racine sans nous occuper le moins du monde ni d'Aristote ni de ces fameuses règles, dont la tyrannie odieuse, au dire de certains critiques, aurait comme étouffé la littérature classique. Peut-être croit-on leur influence plus forte et plus pernicieuse qu'elle ne l'a été en réalité. On se rappelle certaines pages et certains mots de Corneille, qui toute sa vie, en effet, dans ses *Examens* ou ses *Discours*, a lutté contre ces règles ou essayé de prouver qu'il ne les avait pas violées. On s'imagine parfois tous les écrivains de l'époque « tout blancs d'Aristote » n'osant écrire une ligne sans en demander la permission à l'auteur de la *Poétique*. Ce n'est pas ici le lieu de se demander si Corneille a dans ses tragédies suivi d'aussi près les prétendues règles d'Aristote qu'il voudrait le faire croire à ses adversaires : examinons l'influence qu'elles ont pu avoir sur Racine et ce qu'il en dit dans ses préfaces.

Quand on parle des règles, on fait surtout allusion aux trois unités : à l'unité d'action, qu'Aristote recommande, en effet, mais que la raison réclame aussi ; à l'unité de lieu, dont il n'a rien dit sans doute, d'après l'explication fournie par l'abbé d'Aubignac, parce que la chose allait d'elle-même ; à l'unité de temps dont le philosophe grec n'a pas voulu faire une obligation, quand il a dit « que la tragédie [1] s'efforçait le plus possible de se renfermer dans une révolution du soleil, ou du moins de dépasser peu ces limites ».

Il est inutile de faire remarquer que notre poète reste fidèle à l'unité d'action. Quant aux deux autres, il les respecte aussi, un peu peut-être parce qu'il les trouve établies de son temps, mais surtout parce qu'elles renforcent, pour ainsi dire, la première, et permettent au poème d'avoir cette continuité et cette simplicité, auxquelles nuisent toujours les longs espaces de temps et les changements de lieux. « J'ai aussi essayé [2] d'imiter des anciens cette continuité d'action qui fait que leur théâtre ne demeure jamais vide, les intervalles des actes n'étant marqués que par des hymnes et par des moralités du chœur qui ont rapport à ce qui se passe. »

« On peut dire [3] que l'unité de lieu est observée dans cette pièce, en ce que toute l'action se passe dans le palais d'Assuérus. Cependant, comme on voulait rendre ce divertissement agréable à des enfants, en jetant quelque variété dans les décorations, cela a été cause que je n'ai pas gardé cette unité avec la même rigueur que j'ai fait autrefois dans mes tragédies. »

Il y avait encore de son temps bien des critiques, comme jadis l'abbé d'Aubignac, qui cherchaient à se poser en connaisseurs, et ne manquaient pas une occasion de défendre les règles et d'attaquer les auteurs qui, d'après eux, leur désobéissaient. Racine s'amuse à leurs dépens et paraît se moquer des règles, quand peut-être, il ne veut se moquer que de leurs défenseurs. Et sans doute, il connaissait mieux que personne l'importance des règles, des vraies, des éternelles règles, de celles qui découlent de la raison et du goût : c'est sur celles-là, nous l'avons montré au début de cette étude, qu'est fondé tout son théâtre. Il connaissait aussi la valeur de certaines règles, moins importantes il est vrai, moins absolues, mais qui donnent à l'œuvre d'art plus de précision et de perfection : règles appliquées d'instinct bien avant Aristote par les tragiques grecs, — enregistrées pour ainsi dire par le philosophe grec, et qui furent après lui

---

1. *Poétique*, chap. v.
2. Préface d'*Athalie*.
3. Préface d'*Esther*.

resserrées encore davantage, érigées en principes dont bien certainement il n'aurait pas voulu admettre la nécessité. — Racine sait tout cela ; il le sait beaucoup mieux que l'abbé d'Aubignac, lui qui connaît à fond la *Poétique* d'Aristote, lui qui l'a pratiquée et en a laissé de nombreux passages traduits et écrits de sa main [1].

Mais ce qui nous plaît en lui, c'est qu'il n'est pas plus gêné quand il parle de ces règles que quand il les applique ; c'est qu'il n'a pas l'air de croire qu'elles sont un élément indispensable du poème tragique ; c'est qu'il va chercher ailleurs les véritables règles auxquelles le poète doit subordonner son génie.

Il ne parle pas trop souvent d'Aristote, et, quand il le fait, on dirait que c'est moins une défense de sa pièce qu'une ironie dirigée contre ses adversaires, « qui croient prouver [2] à tous les spectateurs, par un branlement de tête et par des grimaces affectées, qu'ils ont étudié à fond la *Poétique* d'Aristote ».

« Qu'ils se reposent sur nous, leur dit-il ailleurs [3], de la fatigue d'éclaircir les difficultés de la *Poétique* d'Aristote. »

Ce n'est pas, du reste, qu'il ait la moindre intention de se moquer d'Aristote : il déclare que c'est un honneur pour le théâtre d'avoir attiré l'attention du philosophe grec. « Aristote [4] a bien voulu donner des règles du poème dramatique. »

La preuve c'est qu'il invoque, et très sérieusement, l'autorité d'Aristote, quand il déclare que le héros d'une tragédie doit toujours avoir quelque imperfection.

« Aristote [5] est bien éloigné de nous demander des héros parfaits. » — « Je leur ai déclaré [6], dans la préface d'*Andromaque*, le sentiment d'Aristote sur les héros de la tragédie. »

On voit que partout il porte assez légèrement le poids de ces règles. « Quelques lecteurs, dit-il dans la deuxième préface de *Bajazet*, pourront s'étonner qu'on ait osé mettre sur la scène une histoire aussi récente ; mais je n'ai rien vu dans les règles du poème dramatique, qui dût me détourner de mon entreprise. »

Et il passe outre. Est-ce soumission ? est-ce ironie ?

1. Sur les marges d'un exemplaire du *Commentaire de la Poétique d'Aristote*, par Victorius (Vettori).
2. Première Préface d'*Alexandre*.
3. Préface de *Bérénice*.
4. Préface de *Phèdre*.
5. Première Préface d'*Andromaque*.
6. Première Préface de *Britannicus*.

Où la question n'est pas douteuse, c'est lorsque, dans la préface des *Plaideurs*, il raille ceux qui, après s'y être divertis, ont eu peur « de n'avoir pas ri dans les règles ».

N'est-on pas frappé de la ressemblance de ces idées et même de ces expressions avec celles que nous trouvons dans Molière? « Ce n'est pas mon dessein [1] d'examiner maintenant si tout cela pouvait être mieux, et, si tous ceux qui s'y sont divertis, ont ri selon les règles. Le temps viendra de faire imprimer mes remarques sur les pièces que j'aurai faites, et je ne désespère pas de faire voir un jour, en grand auteur, que je puis citer Aristote et Horace. » — « Vous êtes de plaisantes gens [2] avec vos règles dont vous embarrassez les ignorants, et nous étourdissez tous les jours. Il semble, à vous ouïr parler, que ces règles de l'art soient les plus grands mystères du monde; et cependant ce ne sont que quelques observations aisées, que le bon sens a faites sur ce qui peut ôter le plaisir que l'on prend à ces sortes de poèmes; et le même bon sens, qui a fait autrefois ces observations, les fait aisément tous les jours, sans le secours d'Horace et d'Aristote. Je voudrais bien savoir si la grande règle des règles n'est pas de plaire, et si une pièce de théâtre, qui a attrapé son but, n'a pas suivi un bon chemin. »

L'élève de Gassendi et l'élève de Port-Royal arrivent à la même conclusion : cet accord ne montre-t-il pas avec toute évidence que leurs principes sont justes?

« La grande règle de toutes les règles est de plaire », dit l'auteur du *Misanthrope*.

« La principale règle est de plaire et de toucher », dit l'auteur d'*Andromaque*.

« Ils ont cru [3] qu'une tragédie, qui était si peu chargée d'intrigues, ne pouvait être selon les règles du théâtre. Je m'informai s'ils se plaignaient qu'elle les eût ennuyés. On me dit qu'ils assuraient tous qu'elle n'ennuyait point, qu'elle les touchait même en plusieurs endroits, et qu'ils la verraient encore avec plaisir. Que veulent-ils davantage? Je les conjure d'avoir assez bonne opinion d'eux-mêmes pour ne pas croire qu'une

---

1. Avertissement des *Fâcheux*.
2. *Critique de l'École des femmes*, sc. VII.
3. Préface de *Bérénice*.

pièce qui les touche et qui leur donne du plaisir puisse être absolument contre les règles. La principale règle est de plaire et de toucher : toutes les autres ne sont faites que pour parvenir à cette première. »

Plaire ici ne suffit plus : nous sommes dans le domaine de la tragédie : or pour Racine, nous le savons, la tragédie est la peinture de nos passions, de nos faiblesses, des malheurs et des crimes dans lesquels elles nous entraînent. Cette peinture doit nous attacher, nous émouvoir, nous arracher des larmes, nous toucher : c'est là un mot qui revient souvent dans les préfaces de notre auteur.

Il ne s'agit pas, en effet, ici, de nous élever par l'admiration pendant quelques instants au-dessus de notre condition ordinaire; il ne s'agit pas d'occuper notre esprit par une intrigue savante ou de frapper notre imagination par quelques traits brillants; il s'agit encore moins de nous secouer par des spectacles atroces, qui nous font souffrir quand ils ne nous font pas sourire. Boileau a très bien défini ce genre d'émotions qu'on éprouve avec Racine :

> Si d'un beau mouvement l'agréable fureur
> Souvent ne nous remplit d'une douce terreur,
> Ou n'excite en notre âme une pitié charmante,
> En vain vous étalez une scène savante.
> Le secret est d'abord de plaire et de toucher.

La théorie de l'*Art poétique* se rencontre avec celle des préfaces de Racine : et c'est ainsi qu'il s'inspire d'Aristote qui, lui aussi, déclare que la pitié et la terreur sont des émotions nécessaires à la tragédie.

Oui, le sentiment particulier que nous éprouvons pour ces personnages, entraînés par des passions plus fortes qu'eux, n'est en général ni du mépris, ni de la colère, c'est de la pitié; — non pas cette pitié douloureuse qui nous étreint à la vue des souffrances imméritées d'un honnête homme, mais cette pitié charmante qui nous émeut à la vue des misères d'un être, qui est surtout faible et qui a par là tant de rapports avec nous-mêmes; pitié qui n'est ni une souffrance, ni une gêne, et qui nous procure même une sorte de plaisir particulier.

Mais ce sentiment ne suffit pas dans la tragédie : il faut que certains personnages, par la violence même de leurs passions et par les catastrophes qui en résultent, par l'audace de leurs forfaits et la grandeur de leurs crimes, nous remplissent d'une certaine terreur, qui ne doit pas cependant être exagérée jusqu'à nous donner la sensation de l'horrible, « d'une douce terreur », dit Boileau.

Telle est bien, en effet, la pensée de Racine.

« On savait enfin [1] que vous l'aviez honorée de quelques larmes dès la première lecture que je vous en fis. Pardonnez-moi, madame, si j'ose me vanter de cet heureux commencement de sa destinée. Il me console bien glorieusement de la dureté de ceux qui ne voudraient pas s'en laisser toucher. Je leur permets de condamner l'*Andromaque* tant qu'il voudront, pourvu qu'il me soit permis d'appeler de toutes les subtilités de leur esprit au cœur de Votre Altesse Royale.... Et nous qui travaillons pour plaire au public, nous n'avons que faire de demander aux savants si nous travaillons selon les règles. La règle souveraine est de plaire à Votre Altesse Royale. »

« Aristote [2] ne veut pas qu'ils soient entièrement bons, parce que la punition d'un homme de bien exciterait plutôt l'indignation que la pitié du spectateur; ni qu'ils soient méchants avec excès, parce qu'on n'a point pitié d'un scélérat. »

« Je leur dirai encore ici [3] qu'un jeune prince de dix-sept ans, qui a beaucoup de cœur, beaucoup d'amour, beaucoup de franchise, beaucoup de crédulité, qualités ordinaires d'un jeune homme, m'a semblé très capable d'exciter la compassion. Je n'en veux pas davantage. »

« Je ne puis croire [4] que le public me sache mauvais gré de lui avoir donné une tragédie qui a été honorée de tant de larmes. »

« Qu'ils (ses critiques) se réservent le plaisir de pleurer et d'être attendris. »

« Ce caractère (de Phèdre) a toutes les qualités qu'Aristote demande dans les héros de la tragédie, et qui sont propres à exciter la compassion et la terreur. »

---

1. Dédicace d'*Andromaque* à Madame.
2. Première Préface d'*Andromaque*.
3. Première Préface de *Britannicus*.
4. Préface de *Bérénice*.

CHAPITRE XI

BEAUTÉ DES SENTIMENTS

Délicatesse de l'art classique qui évite la platitude et la trivialité.

Si la pitié que nous inspirent certains personnages de Racine n'est pas douloureuse, si la terreur dont certains autres nous remplissent n'est pas trop violente, nous le devons à ce je ne sais quoi de noble qui se trouve chez tous ou presque tous, même chez les plus misérables, à l'élévation, à ce que notre poète appelle « la beauté des sentiments [1] ».

Non pas qu'il prétende par là que tous ses personnages soient des modèles de beauté morale : d'abord, en fait, ce serait inexact; et puis si, par hasard, cette assertion était fondée, son théâtre ne serait pas une peinture de l'humanité : non, ce n'est pas à ce point de vue qu'il faut se placer pour comprendre cette expression.

L'art classique, et en particulier celui de Racine, ne tient pas à nous émouvoir par le spectacle de douleurs purement physiques, et répudie tous les excès qui lui paraissent choquants. Il croit pouvoir non pas trahir la vérité, mais choisir dans la vérité. Il sait bien que le crime et le vice existent, il n'hésitera pas à nous les présenter. Mais il en éloignera tous les côtés qui pourraient blesser notre goût ou heurter notre délicatesse. Il y a des plaies qu'il est inutile d'étaler; il y a des laideurs qu'on peut négliger d'analyser. Tout ne vaut pas la peine d'être dit ou d'être décrit. Et voilà pourquoi cet art laisse de côté, — ce n'est pas

---

1. Préface de *Bérénice*.

nous qui nous en plaindrons, — la platitude et la trivialité. L'idéal n'est pas de rendre la littérature aussi insignifiante et aussi ennuyeuse que peuvent l'être, que le sont, en effet, certaines existences. Que bien des êtres soient complètement vils et se plaisent dans l'ordure, cela peut se rencontrer. Mais est-il nécessaire qu'un écrivain perde son temps à nous décrire minutieusement l'avilissement complet d'une créature? Un tel spectacle est plus écœurant qu'intéressant.

Que l'on comprenne bien notre pensée. Nous ne refusons pas au poète le droit de peindre la laideur ou la bassesse; mais nous ne voulons pas non plus qu'on lui enlève le droit de rendre cette laideur et cette bassesse moins repoussantes.

C'est ce qu'a fait Racine. Prenez les personnages les plus vils qu'il a mis sur la scène, prenez Narcisse ou Mathan. Ils n'ont pas cette platitude et cette vulgarité que vous trouvez par exemple chez le Félix de Corneille. Cela vient sans doute, en partie, du style, de la versification, du ton général qui leur est donné. Cela vient aussi chez l'un, chez Narcisse, de cette habileté merveilleuse, de cette connaissance du cœur humain ou du moins du cœur de Néron, qui l'élèvent un peu au-dessus des traîtres et des hypocrites ordinaires; chez l'autre, chez Mathan, de cette influence malfaisante qu'il exerce sur Athalie, de ce regard à la fois furieux et tremblant qu'il jette sur le temple, de cette haine d'apostat qu'il a vouée à son ancien Dieu et au grand prêtre. Tous ces traits de caractère ne nous rendent pas ces personnages sympathiques, — Racine ne l'a pas désiré, — mais nous les rendent intéressants, et enlèvent à leur physionomie ce qu'elles pourraient avoir de trivial et d'ignoble.

Œnone même échappe à cet avilissement par son dévouement absolu à sa maîtresse, et par le châtiment qu'elle s'inflige à elle-même.

Ce n'est pas à dire que tous ces personnages aient dans leurs sentiments la même beauté : il y a des nuances qui n'échappent pas au tact de notre poète.

« J'ai même pris soin [1] de rendre Phèdre un peu moins odieuse qu'elle n'est dans les tragédies des anciens où elle se résout

---

1. Préface de *Phèdre*.

d'elle-même à accuser Hippolyte. J'ai cru que la calomnie avait quelque chose de trop bas et de trop noir pour la mettre dans la bouche d'une princesse qui a d'ailleurs des sentiments si nobles et si vertueux. Cette bassesse m'a paru plus convenable à une nourrice, qui pouvait avoir des inclinations plus serviles, et qui néanmoins n'entreprend cette fausse accusation que pour sauver la vie et l'honneur de sa maîtresse. »

Que dire des Néron, des Agrippine, des Athalie, qui, par la grandeur même de leurs crimes, nous attachent et nous passionnent?

C'est là, en effet, un des caractères particuliers de ce théâtre, et son grand charme, que le crime peut être odieux sans être repoussant, les passions violentes sans être grossières, les sentiments mauvais sans être bas.

Que de personnages, en effet, qui sont entraînés par leurs passions, mais dont le cœur est haut placé cependant! Et Oreste, et Hermione, et Pyrrhus, et Mithridate! Y a-t-il de l'indulgence à trouver de la beauté dans leurs sentiments?

Est-il difficile de la voir, cette beauté de sentiments, chez Britannicus, chez Xipharès, chez Bajazet, chez Achille, chez Titus?

N'y a-t-il pas même plus que de la beauté dans les sentiments d'une Andromaque, d'une Junie, d'une Iphigénie, d'une Bérénice, d'une Monime, de toutes ces jeunes filles ou jeunes femmes, qui osent résister avec une inébranlable fermeté à des maîtres violents, comme Néron ou Mithridate; ou bien faire avec une résignation apparente, mais la mort dans l'âme, le sacrifice, soit de leur vie comme Iphigénie, soit de leur bonheur comme Bérénice? Femmes qui ne sont pas seulement honnêtes et intrépides, mais qui ont « la délicatesse de l'honnêteté et le tact de la vertu [1] ».

1. TAINE.

CHAPITRE XII

DU THÉATRE CONSIDÉRÉ COMME UNE ÉCOLE DE VERTU

Caractère de Phèdre. — Préface de *Phèdre*. — Réconciliation avec Port-Royal.

Racine ne devait pas toujours se contenter « de plaire et de toucher » en nous attachant « par une action simple, soutenue de la violence des passions, de la beauté des sentiments, et de l'élégance de l'expression [1] ». Il ne devait pas toujours dire : il suffit « que tout s'y ressente de cette tristesse majestueuse qui fait tout le plaisir de la tragédie ».

Il devait aller plus loin. Il voulait faire du théâtre « une école [2] où la vertu serait enseignée ».

Faire du théâtre une école de vertu ! Songer à « instruire » les spectateurs autant qu'à les « divertir » ! n'était-ce pas là une tentative ou tout au moins une prétention bien hardie ? Mais qu'on se rassure. Racine avait trop le sens du théâtre pour composer jamais une de ces pièces à thèse, si fréquentes au XVIIIe et au XIXe siècle, pièces où l'on nous démontre rigoureusement, soit l'absurdité de tel préjugé et l'iniquité de telle loi, soit plus naïvement les conséquences funestes des crimes et des vices; pièces du genre ennuyeux, qui ont surtout le tort d'être et de vouloir être une démonstration.

C'est par des exemples, par le développement et le jeu des passions, et non par des raisonnements de rhéteur, que Racine

---

1. Préface de *Bérénice*.
2. Préface de *Phèdre*.

atteint « le but que tout homme qui travaille pour le public doit se proposer [1] ».

L'exemple qu'il prend c'est Phèdre et sa passion pour son beau-fils Hippolyte.

Racine n'a pas voulu nous montrer ici la passion aveugle et pour ainsi dire brutale d'une sultane qui ne sait qu'une chose, c'est qu'elle aime et qu'elle veut posséder son amant. Nous sommes en présence d'une passion ardente qui consume et qui tue, mais d'une passion cependant qui se connaît, qui se comprend, qui a conscience d'elle-même, qui s'analyse, qui voudrait se contenir : rien n'est plus loin d'un instinct aveugle, rien n'est plus hautement spiritualiste, rien n'est plus près de la raison, tout en lui paraissant, au premier abord, contraire. « C'est, dit-il, ce que j'ai peut-être mis de plus raisonnable sur le théâtre. » Malgré la catastrophe finale, malgré la perfidie qui l'amène, malgré les liens de Phèdre et du fils de Thésée, nous éprouvons pour la malheureuse héroïne de la pièce, plus de pitié que de haine. C'est que si elle est loin d'être « tout à fait innocente », elle n'est pas non plus « tout à fait coupable ».

Sans doute, c'est une passion illégitime qu'elle éprouve. Mais en est-elle tout à fait responsable? N'y est-elle pas engagée « par sa destinée et par la colère des dieux »? Nous n'avons pas à discuter ce point de départ, nous n'avons qu'à l'accepter, et à constater les merveilleux effets que Racine a su en tirer. Et, sans doute, Phèdre est une âme faible et passionnée, mais ce n'est pas une âme méchante. Or ce sont ces âmes-là qui sont la plus excellente matière des tragédies : ni tout à fait coupables, ni tout à fait innocentes.

Mais n'est-on pas allé jusqu'à parler de vertu? Racine ne déclare-t-il pas qu'elle a « d'ailleurs des sentiments si nobles et si vertueux »? N'assure-t-il pas qu'il n'a pas fait de tragédie « où la vertu soit plus mise en jour que dans celle-ci »? Et Boileau enfin n'a-t-il pas écrit en propres termes :

... la douleur vertueuse
De Phèdre, malgré soi perfide, incestueuse?

---

[1]. Préface de *Phèdre*.

Et Boileau, comme Racine, nous explique pourquoi : c'est que Phèdre est perfide et incestueuse malgré elle ; c'est qu'elle a « horreur toute la première » de sa passion : c'est qu'elle « fait tous ses efforts pour la surmonter » ; c'est qu'elle « aime mieux se laisser mourir que de la déclarer à personne. Et lorsqu'elle est forcée de la découvrir, elle en parle avec une confusion qui fait bien voir que son crime est plutôt une punition des dieux qu'un mouvement de sa volonté [1] ».

Voilà bien, en effet, ce qui permet d'appeler sa douleur « vertueuse ». C'est que nous sommes ici en présence d'une femme qui ne se laisse pas entraîner sans résistance par sa passion, mais qui, au contraire, lutte contre elle parce qu'elle en voit toute l'horreur : mais hélas ! la passion est trop forte et la destinée l'accable. Tout se tourne contre elle, et la fausse nouvelle de la mort de Thésée et l'arrivée de son époux. Rien ne la soutient : Œnone, au contraire, la pousse et la perd par affection pour elle.

On sent, on voit, on comprend qu'un rien aurait suffi pour la sauver ; mais sa destinée l'accable et la colère des dieux.

Il n'y a dans aucune littérature de spectacle plus touchant que celui de cette infortunée faisant tous ses efforts pour rester vertueuse ; perfide par faiblesse, criminelle par jalousie, incestueuse en pensée, non en action.

> Hélas ! du crime affreux dont la honte me suit,
> Jamais mon triste cœur n'a recueilli le fruit.

Mais si elle n'a pas joui du fruit de son crime, du moins elle en a eu toutes les amertumes, et le remords ne l'a pas épargnée. C'est cette lutte contre sa passion qui fait le pathétique du drame ; ce sont les remords qu'elle en éprouve qui en font la moralité.

Voyez-la quand elle arrive sur la scène [2], affaissée, découragée, mais résolue à mourir, sans même oser parler de sa passion. C'est une âme qui ploie sous le désespoir, et qui préférerait le suicide à l'aveu de son amour :

> Grâces au ciel, mes mains ne sont point criminelles.
> Plût aux dieux que mon cœur fût innocent comme elles !

1. Préface de *Phèdre*.
2. Acte I, sc. III.

> Quand tu sauras mon crime, et le sort qui m'accable,
> Je n'en mourrai pas moins, j'en mourrai plus coupable.

Tels sont ses sentiments : Racine a-t-il tort de les appeler nobles et vertueux ? « Son incurable amour, son mal » vient de Vénus :

> C'est Vénus tout entière à sa proie attachée.
> J'ai conçu pour mon crime une juste terreur ;
> J'ai pris la vie en haine et ma flamme en horreur.

Que peut-on lui reprocher ? n'a-t-elle pas lutté contre son amour ? N'en a-t-elle pas éloigné l'objet ? ne l'a-t-elle pas même persécuté ? n'a-t-elle pas assez d'horreur pour sa flamme ?

Mais la nouvelle se répand de la mort de Thésée : sa flamme devient « une flamme ordinaire [1] » ; l'horreur qu'elle éprouvait pour elle diminue, et tend à disparaître ; il n'en restera peut-être qu'un peu de gêne et un certain malaise ; elle s'habitue à cette idée qu'elle repoussait tout à l'heure. Les circonstances, amenées par le hasard ou la volonté des dieux, ont tout à fait changé sa situation par rapport à Hippolyte.

Un peu auparavant, la mort lui semblait préférable à l'aveu de son amour ; elle n'a plus les mêmes raisons pour lutter contre lui : aussi l'aveu de son amour lui échappe [2] :

> ...Je m'égare,
> Seigneur, ma folle ardeur malgré moi se déclare.

Mais même alors elle ne s'abandonne pas avec complaisance à cette passion :

> Ne pense pas qu'au moment que je t'aime,
> Innocente à mes yeux, je m'approuve moi-même,
> Ni que du fol amour qui trouble ma raison,
> Ma lâche complaisance ait nourri le poison.
> Objet infortuné des vengeances célestes,
> Je m'abhorre encor plus que tu ne me détestes.
> Que dis-je ? cet aveu que je viens de te faire,
> Cet aveu si honteux, le crois-tu volontaire ?

On se fait toujours illusion quand on aime. Aussi, malgré les dédains et l'insensibilité d'Hippolyte, Phèdre espère-t-elle :

> Et l'espoir malgré moi s'est glissé dans mon cœur [3].

---

1. Acte I, sc. v.
2. Acte II, sc. v.
3. Acte III, sc. i.

Une femme qui aime essaye d'attendrir celui qu'elle aime : la situation n'a en ce moment rien que de très ordinaire. Le retour de Thésée va la rendre tragique.

L'aveu de son amour n'était que honteux pour Phèdre ; il est indigne maintenant :

> J'ai fait l'indigne aveu d'un amour qui l'outrage [1].

Laissée à elle-même, Phèdre se laisserait mourir : elle ne voit pas d'autre moyen de sortir de la situation où elle est. Car elle n'est pas

> ...de ces femmes hardies
> Qui, goûtant dans le crime une tranquille paix,
> Ont su se faire un front qui ne rougit jamais.

Elle ne songeait pas, elle n'aurait jamais songé, elle, à prendre les devants et à accuser Hippolyte :

> Moi, que j'ose opprimer et noircir l'innocence !

Mais elle est brisée par la lutte ; elle a un moment d'accablement, — et en même temps de colère contre Hippolyte :

> Dans ses yeux insolents je vois ma perte écrite.
> Fais ce que tu voudras, je m'abandonne à toi,

dit-elle à Œnone.

Voilà tout son crime ; il est grand, mais il s'explique par les raisons déjà données ; — et de plus il n'est pas bien sûr qu'elle en voie les conséquences. Thésée peut-être

> Bornera sa vengeance à l'exil de son fils.

Et puis, tant de coups frappés à la fois, tant de changements subits dans sa destinée, ne lui permettent pas de réfléchir :

> Dans le trouble où je suis, je ne puis rien pour moi.

Mais elle sortira bientôt de ce trouble et de cet égarement ; elle en sortira pour apprendre qu'Œnone a accusé Hippolyte d'un amour criminel, et que Thésée vient de condamner son fils. Aussi, plus calme, comprend-elle mieux la gravité de l'accu-

---

[1]. Acte III, sc. III.

sation; elle accourt, « pleine d'un juste effroi », supplier Thésée « d'épargner sa race ». Elle allait défendre Hippolyte, peut-être s'accuser elle-même; elle ne pouvait supporter ses remords :

> Peut être, si la voix ne m'eût été coupée,
> L'affreuse vérité me serait échappée.

Les révélations de Thésée l'arrêtent, en faisant naître dans son cœur un sentiment qui n'y existait pas encore, la jalousie.

> Il soutient qu'Aricie a son cœur, a sa foi,
> Qu'il l'aime...

Ce qui n'est pour Thésée qu'un « frivole artifice », est pour Phèdre une horrible découverte, qui la pousse jusqu'au crime. Oui, jusque-là elle n'était pas encore bien coupable; elle l'était par faiblesse, et cette faiblesse elle allait peut-être la réparer. Mais maintenant les transports de la jalousie s'emparent d'elle :

> Hippolyte est sensible et ne sent rien pour moi !
> Et je me chargerais du soin de le défendre !

Racine a fort bien compris que, dans la voie du crime, la jalousie pouvait mener infiniment plus loin que l'amour. Aussi, sur le premier moment, s'abandonne-t-elle à sa fureur. Mais même alors, ses « sentiments vertueux » ne l'abandonnent pas tout à fait. Avec quelle tristesse et quel retour amer sur son propre sort s'écrie-t-elle !

> Le ciel de leurs soupirs approuvait l'innocence;
> Ils suivaient sans remords leur penchant amoureux.

Et c'est bien ici ce qu'il y a d'admirable et de touchant, cette vue nette de sa propre situation et de son indignité, que vient de loin en loin obscurcir et troubler un transport de jalousie et de rage.

Bientôt au milieu de sa passion la raison lui revient; elle se juge elle-même, elle est impitoyable pour son crime :

> Je respire à la fois l'inceste et l'imposture...

On se sent pris d'une certaine pitié pour cette « misérable » qui « rend dans les tourments une pénible vie ».

On trouve presque juste qu'elle dise à Œnone :

> Tes prières m'ont fait oublier mon devoir.

Ainsi l'égarement et la faiblesse qui l'ont conduite jusqu'au crime n'ont duré qu'un instant. Déjà elle juge les autres, elle se juge elle-même, elle est de nouveau reprise par ses remords, il ne lui reste qu'à expier.

Le crime commis, elle ne peut que se punir elle-même et confesser l'innocence d'Hippolyte. Il y a donc ici pour elle un double châtiment : le poison et l'aveu.

Sans l'insistance d'Œnone, elle serait morte, mais elle serait morte d'amour. Elle meurt maintenant tuée par ses remords.

> Quand tu sauras mon crime et le sort qui m'accable,
> Je n'en mourrai pas moins, j'en mourrai plus coupable,

avait-elle dit au premier acte.

On ne peut pas trouver qu'elle soit trop indulgente à elle-même, celle qui se juge ainsi :

> Déjà je ne vois plus qu'à travers un nuage
> Et le ciel et l'époux que ma présence outrage;
> Et la mort à mes yeux dérobant la clarté,
> Rend au jour qu'ils souillaient toute sa pureté.

N'est-ce pas que Racine a merveilleusement mis en pratique ce précepte de Boileau :

> Et que l'amour, souvent de remords combattu,
> Paraisse une faiblesse et non une vertu?

N'est-ce pas que ce même Boileau a très exactement compris la valeur morale de la peinture de Racine, quand il a parlé de :

> ...la douleur vertueuse
> De Phèdre malgré soi perfide, incestueuse?

Et pouvons-nous mieux faire ici que de laisser la parole à Racine lui-même ? — cette analyse du caractère de Phèdre n'ayant pas d'autre but que de faire comprendre et de justifier les paroles dont il se sert dans la préface de sa tragédie : « Ce que je puis assurer, c'est que je n'en ai point fait (de tragédie) où la vertu soit plus mise en jour que dans celle-ci. Les moindres fautes y sont sévèrement punies. La seule pensée du crime y est regardée avec autant d'horreur que le crime même. Les faiblesses de l'amour y passent pour de vraies faiblesses; les passions n'y sont présentées aux yeux que pour montrer tout le désordre dont elles sont cause; et le vice y est peint partout avec des couleurs qui en font connaître et haïr la difformité. C'est là proprement le but que tout homme qui travaille pour le public doit se proposer; et c'est ce que les premiers poëtes tragiques avaient en vue sur toute chose. Leur théâtre était une école où la vertu n'était pas moins bien enseignée que dans les écoles des philosophes. Aussi Aristote a bien voulu donner des règles du poëme dramatique; et Socrate, le plus sage des philosophes, ne dédaignait pas de mettre la main aux tragédies d'Euripide. Il serait à souhaiter que nos ouvrages fussent aussi solides et aussi pleins d'utiles instructions que ceux de ces poëtes. »

Peindre le vice pour en faire haïr la difformité! regarder le théâtre comme une école de vertu, les tragédies comme des ouvrages pleins d'utiles instructions! Que nous sommes loin de la Lettre de Bossuet au père Caffaro et des *Maximes et Réflexions sur la comédie*! Que nous sommes loin de cette sévère condamnation de l'auteur dramatique : « Toute la fin de son art et de son travail c'est qu'on soit comme son héros épris des belles personnes, qu'on les serve comme des divinités, en un mot qu'on leur sacrifie tout, si ce n'est peut-être la gloire dont l'amour est plus dangereux que la beauté même. »

Dans la préface de Phèdre et dans la pièce elle-même, quelle admirable réponse nous trouvons faite par avance [1] au réquisitoire éloquent de Bossuet!

Quelle réponse modérée et habile faite à Port-Royal. C'est en effet à Port-Royal qu'il s'adresse dans ces derniers mots de la préface de *Phèdre* : « Ce serait peut-être un moyen de réconcilier la tragédie avec quantité de personnes célèbres par leur piété et par leur doctrine qui l'ont condamnée dans ces derniers temps, et qui en jugeraient sans doute plus favorablement, si les auteurs songeaient autant à instruire les spectateurs qu'à les divertir, et s'ils suivaient en cela la véritable intention de la tragédie. »

Or on sait que c'est *Phèdre* qui réconcilia Racine avec Port-

---

1. La Lettre de Bossuet au père Caffaro est du 9 mai 1694. Les *Maximes et Réflexions sur la comédie* parurent dans les derniers mois de 1694.

Royal, et surtout avec le grand Arnauld. Il s'était séparé de ses anciens maîtres en leur lançant des traits plus spirituels que généreux. Mais depuis, que de fois il dut faire un retour sur lui-même! Que de fois, exaspéré par les critiques de ses adversaires ou par quelque échec au théâtre, il dut se rappeler et les avertissements qu'on lui avait donnés et la manière injurieuse dont il les avait reçus! Peu à peu en effet, si son talent ne grandit pas (après *Britannicus* il ne pouvait guère grandir), on peut dire qu'il s'épure. Dans les dernières années de sa vie théâtrale, des pensées plus graves semblent le préoccuper : la religion et Port-Royal s'emparent de nouveau de lui : *Phèdre* et la préface de cette tragédie en sont la preuve.

CHAPITRE XIII

RACINE RENONCE AU THÉATRE

I. Causes de sa retraite. — 1° Circonstances extérieures. — 2° Critiques de ses adversaires. — 3° Retour à la religion. — II. Son détachement de la poésie fut-il absolu ?

I. — *Phèdre* est la dernière tragédie profane qu'il écrivit. Pourquoi s'est-il retiré du théâtre? C'est la question la plus intéressante pour nous de la vie de Racine : nous allons à notre tour en dire quelques mots, en continuant à nous appuyer sur les préfaces de ses tragédies, et en nous aidant aussi des lettres de notre poète et des *Mémoires* de son fils.

On peut expliquer cette retraite :

1° Par des circonstances extérieures, — comme son mariage et sa nomination à la charge d'historiographe du roi;

2° Par l'amertume des critiques et les dégoûts de la vie de théâtre;

3° Par son retour à la religion.

Nous croyons que chacune de ces explications contient une part de vérité, mais que cependant la cause la plus importante de sa retraite doit être cherchée dans son retour à la religion.

1° Son mariage (1ᵉʳ juin 1677) avec une personne de peu d'esprit, mais de beaucoup de piété, est plutôt un effet qu'une cause de sa retraite.

Sa nomination à la charge d'historiographe du roi (nomination qui est de l'année 1677 et qui remonte même peut-être avant le mois de mars [1]) l'aurait probablement forcé d'abandonner

---

1. D'après Paul Mesnard.

le théâtre pour se consacrer à ses nobles fonctions. Mais il n'y a là sans doute qu'une coïncidence, tout au plus une raison nouvelle que Racine, déjà et pour d'autres causes décidé, se donne à lui-même. Nous ne sommes pas éloigné d'accepter complètement l'explication donnée par son fils : « Mon père, toujours attentif à son salut, regarda le choix de Sa Majesté comme une grâce de Dieu qui lui procurait cette importante occupation pour le détacher entièrement de la poésie ».

2° Les inimitiés continuelles qu'il eut à subir et en particulier la cabale qui faillit faire échouer son dernier ouvrage ne durent pas être sans influence sur sa détermination. De tout temps, les écrivains de génie ont eu à lutter contre des rivaux et des envieux; mais jamais peut-être ces luttes littéraires ne furent aussi acharnées qu'au XVIIe siècle, — peut-être parce qu'alors c'était à peu près la seule matière sur laquelle il fut permis de discuter, tandis qu'aujourd'hui il y a tant d'autres questions qui absorbent l'attention et l'activité des hommes et leur permettent d'employer dans d'autres luttes tout ce qu'il y a dans leur âme d'envie et de haine contre toute espèce de supériorité!

Ce n'est pas le lieu d'examiner ici toutes les luttes que Racine eut à soutenir, toutes les inimitiés auxquelles il fut en butte [1].

Qu'il nous suffise de rappeler que, dès sa seconde pièce, il eut à se défendre contre la plupart des poètes, dont il devenait le rival, depuis Boursault jusqu'au grand Corneille; contre les gazettes de l'époque, et surtout le *Mercure galant*; contre la famille de Corneille, et en particulier Fontenelle; contre le parti de la vieille cour, attaché aux anciens poètes; contre la plupart des écrivains harcelés par Boileau, qui se vengeaient sur lui des attaques du satirique, et qui plus tard formèrent le gros du parti des modernes. Ajoutons des critiques comme Subligny ou l'abbé de Villars, qui rendaient compte de chaque pièce nouvelle de Racine avec le parti pris évident de la dénigrer et d'en diminuer le succès; ajoutons aussi tous ceux que lui firent les succès mêmes de ses pièces, et sa faveur croissante à la cour auprès du roi. Car ce n'est pas seulement pendant sa carrière poétique qu'il

---

1. Nous renvoyons pour cette question à l'ouvrage complet et définitif de DELTOUR sur *les Ennemis de Racine*.

fut en butte à d'ardentes inimitiés : après sa retraite du théâtre, l'historiographe, le courtisan, le dévot, le janséniste, ne sont pas épargnés, pas plus que l'auteur d'*Athalie*, dont on parvient à empêcher la représentation.

Aussi peut-on dire que Racine a chèrement payé sa gloire : nous connaissons son caractère irritable, son tempérament nerveux. Il n'était pas homme à mépriser ces attaques; combien au contraire il dut en souffrir! Lui-même avouait « que la plus mauvaise critique [1] lui avait toujours causé plus de chagrin que les plus grands applaudissements ne lui avaient fait de plaisir ». On avait fait au Théâtre-Italien une parodie de *Bérénice*. « Il assista [2] à cette parodie bouffonne, et y parut rire comme les autres; mais il avouait à ses amis qu'il n'avait ri qu'extérieurement. La rime indécente qu'Arlequin mettait à la suite de la reine Bérénice le chagrinait au point de lui faire oublier le concours du public à sa pièce, les larmes des spectateurs et les éloges de la cour. C'était dans de pareils moments qu'il se dégoûtait du métier de poète, et qu'il faisait résolution d'y renoncer : il reconnaissait la faiblesse de l'homme, et la vanité de notre amour-propre que si peu de chose humilie. »

Le tort de Racine (mais peut-on le lui reprocher?) fut d'être et surtout de paraître trop sensible à ces critiques, et de répondre avec une aigreur et une impertinence, qui ne durent pas calmer ses adversaires. Du reste, même retiré du théâtre, il ne put s'empêcher de lancer contre ses ennemis, contre Fontenelle, contre Boyer, contre Leclerc, de ces épigrammes mordantes qui décèlent bien ce qu'il y avait, à côté de sa sensibilité, de spirituel et de railleur dans le génie de Racine.

Sa défense contre ses adversaires, — et pour lui se défendre c'est attaquer, — va de la première préface d'*Alexandre* à la préface d'*Iphigénie* : et partout nous trouvons cette ironie cruelle, ce dédain non dissimulé de l'ignorance et de la sottise de ceux qui le critiquent.

« J'avoue [3] que quelque défiance que j'eusse de moi-même, je n'ai pu m'empêcher de concevoir quelque opinion de ma tragédie

---

1. *Mémoires.*
2. *Mémoires.*
3. Première Préface d'*Alexandre*.

quand j'ai vu la peine que se sont donnée de certaines gens pour la décrier. On ne fait point tant de brigues contre un ouvrage qu'on n'estime pas; on se contente de ne le plus voir quand on l'a vu une fois, et on le laisse tomber de lui-même, sans daigner seulement contribuer à sa chute. Cependant j'ai eu le plaisir de voir plus de six fois de suite à ma pièce le visage de ses censeurs; ils n'ont pas craint de s'exposer si souvent à entendre une chose qui leur déplaisait; ils ont prodigué libéralement leur temps et leurs peines pour la venir critiquer, sans compter les chagrins que leur ont peut-être coûtés les applaudissements que leur présence n'a pas empêché le public de me donner.... Mais je n'aurais jamais fait si je m'arrêtais aux subtilités de quelques critiques qui prétendent assujettir le goût du public aux dégoûts d'un esprit malade, qui vont au théâtre avec un ferme dessein de n'y point prendre de plaisir, et qui croient prouver à tous les spectateurs par un branlement de tête et par des grimaces affectées, qu'ils ont étudié à fond la *Poétique* d'Aristote.... Ce qui me console c'est de voir mes censeurs s'accorder si mal ensemble : les uns disent que Taxile n'est pas assez honnête homme; les autres, qu'il ne mérite point sa perte; les uns soutiennent qu'Alexandre n'est pas assez amoureux; les autres me reprochent qu'il ne vient sur le théâtre que pour parler d'amour. Ainsi je n'ai pas besoin que mes amis se mettent en peine de me justifier, je n'ai qu'à renvoyer mes ennemis à mes ennemis, et je me repose sur eux de la défense d'une pièce qu'ils attaquent en si mauvaise intelligence, et avec des sentiments si opposés. »

Le persiflage ne suffit pas à notre poète; il faut qu'il accuse ses adversaires d'ignorance (« ces esprits qui n'ont lu l'histoire que dans les romans, et qui croient qu'un héros ne doit jamais faire un pas sans la permission de sa maîtresse »); et cette accusation reviendra souvent dans ses préfaces : « Je ne représente point à ces critiques le goût de l'antiquité; je vois bien qu'ils le connaissent médiocrement. »

De toutes les pièces de Racine avant *Phèdre* c'est *Britannicus* qui fut le plus attaqué : aussi avec quelle verve railleuse répond-il à ses censeurs dans la première préface de la pièce! « Il n'y a point de cabale qu'ils n'aient faite, point de critique dont ils ne se soient avisés. Il y en a qui ont pris même le parti de Néron contre moi. » Il ne croit pas cependant « qu'il ait de réparation à lui faire ».

« Que faudrait-il faire pour contenter des juges si difficiles? La chose serait aisée pour peu que l'on voulût trahir le bon sens. » Suit un passage très vif et très spirituel, et que nous ne pourrions qu'admirer, si le grand nom de Corneille ne se trouvait mêlé à ces tristes débats, si ce n'était contre lui que Racine, avec justesse peut-être, mais avec trop d'irrévérence, dirige tous ses traits les plus acérés. Et sans doute « il n'y a rien de plus naturel que de se défendre quand on se croit injustement attaqué [1] ».

Mais nous regrettons (tout en constatant que Corneille et ses trop fervents admirateurs eurent les premiers torts), que l'auteur du *Cid* et de *Polyeucte* soit ainsi traité par son jeune rival.

Du reste si Corneille était vivement pris à partie, les autres adversaires, plus obscurs, n'étaient pas ménagés. « Il n'y a rien de plus injuste qu'un ignorant. Il croit toujours que l'admiration est le partage des gens qui ne savent rien. Il condamne toute une pièce pour une scène qu'il n'approuve pas. Il s'attaque même aux endroits les plus éclatants pour faire croire qu'il a de l'esprit ; et pour peu que nous résistions à ses sentiments, il nous traite de présomptueux qui ne veulent croire personne, et ne songe pas qu'il tire quelquefois plus de vanité d'une critique fort mauvaise, que nous n'en tirons d'une assez bonne pièce de théâtre : *Homine imperito nunquam quidquam injustius* ».

Six ans après, dans une deuxième préface qu'il écrit, il supprime toute attaque contre ses adversaires, mais il ne supprime pas le souvenir de la lutte qu'il eut à soutenir et des critiques qu'il eut à essuyer. « Voilà celle de mes tragédies que je puis dire que j'ai le plus travaillée. Cependant j'avoue que le succès ne répondit pas d'abord à mes espérances. A peine elle parut sur le théâtre qu'il s'éleva quantité de critiques qui semblaient la devoir détruire. Je crus moi-même que sa destinée serait à l'avenir moins heureuse que celle de mes autres tragédies. Mais enfin il est arrivé de cette pièce ce qui arrivera toujours des ouvrages qui auront quelque bonté. Les critiques se sont évanouies ; la pièce est demeurée. »

---

1. Première Préface de *Britannicus*.

Cette dernière phrase est un peu hautaine : mais qu'il y a loin de ce fait constaté avec contentement et sérénité par le poète à l'amertume et à la violence de la première préface !

Avec *Bérénice* nous ne sommes pas encore à cette période d'apaisement, nous sommes en pleine lutte. Racine explique et défend (nous l'avons montré en détail) son système dramatique, et répond ironiquement à ses critiques. Il leur conseille malicieusement de ne pas se mêler de juger par règle. « Toutes ces règles [1] sont d'un long détail dont je ne leur conseille pas de s'embarrasser ; ils ont des occupations plus importantes. Qu'ils se reposent sur nous de la fatigue d'éclaircir les difficultés de la *Poétique* d'Aristote ; qu'ils se réservent le plaisir de pleurer et d'être attendris. »

Citons aussi cette fin dirigée contre l'abbé de Villars :

« Pour le libelle que l'on a fait contre moi, je crois que les lecteurs me dispenseront volontiers d'y répondre. Et que répondrai-je à un homme qui ne pense rien, et qui ne sait pas même construire ce qu'il pense ? Il parle de protase comme s'il entendait ce mot, et veut que cette première des quatre parties de la tragédie soit toujours la plus proche de la dernière qui est la catastrophe. Il se plaint que la trop grande connaissance des règles l'empêche de se divertir à la comédie. Certainement, si l'on en juge par sa dissertation, il n'y eut jamais de plainte plus mal fondée. Il paraît bien qu'il n'a jamais lu Sophocle, qu'il loue très injustement d'une grande multiplicité d'incidents, et qu'il n'a même jamais rien lu de la *Poétique*, que dans quelques préfaces de tragédie. Mais je lui pardonne de ne pas savoir les règles du théâtre, puisque heureusement pour le public il ne s'applique pas à ce genre d'écrire. Ce que je ne lui pardonne pas, c'est de savoir si peu les règles de la bonne plaisanterie, lui qui ne veut pas dire un mot sans plaisanter. Croit-il réjouir beaucoup les honnêtes gens par ces hélas de poche, ces mesdemoiselles mes

---

1. Préface de *Bérénice*. — Racine faisant l'éloge de la simplicité d'action, dans cette même Préface, songeait à la complexité et au grand nombre d'incidents de certaines pièces de Corneille. En tout cas, ce n'est nullement comme dans la première Préface de *Britannicus*. Le système dramatique de son rival peut être attaqué en théorie : Corneille n'est pas directement pris à partie ; c'est pour d'autres (et nous en sommes plus à l'aise pour louer) qu'il réserve ses traits les plus acérés.

règles, et quantité d'autres basses affectations qu'il trouvera condamnées dans tous les bons auteurs, s'il se mêle jamais de les lire?

« Toutes ces critiques sont le partage de quatre ou cinq petits auteurs infortunés, qui n'ont jamais pu par eux-mêmes exciter la curiosité du public. Ils attendent toujours l'occasion de quelque ouvrage qui réussisse, pour l'attaquer; non point par jalousie : car sur quel fondement seraient-ils jaloux? mais dans l'espérance qu'on se donnera la peine de leur répondre, et qu'on les tirera de l'obscurité où leurs propres ouvrages les auraient laissés toute leur vie. »

Dans la préface d'*Iphigénie*, il dédaigne de répondre directement aux critiques qu'on avait adressées à sa pièce. Mais ses adversaires n'y perdent rien. C'est, en effet, pour montrer leur sottise et leur impertinence qu'il prend la défense de l'*Alceste* d'Euripide, qui n'a que faire, semble-t-il, dans cette discussion.

« Il ne s'agit point ici [1] de l'*Alceste*. Mais, en vérité, j'ai trop d'obligations à Euripide pour ne pas prendre quelque soin de sa mémoire, et pour laisser échapper l'occasion de le réconcilier avec ces messieurs. Je m'assure qu'il n'est si mal dans leur esprit que parce qu'ils n'ont pas bien lu l'ouvrage sur lequel ils l'ont condamné.

« ... Tout le reste de leurs critiques est à peu près de la force de celles-ci. Mais je crois qu'en voilà assez pour la défense de mon auteur. Je conseille à ces messieurs de ne plus décider si légèrement sur les ouvrages des anciens. Un homme tel qu'Euripide méritait au moins qu'ils l'examinassent, puisqu'ils avaient envie de le condamner. Ils devaient se souvenir de ces sages paroles de Quintilien : « Il faut être extrêmement circonspect « et très retenu à prononcer sur les ouvrages de ces grands « hommes, de peur qu'il ne nous arrive, comme à plusieurs, de « condamner ce que nous n'entendons pas. Et s'il faut tomber « dans quelques excès, encore vaut-il mieux pécher en admirant « tout dans leurs écrits qu'en y blâmant beaucoup de choses. »

Vous condamnez ce que vous n'entendez pas! Tel est le reproche que fait à chaque instant Racine à ses adversaires. Ce n'était

1. Préface d'*Iphigénie*.

pas là le moyen de les désarmer : aussi ne cessèrent-ils jamais de le harceler.

On comprend que ces attaques perpétuelles, d'autant plus vivement ressenties par Racine que sa sensibilité était plus grande, aient dû le faire cruellement souffrir et lui aient souvent inspiré du dégoût pour le théâtre.

Les ennemis de Racine eurent donc, admettons-le, quelque influence sur la détermination qu'il prit de quitter le théâtre, — surtout peut-être pour lui faire prendre plus tôt et rendre moins cruelle cette détermination.

3° Mais la plus importante de ces causes de retraite, celle sans laquelle les autres ne suffisent pas, mais qui, à la rigueur, peut se passer de toutes les autres, c'est son retour à la religion, c'est sa conversion (le mot n'est pas trop fort pour Racine) : ce n'est pas, par conséquent, quelque événement accidentel, dont nous allons discuter la portée, c'est une véritable crise d'âme, à laquelle nous allons assister.

Et le problème se pose ainsi : Comment un esprit si religieux s'est-il éloigné de la religion? Comment un si grand poète s'est-il détaché de la poésie? Le vrai Racine, est-ce le Racine chrétien et même janséniste? Est-ce le Racine poète et bafouant Port-Royal? Peut-on dire avec Joubert : « Le talent de Racine est dans ses œuvres, mais Racine lui-même n'y est pas. Aussi s'en dégoûta-t-il? »

On connaît (nous n'avons garde d'y revenir) l'enfance et la jeunesse de notre poète; on sait dans quel milieu, par quels maîtres il fut élevé. Mais l'enseignement pieux, qu'il reçut à Port-Royal, ne nous semble pas avoir produit tout de suite ses fruits; c'est plus tard seulement que ces germes de piété, déposés dans son cœur, se développèrent; et alors, voyant avec effroi sa vie passée, pécheur repentant, il passa en revue sa vie et ses égarements, et devint très sincèrement chrétien et janséniste.

Nous disons : devint, et non pas : redevint janséniste. Car nous ne trouvons pas que, dans la première partie de sa vie, il y ait trace de jansénisme : il n'a donc pas eu, d'après nous, à s'en détacher. Dans l'enseignement qu'on lui avait donné, les lettres l'intéressaient plus que le christianisme. Nous n'en voulons pour preuve que la vie qu'il mena non pas longtemps après, mais dès sa sortie de Port-Royal. Sans doute, étant encore auprès de ses maîtres, il avait écrit une poésie latine, *ad Christum*, les *Odes sur Port-Royal*, les *Hymnes du bréviaire romain* [1]. Mais ce ne sont pas là des preuves suffisantes. Quoi d'étonnant que, dans le milieu où il se trouve, Racine compose des poésies, qui, du reste, si elles n'ont pas l'inspiration poétique que nous trouvons dans l'auteur de *Phèdre*, n'ont pas davantage l'inspiration janséniste, que nous espérions trouver chez un élève de Nicole et un voisin de Pascal?

Mais à peine sorti de Port-Royal, nous le voyons se livrer tout naturellement à la poésie, et même travailler pour le théâtre : et cela sans lutte de sa part, sans remords, très tranquillement, n'ayant pas évidemment à rompre avec des croyances bien vives. Il écrit l'*Ode à la Nymphe de la Seine* (1660); il écrit l'*Amasie* pour le Marais; il prépare (1661) *les Amours d'Ovide* pour l'hôtel de Bourgogne. On s'effraye un peu autour de lui de cette vocation poétique, qui, après tout, peut le laisser sans position. On l'envoie à Uzès près de son oncle Sconin, qui a promis de lui faire obtenir un bénéfice. Racine n'a pas ici une de ces révoltes que nous aurait montrée peut-être une âme plus ferme, un caractère mieux trempé. Il n'a pas, en effet, d'objection bien sérieuse à faire, et il reste à Uzès pendant assez longtemps [2], attendant vainement son bénéfice.

Pendant ce temps que fait-il? Un peu de théologie et beaucoup de poésie. Lui qui est sur le point d'entrer peut-être dans les ordres, il entreprend une pièce de *Théagène et Chariclée*; il commence sans doute *la Thébaïde*.

Dans les lettres que nous avons de lui (et nous en avons depuis l'année 1660), il s'occupe surtout de poésie et de théâtre : à Uzès même (et nous savons dans quel but il y était allé), les choses religieuses l'intéressent moins que ne le préoccupe la crainte de désapprendre le français. Il « cherche [3] quelque sujet de théâtre et serait assez disposé à y travailler ».

Il a des mots assez durs pour les catholiques et les moines

---

1. Qu'il refondit du reste et refit plus tard.
2. De novembre 1661 à 1663.
3. *Lettre* du 4 juillet 1662 à M. l'abbé Le Vasseur.

qu'il rencontre dans le Languedoc. « On est plus curieux[1] que je ne croyais pas. Ce ne sont pourtant que des huguenots; car, pour les catholiques, ôtez un ou deux de ma connaissance, ils sont dominés par les jésuites. Nos moines sont plus sots que pas un, et, qui plus est, de sots ignorants; car ils n'étudient point du tout. Aussi je ne les vois jamais, et j'ai conçu une certaine horreur pour cette vie fainéante de moine, que je ne pourrais pas bien dissimuler. »

S'il y a dans ces paroles quelque chose de janséniste, avouons qu'elles ne dénotent pas un bien vif désir d'entrer dans la vie religieuse.

De retour à Paris, la poésie et le théâtre l'absorbent tout entier.

Et pendant ce temps, voici ce que l'on pensait dans son entourage; voici ce que la mère Agnès de Sainte-Thècle Racine, sa tante, lui écrivait (1663)[2] :

« Je vous écris dans l'amertume de mon cœur, et en versant des larmes que je voudrais pouvoir répandre en assez grande abondance devant Dieu pour obtenir de lui votre salut, qui est la chose du monde que je souhaite avec le plus d'ardeur. J'ai donc appris avec douleur que vous fréquentiez plus que jamais des gens dont le nom est abominable à toutes les personnes qui ont tant soit peu de piété, et avec raison, puisqu'on leur interdit l'entrée de l'église et la communion des fidèles, même à la mort, à moins qu'ils ne se reconnaissent. Jugez donc, mon cher neveu, dans quel état je puis être, puisque vous n'ignorez pas la tendresse que j'ai toujours eue pour vous, et que je n'ai jamais rien désiré sinon que vous fussiez tout à Dieu dans quelque emploi honnête. Je vous conjure donc, mon cher neveu, d'avoir pitié de votre âme, et de rentrer dans votre cœur pour y considérer sérieusement dans quel abîme vous vous êtes jeté. Je souhaite que ce qu'on m'a dit ne soit pas vrai; mais si vous êtes assez malheureux pour n'avoir pas rompu un commerce qui vous déshonore devant Dieu et devant les hommes, vous ne devez pas penser à nous venir voir; car vous savez bien que je ne

---

1. *Lettre* du 30 mai 1662 à M. Vitart.
2. La date de cette lettre est malheureusement impossible à fixer.

pourrais pas vous parler, vous sachant dans un état si déplorable et si contraire au christianisme. Cependant je ne cesserai point de prier Dieu qu'il vous fasse miséricorde, et à moi en vous la faisant, puisque votre salut m'est si cher. »

Ce n'est pas, du reste, le seul avertissement que lui eût donné Port-Royal; car longtemps auparavant[1] il écrivait : « Je reçois encore tous les jours lettres sur lettres, ou pour mieux dire, excommunications sur excommunications, à cause de mon triste sonnet. »

Les paroles de sa tante auraient dû, semble-t-il, le toucher. Il fut si peu convaincu et si peu converti par cette lettre qu'il fit à cette même époque ou un peu plus tard à Port-Royal les réponses que l'on sait. Nous n'avons pas à examiner jusqu'à quel point ces lettres à Port-Royal montrent la dureté du cœur de Racine; elles montrent peut-être surtout la légèreté de son caractère. Mais nous voulons simplement en conclure que, alors comme à l'époque où il sortait de Port-Royal, son esprit était plus porté vers la poésie que vers la piété.

« La passion des vers[2] égara sa jeunesse, quoique nourrie de tant de principes de religion, et la même passion éteignit pour un temps les sentiments de reconnaissance pour ses premiers maîtres. »

Mais, à un certain moment, que nous marque exactement la préface de *Phèdre*, une révolution s'opéra dans cette âme sensible et tendre, dans laquelle se réveillèrent des sentiments de piété endormis jusque-là, mais pas complètement étouffés. Saisi par la religion et par le jansénisme, il passa le reste de sa vie dans les sentiments de piété les plus exaltés, ne songeant qu'à faire son salut et à se réconcilier avec Port-Royal. Ses fautes, il les regarda comme des crimes; il aurait voulu anéantir toutes les traces de sa vie passée; il aurait pu dire avec Bossuet : « la piété est le tout de l'homme ». Nommé historiographe, il regarde « le choix du roi comme une grâce de Dieu, qui lui procure cette importante occupation pour le détacher entièrement de la poésie ».

---

1. *Lettre* du 13 sept. 1660 à l'abbé Le Vasseur.
2. *Mémoires*.

C'est surtout cette piété de Racine que son fils s'efforce de bien montrer dans ses *Mémoires*.

« Je mets devant vos yeux celui qui, pour la piété, pour l'amour de l'étude et pour toutes les qualités du cœur, doit être votre modèle. »

« Il revint à lui-même, et sentant alors combien ce qu'il avait regardé comme bonheur était frivole, il n'en chercha plus d'autre que dans les douceurs de l'amitié, et dans la satisfaction à remplir tous les devoirs de chrétien et de père de famille. »

« J'arrive enfin à l'heureux moment où les grands sentiments de religion dont mon père avait été rempli dans son enfance, et qui avaient été longtemps comme assoupis dans son cœur, sans s'y éteindre, se réveillèrent tout à coup. Il avoua que les auteurs de pièces de théâtre étaient des empoisonneurs publics, et il reconnut qu'il était peut-être le plus dangereux de ces empoisonneurs. Il résolut non seulement de ne plus faire de tragédies, et même de ne plus faire de vers, il résolut encore de réparer ceux qu'il avait faits par une rigoureuse pénitence. La vivacité de ses remords lui inspira le dessein de se faire chartreux. »

Nous trouvons le même témoignage dans les *Lettres* de Racine.

« Je les (vos sœurs) exhorte[1] à bien servir Dieu, et vous surtout, afin que, pendant cette année de rhétorique que vous commencez, il vous soutienne et vous fasse la grâce de vous avancer de plus en plus dans sa connaissance et dans son amour. Croyez-moi, c'est là ce qu'il y a de plus solide au monde : tout le reste est bien frivole. »

« J'ai résolu même[2] d'être à Paris le plus souvent que je pourrai, non seulement pour y avoir soin de ma santé, mais pour n'être point dans cette horrible dissipation où l'on ne peut éviter d'être à la cour. »

Ailleurs[3], il parle de sa « soumission d'enfant pour tout ce que l'Église croit et ordonne, même dans les plus petites choses. »

Si son retour à la piété fut sincère, quoi qu'en aient dit certains de ces adversaires, sa réconciliation avec Port-Royal fut complète.

1. *Lettre* du 5 octobre 1692 à son fils Jean-Baptiste.
2. *Lettre* du 31 octobre 1698.
3. *Lettre* à Mme de Maintenon, 4 mars 1698.

Nicole et surtout Arnauld avaient été blessés par lui. Il appelle le premier « un des meilleurs amis [1] qu'il ait au monde ».

Quant au sentiment que lui inspirait le second, son fils aîné dira « le respect ou pour mieux dire la passion qu'il avait pour M. Arnauld [2] ». Ce respect pour Arnauld, il le montre bien dans les vers qu'il fit pour son portrait et pour son épitaphe.

« Le cœur de M. Arnauld [3] fut apporté à Port-Royal à la fin de 1694. Mon père crut qu'à cette cérémonie, où quelques parents invités ne vinrent pas, il pouvait d'autant moins se dispenser d'assister, que la mère Racine y présidait en qualité d'abbesse. Il y alla donc.... Louis XIV ne parut jamais désapprouver en lui cet attachement que la reconnaissance lui inspirait pour ses anciens maîtres et pour la maison dans laquelle il avait été élevé. Il y allait souvent, et tous les ans, le jour de la fête du Saint-Sacrement, il y menait sa famille pour assister à la procession.

« Il n'était pas homme à se mêler des questions de doctrine; mais, quand il s'agissait de rendre aux religieuses de Port-Royal quelque service dans leurs affaires temporelles, il était prêt; et ce bon cœur qu'il avait pour tous ses amis l'emportait chez le P. de la Chaise, dont il fut toujours très bien reçu. »

Il arriva un moment, cependant, où le roi « parut désapprouver cet attachement ». Dans sa fameuse lettre justificative à Mme de Maintenon [4], il ne nie pas ses relations avec les religieuses de Port-Royal, surtout avec sa tante « dont Dieu s'est servi pour le tirer de l'égarement et des misères où il a été engagé pendant quinze années »; mais il déclare qu'il n'est pas janséniste dans le sens factieux où l'on prenait le plus souvent ce mot à la cour de Louis XIV, c'est-à-dire « tout ensemble un homme de cabale et un homme rebelle à l'Église ».

Il fit pour les religieuses de Port-Royal un mémoire à l'archevêque de Paris et, « écrivit [5] l'*Histoire de Port-Royal*, dans l'espérance de rendre favorables à ses religieuses les sentiments de leur archevêque, et sans intention, selon les apparences, de la

1. *Lettre* à son fils du 1er oct. 1693.
2. *Lettre* du 6 nov. 1742 à Louis Racine son frère.
3. *Mémoires*.
4. *Lettre* du 4 mars 1698.
5. *Mémoires*.

rendre publique. Il remit cette histoire la veille de sa mort à un ami ».

Dans cet abrégé de l'histoire de Port-Royal il répare les impiétés commises dans ses deux lettres.

Enfin son testament commençait ainsi :

« Je désire qu'après ma mort mon corps soit porté à Port-Royal-des-Champs et qu'il soit inhumé dans le cimetière au pied de la fosse de M. Hamon. »

Mais ce qui paraîtra peut-être plus étonnant que son retour à la religion et à Port-Royal, c'est le mépris qu'il conçut (ou tout au moins qu'il exprima) et qu'il voulut inspirer à ses fils pour la poésie.

« Il n'eut la moitié de sa vie [1] que du mépris pour le talent des vers et pour la gloire que ce talent lui avait acquise. Il voulait éloigner son fils de la passion des vers. Il ne laissa ignorer à personne qu'il eût voulu pouvoir anéantir ses tragédies profanes, dont on ne lui parlait point à la cour, parce qu'on savait qu'il n'aimait point à en entendre parler. Il ne présida qu'aux premières éditions de ses œuvres, et dans la suite, ce fut Boileau qui, sans lui en parler, examina les épreuves. Toute sa crainte était d'avoir un fils qui eût envie de faire des tragédies. »

« Il avait eu dans sa jeunesse une passion démesurée pour la gloire. La religion l'avait entièrement changé. Il reprochait souvent à Boileau l'amour qu'il conservait toujours pour ses vers. »

« Pour mes tragédies, écrivait Racine [2], je les abandonne volontiers à sa [3] critique. Il y a longtemps que Dieu m'a fait la grâce d'être assez peu sensible au bien et au mal qu'on en peut dire, et de ne me mettre en peine que du compte que j'aurai à lui en rendre quelque jour. »

« Je ne saurais trop vous recommander [4] de ne vous point laisser aller à la tentation de faire des vers français qui ne serviraient qu'à vous dissiper l'esprit; surtout il n'en faut faire contre personne. »

« J'ai un extrême chagrin [5] que vous fassiez tant de cas de toutes

---

1. *Mémoires.*
2. *Lettre* à Boileau du 4 avril 1696.
3. Il s'agit d'un jeune régent qui les avait attaquées.
4. *Lettre* à son fils du 3 juin 1693.
5. *Lettre* du 3 oct. 1694.

ces niaiseries (il s'agit de romans et de comédies), qui ne doivent servir tout au plus qu'à délasser l'esprit, mais qui ne devraient point vous tenir autant à cœur qu'elles font.... Vous devez éviter tout ce qui peut dissiper votre esprit et vous détourner de votre étude. »

« Vous savez ce que je vous ai dit [1] des opéras et des comédies qu'on dit que l'on doit jouer à Marly.... Le roi et toute la cour savent le scrupule que je me fais d'y aller. »

« Le pauvre M. Boyer [2] est mort fort chrétiennement : sur quoi je vous dirai en passant [3] que je dois réparation à la mémoire de la Champmeslé, qui mourut aussi avec d'assez bons sentiments, après avoir renoncé à la comédie, très repentante de sa vie passée, mais surtout fort affligée de mourir [4]. »

Dans les lettres de la dernière partie de sa vie, il ne s'occupe plus du théâtre ni de ses tragédies : c'est à peine s'il y a un mot sur *Esther* et sur *Athalie* [5], et une épigramme sur la *Judith* de Boyer.

II. — C'est très sincèrement et par scrupule de conscience que Racine voulut se détacher de son œuvre : le détachement fut-il aussi absolu qu'il l'aurait voulu, qu'il le croyait peut-être lui-même ?

Il nous est permis d'en douter.

Dans un passage curieux des *Mémoires*, Louis Racine raconte, à propos des éditions des œuvres de son père, que « le libraire obtint enfin de l'auteur même d'en revoir un exemplaire et que Racine ne put s'empêcher d'y faire plusieurs corrections ». La tentation était vraiment trop forte pour lui ; le janséniste fut pendant quelque temps vaincu par le poète ; mais voici où le chrétien prend sa revanche : « Avant que de mourir, il fit brûler cet exemplaire ; et mon frère, qui fut le ministre de ce sacrifice, n'eut pas la liberté d'examiner de quelle nature étaient les corrections ; il vit seulement qu'elles étaient plus nombreuses dans le premier volume que dans le second ».

1. *Lettre* du 3 juin 1693.
2. *Lettre* du 24 juillet 1698.
3. En passant. Il est difficile d'être plus détaché du théâtre et de ses souvenirs.
4. Avec Racine, la satire ne perd jamais ses droits.
5. Voir l'Appendice.

A certains moments, il se laisse aller à reconnaître que le travail de la composition a quelque charme, et s'il veut dégoûter son fils de la poésie, c'est, semble-t-il, par des considérations qui n'ont aucun rapport avec la piété. « Je ne vous dissimulerai point que, dans la chaleur de la composition, on ne soit quelquefois content de soi; mais, et vous pouvez m'en croire, lorsqu'on jette le lendemain les yeux sur son ouvrage, on est tout étonné de ne plus rien trouver de bon dans ce qu'on admirait la veille; et quand on vient considérer, quelque bien qu'on ait fait, qu'on aurait pu mieux faire, et combien on est éloigné de la perfection, on est souvent découragé. Outre cela, quoique les applaudissements que j'ai reçus m'aient beaucoup flatté, la moindre critique, quelque mauvaise qu'elle ait été, m'a toujours causé plus de chagrin que toutes les louanges ne m'ont fait de plaisir. »

« Ne prenez jamais feu, dit-il ailleurs, sur le mal que vous entendrez dire de moi. On ne peut plaire à tout le monde, et je ne suis pas exempt de fautes plus qu'un autre. Quand vous trouverez des personnes qui ne vous paraîtront pas estimer mes tragédies, et qui même les attaqueront par des critiques injustes, pour toute réponse, contentez-vous de les assurer que j'ai fait tout ce que j'ai pu pour plaire au public, et que j'aurais voulu pouvoir mieux faire. »

C'est à propos d'*Esther* et d'*Athalie* que nous voyons bien ces hésitations, ce combat entre le poète et le chrétien. D'une part, il déclare qu'il renonce à toute poésie et que cette gloire ne le touche plus; d'autre part, il ne voudrait pas être inférieur à sa réputation : l'amour-propre d'auteur n'a pas tout à fait disparu. « Quoiqu'il se fût fait, depuis plusieurs années, un devoir de religion de ne plus penser à la poésie, il s'y vit cependant rappelé par un devoir de religion auquel il ne s'attendait pas.... Le projet (de Mme de Maintenon) l'édifia et l'alarma.... Ce n'était point le reproche de sa conscience qu'il craignait dans ce travail; il craignait pour sa gloire. Il avait une réputation acquise, et il pouvait la perdre, puisqu'il avait perdu l'habitude de faire des vers, et qu'il n'était plus dans la vigueur de l'âge. Que diraient ses ennemis, et que se dirait-il à lui-même, si, après avoir brillé sur le théâtre profane, il allait échouer sur un théâtre consacré à la piété? »

Il tenait donc un peu à sa gloire de poète. Mme de Maintenon lui disait bien de ne pas croire « que sa réputation y fût intéressée » : tel n'était pas l'avis de Racine. « S'il avait renoncé [1] à travailler pour les comédiens, il ne voulait pas du moins détruire l'opinion que ses ouvrages avaient donnée de lui. »

Il dut être très sensible au succès de cette pièce. « Les applaudissements qu'elle avait reçus ne l'empêchaient pas de reconnaître qu'elle n'était pas dans toute la grandeur du poème dramatique. » Mais cela l'avait mis en goût. « Il entreprit de traiter un autre sujet de l'Écriture sainte, et de faire une tragédie plus parfaite. »

On voit bien, dans toute cette question, à la fois la sincérité de Racine, et son goût pour la poésie, que la piété n'avait pas étouffé. Certainement, par scrupule religieux, il n'aurait rien composé pour le théâtre : mais ici sa piété est d'accord avec son amour pour les vers, amour qu'il peut bien renier par mortification, mais qu'il conserve au fond de son cœur. Oui, c'est bien un vrai janséniste : il s'arrache du cœur cet amour pour la poésie et la gloire, qui est le vrai fond de sa nature; par rigorisme, il s'astreint à ne plus jamais (ou presque jamais plus) parler ou s'occuper de théâtre, si ce n'est pour en dire du mal : mais qu'une occasion se présente où il puisse en même temps faire œuvre de piété et de poésie; et il déploiera tout son génie pour faire l'œuvre la plus parfaite de son théâtre.

Ce qui prouve bien que le poète s'était réveillé en lui, ou plutôt que l'auteur n'avait jamais complètement disparu, c'est qu'il souffrit beaucoup du peu de succès de sa dernière pièce. On préféra en général *Esther*, et Arnauld ne cachait pas ses préférences pour « l'aînée [2] ».

« Étonné de voir que sa pièce, loin de faire dans le public l'éclat qu'il s'en était promis, restait presque dans l'obscurité, il s'imagina qu'il avait manqué son sujet; et il l'avouait sincèrement à Boileau qui lui soutenait, au contraire, qu'*Athalie* était son chef-d'œuvre. »

Son fils ajoute : « Il était heureusement détaché depuis longtemps de la gloire humaine; il en devait connaître mieux qu'un autre la vanité. »

---

1. Récit de Mme la comtesse de Caylus.
2. *Lettre* à M. Villard du 10 avril 1691.

On voit jusqu'à quel point Racine était détaché de l'amour de la poésie et de l'amour de la gloire : pas autant qu'il le disait, pas autant qu'il le croyait lui-même. Sans doute le chrétien en lui avait imposé silence au poète, qui ne se remit à composer que par esprit de piété. Mais cette piété n'avait tué en lui ni le poète ni l'amour de la poésie; on le voit à bien des paroles, à bien des faits que nous avons notés, à cette persistance enfin de l'amour-propre d'auteur.

Racine n'a certes pas les cris d'angoisse de Pascal; il n'en a pas non plus subi les souffrances physiques; aussi sa figure est-elle beaucoup moins tragique, et paraît-elle beaucoup moins intéressante. Mais si l'on ne regarde que la crise morale, n'y a-t-il pas quelque analogie? Chez Racine, nous trouvons en moins le doute, qui fait l'étrange beauté de Pascal, et le long martyre physique qui nous attache à lui. Mais c'est au fond le même esprit de piété qui saisit ces deux hommes, après une vie passée dans la dissipation; c'est ce même esprit de piété qui les arrache aux études qu'ils aiment, études qui ont fait de bonne heure leur réputation et assurent à leur nom l'immortalité; c'est ce même esprit de piété qui leur inspire, par moments, des paroles de mépris pour la gloire mondaine : avec plus de révoltes chez Pascal, plus d'humilité chez Racine.

N'est-ce pas un spectacle touchant que de voir ce dernier, après ses grands succès de la vie de théâtre, quand il est arrivé à l'apogée de sa gloire et de son génie, se précipiter dans la religion, et ne plus parler, ne plus vouloir entendre parler de ses tragédies ni de sa gloire? Sans doute il ne vit pas, comme Pascal, en dehors du monde et de la famille : en cela, s'il est moins dramatique, il est plus humain. On ne peut pas demander à Racine d'être un héros de Corneille. Mais ne croyez-vous pas que le sacrifice de notre poète a été grand aussi? ne croyez-vous pas que son cœur a saigné quand, par scrupule religieux, il a pris la résolution de quitter le théâtre? quand, à son salut, il a immolé son génie? Pouvait-il faire un sacrifice plus grand? Et si un heureux hasard ne lui eût pas permis d'écrire *Esther* et *Athalie*, on sait dans quelles circonstances, qui doute que ce sacrifice n'eût été complet?

Nous avons, il est vrai, tenu à noter certains soubresauts, certains réveils de son amour-propre d'auteur. Mais cela même ne fait que nous confirmer dans cette opinion que la lutte a été vive, si la victoire a été complète, et qu'il a fallu de grands efforts au poète pour ne pas revenir à la poésie.

Ce n'était donc pas seulement son esprit qui était dans son œuvre, c'était aussi son cœur; et la sincérité de son repentir ne prouve qu'une chose, c'est qu'attentif à son salut il crut devoir et voulut tuer le poète pour sauver le chrétien.

QUATRIÈME PARTIE

INFLUENCE DE RACINE SUR LE THÉATRE FRANÇAIS CRITIQUES DIRIGÉES CONTRE LUI EN FRANCE ET A L'ÉTRANGER

CHAPITRE I

LA TRAGÉDIE DE RACINE A PONSARD

Thomas Corneille, Pradon, Campistron, Crébillon, Voltaire, Luce de Lancival, Lebrun, Ponsard.

Il nous reste à déterminer l'influence exercée sur notre théâtre par la tragédie de Racine, et à résumer les critiques dont elle a été l'objet en France et à l'étranger.

Que n'a-t-on pas dit de la tragédie du XVIIIe siècle? avec quelle sévérité dédaigneuse n'a-t-on pas condamné en bloc ce théâtre faux, vide, conventionnel, froid, incolore, pâle reflet d'une poésie dramatique qui manquait elle-même de vérité et de naturel? Comme si les formes dramatiques, par lesquelles on avait essayé au XVIIIe et au XIXe siècle de remplacer la tragédie, avaient produit beaucoup d'œuvres vraiment intéressantes. Que dire, en effet, de l'ennui que distillent les comédies larmoyantes de La Chaussée ou les tragédies bourgeoises de Diderot! Et aujourd'hui que la postérité a commencé pour le théâtre romantique, est-ce un paradoxe de soutenir que *le Roi s'amuse* a plus vieilli que *Zaïre*, et que *Tancrède* est au moins aussi émouvant que *Ruy Blas*?

Racine naturellement n'est pas épargné dans le débat. Il est rendu ou plutôt il a été rendu responsable de toutes les platitudes et de toutes les faiblesses de ses nombreux imitateurs.

Car, et c'est le seul point dont nous ayons à nous occuper, la plupart des tragiques du xviiie siècle prennent Racine pour modèle. Sans doute, il y a quelques tragédies politiques, à sujets romains, qui procèdent plus directement de Corneille : le *Manlius* de La Fosse (1698), œuvre énergique, intéressante, « où tous les caractères sont parfaitement traités [1] »; le *Spartacus* de Saurin (1760), œuvre théâtrale, où éclate cette haine de Rome si souvent dépeinte depuis *Nicomède* jusqu'à *Rhadamiste*, mais médiocrement écrite et affaiblie par l'amour ridicule de Spartacus pour Émilie, la fille du consul Crassus. Et que de traits dans Crébillon (*Rhadamiste, Catilina, le Triumvirat*), que de traits dans Voltaire, dont on peut à bon droit faire honneur à Corneille!

Mais c'est Racine le plus récent, le plus goûté, le plus à la mode, après avoir été le plus discuté, qui a eu le plus de disciples ou d'imitateurs. La tragédie, telle que Racine l'avait comprise, pouvait à la rigueur n'être considérée que comme une forme admirablement appropriée à son talent ainsi qu'aux habitudes intellectuelles et sociales de son temps. Dans cette forme, il avait mis, comme nous l'avons vu, des sentiments, des passions, des caractères, des êtres humains, des êtres vivants, qui nous intéressent encore aujourd'hui, précisément parce qu'ils sont humains et vivants. Quant à la poésie dont ils sont enveloppés et comme revêtus, elle augmente notre plaisir sans altérer la vérité des personnages. Mais la vérité ne s'imite pas, elle s'observe; et les tragiques du xviiie siècle furent de médiocres observateurs. Pour se rapprocher de Racine, c'est la nature et non Racine qu'ils auraient dû étudier.

Au premier abord, ce qui frappe le plus dans Racine c'est la peinture de l'amour : par conséquent nous trouverons dans ses imitateurs la peinture de l'amour, — trop souvent il est vrai de la galanterie et de la tendresse, dont Racine avait guéri le théâtre ou tout au moins dont il avait presque complètement préservé le sien.

Du reste, on n'attend pas pour l'imiter qu'il soit mort, ni même qu'il ait quitté le théâtre. Il y a, dans l'*Ariane* de Thomas Cor-

---

[1]. La Harpe.

neille (1672) une peinture de l'amour et de la jalousie qui doit bien quelque chose à l'auteur d'*Andromaque* et de *Bérénice*. On remarque dans Pradon, — et je ne parle pas de sa *Phèdre*, la plus célèbre, et peut-être la plus mauvaise de ses pièces, — de très nombreux, de trop nombreux souvenirs de *Britannicus* et de *Bajazet*, surtout dans *Tamerlan* (1675) et *Statira* (1679).

Parmi les disciples de Racine, prenons un des moins inconnus, Campistron : nous allons voir combien il est fidèle aux théories de son maître. A propos de son *Alcibiade* (1685) auquel les critiques refusent le nom de tragédie, pour lui donner celui d' « élégie », il reprend les idées exprimées dans la préface de *Bérénice*. « Pour moi, je suis convaincu qu'un poème rempli d'une action entière, telle qu'on la voit dans celui-ci, ne peut porter avec justice d'autre nom que celui que je lui ai donné. J'avoue que mon sujet est simple : mais cette même simplicité me l'a fait choisir, étant fortement persuadé qu'il y a plus de mérite et plus de gloire à soutenir une action simple par la justesse des sentiments, par la variété des descriptions, et par la force ou la douceur de l'expression, que d'en traiter une chargée d'incidents souvent superflus et presque toujours peu vraisemblables. » C'est fort bien. Mais pourquoi remplace-t-il par « la variété des descriptions » ce qui me paraît peu dramatique, « la violence des passions » dont parlait l'auteur de *Bérénice*? Est-ce un aveu ou simplement un oubli? Racine l'aurait encore approuvé de dire « qu'un auteur est indispensablement obligé de rendre un compte exact de ce que deviennent ses principaux personnages. C'est la règle du théâtre la plus essentiellement prescrite et la plus religieusement observée. » (Préface de *Tiridate*, 1691.)

Mais voici qui nous éloigne de Racine. Campistron se félicite d'avoir choisi avec *Andronic* (1685) le sujet non seulement « le plus touchant » mais « le plus singulier qui ait jamais été traité ». A propos de l'amour incestueux de Tiridate pour sa sœur, « il est bien aise de dire aux critiques que les sentiments les plus extraordinaires sont ceux qui réussissent le plus sur la scène, pourvu qu'ils soient justes et adoucis ».

Je ne veux pas être trop sévère pour l'auteur de *Tiridate*. Mais ces mots de « singulier », d' « extraordinaire » marquent une tendance à sortir de la nature, à entrer dans le romanesque.

Ce fut le grand défaut de Crébillon le terrible. Il eut l'intention d'apporter de nombreux changements au théâtre : le génie lui manqua. Il choisit à dessein des sujets épouvantables, trouvant que la tragédie s'était amollie, et qu'elle ne pouvait être régénérée que par la terreur. Il frémit lui-même de l'atrocité de certaines scènes. « J'avouerai que cette scène (de la coupe) me parut terrible à moi-même; elle me fit frémir mais ne m'en sembla pas moins digne de la tragédie. » (Préface d'*Atrée et Thyeste*.) Il trouve étrange que le public se soit soulevé contre le sujet d'*Atrée*. « Je vois bien que j'ai eu tort de concevoir trop fortement la tragédie comme une action funeste qui devait être présentée aux yeux des spectateurs sous des images intéressantes; qui doit les conduire à la pitié par la terreur, mais avec des mouvements et des traits qui ne blessent ni leur délicatesse ni les bienséances. Il ne me reste plus qu'à savoir si je les ai observées, ces bienséances si nécessaires. »

Mais derrière ce mélange d'horreur, de romanesque, d'amour fade mêlé à des sujets terribles (dans *Atrée*, dans *Idoménée*, dans *Électre*), nous voyons un disciple de Racine gêné par la simplicité d'action, et n'ayant pas assez de génie pour « tirer quelque chose de rien ». — « Si nous retranchions de nos pièces tout ce qu'il y a d'inutile, nous mourrions de frayeur à l'aspect du squelette. Que de dissertations, que de métaphysique sur les effets des passions, que leurs mouvements développeraient de reste, si nous nous attachions purement et simplement à l'action que nous interrompons sans cesse par des réflexions qui refroidissent également la pièce, le spectateur et l'acteur! » (Préface de ses *Œuvres*.)

S'attacher à l'action, c'est bien; mais il faut à Crébillon une action assez compliquée. « On me reproche des longueurs dans mes deux premiers actes, trop de complication dans le sujet. (Préface d'*Électre*.)

« Le sujet d'*Électre* est si simple de lui-même que je ne crois pas qu'on puisse le traiter avec quelque apparence de succès en le dénuant d'épisodes. Quelque peine qu'ait l'action à être une parmi tant d'intérêts divers, j'aime mieux encore avoir chargé mon sujet d'épisodes que de déclamations. D'ailleurs notre théâtre soutient malaisément cette simplicité si chérie des anciens; non qu'elle ne soit bonne, mais on n'est pas toujours sûr de plaire en s'y attachant exactement. »

Si cette préférence pour la tragédie implexe, si le dédain avec lequel il traite parfois l'antiquité[1] l'éloigne de Racine, il s'en rapproche par de très nombreuses réminiscences et imitations de détail, qui se rencontrent dans ses pièces; par une défense très chaleureuse de l'amour qu'on ne s'attendait peut-être pas à trouver chez lui.

« A propos de passion, me sera-t-il permis de dire ici deux mots en faveur de l'amour qu'une morale renouvelée, car elle n'a pas le mérite de la nouveauté, veut bannir de la tragédie? Je ne crains pas qu'on soupçonne de partialité sur cet article un homme que l'on n'a point accusé jusqu'ici d'être fort doucereux. Le poème tragique, supposé que je le connaisse bien, est, pour ainsi dire, le rendez-vous de toutes les passions; pourquoi en chasserions-nous l'amour, qui est souvent le mobile de toutes les passions ensemble? Les cœurs nés sans amour sont des êtres de raison; et je ne vois pas en quoi l'amour, nommément dit, peut dégrader le héros et l'honnête homme. Sophocle et Euripide, dit-on, se sont bien passés de l'amour; c'est un agrément de moins dans leurs ouvrages; ces deux grands hommes ont travaillé selon le goût de leur siècle, nous nous conformerons au goût du nôtre.... Que l'on blâme les analyses perpétuelles que nous faisons des sentiments amoureux, ces délicatesses, ces recherches puériles qui affadissent le cœur au lieu de l'émouvoir, et qui enlaidissent l'amour loin de l'embellir, je passe condamnation. — Ce n'est pas la faute de l'amour si nous le mettons toujours à sa toilette : mais que nous le représentions impétueux, violent, injuste, malheureux, capable de nous porter aux plus grands crimes ou aux actions les plus vertueuses, l'amour alors deviendra la plus grande ressource du théâtre; j'oserai même soutenir qu'il est dangereux de s'en passer, et que, si on venait à

---

1. « Si j'avais quelque chose à imiter de Sophocle, ce ne serait assurément pas son *Électre*; aux beautés près, desquelles je ne fais aucune comparaison, il y a peut-être dans sa pièce bien autant de défauts que dans la mienne. » (Préf. d'*Électre*.) Le ton de cette préface est assez vif. Il parle avec irritation des « zélateurs de l'antiquité », de « cette région idolâtre où il ne manque plus au culte que l'on y rend aux anciens que des prêtres et des victimes ».

le supprimer, ce serait priver la tragédie de l'objet le plus intéressant et le plus capable de bien exercer sa morale. » (Préface de ses Œuvres).

Enfin n'oublions pas que, dans la meilleure de ses pièces, *Rhadamiste et Zénobie*, Pharasmane rappelle Mithridate, et Zénobie, par sa passion touchante, par sa délicatesse et par son dévouement, rappelle certaines héroïnes de Racine.

Est-il besoin de prouver qu'il fut le disciple de Racine, celui qui, pendant soixante ans, sut tenir le public en haleine, et que notre siècle méprise si injustement comme auteur dramatique, parce qu'il rime pauvrement et qu'il cultive l'inversion et la périphrase? Voltaire avait le goût, l'instinct, le sens du théâtre. Il lui a manqué, sans doute, bien des choses pour atteindre à la hauteur de Racine ou de Shakespeare : après Racine, nous trouvons que ses personnages manquent de vérité, leurs sentiments de naturel, leurs passions de profondeur; nous trouvons que son style brillant n'a ni la précision, ni la poésie que nous avons l'habitude d'admirer dans *Andromaque* et dans *Phèdre*. Mais combien sont-ils qui pourraient soutenir cette redoutable comparaison? Jugeons-le sans toujours l'écraser par les noms de Corneille et de Racine : et nous verrons qu'il a voulu donner à la tragédie plus de vie et de mouvement, à l'action plus de rapidité, au spectacle plus de pompe; nous reconnaîtrons qu'il a écrit quelques pièces qui, après plus d'un siècle, sont encore debout; nous avouerons qu'il a su non seulement piquer la curiosité, mais réellement intéresser et émouvoir; qu'il y a peu d'auteurs qui excitent au même degré que lui la pitié et le pathétique. Est-ce là un mince mérite pour un auteur de tragédie?

Les grands succès de Voltaire, le goût du temps, tout poussait les jeunes poètes à écrire des tragédies; ce fut un malheur sans doute pour la tragédie, mais cela prouve en même temps la vogue de ce genre à la fin du xviiie siècle. C'est toujours Racine et son disciple Voltaire que l'on songe à imiter; on conserve le moule de leurs poèmes; on croit que cette forme peut convenir aussi bien aux héros de l'antiquité qu'aux héros nationaux que Voltaire et de Belloy acclimatent sur la scène; qu'aux sombres héros de Shakespeare que Ducis présente aux spectateurs français avec une hardiesse qui nous paraît aujourd'hui bien timide.

Cependant le cadre de la tragédie s'est insensiblement agrandi : Voltaire y a fait entrer des Français, des Chinois, des Américains; Ducis y introduit des Arabes et trace une peinture idéale de leurs mœurs patriarcales et pures. Trop souvent, il faut le reconnaître, la tragédie a été une œuvre de circonstance, soit entre les mains de Voltaire, soit entre celles de M.-J. Chénier; trop souvent le poète a donné à ses personnages ses propres idées et ses propres sentiments : erreur au point de vue de l'art que tout ce théâtre expie durement aujourd'hui. Mais jusqu'à la fin il s'est trouvé des poètes qui ont soutenu avec talent la cause de la tragédie : c'est, à la fin du siècle, Lemercier dont l'*Agamemnon* renferme des scènes admirables de mouvement et d'énergie (1797); c'est Luce de Lancival dont l'*Hector* (1809) est une œuvre touchante par endroits et bien écrite; c'est après la *Marie Stuart* de Lebrun (1820), au milieu du XIX° siècle, la *Lucrèce* (1843) de Ponsard que l'on applaudit, quelques jours après la chute des *Burgraves*.

Sans doute la tragédie du XIX° siècle n'était pas, ne pouvait pas être exactement celle du XVII°; et les derniers tragiques que j'ai cités cherchaient à mettre dans leurs œuvres plus de familiarité et plus de liberté. « Peut-être me saura-t-on gré, disait Lebrun à propos de son imitation de Schiller, d'avoir essayé un rapprochement entre la Melpomène étrangère et la nôtre; d'avoir opéré l'alliance de deux muses qui semblaient ennemies irréconciliables, et enfin d'avoir introduit sur le théâtre français, sans blesser la sévérité de notre goût et de nos règles, des formes et des couleurs qui manquaient à notre littérature dramatique, et que je crois indispensables à la tragédie moderne. » Dans le *Cid d'Andalousie*, il entrait plus résolument dans la voie nouvelle, et pouvait passer pour audacieux aux yeux du public de 1825, « public défiant, exigeant, chatouilleux [1], qui voulait du nouveau, mais se tenait en garde contre le nouveau. On avait à compter, ajoute-t-il, avec ses susceptibilités, ses incertitudes, dirai-je ses préjugés. Une expression très simple lui faisait froncer le sourcil; il était sévère pour le mot propre; les mots familiers lui plaisaient difficilement; ce qui n'était pas noble ne pouvait passer qu'à

---

1. Préface du *Cid d'Andalousie* (écrite en 1844).

grand'peine. Il y avait certains sentiments pris au vif, vrais mais peu généreux, qu'il ne pouvait absolument souffrir ».

Ponsard, lui aussi, est classique, mais sans respecter aveuglément toutes les règles ou conventions de l'ancienne tragédie. « Les sacrifices faits à la loi rigoureuse des unités de temps et de lieu, les confidents, les longs récits, une noblesse toujours soutenue, qui rejette ces détails familiers, si intéressants dans les tragédies grecques, le même choix d'expressions chez les subalternes et chez les rois, quelques termes de galanterie en usage à la cour de Louis XIV, mais étranges dans la bouche de Pyrrhus ou de Néron, voilà ce qui appartenait au temps, et ce qui a subi l'injure du temps [1]. »

Si la tragédie est morte aujourd'hui, il faut convenir qu'elle a mis bien du temps à mourir; si elle a été en décadence dès la fin du XVIIe siècle, il faut avouer qu'une décadence qui produit des œuvres comme celles que nous venons d'énumérer serait une période d'éclat pour d'autres genres. Combien a duré le drame romantique? Pas même vingt ans. Combien d'œuvres a-t-il produites qu'on puisse comparer, au point de vue dramatique, je ne dis pas à celles de Corneille et de Racine, mais à celles de ce pauvre Voltaire si durement traité par les poètes de nos jours?

L'avenir répondra.

Voilà donc une forme dramatique qui est portée à sa perfection par Racine et qui, plus d'un siècle et demi après *Phèdre*, se maintient encore au théâtre. Sans doute, il est fâcheux que le génie ait si souvent fait défaut à nos poètes tragiques : mais de quel genre ne pourrait-on pas en dire autant? Celui-ci a été longtemps à la mode, a plu à de nombreuses générations, a survécu à des révolutions politiques : tant était puissant l'attrait du génie de Racine, que tous ou presque tous prenaient pour modèle « dans l'ouvrage le plus difficile que l'esprit humain puisse entreprendre [2] ».

---

1. *Discours de réception à l'Académie française* (4 déc. 1856).
2. VOLTAIRE, *Lettre* du 26 fév. 1736.

CHAPITRE II

OPINION DES CRITIQUES DU XVIII° SIÈCLE

Vauvenargues, Voltaire, La Harpe. — Enthousiasme pour *Racine*.

Si l'on veut bien se rendre compte de cette influence de Racine, il n'y a qu'à parcourir les jugements portés sur lui par les critiques les plus autorisés du XVIII° siècle.

Ne nous arrêtons pas au parallèle de Corneille et de Racine fait par Vauvenargues [1], moraliste pénétrant, critique délicat, trop délicat peut-être dans ses jugements, un peu dur pour le ton déclamatoire, l'affectation de grandeur, l'enflure, les négligences basses, les subtilités qu'il rencontre chez Corneille, mais admirateur enthousiaste de Racine, de son parfait naturel, de cette « vérité dans les dialogues, dans les images, dans les caractères, dans l'expression des passions » qui ne lui fait jamais défaut. « Serait-il trop hardi de dire que c'est le plus beau génie que la France ait eu et le plus éloquent de ses poètes. »

Laissons la parole à Voltaire et à La Harpe. Voltaire, qui représente très bien en cela l'opinion commune du XVIII° siècle, a pour Racine écrivain, poète, peintre de passions, auteur dramatique, une admiration sans bornes, parfaitement justifiée du reste, mais qui le rend souvent injuste pour Corneille. Écoutons-le faire de Racine cet éloge enthousiaste auquel, du reste, nous n'avons rien à retrancher.

S'agit-il de le juger comme écrivain et comme poète, voici ce

---

1. VAUVENARGUES, *Réflexions critiques sur quelques poètes.*

qu'il en dit : « L'homme de la terre qui, après Virgile, a le mieux connu l'art des vers¹ », — « celui de nos poètes qui approcha le plus de la perfection² »; — « Dans le siècle passé, il n'y eut que le seul Racine qui écrivit des tragédies avec une pureté et une élégance presque continue. D'où vient que Bérénice arrache des larmes? C'est que les vers sont bons; ce mot comprend tout : sentiment, vérité, décence, naturel, pureté de diction, noblesse, force, harmonie, élégance, idées profondes, idées fines, surtout idées claires, images touchantes, images terribles, et toujours placées à propos³. »

S'agit-il de le défendre contre le reproche d'avoir affadi la scène? « Ne croyez pas que cette malheureuse coutume d'accabler nos tragédies d'un épisode inutile de galanterie soit due à Racine : c'est lui, au contraire, qui a fait ce qu'il a pu pour réformer en cela le goût de la nation. Jamais chez lui la passion de l'amour n'est épisodique : elle est le fondement de toutes ses pièces; elle en forme le principal intérêt⁴. »

« Que ceux-là se sont trompés qui ont dit et répété que Racine avait gâté le théâtre par la tendresse, tandis que c'est lui seul qui a épuré ce théâtre, infecté toujours avant lui et presque toujours après lui d'amours postiches, froids et ridicules qui déshonorent les sujets les plus graves de l'antiquité. Racine a presque toujours traité l'amour comme une passion funeste et tragique dont ceux qui en sont atteints rougissent⁵. »

La vérité, la nature, la connaissance des passions, de leurs nuances les plus délicates, tout cela semble réservé au seul Racine. « Racine est toujours vrai, il parle au cœur⁶. » — « Il est toujours dans la nature et Corneille n'y est presque jamais⁷. » — « Racine, le poète de l'univers qui a le mieux connu le cœur humain⁸. »

« Racine est un homme admirable pour le vrai qui règne dans ses ouvrages. Il n'y a pas, je crois, d'exemple d'un personnage

1. Préface de *Mariamne*.
2. *Lettre à l'Académie française*, en tête d'*Irène*.
3. *Discours historique et critique*, en tête de *don Pèdre*.
4. *Lettre* à M. Scipion Maffei, en tête de *Mérope*.
5. Remarques sur *Pulchérie*.
6. *Siècle de Louis XIV*.
7. *Lettre* à la Harpe, 22 janvier 1773.
8. *Siècle de Louis XIV*.

qui ait un sentiment faux, qui s'exprime d'une manière opposée à sa situation, si vous en exceptez Théramène qui encourage ridiculement Hippolyte dans ses froides amours pour Aricie[1]. »

Cherche-t-il l'ouvrage le plus approchant de la perfection qui soit sorti des mains d'un homme, c'est *Athalie* qu'il cite. « *Athalie* est peut-être le chef-d'œuvre de l'esprit humain[2]. »

Terminons par ces paroles de Voltaire : « Racine, égal à Virgile pour la beauté et l'harmonie du langage; supérieur à Euripide et à Sophocle; Racine le poète du cœur et d'autant plus sublime qu'il ne l'est que quand il faut l'être; Racine le seul poète tragique de son temps dont le génie ait été conduit par le goût; Racine le premier homme du siècle de Louis XIV et la gloire éternelle de la France[3].... »

La Harpe ne fait que confirmer le jugement de Voltaire, et montrer la supériorité de Racine sur tous les auteurs tragiques, même sur Corneille.

« Racine[4] n'a point fait la tragédie de la cour; il a fait celle du cœur humain. Né avec cette imagination vive, cette sensibilité tendre, cette flexibilité d'esprit et d'âme, qualités les plus essentielles pour la tragédie, et que n'avait pas Corneille; né avec le sentiment le plus vif et le plus délicat de l'harmonie et de l'élégance, avec la plus heureuse facilité d'élocution, qualités les plus essentielles à toute poésie, et que Corneille n'avait pas non plus.... La nature et les circonstances avaient tout réuni pour faire de Racine un écrivain parfait, et il le fut.

« Pour la première fois (avec *Andromaque*) la passion de l'amour fut peinte avec toute son énergie et toutes ses fureurs.

« Il ne dut qu'à lui-même ce grand ressort dramatique, devenu si puissant dans ses mains. Cette découverte, en même temps qu'elle enrichissait notre théâtre, a influé jusqu'à l'abus sur la tragédie française et nous a exposés à des reproches qui ne sont pas sans fondement. Cette peinture de l'amour a été un des mérites propres à Racine.

---

1. *Connaissance des beautés et des défauts de la poésie et de l'éloquence.*
2. *Discours historique et critique à l'occasion des* Guèbres.
3. *La défense de mon oncle*, 1767. Chap. sur *les Tribulations des gens de lettres*.
4. *Lycée* (t. IV, p. 291-342).

« On a dit que Corneille avait un esprit plus créateur : l'a-t-on bien prouvé ? Racine a suivi une route toute différente de celle de Corneille.

« Ce qui importe à l'instruction, ce n'est pas de savoir lequel est le plus grand de ces deux poètes, mais lequel a fait de meilleures tragédies, a su le mieux écrire, a mieux connu les principes de la nature et de l'art, a su le mieux parler au cœur et à l'oreille. Sous ce point de vue, le résultat n'est pas douteux : il est entièrement en faveur de Racine.

« Racine, dans son genre, paraît avoir été aussi loin que l'esprit humain puisse aller : Corneille n'a excellé que dans quelques parties du sien.

« On a souvent loué Corneille de sa variété, et accusé Racine de monotonie. On le trouvait toujours le même parce qu'il était toujours parfait. »

CHAPITRE III

INNOVATIONS ET CRITIQUES AU XVIII° SIÈCLE

La Chaussée, Diderot, Mercier. — Comédie larmoyante. — Tragédie bourgeoise. Drame.

Nous avons vu que pendant deux siècles, la tragédie avait régné en souveraine sur notre théâtre. Ce n'est pas à dire qu'on n'ait pas fait certains essais ou lancé certaines critiques, en France ou à l'étranger; innovations et critiques qui ne diminuèrent pas beaucoup sur le moment, le prestige de la tragédie, mais qui, reprises plus tard, lui ont porté un coup que l'on peut croire mortel.

A partir surtout de la deuxième partie du XIX° siècle, on a demandé au théâtre une peinture de plus en plus exacte, de plus en plus minutieuse, des mœurs contemporaines; le public de plus en plus nombreux, et plus nombreux que délicat, est venu chercher au théâtre un plaisir que l'esprit ne suffit pas à donner, mais que le scandale procure aisément; pratique et prosaïque, il eût traité de sottises et de niaiseries, s'il l'eût osé, bien des vers de Racine et de Corneille : Il a été servi à souhait par les tableaux réels ou réalistes qu'on lui a mis sous les yeux. Il veut des personnages qu'il puisse facilement reconnaître, qui s'expriment dans son langage, qui soient mêlés à des événements vulgaires; il ne demande en général ni finesse, ni délicatesse, ni profondeur, ni analyse de caractères, ni personnages dont les passions, même mauvaises, nous transportent dans une région plus élevée, ni poésie qui charme et séduise : il ne demande pas la tragédie.

C'est cent ans après sa mort que La Chaussée a triomphé. C'est lui, en effet, qui, sans s'en douter, porta le premier coup à la tragédie.

La tragédie idéalement belle, que Corneille et Racine nous avaient laissée, eut des adversaires dès le XVIIIe siècle. Les uns, comme La Motte, voulaient la priver d'un de ses plus beaux ornements, du vers lui-même ; les autres, comme La Chaussée, tout en conservant le vers (je ne dis pas la poésie), la rabaissaient au ton de la comédie. Ce n'est pas que La Chaussée ait eu l'idée bien arrêtée de remplacer la tragédie par le drame ; mais il y a conduit le public en enlevant toute gaieté à la comédie ; en faisant de la comédie, déjà trop sérieuse avec Destouches, un drame bourgeois dans lequel le rire a disparu pour être remplacé par les larmes : Quel besoin aura-t-on de la tragédie si l'on va s'attendrir et pleurer à la comédie larmoyante ? D'un côté, nous aurons la comédie-farce, de l'autre la comédie-drame : on ne voit plus la place de la tragédie. C'est la conclusion qu'en a tirée le XIXe siècle.

Ce n'était peut-être pas l'avis de La Chaussée qui a écrit des tragédies ; ce n'était certes pas l'avis de Voltaire qui crible d'épigrammes cette tragédie bourgeoise, « recours des auteurs sans génie, monstre né de l'impuissance d'être plaisant ou tragique, espèce bâtarde. Des auteurs [1] qui étaient incapables de faire seulement une bonne plaisanterie ont voulu faire des comédies uniquement pour gagner de l'argent. Ils n'avaient pas assez de force dans l'esprit pour faire des tragédies ; ils n'avaient pas assez de gaieté pour écrire des comédies ; ils ne savaient pas seulement faire parler un valet ; ils ont mis des aventures tragiques sous des noms bourgeois. »

Mais Voltaire lui-même, voyant que ce genre devient à la mode, suit en maugréant La Chaussée ; écrit *l'Enfant prodigue* et *Nanine* ; fait pour les besoins de sa cause l'éloge de la comédie « attendrissante », pendant qu'il continue à repousser la comédie « larmoyante » ; furieux au fond d'être forcé de céder, et, tout en attaquant le « tragique bourgeois », admettant (sans prévoir probablement les conséquences de cette concession) « le mélange du sérieux et de la plaisanterie, du comique et du touchant [2] ».

---

1. *Lettre* du 27 févr. 1769.
2. Préface de *l'Enfant prodigue*.

C'est Diderot qui est le théoricien de la nouvelle école ; c'est chez lui qu'il faut chercher le manifeste du drame au XVIIIᵉ siècle.

Il y a deux idées fondamentales dans la nouvelle poétique [1]. D'abord, « la tragédie domestique et bourgeoise » (c'est le nom donné à ce genre nouveau) sera écrite en prose. — C'est, il faut en convenir, parfaitement logique ; c'est le terme fatal de cette évolution qui fait descendre la tragédie de *Phèdre* au *Fils naturel*. Du reste, nous avions déjà eu des œuvres, dont le fond était très sérieux, écrites en prose, comme l'*Avare* ou *George Dandin*. La Chaussée aurait aussi bien fait d'écrire en prose. — Mais pourquoi appeler cela une tragédie ? Reconnaissons que cette idée a fait fortune, et que, depuis Diderot jusqu'à nos jours, bon nombre de pièces, — qu'on a du reste fort sagement renoncé à appeler tragédies, — ont été écrites en prose.

La deuxième innovation était plus révolutionnaire et n'a pas eu un aussi heureux succès : c'était « la substitution des conditions aux caractères ». — « Il n'y a, dans la nature humaine, qu'une douzaine tout au plus de caractères vraiment comiques et marqués de grands traits. Ce ne sont plus les caractères qu'il faut mettre sur la scène, mais les conditions. Jusqu'à présent, dans la comédie, le caractère a été l'objet principal et la condition n'a été que l'accessoire. Il faut que la condition devienne aujourd'hui l'objet principal. C'est la condition, ses devoirs, ses avantages, ses embarras, qui doivent servir de base à l'intrigue. Il me semble que cette source est plus féconde et plus utile que celle des caractères. — (Il faudrait jouer) l'homme de lettres, le philosophe, le commerçant, le juge, l'avocat, le politique, le citoyen, le magistrat, le financier, le grand seigneur, l'intendant. Ajoutez à cela toutes les relations : le père de famille, l'époux, la sœur, les frères [2] ».

---

1. Voir *Entretiens sur le Fils naturel* (passim). *Discours sur la poésie dramatique* (passim).
2. *Entretiens sur le Fils naturel.* — Voltaire n'aurait pas accepté ces conséquences ; mais n'avait-il pas dit lui-même ? « Il ne faut pas croire que les grandes passions tragiques et les grands sentiments puissent se varier à l'infini d'une manière neuve et frappante. Tout a ses bornes. La haute comédie a les siennes. Il n'y a dans la nature humaine qu'une douzaine tout au plus de caractères vraiment comiques et marqués de grands traits. » (*Siècle de Louis XIV*.) Remarquons que cette dernière phrase de Voltaire est reproduite textuellement par Diderot, qui parle en son propre nom et qui n'a pas l'air de se douter qu'il cite simplement une ligne de Voltaire.

Cette source paraissait à Diderot plus féconde qu'elle ne l'était en réalité ; et je ne vois pas que l'avenir lui ait donné raison. Ce qu'il aurait pu dire, — mais on le savait avant lui, — c'est que les caractères peuvent être et sont en effet modifiés par les conditions. Mais il ne fallait pas songer à traiter la condition abstraite, en elle-même, comme il le voulait ; l'important a été et sera toujours le caractère des personnages. Et il fallait se faire une idée bien étrange de la poésie dramatique pour écrire comme le fait Diderot : « Le plan d'un drame peut être fait et bien fait, sans que le poète sache rien du caractère qu'il donnera à ses personnages ». C'est aux situations, d'après lui, à décider des caractères. Pour Racine, c'était aux caractères à faire naître les situations.

Je ne m'attarderai pas à montrer ce qu'il y a de vicieux dans une pareille conception, ni ce qu'il y a d'exagéré dans le rôle qu'il attribue à la pantomime et au jeu de l'acteur, ni ce qu'il y a de peu littéraire dans ces mots inarticulés qui doivent remplacer les discours de nos grands poètes [1]. Et tout cela au nom de la vérité et de la nature. « Je ne me lasserai point de crier à nos Français : La vérité ! la nature ! les anciens ! Sophocle ! Philoctète ! » Ce qui a dû séduire Diderot c'est qu'en effet l'auteur de la tragédie bourgeoise pouvait se rapprocher davantage de la « vie réelle ». — « Cette tragédie nous intéressera. Elle est plus voisine de nous. C'est le tableau des malheurs qui nous environnent. » Cette

---

1. *Jeu de l'acteur et pantomime.* « Nous parlons trop dans nos drames et conséquemment nos acteurs n'y jouent pas assez. Il y a des endroits qu'il faudrait presque abandonner à l'acteur. C'est à lui à disposer de la scène écrite, à répéter certains mots, à revenir sur certaines idées, à en retrancher quelques-unes, et à en ajouter d'autres. » (*Entretiens.*) « La pantomime est une partie importante de l'art dramatique : l'auteur doit s'en occuper sérieusement ; si elle ne lui est pas familière et présente, il ne saura ni commencer, ni conduire, ni terminer sa scène avec quelque vérité : le geste doit s'écrire souvent à la place du discours. Il y a des scènes entières où il est infiniment plus naturel aux personnages de se mouvoir que de parler. La pantomime est le tableau qui existait dans l'imagination du poète lorsqu'il écrivait, et qu'il voudrait que la scène montrât à chaque instant lorsqu'on le joue. » (*Discours*, chap. XXI). *Cris au lieu de discours.* « Ce qui émeut toujours ce sont des cris, des mots inarticulés, des voix rompues, quelques monosyllabes, qui s'échappent par intervalles, je ne sais quel murmure dans la gorge, entre les dents. Un homme de génie ne répandra (dans les intervalles vides de l'action) que quelques monosyllabes ; il jettera ici une exclamation, là un commencement de phrase ; il se permettra rarement un discours suivi, quelque court qu'il soit. » (*Entretiens.*)

théorie n'est pas nouvelle : nous la trouvons déjà exposée par le grand Corneille. Mais le tout est de l'appliquer bien.

Je ne veux pas non plus rechercher avec Diderot si l'objet d'une composition dramatique est « d'inspirer aux hommes l'amour de la vertu et l'horreur du vice ». — « Quelquefois, ajoute-t-il, j'ai pensé qu'on discuterait au théâtre les points de morale les plus importants, et cela sans nuire à la marche violente et rapide de l'action dramatique. » On a repris à d'autres époques, et sans beaucoup de succès, cette théorie du théâtre à thèses, du théâtre moralisateur.

Je préfère chercher dans Diderot ce qui le rapproche un peu plus ou ce qui l'éloigne moins de la poétique de la tragédie.

D'abord il n'est pas aussi exclusif qu'on le croirait. Il reconnait à la tragédie le droit de vivre. « Voulez-vous donner à ce système toute l'étendue possible? Le burlesque. Le genre comique. Le genre sérieux (c'est la tragédie bourgeoise). Le genre tragique. Le merveilleux. » (*Entretiens*.)

Il dit ailleurs : « Voici donc le système dramatique dans toute son étendue. La comédie gaie, qui a pour objet le ridicule et le vice; la comédie sérieuse, qui a pour objet la vertu et les devoirs de l'homme. La tragédie qui aurait pour objets nos malheurs domestiques; la tragédie qui a pour objet les catastrophes publiques et les malheurs des grands. » (*Discours*.)

Je remarque aussi son goût tout à fait classique pour « les drames simples à la manière des anciens » qu'il préfère « aux drames composés » (chap. v). « Une conduite simple, une action prise le plus près possible de sa fin pour que tout fût dans l'extrême, une catastrophe sans cesse imminente et toujours éloignée par une circonstance simple et vraie; des discours énergiques; des passions fortes; des tableaux; un ou deux caractères fortement dessinés. » — « La nature m'a donné le goût de la simplicité, et je tâche de le perfectionner par la lecture des anciens. Voilà mon secret (chap. x). J'aime mieux qu'une pièce soit simple que chargée d'incidents. » (*Entretiens*.)

Je remarque que ce créateur de la tragédie en prose « s'est demandé quelquefois si la tragédie domestique se pouvait écrire en vers, et que sans trop savoir pourquoi, il s'est répondu que non » (chap. x). Il ne me paraît pas bien enthousiaste de son innovation.

Je constate encore que cet admirateur de Térence et de Molière, de Corneille et de Racine [1], n'est pas un ennemi des unités : « Les lois des unités sont difficiles à observer, mais elles sont sensées » (*Entretiens*); mais qu'en revanche, et c'est le dernier trait que je veux retenir, il est tout à fait opposé au mélange du comique et du tragique. Il ne veut pas que l'on confonde le genre sérieux avec « la tragi-comédie qui ne peut être qu'un mauvais genre parce qu'on y confond deux genres éloignés et séparés par une barrière naturelle. L'unité disparaît. Le genre sérieux penche plutôt vers la tragédie que vers la comédie. Il serait dangereux d'emprunter dans une même composition des nuances du genre tragique et du genre comique ».

On voit que, malgré son ton et sa réputation de révolutionnaire, Diderot ne s'écarte pas autant qu'on le croirait tout d'abord des traditions littéraires du xviie siècle; et que sa préférence pour les drames simples, son absence de dédain pour les unités, son peu de goût pour le mélange du comique et du tragique, ne font pas de lui, autant qu'on l'a cru, un ancêtre des romantiques.

Quelques-unes de ces idées de Diderot furent reprises et poussées à l'extrême par Mercier avec une sorte de brutalité voulue, dans son *Essai sur l'art dramatique*. Il proteste contre les cinq actes, contre les unités, contre la tragédie « dont les vers orgueilleux, défiant les rois, insultent à la misère de la multitude ». Aussi ne parle-t-il pas de tragédie bourgeoise, il parle hardiment de drame. « A ce mot (car les mots de tout temps ont causé de graves querelles), je vois des journalistes le proscrire, ce mot qui, selon eux, outrage le goût. » Il veut que, dans le drame, l'émotion soit poignante : « Ne point permettre à l'œil de cesser d'être humide ». Comme Diderot, il veut que le théâtre soit utile : « Imprimer au théâtre un caractère d'utilité présente ». Et qu'on ne lui parle pas des partisans de règles. « Il faudra rire de leur engouement, si toutefois cela est permis quand on songe qu'ils

---

1. Il n'est pas inutile de noter pour notre thèse que Diderot avait plus d'admiration pour Racine que pour Corneille. « Je conçois comment à force de travail on réussit à faire une scène de Corneille sans être né Corneille; je n'ai jamais conçu comment on réussissait à faire une scène de Racine sans être né Racine. Je m'estime plus de sentir le mérite de ce morceau (*Phèdre*, I, iii) que de quelque chose que je puisse écrire de ma vie. » (*Discours sur la poésie dramatique*, chap. xvii.)

ont été dans tous les âges le fléau des arts et les véritables assassins du génie [1]. »

Enfin il fait de la prose un éloge dithyrambique. « La prose est à nous; sa marche est libre; il n'appartient qu'à nous de lui imprimer un caractère plus vivant. Les prosateurs sont nos vrais poètes; qu'ils osent; et la langue prendra des accents tout nouveaux. » (*Néologie*.)

Mais toutes ces théories avaient besoin de passer par l'Allemagne pour revenir ensuite chez nous avec plus d'autorité et de force.

---

1. Toutes ces citations de Mercier sont prises dans la thèse de Souriau, *la Convention dans la tragédie classique et le drame romantique*, p. 68.

CHAPITRE IV

LES CRITIQUES ALLEMANDS ET LA TRAGÉDIE FRANÇAISE

Lessing, Schiller, Gœthe, Schlegel.

C'est Lessing le premier qui part en guerre contre la littérature française. Comme homme, il en veut à Voltaire; comme Allemand, il en veut au goût français d'avoir conquis l'Allemagne; il veut détruire cette influence française prépondérante dans son pays au milieu du XVIII° siècle; il en veut à Gottsched d'avoir fait traduire Corneille et Racine, Voltaire et Molière; il lui reproche d'avoir voulu créer un théâtre « à la française » sans se demander « si ce théâtre francisé convenait ou non à la manière de penser des Allemands [1] ». — « Il aurait dû comprendre que nous voulons dans nos tragédies voir et penser plus que la tragédie française ne nous donne à voir et à penser; que le grand, l'effrayant, le mélancolique, agissent mieux sur nous que le joli, le tendre et le galant; que la trop grande simplicité nous fatigue plus que la trop grande complication. Il aurait pu voir que notre goût s'accorde mieux avec celui des Anglais qu'avec celui des Français [2]. »

Il ne cache pas, du reste, son parti pris. « Dans cet ouvrage, dit-il dans sa *Dramaturgie*, je le reconnais franchement, j'ai pris une fois pour toutes à partie les écrivains français et en particulier M. de Voltaire [3]. »

---

1. Crouslé, *Lessing et le Goût français en Allemagne*, p. 237. Pour toute cette partie, nous nous sommes servi de l'ouvrage que nous venons de citer et de la traduction de la *Dramaturgie* par de Suckau, revue par Crouslé.
2. *Ibid.*, p. 237, 239.
3. *Traduction française*, p. 329.

Il va metre au service de ses haines nationales et de ses rancunes personnelles une solide érudition, qui va lui servir à ruiner la tragédie française et à défendre Diderot et Shakespeare entre lesquels il semble partager son admiration. Mais s'il admire beaucoup Shakespeare, il a une grande tendresse pour Diderot qu'il accepte pour maître. *Le Père de famille* est pour lui « une excellente pièce ». Diderot est « le critique le meilleur qu'aient les Français ». Ce qu'il faut au théâtre, ce sont des personnages comme nous. « Les noms de prince et de héros peuvent donner à une pièce de théâtre une certaine pompe et une certaine majesté, mais ils n'ajoutent rien à l'émotion. Ce qui fait naturellement la plus forte impression sur notre âme, c'est le malheur de ceux dont la condition se rapproche le plus de la nôtre; et si les rois nous inspirent de la sympathie, c'est comme hommes et non comme rois [1]. »

Du reste, il ne croit pas à l'avenir de la tragédie bourgeoise chez les Français. « La nation est trop vaine et trop éprise des titres et des autres avantages extérieurs. »

Le drame nouveau doit, sans aucun doute, être en prose. D'ailleurs les Français n'ont rien à regretter. « Les vers français n'ont pour eux que le mérite de la difficulté vaincue; et franchement ce n'est qu'un mérite bien mince [2]. » Le jugement est sommaire, mais n'en est pas plus juste.

Quant au mélange du comique et du tragique, il l'approuve quand il s'agit de louer Shakespeare; mais, en principe, il n'en est pas partisan, et il en donne pour raison la nécessité de l'unité d'impression dans une œuvre d'art. » Dans la nature [3], tout est dans tout, tout s'entre-croise, tout est alternative et métamorphose incessante. Mais, au point de vue de cette diversité infinie, la nature est un spectacle convenable seulement pour un esprit infini. Pour que des esprits finis pussent en jouir, il fallait leur donner la faculté d'imposer à la nature des limites qui n'y sont point, d'y introduire des divisions et de gouverner leur attention selon leur bon plaisir. Le propre de l'art est de nous aider à introduire cette division dans le domaine du beau, et à

---

1. *Traduction*, p. 68.
2. *Trad.*, p. 91.
3. *Trad.*, p. 321.

fixer notre attention. L'art isole en fait tout ce que notre esprit isole ou désire pouvoir isoler dans la nature, soit qu'il s'agisse d'un seul objet ou d'un assemblage d'objets divers. »

A côté de cet amour pour la tragédie bourgeoise, se trouve chez Lessing à la fois une admiration enthousiaste pour Shakespeare et un respect presque superstitieux des règles d'Aristote. « Je n'hésite pas à déclarer que je tiens la *Poétique* d'Aristote pour aussi infaillible que les *Éléments* d'Euclide. Les principes n'en sont ni moins vrais, ni moins sûrs que ceux d'Euclide; seulement ils sont moins faciles à saisir, et par conséquent plus exposés à la chicane. Et particulièrement pour la tragédie je me fais fort de prouver victorieusement qu'elle ne saurait s'écarter d'un seul pas de la direction qu'Aristote lui a tracée, sans s'écarter d'autant de la perfection [1]. »

Comment concilier ces deux admirations? D'une manière hardie, mais bien simple. Les règles d'Aristote, Shakespeare les a appliquées; ce sont les Français qui ne les ont pas observées. Et il emploie à soutenir cette thèse beaucoup d'érudition, d'ingéniosité et beaucoup de subtilité aussi. De là tous ces commentaires minutieux, souvent exacts et profonds, sur Aristote, en particulier sur la pitié, la crainte et la purgation des passions; de là cette critique un peu dure des interprétations données par Corneille.

Les unités il les loue chez les Grecs, mais ne les approuve pas chez les Français. « Se tirer d'affaire avec les règles est une chose et les observer réellement en est une autre. Pour la première, les Français s'y entendent; quant à la seconde, il n'y a que les anciens qui paraissent l'avoir su faire. L'unité d'action était la première loi dramatique des anciens; l'unité de temps et l'unité de lieu n'en étaient pour ainsi dire que les conséquences; ils ne les auraient guère observées plus strictement que ne l'aurait exigé la première, si le chœur n'était venu se placer là comme un lien.

« Les Français *qui n'avaient aucun goût pour la vraie unité d'action*, et qui avaient été gâtés par les intrigues barbares des pièces espagnoles avant de connaître la simplicité grecque, ont

---

1. *Traduction*, p. 461.

considéré les unités de temps et de lieu non comme des conséquences de l'unité d'action, mais comme des conditions indispensables en elles-mêmes de la représentation d'une action. De là, au lieu d'un lieu unique, un lieu indéterminé; au lieu de l'unité de jour, l'unité de durée, un certain temps pendant lequel il ne serait question ni de lever ni de coucher de soleil [1]. »

Nous laisserons de côté toutes les critiques, très vives, qu'il fait à Corneille, pour en venir à son opinion sur la tragédie et sur Racine.

Pour lui, les Français n'ont pas de théâtre tragique. Que l'on compare les fortes impressions du drame anglais et les impressions légères de la prétendue tragédie française. « Tout jusqu'aux plus petites parties de Shakespeare est taillé suivant les grandes proportions du drame historique; et celui-ci est à la tragédie dans le goût français à peu près comme une large fresque est à une miniature pour bague [2]. »

« Otez à la plupart des pièces françaises leur régularité mécanique, qu'y peut-on louer sinon des complications d'intrigues, des coups de théâtre et des situations? Elles ont, dira-t-on pour elles la bienséance. — Oui, les intrigues y sont pleines de bienséance et aussi d'uniformité; les coups de théâtre pleins de bienséance et de banalité; les situations pleines de bienséance et forcées. Voilà l'effet de la bienséance [3]. »

« Les Français n'ont [4] pas encore la vraie tragédie parce qu'ils croient l'avoir depuis longtemps. Et ils sont affermis dans cette croyance par leur vanité. A peine Corneille eut-il tiré le théâtre de la barbarie qu'ils le crurent tout près de la perfection. Il leur sembla que Racine y avait mis la dernière main; et il ne fut plus question de savoir (ce qu'on ne s'était jamais demandé) si le poète tragique ne peut pas être encore plus pathétique et plus touchant que Corneille et Racine. Cela fut tenu pour impossible. De ces deux poètes c'est Corneille qui a fait le plus de mal et qui a exercé sur les poètes tragiques de son pays l'influence la plus pernicieuse. Car Racine ne les a égarés que par ses

---

1. *Traduction*, p. 223-224.
2. *Trad.*, p. 311.
3. *Trad.*, p. 319.
4. *Trad.*, p. 376-379.

exemples; Corneille l'a fait par ses exemples et par ses préceptes.

« Différentes tragédies françaises sont des œuvres très délicates, très instructives, que je crois dignes de toute sorte d'éloges; seulement ce ne sont pas des tragédies. Leurs auteurs devaient être de très bons esprits; ils méritent en partie un rang distingué parmi les poètes; seulement ce ne sont pas des poètes tragiques. Et les Corneille et les Racine, les Crébillon et les Voltaire, n'ont rien ou presque rien de ce qui fait de Sophocle, d'Euripide et de Shakespeare, un Sophocle, un Euripide et un Shakespeare. Ceux-ci sont rarement en opposition avec les règles essentielles d'Aristote, et les autres y sont très souvent. »

S'acharnant sur Corneille [1] et sur Voltaire, Lessing parle très rarement de Racine, et d'une façon peu précise. Le méprisait-il trop pour lui faire l'honneur de le prendre à partie? était-il incapable de comprendre la délicatesse et la profondeur de l'auteur de *Britannicus* et de *Phèdre*? N'est-il pas étrange qu'il ne fasse pas l'éloge du peintre de Roxane et d'Hermione, lui qui, dans une très vive critique de la *Rodogune* de Corneille, s'exprime ainsi : « Je pardonnerai tout à une femme éprise et jalouse? » N'est-il pas plus étrange qu'il ait écrit : « Je ne connais qu'une tragédie à laquelle l'amour même ait mis la main, c'est *Roméo et Juliette* de Shakespeare? » Passe encore, quoique ce soit bien dur, qu'à propos de *Zaïre* il dise : « C'est de la galanterie, c'est le style de chancellerie de l'amour ». Mais dans Racine n'a-t-il pas vu autre chose?

Il ne le trouve ni assez poétique, ni assez naturel.

« Il suffit que cet être hybride (une pièce d'Euripide) me plaise et m'intéresse plus que les productions régulières de vos auteurs corrects, tels que Racine et autres [2]. »

Pour lui, Racine n'est qu'un poète de cour. « Que les véritables reines parlent un langage aussi recherché, aussi affecté qu'elles le voudront; celles du poète doivent parler le langage de la

---

1. Il va jusqu'à dire : « Qu'on me cite une pièce du grand Corneille que je ne me charge de refaire mieux que lui. Qui tient la gageure? »
2. *Traduction*, p. 236.

nature. Rien n'est plus décent et plus digne que la simple nature [1]. » Cela lui suffit pour condamner Racine.

Concluons avec M. Crouslé [2] que pour Lessing la tragédie française n'est « ni assez *libre*, ni assez *populaire*, ni assez *tragique* », et que « son goût prononcé, systématiquement entretenu, pour tout ce qui est populaire, le tient trop éloigné du goût de Racine ».

Avec Schiller et Gœthe, la discussion s'élève et nous ne retrouverons plus, malgré quelques injustices ou quelques erreurs, ce ton hargneux et ces petites chicanes que nous avons regretté de trouver chez Lessing [3].

Cependant Schiller reproche aux Français (et il y a quelque vérité dans cette critique) de juger plutôt avec leur esprit qu'avec le cœur. « Il y a une classe de connaisseurs qui ne cherche dans le touchant et le sublime que le côté intellectuel : voilà ce qu'ils sentent, ce qu'ils apprécient avec le sens le plus juste; mais qu'on se garde de faire appel à leur cœur! L'âge, le trop de culture, nous mènent à cet écueil. De toutes les nations de l'Europe, ce sont nos voisins les Français qui penchent le plus vers cet extrême; et nous, en cela comme en toutes choses, nous nous évertuons à suivre ce modèle [4]. »

C'est que Schiller définit ainsi la tragédie : « l'imitation poétique d'une suite cohérente d'événements particuliers, formant une action complète, imitation qui nous montre l'homme dans un état de souffrance, et qui a pour but d'exciter notre pitié [5] ».

« Le but de la tragédie c'est l'émotion; sa forme, l'imitation d'une action qui mène à la souffrance [6]. »

---

1. *Traduction.*, p. 283.
2. *Lessing*, p. 296, 323.
3. Il y a toutefois dans Schiller quelques idées qui semblent venir de Lessing. Après un grand éloge d'Aristote, « véritable juge infernal pour tous ceux qui tiennent servilement à la forme extérieure, ainsi que pour ceux qui se mettent au-dessus de toute espèce de forme », Schiller ajoute : « Shakespeare, qui viole si souvent les lois, eût été bien plus à l'aise avec lui que tous les poètes tragiques de France qui ont toujours eu peur de lui comme les gamins ont peur du bâton. » (*Lettre de Schiller à Gœthe*, 5 mai 1797. Trad. par Mme de CARLOWITZ.)
4. *Esthétique*. Trad. RÉGNIER. « De la cause du plaisir que nous prenons aux objets tragiques. » (1792, 1er cahier, *Nouvelle Thalie*).
5. *De l'art tragique* (2e cahier de 1792, *Nouvelle Thalie*).
6. *Ibidem.*

Il dira dans un autre passage : « La première loi de l'art tragique est de représenter la nature souffrante ; la deuxième est de représenter la résistance morale opposée à la souffrance [1]. »

Or, le grand reproche qu'il fait à la tragédie française, c'est de ne pas montrer la nature souffrante. « Dans la tragédie française, il est extrêmement rare ou peut-être sans exemple qu'on nous fasse voir de nos yeux la nature souffrante, et nous ne voyons le plus souvent que le poète qui lui-même s'échauffe à froid et qui déclame. Le ton glacial de la déclamation y étouffe absolument la véritable nature, et les tragiques français, avec leur culte superstitieux pour le décorum, se mettent tout à fait dans l'impossibilité de peindre la nature humaine dans sa vérité. Le décorum fausse toujours l'expression de la nature, et cette expression pourtant est ce que réclame impérieusement l'art. C'est à peine si, dans une tragédie française, nous pouvons nous persuader que le héros souffre ; car il s'exprime sur l'état de son âme, comme ferait l'homme le plus calme ; et, constamment préoccupé de l'impression qu'il fait sur autrui, il ne laisse jamais la nature s'épancher en liberté. Les rois, les princesses et les héros d'un Corneille ou d'un Voltaire n'oublient jamais leur *rang*, même dans les plus violents accès de passion ; et ils dépouilleront leur humanité plutôt que leur dignité. Ils ressemblent à ces rois et à ces empereurs de nos vieux livres d'images qui se mettent au lit avec leur couronne [2]. »

Si de pareilles critiques peuvent à la rigueur tomber sur certains héros de Corneille ou de Voltaire, quelle injustice de les appliquer aux personnages de Racine ! Nous avons vu, au contraire, que sous ce « décorum » c'est bien la nature, la vérité, l'humanité que nous rencontrons. Pour s'exprimer en beau langage, les Hermione et les Phèdre ne « souffrent » donc pas ? Quelle erreur de la part d'un aussi grand poète que Schiller !

N'est-il pas aussi étonnant que Schiller ait jugé si légèrement la versification française ? Voici une jolie page, peu concluante du reste, à propos de l'alexandrin et de son influence sur la tra-

---

1. *Du pathétique* (*Nouvelle Thalie*, 1793)
2. *Ibidem.*

gédie française. « La propriété des alexandrins [1] de se partager en deux parties égales par la césure et la nature de la rime, qui fait de deux alexandrins un couplet, ne déterminent pas seulement le langage, mais l'âme de toutes les tragédies françaises. Les caractères, les sentiments, la manière d'être des personnages, tout est soumis à la règle de l'antithèse ; et, semblables au violon qui règle les mouvements des danseurs, les deux jambes de l'alexandrin règlent les mouvements du sentiment et de la pensée. L'esprit est constamment mis en jeu, et chaque pensée, chaque sentiment est contraint d'entrer dans cette forme, comme dans le lit de Procuste. Puisque la traduction [2], en supprimant le vers alexandrin, supprime la base de la tragédie française, il ne peut rester que des ruines. On ne comprend plus les effets, la cause ayant cessé d'exister. »

Ce grand poète, qui proclamait cependant *le Cid* « le chef-d'œuvre, quant à l'intrigue, de la scène tragique », n'est pas tendre pour Corneille. Il parle des « imperfections réellement énormes » qu'il remarque dans ses meilleures pièces. Il est choqué de « la pauvreté dans l'invention, la maigreur et la sécheresse dans le développement des caractères, la froideur dans les passions, la lenteur et la gaucherie de l'action, l'absence presque totale d'intérêt. Les femmes y sont de misérables caricatures [3] ».

En revanche, il dit de Racine : « Racine est incomparablement plus près de la perfection, bien qu'on trouve chez lui tous les inconvénients de la manière française et qu'il soit un peu faible dans l'ensemble [4] ».

En somme, comme on le voit, Schiller aurait presque adopté cette conclusion de Lessing : la tragédie de Racine n'est pas assez tragique, pas assez émouvante.

Gœthe me paraît avoir mieux compris et mieux apprécié notre littérature dramatique. Nous savons qu'il eut de bonne heure du goût pour Racine ; qu'il joua dans sa jeunesse le rôle de Néron

---

1. *Lettre de Schiller à Gœthe*, 15 oct. 1799.
2. Il s'agit de *Mahomet* que Schiller a l'air de regarder comme la moins mauvaise des tragédies françaises : du reste « la manière dont Voltaire l'a traité tient beaucoup moins du genre purement français que toutes ses autres pièces ».
3. *Lettre de Schiller à Gœthe* du 31 mai 1799.
4. *Ibidem*.

dans *Britannicus*; puis, qu'après avoir protesté contre l'imitation de la poésie française et vanté Shakespeare au détriment de nos poètes, il revient plus tard (vers 1799) au théâtre français pour réformer le théâtre allemand. Il traduit *Mahomet*, puis *Tancrède*. Il est question dans sa correspondance du *Mithridate* de Racine dont on voulait faire représenter une traduction à Weimar (5 janv. 1804). Il fait une traduction de *Phèdre* qui est représentée le 30 janvier 1805. « Il voudrait emprunter aux tragédies françaises le sentiment de la mesure, l'habitude du dessin, l'art de resserrer son sujet dans de justes limites [1]. » Schiller a beau protester contre ces « œuvres surannées qui ne servent qu'à le fortifier dans sa foi poétique » : il était digne du grand esprit de Gœthe de comprendre les beautés de la tragédie française. Est-ce de Gœthe ou de Racine que parle Schiller quand il dit : « Tout y est simple, beau, concentré, et il s'y fait tant de choses avec si peu de ressorts [2]? »

Gœthe n'était-il pas dans la tradition classique quand il disait : « L'action de la véritable tragédie ne demande que fort peu d'espace matériel »; et quand il se plaignait de la confusion des genres : « J'ai été frappé de voir combien nous autres modernes nous sommes portés à confondre les genres, bien plus, combien nous sommes peu en état de les distinguer; les artistes seuls peuvent les séparer en traçant de leur baguette magique un cercle infranchissable autour de chacun d'eux, et leur conserver par ce moyen leur caractère propre, leur vie individuelle [3] »;

Quand il présentait cette explication des trois unités : « Le motif de la règle des trois unités est la nécessité de faire embrasser le sujet d'un seul coup d'œil [4] »;

Quand, à la fin de sa vie, il disait : « J'appelle classique ce qui est sain et romantique ce qui est maladif; la plupart des œuvres récentes ne sont pas romantiques parce qu'elles sont récentes, mais parce qu'elles sont faibles et maladives [5]? »

1. SAINT-RENÉ TAILLANDIER. Tous ces détails sont pris dans l'Introduction mise par Saint-René Taillandier en tête de la *Traduct.*, de la *Corresp. de Gœthe et de Schiller* ou dans les notes de cette édition. (*Trad. de la correspond.*, par Mme DE CARLOWITZ.)
2. *Lettre de Schiller* du 7 déc. 1794, à propos de *Wilhem Meister*.
3. *Lettre* du 23 déc. 1797.
4. *Entretiens avec Eckermann.*
5. *Ibidem.*

Si Gœthe est de tous les Allemands celui qui a le plus estimé Molière, je crois bien aussi que c'est celui qui a le mieux compris notre tragédie classique.

Chez A.-W. Schlegel nous retrouvons les mêmes préventions que chez Lessing contre l'influence française, contre notre tragédie, mais avec un effort visible pour être plus juste pour cette forme dramatique. Il ne la sacrifie pas à la tragédie bourgeoise pour laquelle il n'a que peu de goût, mais aux théâtres romantiques, c'est-à-dire anglais et espagnol, caractérisés pour lui par Shakespeare et Calderon.

Tout d'abord nous avouons que Schlegel se fait de la tragédie une idée tellement élevée, tellement mystique, qu'il n'est pas étonnant que nos poètes n'aient pu le satisfaire : n'est-ce donc rien que l'imitation de la nature, des mœurs, l'observation et la peinture de la réalité, toutes choses qu'il trouve prosaïques? Est-il bien sûr de trouver dans le théâtre romantique tout ce qu'il y met? « L'esprit romantique se plaît dans un rapprochement continuel des choses les plus opposées : la nature et l'art, la poésie et la prose, le sérieux et la plaisanterie, le souvenir et le pressentiment, les idées abstraites et les sensations vives, le divin et le terrestre, la vie et la mort, le genre dramatique et le genre lyrique. L'inspiration des anciens était simple, claire et semblable à la nature, dans ses œuvres les plus parfaites. Le génie romantique, dans son désordre même, est plus près du secret de l'univers; car l'intelligence ne peut jamais saisir qu'une partie de la vérité, tandis que le sentiment, embrassant tout, pénètre seul le mystère de la nature. On n'y sépare pas avec rigueur, comme dans l'ancienne tragédie, les divers éléments de la vie; on y présente, au contraire, le spectacle varié de tout ce qu'elle rassemble [1]. »

Je comprends bien que par là il admet et réclame même le mélange du comique et du tragique; mais pour le secret de l'univers et le mystère de la nature, que le sentiment seul pénètre, je ne suis pas bien sûr de comprendre. Quoi! tant de choses dans le théâtre et tant de choses dans le romantisme! Aussi Aristote est-il

---

[1]. *Cours de littérature dramatique*, t. II, p. 135-137 de la traduction française de Mme NECKER DE SAUSSURE, d'après laquelle nous citons.

fortement blâmé, lui, « qui n'a pas approfondi le mystère de la poésie, de cet art affranchi par sa nature de toute autre obligation que de celle d'atteindre à l'idée du beau et de la révéler par le langage ». Comme si Corneille et Racine n'avaient jamais atteint à cette idée du beau ! C'est donc à Calderon seul que ce privilège était réservé !

Serrerons-nous de plus près la pensée du critique quand nous saurons que « le génie statuaire inspirait les poètes anciens et que le génie pittoresque inspire les poètes romantiques; que la poésie antique est idéale, et la poésie moderne, religieuse? »

Voici qui vise plus particulièrement notre tragédie : « Le cours des événements ne semble pas révéler un ordre de choses mystérieux et plus élevé que l'enchaînement des causes terrestres. On ne voit pas planer au-dessus de l'homme ni la terrible destinée, ni la sage providence, et aucune espérance consolatrice ne dirige ses regards vers le ciel. »

Si l'esprit français préfère la clarté à l'obscurité, l'analyse des passions humaines et la logique des causes terrestres au mystère, ce n'est pas une raison pour qu'il soit incapable de faire une tragédie. Schlegel nous accuse de ne pas savoir jouir par l'imagination et le sentiment : C'est un peu exagéré. Mais ce qui est vrai c'est que, en disciples de Boileau, nous voulons que la raison domine.

« L'impatience de notre caractère national empêche les points de repos et de suspension, où apparaît la poésie lyrique, ces moments religieux où l'âme se recueille au dedans d'elle-même en jetant un regard mélancolique sur le passé et l'avenir. » Il nous manque « un côté contemplatif ».

On ne dirait vraiment pas que Schlegel parle du théâtre quand il nous reproche de ne pas aimer les effusions lyriques et ces moments religieux, qui ne peuvent qu'arrêter l'action. La tragédie n'est cependant pas une méditation poétique et religieuse.

En laissant de côté le but que doit poursuivre le drame, que reproche Schlegel à notre tragédie : 1° d'avoir voulu imiter les Grecs; 2° de ne pas les avoir imités?

Il montre que l'influence d'Aristote a été plus grande que celle des tragiques grecs; que Racine lui-même, « de tous les tragiques français celui qui a le mieux connu les anciens », s'en éloigne beaucoup; que c'est la société ou plutôt la cour qui a déterminé le genre et la marche des beaux-arts; il discute avec précision et souvent avec profondeur les règles des unités, montre que la présence continuelle du chœur obligeait presque les Grecs à observer les unités de temps et de lieu, que cependant ils n'ont pas toujours respectées; que, dans les temps modernes, toutes les conditions étant changées, on a eu tort de vouloir imiter les tragédies grecques, de les imiter sur parole, d'après les règles d'Aristote auxquelles on a donné un sens étroit; à qui on a ajouté tout un code de bienséances théâtrales.

Ensuite, il montre très nettement qu'on ne les a pas imitées; que la suppression du chœur a eu pour résultat la complication de l'intrigue; que les dispositions matérielles du théâtre français ont pu influer sur la tragédie; qu'il n'y a pas assez d'action sur la scène [1]; qu'il y a un manque d'accord entre les sujets mythologiques ou historiques, parfois abominables, qu'on emprunte à l'antiquité, et les sentiments délicats qu'on prête aux personnages [2]; enfin il regrette que l'histoire moderne ait été regardée comme impropre à fournir des sujets de tragédie.

Toute cette partie est pleine d'observations justes, piquantes, souvent profondes : mais j'avoue que tout cela ne me prouve pas que la tragédie française est, en fait, détestable. « Nous *devons* examiner, déclare-t-il, jusqu'à quel point la tragédie française se rapproche de la tragédie grecque dans son esprit et dans son essence la plus intime, et si elle en est même le perfectionnement : c'est là le véritable nœud de la question. » Mais pas du tout. Schlegel a le droit, en tant qu'érudit, de faire cette étude comparative : mais sa conclusion, quelle qu'elle soit, ne prouvera rien contre la beauté de la tragédie française. Sans doute nos tragiques se réclament des Grecs et d'Aristote. Mais ce qui a intéressé leurs contemporains et ce qui nous intéresse encore aujourd'hui, c'est ce qu'il y a d'humain et on peut même dire de moderne dans leur peinture des passions. Sommes-nous émus

---

1. « Plusieurs tragédies françaises font naître l'idée confuse que de grands événements ont lieu peut-être quelque part, mais que les spectateurs sont mal placés pour en être les témoins. »
2. Il y a là une idée assez juste qui a souvent depuis été reprise et développée.

et ravis comme l'était Boileau, par les tragédies de Racine? A la lecture et à la réflexion, ce plaisir se transforme-t-il en admiration pour le génie du poète, pour l'art de l'auteur dramatique, pour la profondeur du moraliste? Voilà le nœud de la question.

Est-il vrai qu'il n'y a dans ces pièces « qu'une beauté parée qui ne s'accorde pas avec les épanchements de la vérité? » Faut-il en accuser la nature de la versification et celle de la langue? Faut-il admettre que « le désordre des passions ne connaît que l'éloquence involontaire »; que « la rhétorique en habit de cour » domine dans nos pièces [1]? Est-il vrai que « les Français ont fait perdre à la tragédie, en la dépouillant de tous ses accessoires, de la vérité, de la profondeur, de la vie; que tous les grands effets tragiques y ont pris une teinte plus terne; que la difficulté vaincue, le triomphe de l'art sur la nature, une froide grandeur, s'y font également admirer? » Mais toute notre thèse a eu précisément pour but de soutenir et de prouver le contraire.

Il semblerait, d'après cela, qu'il n'y a rien de bon dans la tragédie française. Voici cependant quelques déclarations bien catégoriques.

« L'art du poète dramatique consiste à écarter les accessoires étrangers à l'action, ces détails minutieux, ces incidents importuns qui, dans la réalité, retardent la marche des grands événements, et à rassembler, comme en un faisceau, tout ce qui excite l'attention et la curiosité. Il nous présente ainsi le tableau embelli de la vie, la série ininterrompue des moments les plus touchants et les plus décisifs de la destinée humaine [2]. »

Or, n'est-ce pas précisément ce que fait la tragédie?

« Il s'agit de décider si le système que les poètes français ont suivi est fondé sur des principes solides; car on doit convenir qu'il a été suivi avec une habileté admirable, et que, sous le rapport de l'exécution, les meilleures tragédies françaises sont peut-être impossibles à surpasser. »

C'est un aveu que nous enregistrons avec plaisir.

Enfin, après une critique beaucoup trop violente de Corneille, il fait un éloge très complet de Racine comme écrivain, comme

---

1. Il est vrai qu'il ajoute : « surtout dans celles de Corneille. Racine et Voltaire ont peint avec plus de fidélité les mouvements d'un cœur déchiré ».
2. T. I, p. 53.

poète, comme peintre des passions. « Il a senti tout ce que cette passion (l'amour), développée avec vérité, pouvait avoir de dramatique et de poétique, et il a tracé dans ses rôles de femmes surtout des peintures admirables de l'amour. Quelques critiques de détail qu'on puisse se permettre contre ses ouvrages, en considérant Racine dans l'ensemble de la littérature française [1], et en le comparant avec ses devanciers, les plus grands éloges donnés à ce poète n'exposeront jamais au reproche d'exagération. »

L'éloge, comme on le voit, est considérable. Étant donné le système sur lequel est fondée la tragédie française, Racine en a tiré le meilleur parti possible; une fois même, de l'aveu du critique allemand, dans *Athalie*, « non seulement son ouvrage le plus parfait, mais encore parmi les tragédies françaises celle qui, libre de toute manière, s'approche le plus du grand style de la tragédie grecque », il a brisé le cadre étroit du système classique français, et a semblé atteindre le but de la poésie tragique : la révélation des mystères de l'âme et de la destinée humaine.

---

1. Notons ce point : car dans l'ensemble des autres littératures Racine ne serait sûrement pas mis par Schlegel au premier rang.

CHAPITRE V

LES ROMANTIQUES EN FRANCE

Victor Hugo, Stendhal.

Ce système, qui semblait trop étroit au critique allemand, les romantiques français se proposèrent non pas de l'élargir, mais de le briser.

Les romantiques français[1] paraissent avoir voulu faire simplement le contraire de la tragédie. La tragédie sera remplacée par le drame, le noble par le familier, la distinction des genres par leur confusion, la séparation du comique et du sérieux par leur mélange, l'antiquité par le moyen âge ou les temps modernes, les unités de temps et de lieu par la liberté la plus complète, les abstractions comiques ou tragiques par des hommes, la poésie par la prose; on aura enfin les dénouements en action, le peuple sur la scène, la véritable couleur locale, qui ne doit pas être à la surface du drame, « mais au fond, dans le cœur même de l'œuvre, d'où elle se répand au dehors, d'elle-même, naturellement, également et, pour ainsi parler, dans tous les coins du drame. Le drame doit être radicalement imprégné de cette couleur des temps[2] ».

On était d'accord pour détruire, mais non pour reconstruire. Prenons pour exemple un des points les plus importants, la forme même du drame. Sera-t-il écrit en vers ou en prose? En

---

1. Il n'est question ici que de ceux qui se sont occupés du drame.
2. V. Hugo, Préface de *Cromwell*. Toutes les citations que nous allons faire sont prises dans ce célèbre manifeste.

prose, disait Diderot ; en prose, disait Stendhal : c'était, en effet, la conséquence logique de l'imitation de la nature. Mais dans Hugo le poète proteste. « Nous n'hésitons pas à considérer le vers comme un des moyens les plus propres à préserver le drame du fléau que nous venons de signaler, le commun. » Voici, du reste, ce que doit être le vers du drame. « Nous voudrions un vers libre, franc, loyal, osant tout dire sans pruderie, tout exprimer sans recherche ; passant d'une naturelle allure de la comédie à la tragédie, du sublime au grotesque ; tour à tour positif et poétique, tout ensemble artiste et inspiré, profond et soudain, large et vrai ; sachant briser à propos et déplacer la césure pour déguiser sa monotonie d'alexandrin ; plus ami de l'enjambement qui l'allonge que de l'inversion qui l'embrouille ; fidèle à la rime, cette esclave reine, cette suprême grâce de notre poésie, ce générateur de notre mètre ; inépuisable dans la variété de ses tours, insaisissable dans ses secrets d'élégance et de facture ; prenant comme Protée mille formes sans changer de type et de caractère ; fuyant la tirade ; se jouant dans le dialogue ; se cachant toujours derrière le personnage ; s'occupant avant tout d'être à sa place, et lorsqu'il lui adviendrait d'être beau, n'étant beau en quelque sorte que par hasard, malgré lui, et sans le savoir ; lyrique, épique, dramatique, selon le besoin ; pouvant parcourir toute la gamme poétique, aller de haut en bas, des idées les plus élevées aux plus vulgaires, des plus bouffonnes aux plus graves, des plus extérieures aux plus abstraites, sans jamais sortir des limites d'une scène parlée ; en un mot, tel que le ferait l'homme qu'une fée aurait doué de l'âme de Corneille et de la tête de Molière. Il me semble que ce vers-là serait bien aussi beau que la prose. »

Telle est la réponse de V. Hugo aux « réformateurs distingués » qui avaient conclu, un peu précipitamment peut-être, qu'un drame devait être écrit en prose. Outre son amour bien naturel pour la poésie, le grand poète avait peur, et avec raison, de l'invasion du commun, de la médiocrité.

Il semble cependant que, pour Hugo, le point le plus important ce soit le mélange du comique et du sérieux. « La muse moderne sentira que tout dans la création n'est pas humainement beau ; que le laid y existe à côté du beau, le difforme près du gracieux, le grotesque au revers du sublime, le mal avec le bien, l'ombre avec la lumière. » Ce qui doit caractériser la poésie moderne, c'est le grotesque, « c'est la féconde union du type grotesque au type sublime ». C'est de là que naîtra le contraste. Du reste, « le beau n'a qu'un type, le laid en a mille ». Ce que le drame peindra c'est « la vie, c'est le réel ». — « La poésie vraie, la poésie complète est dans l'harmonie des contraires. Tout ce qui est dans la nature est dans l'art. »

Ce mélange du grotesque et du sublime semble bien accepté par la plupart des romantiques. Mais les précurseurs ne l'auraient pas tous approuvé. Diderot aurait déclaré qu'après tout, ce drame était la tragi-comédie, que la tragi-comédie était un mauvais genre « parce qu'on y confond deux genres éloignés et séparés par une barrière naturelle ». Lessing, malgré son admiration pour Shakespeare, aurait protesté au nom de l'unité d'impression, absolument indispensable pour la faiblesse de nos esprits, qu'un spectacle infiniment varié déroute et fatigue.

> La nature donc! La nature est la vérité!
> (Hugo.)

Mais le jeune poète comprend et a le courage d'avouer que l'imitation absolue n'est pas possible. Il reconnaît qu'il y a « une limite infranchissable qui sépare la réalité selon l'art de la réalité selon la nature. La réalité selon l'art ne saurait jamais être, ainsi que l'ont dit plusieurs, la réalité absolue. L'art ne peut donner la chose même ».

Il faudra donc accepter certaines conventions, tout comme dans la tragédie classique : les conventions pourront être différentes, elles nous éloigneront cependant de la nature. Mais, à y regarder de près, seront-elles bien différentes [1]? On peut en douter.

Les unités ne suffisent pas, bien entendu, à faire un chef-d'œuvre : mais on reconnaît que leur absence ne donne pas au drame la moindre beauté, qu'elle ne fait au contraire qu'éparpiller l'action. C'était bien de protester contre les deux unités : mais trop souvent l'unité d'action elle-même disparaît. Du reste le drame a soigneusement gardé la tirade, que V. Hugo recom-

---

[1]. C'est la question que l'on peut se poser après la lecture de la thèse récente de Souriau, *de la Convention dans la tragédie classique et dans le drame romantique*, thèse dont je résume les principaux points dans les lignes qui suivent.

mandait de fuir, les monologues, les apartés, le vers, la coupe en cinq actes (le plus fréquemment), les narrations. A ce point de vue, le seul changement qu'il apporte, c'est le dénouement en action.

Allons-nous trouver le progrès sinon dans la forme, du moins dans le fond? Voici ce qu'on nous répond : pas de psychologie, pas de caractères, des « héros faibles et monotones »; le poète prêtant aux personnages ses propres sentiments; invasion du lyrisme [1].

On aura des héros sombres, fatals et mélancoliques à la mode de 1830 : ce n'était pas la peine de se moquer des seigneurs galants des tragédies du XVIIe siècle.

Le peuple apparaîtra dans le drame : excellent moyen pour ne pas analyser les passions et les caractères. Ils sont rares depuis Shakespeare ceux qui ont su nous intéresser à la foule. En général, ce n'est pas la foule qu'on nous présente, c'est une troupe de figurants.

Est-ce un progrès bien considérable que d'avoir donné un corps aux héros [2], et de nous avoir montré « le contre-coup physique des émotions »? d'avoir imaginé « des combinaisons fantaisistes de vices et de vertus dans le même personnage »? d'avoir voulu créer un théâtre utile et démocratique avec thèses sociales et morales?

Quant à l'histoire, elle n'est certes pas plus profondément étudiée chez les romantiques que chez les classiques; ceux-ci nous avaient donné, disait-on, une antiquité de fantaisie; ceux-là nous ont présenté un moyen âge sorti presque en entier de leur imagination. Ils ont beaucoup parlé, il est vrai, de couleur locale « dont le drame devait être radicalement imprégné ». Qu'ont-ils apporté en somme? Un peu plus d'exactitude dans les détails matériels.

Voici du reste la conclusion de M. Souriau. « Le romantisme délivre le théâtre d'entraves : il rend le vers libre en supprimant la nécessité de l'hémistiche et la loi de l'enjambement; il rend

---

1. Ce qui, sauf par Schlegel, n'est pas considéré comme un progrès au point de vue dramatique. « Le premier devoir du poète dramatique, a dit A. de Vigny, est le détachement de lui-même. »
2. SOURIAU, p. 193.

l'action libre, en négligeant les unités de temps et de lieu. Le fond est plus discutable : l'action manque de logique, elle est dirigée, non par la raison du dramaturge, mais par l'imagination. Le drame semble en cinquante ans avoir autant vieilli que la tragédie classique en deux siècles et demi. »

J'accepte cette conclusion, mais je ne vois pas le grand progrès qu'a fait faire à l'art dramatique la formule nouvelle.

Si la tragédie est morte, ce n'est pas le romantisme qui l'a tuée : c'est un changement dans les mœurs et dans l'état des esprits; les mœurs devenant plus démocratiques, et les esprits moins délicats, il fallait des œuvres plus violentes, plus brutales, répondant à d'autres préoccupations, dont l'action fût pour ainsi dire plus matérielle et moins psychologique, dont la forme fût la prose s'adressant à tous, et non la poésie qui ne charme que quelques-uns; il fallait des œuvres comme ce *Pinto*, « comédie historique en prose » de cet étonnant Lemercier, qui indiquait au début du siècle la marche à suivre, la voie dans laquelle on devait entrer trente ans plus tard.

Un des esprits les plus pénétrants de la nouvelle école, Stendhal, me paraît avoir très bien compris les raisons pour lesquelles un changement s'imposait. Voici comment il débute dans son célèbre ouvrage, *Racine et Shakespeare*, daté de 1823.

« Rien ne ressemble moins que nous aux marquis couverts d'habits brodés et de grandes perruques noires, coûtant mille écus, qui jugèrent vers 1670 les pièces de Racine et de Molière. Ces grands hommes cherchèrent à flatter le goût de ces marquis et travaillèrent pour eux.

« Je prétends qu'il faut désormais faire des tragédies pour nous, jeunes gens raisonneurs, sérieux et un peu envieux de l'an de grâce 1823. »

Et plus loin [1] : « Il faut que chaque peuple ait une littérature particulière et modelée sur son caractère particulier, comme chacun de nous porte un habit modelé pour sa taille particulière ».

Peu nous importent maintenant les idées particulières de Stendhal sur le vers alexandrin, « qui n'est le plus souvent qu'un

---

1. Édit. Michel Lévy, p. 247.

cache-sottise [1] », dont il ne veut pas pour les tragédies nationales, mais qu'il admet pour les tragédies mythologiques et même pour les tragédies d'amour [2]; sur la différence du plaisir dramatique et du plaisir épique [3]; sur le sentiment d'admiration qui empêche « ces moments d'illusion parfaite nécessaires à une émotion profonde » [4]; sur les unités qu'il ne croit pas nécessaires à produire cette émotion profonde; sur la tirade qu'il déteste encore plus que les unités [5]; sur le mélange du comique et du tragique qui lui semble bien difficile [6]; sur la littérature du xix⁰ siècle qui d'après lui « se distinguera de tout ce qui l'a précédée par une peinture exacte et enflammée du cœur humain [7] ».

Retenons qu'à propos de Shakespeare il dit très heureusement : « Ce qu'il faut imiter de Shakespeare, c'est la manière d'étudier le monde au milieu duquel nous vivons et l'art de donner à nos contemporains précisément le genre de tragédie dont ils ont besoin [8] ». Et encore : « Pour faire des drames romantiques il faut s'écarter beaucoup de la manière de Shakespeare [9] ».

Retenons encore ce qu'il dit de Racine : « Racine sera toujours l'un des plus grands génies qui aient été livrés à l'étonnement et à l'admiration des hommes [10] ». Et plus loin : « Je n'hésite pas à déclarer que Racine a été romantique : il a donné aux marquis de la cour de Louis XIV une peinture des passions, tempérée par l'extrême dignité qui était alors de mode [11] ».

Oui, si l'on appelle drame romantique le drame qui est adapté aux besoins de l'époque, Racine a été romantique.

Mais nous avons vu qu'il y avait bien autre chose encore dans Racine : il y a, ce que ne nous a pas donné le drame romantique en France, une peinture des caractères, une analyse des sentiments et des passions, une psychologie délicate et profonde, qui font que l'œuvre de Racine est et restera éternellement jeune et vivante.

1. P. 2.
2. P. 110-127.
3. P. 6.
4. P. 6, 16.
5. P. 158.
6. P. 218.
7. P. 252.
8. P. 39.
9. P. 219.
10. P. 17.
11. P. 33.

CHAPITRE VI

CRITIQUES CONTEMPORAINS

L'école historique. — L'école classique. — La critique allemande. *Lotheissen*.

Aujourd'hui il y a plus d'équité dans les jugements, grâce au triomphe dans la critique de l'école historique, qui, employant les procédés des sciences naturelles, s'applique surtout à déterminer dans les choses morales « les dépendances et les conditions », c'est-à-dire « les circonstances nécessaires à l'apparition, à la durée, ou à la ruine des diverses formes d'association, de pensée et d'action [1] ». Cette école ne croit pas devoir juger de la valeur absolue des œuvres; elle se contente, et c'est déjà beaucoup, de comprendre et d'expliquer. Elle a contribué à mieux faire comprendre et mieux expliquer les conditions et les circonstances au milieu desquelles (elle dirait *par lesquelles*) les œuvres d'art naissent et se développent; elle a par là dissipé bien des préjugés, fait évanouir bien des erreurs. Mais à force de largeur d'esprit, elle finit par mettre sur le même plan des œuvres d'une valeur bien inégale. Encore une fois, cette méthode nous a rendu de grands services; elle nous a forcés à nous rendre compte de certaines influences que nous négligions trop; elle nous a fait mieux comprendre les œuvres que nous admirions. Comment ne pas être frappé de la vérité de ces considérations?

« La société transformée a transformé l'âme. L'homme, comme toute chose vivante, change avec l'air qui le nourrit. Il en est ainsi d'un bout à l'autre de l'histoire : chaque siècle, avec des cir-

---

1. Taine, Préface des *Essais de critique et d'histoire*, p. xxxi.

constances qui lui sont propres, produit des sentiments et des beautés qui lui sont propres; et, à mesure que la race humaine avance, elle laisse derrière elle des formes de société et des sortes de perfection qu'on ne rencontre plus. Aucun âge n'a le devoir d'emprunter sa beauté aux âges qui précèdent. Il ne faut ni dénigrer ni imiter, mais inventer et comprendre. Il faut que l'histoire soit respectueuse et que l'art soit original. Il faut admirer ce que nous avons et ce qui nous manque; il faut faire autrement que nos ancêtres et louer ce que nos ancêtres ont fait. Ni l'extase du moyen âge, ni le paganisme ardent du XVI° siècle, ni la délicatesse et la langue de Louis XIV ne peuvent renaître [1]. »

Mais tout en faisant autrement que nos ancêtres, ne nous est-il pas permis d'avoir nos préférences? d'avoir et d'exprimer quelques regrets? N'est-il pas permis, par exemple, de trouver que toutes les formes dramatiques ne se valent pas, si l'on en juge par les résultats? de constater que nulle n'en a donné de plus parfaits que la forme de la tragédie classique? que, loin d'empêcher par ses entraves les chefs-d'œuvre de naître, elle a peut-être même, grâce à ses règles un peu étroites, forcé à condenser, resserrer, ramasser l'action, à peindre plus profondément les passions et les caractères? N'est-il pas permis de remarquer que dans aucun autre auteur dramatique on ne trouve, malgré quelques parties conventionnelles, autant de vérité, de naturel, de force et de passion que chez Racine?

Voici ce que dit à ce sujet un des plus fins [2] et des plus pénétrants historiens de notre littérature, montrant à la fois ce qu'il y a de national et d'idéalement beau dans la tragédie française. « Non, elle n'est pas morte ni près de mourir. Elle vit non seulement dans les chefs-d'œuvre des maîtres et dans les plus belles scènes de leurs disciples; elle vit dans nos esprits comme un genre national, comme une des formes supérieures de l'idée française. Ce n'est pas la tragédie de tout le monde, c'est la nôtre. Le goût, que nous portons tous au théâtre, c'est celui des peintures morales, des analyses de caractères, de tout ce qui fait voir le fond des cœurs. Notre nation y excelle par-dessus toutes les autres.

---

1. Taine, *Essais de critique et d'histoire*, p. 263, 266.
2. Désiré Nisard, dans sa *Réponse au discours de Ponsard*, le 4 déc. 1856.

Nous voulons que le poète dramatique soit observateur et moraliste. Nous y voulons (dans la tragédie) non pas toute espèce de bons vers, mais les bons vers qui ne montrent pas le poète dans le personnage. Les personnages doivent être historiques. Nous les voulons au-dessus du niveau commun, parce que nous attendons de ces personnages plus de révélations sur le cœur humain. »

Les unités elles-mêmes étaient vigoureusement défendues. « Faut-il y penser longuement pour reconnaître qu'il s'agit là non de gênes arbitraires imposées aux poètes par le caprice d'un philosophe, mais d'un degré de plus de ressemblance entre l'art et la nature des choses ; et que le drame le plus conforme à cette raison dont parle Corneille, c'est-à-dire le plus semblable à la vie, est celui qui, par des moyens naturels, amène dans le même lieu, au même moment, pour une catastrophe certaine, des personnages qui se poursuivent, qui ne peuvent plus s'éviter, et qui se précipitent vers un dénouement où chacun reçoit, comme dans la vie, le prix de ce qu'il a fait? C'est là ce que le simple et profond génie des anciens avait essayé de transporter de la réalité dans le drame; et c'est là ce que Corneille et Racine ont imité des anciens en le perfectionnant. »

Terminons en citant l'opinion d'un des derniers critiques allemands qui se soient occupés de la tragédie française et de Racine, Lotheissen. Lotheissen semble se rattacher à l'école historique par la manière intelligente dont il comprend et explique les conditions et les circonstances au milieu desquelles une œuvre s'est développée. Mais, en même temps, il se permet de juger et d'admirer. Voici les observations qu'il présente sur le caractère de la tragédie française [1].

Ce n'est pas lui qui refuserait à notre tragédie le nom de nationale malgré les sujets qu'elle traite, malgré les souvenirs antiques qu'elle rappelle. Elle paraît, il est vrai, au premier abord, complètement étrangère à l'esprit de la nation : cependant aucune forme de la poésie française ne porte plus clairement l'empreinte du génie national. C'est ce qu'en général les étrangers ne voient pas :

---

1. *Geschichte der französischen Literatur im* XVII *Jahrhundert. Der Charakter der französischen Tragödie.* (T. IV, chap. V.)

c'est pourquoi ils ne la comprennent pas. Ils la regardent comme un monstre de raideur et d'enflure, une aberration poétique qu'on s'étonne que le monde policé de l'Europe ait pu admirer pendant si longtemps. C'est que, pour comprendre la grandeur propre de Racine, il faut avoir pris la peine, par une étude approfondie, de saisir l'esprit de la langue française.

Sans intolérance et sans parti pris Lotheissen reconnaît l'existence de deux tragédies assez différentes, l'idéaliste et la réaliste. Toutes deux veulent donner une image de la vie, montrer des types importants de l'humanité en lutte avec un destin ennemi : mais elles emploient des moyens différents.

La première cherche à présenter une œuvre aussi belle que possible au point de vue de l'art; élève l'humanité dans une sphère plus haute. Elle cherche bien la vérité dans les sentiments, les pensées et les caractères; mais elle évite de toucher ce qui est vulgaire et commun; elle tend vers la noblesse; se sert d'un langage choisi, même quand elle fait parler un homme appartenant aux classes inférieures; elle ne peut guère indiquer la diversité de conditions et de culture, tout le monde s'exprimant de la même façon. C'est la tragédie que nous trouvons chez les Grecs et chez les peuples de langue romane (Français, Italiens, Espagnols); même parfois chez Gœthe et Schiller.

La tragédie réaliste, représentée surtout par Shakespeare, ne se laisse arrêter par aucune question de formes; elle est moins calme, secoue davantage; mêle le beau et le laid; la populace aux princes; aime la couleur, les péripéties, le mouvement, les effets saisissants; accumule les incidents; montre les passions dans toute leur fureur, fouille et met à nu les replis les plus intimes du cœur humain.

Toutes deux ont leur grandeur et leur faiblesse : la première penche vers l'affectation et la préciosité; la seconde vers une grossièreté parfois révoltante. Elles sont le produit de peuples et de pays différents; elles ont droit à une considération égale. Aujourd'hui c'est le mouvement réaliste qui semble tout emporter. On reviendra un jour vers la tragédie idéaliste.

Arrivant à la tragédie française, Lotheissen montre avec beaucoup de netteté — mais on l'avait déjà fort bien montré avant lui — la différence de la tragédie grecque nationale, populaire, présentant des sujets connus de tout le monde, et de la tragédie française; la différence des idées religieuses et sociales des deux peuples, de la situation faite à la femme à Athènes et en France; la différence de la forme extérieure des théâtres.

Mais où il me paraît fort original, c'est quand il montre que, tout en n'étant pas nationale, la tragédie française est cependant conforme au caractère national. Elle n'est pas nationale, elle n'est pas populaire, elle ne sort pas des anciens mystères, elle ne présente pas, comme la tragédie grecque, des héros chers au peuple, des légendes ou des histoires connues du peuple : en ce sens elle n'est pas nationale pour les Français. Mais voici par … elle le devient. Elle s'élève au général. Elle crée des types de héros et d'héroïnes qui ne sont d'aucun temps ni d'aucun pays, mais qui, à cause de cela même, sont de tous les temps et de tous les pays. « Elle n'a été d'aucune nationalité. La pure humanité » est restée. Elle pénètre au plus profond du cœur humain. Elle peint l'homme en général. C'est par là qu'elle est vraiment française et nationale : car cette tendance est bien française, et c'est bien là le caractère français de la littérature du XVII° siècle.

Étant données toutes ces différences, il fallait de l'audace aux Français pour essayer de faire revivre dans ces conditions l'ancienne tragédie grecque. C'était impossible, aussi n'y est-on pas arrivé; et les noms anciens qu'on a transportés sur la scène recouvrent des caractères modernes.

N'a-t-on rien pris cependant à la tragédie antique? On a pris les sujets, la matière; la « direction idéaliste »; l'estime d'une forme belle et artistique; le « souffle élevé » et un certain nombre de « déterminations extérieures », comme par exemple la règle des trois unités, que les Grecs, du reste, n'ont pas toujours observée, mais qu'on a bien tort de tant reprocher aux Français. On a remplacé le chœur par des confidents qui ne peuvent que refroidir l'action; mais on a gardé l'habitude d'éloigner de la scène les actions violentes, et de mettre la catastrophe en récit.

Quelle que soit la forme, l'important c'est la vérité des caractères et des sentiments. Or cette vérité se trouve surtout chez Racine. Le mot de La Bruyère sur Racine et Corneille, mot qui contient un jugement, est accepté par notre auteur. Racine a regardé la nature humaine dans ses mouvements les plus intimes et les plus secrets; il a pénétré au fond des cœurs; il peint très bien les caractères et les passions, avec toutes les nuances qui manquaient à ses prédécesseurs. Il a surtout excellé dans les caractères de femmes.

Il vit dans les temps anciens qui lui sont familiers : il a par endroits une manière émouvante de ressusciter les temps antiques et de nous en présenter des tableaux saisissants [1].

Est-il possible de faire de Racine un plus grand éloge et avons-nous soutenu autre chose?

Sans doute il fait remarquer (mais que nous importe?) que ces mœurs et ce langage n'ont rien de grec; que sous l'influence de Descartes, ces personnages se connaissent trop bien et qu'il y a là un excès dans l'analyse psychologique; que Racine, dans la peinture de l'amour, sacrifie quelquefois au goût de ses contemporains; qu'il y a quelque faiblesse et quelque fadeur chez certains amoureux; que l'étiquette de la cour a parfois étouffé la nature. Ces petits défauts ne l'empêchent pas de reconnaître que Racine a atteint la perfection dans la peinture des caractères.

Quant à la langue, il l'apprécie avec beaucoup de finesse et de justesse : il est sensible à cette harmonie et à cette délicatesse qu'il est si difficile à un étranger de reconnaître et de goûter; il admire cette simplicité qui n'exclut pas la hardiesse, ces étonnantes alliances de mots amenées naturellement, cette brièveté si puissante et saisissante, ce style si net, exempt plus qu'aucun autre de recherche et de noblesse, ce style auquel on a même reproché de son temps certains termes trop familiers.

Mais il faudrait la voir cette tragédie, telle qu'elle était jouée au XVIIe siècle, avec les costumes de cour et non avec les costumes antiques qui sont presque une trahison : avec la mise en scène du temps, et non avec la mise en scène moderne, qui fait ressortir certains défauts par le contraste des décors réalistes et de cette tragédie si hautement idéaliste.

On voit que ce n'est pas avec mépris que Lotheissen parle de cette forme dramatique qui a cherché à allier la vérité idéale et la

---

[1]. Cette dernière remarque est au chapitre IV du même tome (p. 144). Il insiste aussi (ce qu'on a du reste souvent indiqué et développé) sur le contraste entre les sujets et la langue ou les sentiments des personnages : par exemple d'une part le sacrifice d'Iphigénie, et de l'autre les mœurs et les sentiments chevaleresques des héros (172-173).

beauté. « La tragédie est encore là debout, plus assurée que jamais dans l'admiration de son peuple. Ce serait un mauvais signe si le peuple français venait à la mépriser. » Et il termine par ces lignes de Heine, qui montrent bien les préférences du critique : « Racine fut le premier poète moderne, comme Louis XIV le premier roi moderne. En Corneille respire encore le moyen âge; c'est pour cela qu'on l'appelle quelquefois romantique : mais en Racine la façon de penser du moyen âge est complètement éteinte; en lui s'éveillent distinctement de nouveaux sentiments. Il est l'organe d'une nouvelle société. »

CONCLUSION

On voit quelle place tient dans l'histoire de notre littérature et même des littératures étrangères la tragédie française, qui s'est imposée comme un modèle non seulement aux Français, mais souvent aussi aux étrangers. On a vu comment cette tragédie a été créée, comment elle s'est développée, quels modèles elle a imités, avant de devenir elle-même un objet d'imitation ; on a vu que, trop antique avec les Jodelle et les Garnier, pas assez humaine avec les Hardy, elle est devenue vraiment française et humaine avec Corneille et Racine, surtout, avons-nous dit, avec Racine, plus près de la nature et de la vérité ; on a vu de quel chaos Corneille l'avait tirée, à quelle suprême beauté Racine l'avait élevée ; on a vu quelle influence cette forme admirable et vraiment française avait exercée sur le théâtre pendant tout le xviiie siècle et jusqu'au milieu du xixe ; les jugements portés sur elle en France et à l'étranger ; on a vu que, à part quelques critiques de parti pris et quelques erreurs imputables à des différences de tempérament national, on s'accordait généralement à admirer sinon à regretter cette forme idéalement belle de la tragédie française, et à regarder Racine comme le poète incomparable entre les mains de qui cette forme avait atteint sa perfection.

Nous avons essayé de donner les raisons de notre admiration pour Racine. Nous avons montré ce qu'il avait apporté de nouveau dans la constitution de la tragédie, par la substitution de la tragédie de caractères à la tragédie de situations, par cette simplicité, cette vérité, cette connaissance étonnante du cœur humain, cette profondeur et cette énergie dans la peinture des passions, cette familiarité même, cette fidèle reproduction de la vie, que l'on trouve dans son théâtre, où il a su « plaire et toucher », « se sentant dans son génie assez d'abondance et assez de force pour attacher durant cinq actes les spectateurs par une action simple, soutenue de la violence des passions, de la beauté des sentiments et de l'élégance de l'expression [1] ». Nous avons montré l'influence énorme que lui en particulier avait exercée sur notre théâtre jusqu'aux premières années du XIXe siècle. Il est possible que « s'il vivait de nos jours et qu'il osât suivre les règles nouvelles [2] » il eût fait autrement; mais nous ne pouvons pas admettre, comme le disait Stendhal, qu'il eût fait cent fois mieux.

1. Préface de *Bérénice*.
2. STENDHAL, *Racine et Shakespeare*, p. 18.

APPENDICE

I

Breitinger et les unités d'Aristote avant « le Cid ».

Breitinger ne s'occupe pas, dans son opuscule, de l'histoire des unités en France avant *le Cid*. Il renvoie pour cette question aux ouvrages importants d'Ebert (*Histoire du développement de la tragédie française, principalement au xvi° siècle* (1856), et de M. Demogeot (*Tableau de la littérature française au xvi° siècle avant Corneille et Descartes*).

Il recherche « quel fut le passé de cette superstition littéraire chez les Italiens, les Espagnols et les Anglais pendant le xvi° siècle » (p. 4).

D'après lui ce serait probablement par les Espagnols que cette règle des trois unités serait arrivée à Chapelain (p. 43).

Voici enfin, donné par lui-même, le résumé de son travail :

« 1° Ce sont les Italiens qui, les premiers, ont imité le drame antique, et qui, les premiers aussi, se sont astreints à la loi des unités.

2° La loi de l'unité du lieu est plus jeune que celle de l'unité de temps.

3° C'est en Angleterre que la loi de l'unité du lieu paraît avoir été pour la première fois clairement formulée.

4° La querelle des classiques et des romantiques, qui se déroule en Espagne entre 1590 et 1624, conduit à la fin de cette époque à formuler la loi de l'unité du lieu.

5° En France, aux environs de 1630, on formule pour la première fois la loi des trois unités. Par la condamnation du *Cid* de Corneille cette loi se constitue en dogme. Enfin, après 1070, elle est rédigée par Boileau dans deux vers d'une concision justement admirée (p. 44-45). »

A propos de l'unité de lieu et d'un passage de Castelvetro Breitinger écrit dans la *Revue critique* du 27 décembre 1879 :

« Il résulte de cet important passage : 1° que Castelvetro adopte la théorie de la *Poétique* de J.-C. Scaliger (1561) sur l'identité de la durée de l'action et de la représentation; 2° que c'est dès 1570 qu'on distingue formellement une troisième unité, celle de lieu. »

Ce ne serait donc pas en Angleterre qu'aurait été formulée pour la première fois la loi de l'unité de lieu. C'est ce que Breitinger reconnaît.

II

« Art poétique » de Vauquelin de la Fresnaye.

L'*Art poétique* de Vauquelin de la Fresnaye, commencé vers 1574, n'était pas terminé en 1589; il ne parut qu'en 1605. Voici ce qu'il dit de l'unité de temps :

> ... L'Héroïc suivant le droit sentier
> Doit son œuvre comprendre au cours d'un an entier :
> Le tragic, le comic *dedans une journée*
> Comprend ce que fait l'autre au cours de son année.
> Le théâtre jamais ne doit être rempli
> D'un argument *plus long que d'un jour accompli* :
> Et doit une Iliade en sa haute entreprise
> Être au cercle d'un an, ou guère plus, comprise.
> (Liv. II.)

Du nombre des actes :

> La brave tragédie au théâtre attendue,
> Pour être mieux du peuple en la scène entendue,
> Ne doit point avoir plus de cinq actes parfaits.
> (Liv. II.)

Du sujet de la tragédie :

> ... Le sujet tragic est un fait imité
> De chose juste et grave, en ses vers limité,
> Auquel on doit y voir de l'affreux, du terrible,
> Un fait non attendu qui tienne de l'horrible,
> Du pitoyable aussi.
> (Ch. III.)

De la tragi-comédie :

> Quand il y a du meurtre et qu'on voit toutefois
> Qu'à la fin sont contents les plus grands et les rois,
> Quand du grave et du bas le parler on mendie,
> On abuse du nom de tragi-comédie.

III

« Art de la tragédie » de Jean de la Taille.

Jean de la Taille a écrit en 1562 ou peut-être seulement en 1572 (je n'ai eu en main que l'édition de 1572) une tragédie intéressante, *Saül le Furieux*, « tragédie prise de la Bible, faite selon l'art et à la mode des vieux auteurs tragiques », précédée d'un *Art de la tragédie* dont voici les principaux passages.

« La tragédie est une espèce et un genre de poésie non vulgaire, mais autant élégant, beau et excellent qu'il est possible. Son vrai sujet ne traite que de piteuses ruines des grands seigneurs, que des inconstances de la fortune, que bannissements, guerres, pestes, famines, captivités, exsécrables cruautés des tyrans : et bref que larmes et misères extrêmes, et non point de choses qui arrivent tous les jours naturellement et par raison commune, comme d'un qui mourrait de sa propre mort, d'un qui serait tué de son ennemi, ou d'un qui serait condamné à mourir par les lois et pour ses démérites : car tout cela n'émouvrait pas aisément et à peine m'arracherait une larme de l'œil, vu que la vraie et seule intention d'une tragédie est d'émouvoir et de poindre merveilleusement les affections d'un chacun; car il faut que le sujet en soit si pitoyable et poignant de soi qu'étant même en bref et nûment dit, engendre en nous quelque passion; comme qui nous conterait d'un à qui l'on fit malheureusement manger ses propres fils, de sorte que le père sans le savoir servit de sépulcre à ses enfants; et d'un autre qui ne pouvant trouver un bourreau pour finir ses jours et ses maux fut contraint de faire ce piteux office de sa propre main. Que le sujet aussi ne soit de seigneurs extrêmement méchants, et qui pour leurs crimes horribles méritassent punition : n'aussi par même raison de ceux qui sont du tout bons, gens de bien et de sainte vie, comme d'un Socrate, bien qu'à tort empoisonné.

« Il faut toujours représenter l'histoire ou le jeu en un même jour, en un même temps, et en un même lieu : aussi se garder de ne faire chose sur la scène qui ne s'y puisse commodément et honnêtement faire.

« C'est le principal point d'une tragédie de la savoir bien disposer, bien bastir, qu'elle soit bien entre-lassée, mêlée, entre-coupée, reprise, et surtout à la fin rapportée à quelque résolution et but de ce qu'on avait entrepris d'y traiter.

« Qu'il n'y ait rien d'oiseux, d'inutile, ni rien qui soit mal à propos.

« Et si c'est un sujet qui appartienne aux lettres divines, qu'il n'y ait point un tas de discours de théologie, comme choses qui dérogent au vrai sujet, et qui seraient mieux séantes à un prêche; et pour cette cause se garder d'y faire parler des personnes qu'on appelle feintes et qui ne furent jamais, comme la mort, la vérité, l'avarice, le monde, et d'autres ainsi; car il faudrait qu'il y eût des personnes ainsi de même contrefaites qui y prissent plaisir. »

« Voilà quant au sujet.

« Mais quant à l'art qu'il faut pour la disposer et mettre par écrit, c'est de la diviser en cinq actes, et faire en sorte que la scène étant vide de joueurs un acte soit fini, et le sens aucunement parfait.

« Il faut qu'il y ait un chœur, c'est-à-dire une assemblée d'hommes ou de femmes, qui, à la fin de l'acte, discourent sur ce qui aura été dit devant; et surtout d'observer cette manière de taire et de suppléer ce que facilement sans exprimer se pourrait entendre avoir été fait en derrière; et de ne commencer à déduire sa tragédie par le commencement de l'histoire ou du sujet, ains vers le milieu ou la fin (ce qui est un des principaux secrets de l'art dont je vous parle), à la mode des meilleurs poètes vieux et de ces grandes œuvres héroïques; et ce afin de ne l'ouïr froidement, mais avec cette attente et ce plaisir d'en savoir le commencement et puis la fin après. Mais je serais trop long à déduire par le menu ce propos que ce grand Aristote en ses *Poétiques* et après lui Horace (mais non avec telle subtilité) ont continué plus amplement et mieux que moi. (Les tragédies) qui ne sont faites selon le vrai art et au moule des vieux, comme d'un Sophocle, Euripide et Sénèque, ne peuvent être que choses ignorantes, mal faites, indignes d'en faire cas, et qui ne peuvent servir de passe-temps qu'aux valets et menu populaire, et non aux personnes graves. Et voudrais bien qu'on eût banni de France telles amères épiceries qui gâtent le goût de notre langue, et qu'au lieu on y eût adopté et naturalisé la vraie tragédie et comédie qui n'y sont point encore à grand'peine parvenues, et qui toutefois auraient aussi bonne grâce en notre langue française qu'en la grecque et la latine.

« La France n'a point encore de vraies tragédies sinon possible traduites. »

IV

« Art poétique » de Laudun Daigaliers.

Voici quelques passages de l'*Art poétique français* de Laudun Daigaliers qui parut divisé en cinq livres (1598) :

« La tragédie selon Aristote n'est qu'imitation des propos et vie des héros, car anciennement les héros étaient demi-dieux : mais il faut entendre des hommes illustres et de grande renommée.

« L'argument ne doit point être feint, mais vrai et clair et distingué par actes et personnes.

« La tragédie ne reçoit point de personnes feintes, comme avarice, république ni autres, ni même dieux ni déesses.

« La tragédie requiert que toutes choses y soient bien disposées et ordonnées, afin de tenir toujours les spectateurs béants.

« L'on y traite de l'État, des affaires et conseils. Les personnages de la tragédie sont rois, princes, empereurs, capitaines, gentilshommes, dames, reines, princesses et demoiselles, et rarement hommes de bas état, si l'argument nécessairement ne le requiert. Les choses ou la matière de la tragédie sont les commandements des rois, les batailles, meurtres, violements de filles et de femmes, trahisons, exils, plaintes, pleurs, cris, faussetés, et autres matières semblables.

« Plus les tragédies sont cruelles, plus elles sont excellentes.

« Il faut qu'en la tragédie les sentences, allégories, similitudes, et autres ornements de poésie y soient fréquents.

« Il ne faut pas aussi que la tragédie soit ni trop longue ni trop courte, mais y tenir une médiocrité.

« L'argument de la tragédie est vrai, celui de la comédie est feint et inventé. Le commencement de la tragédie est joyeux, et la fin triste.

« La tragédie quoiqu'elle soit longue ou courte elle est divisée en actes et il y en a cinq, sans en avoir ni plus ni moins comme le témoigne Horace en son *Art poétique*.

« Chaque acte a ses chœurs après, excepté le cinquième qui n'en doit point avoir. Je ne sais pourquoi Garnier n'a observé cela : car il a mis dans un même acte deux ou trois chœurs en divers endroits, de sorte que le chœur ne peut distinguer un acte de l'autre. » (Liv. v.)

V

Opinion de Chapelain sur les règles.

Cette partie de mon travail était terminée (février 1888), quand j'ai pu lire la thèse de M. Arnaud sur l'abbé d'Aubignac, dans laquelle se rencontrent trois dissertations inédites de Chapelain, qui nous font très bien connaître son opinion sur les règles.

La première, et de beaucoup la plus importante, datée du 29 novembre 1630, est une « démonstration de la règle des vingt-quatre heures et une réponse aux objections ». Chapelain déclare ne s'appuyer ni sur Aristote ni sur aucun de ses commentateurs, mais « fournir de son chef les motifs qui doivent avoir obligé tous les bons poètes dramatiques à cette observation ».

Les deux autres, bien moins importantes et non datées, sont plutôt des sommaires que des dissertations. Les trois unités y sont formellement édictées; elles ont été, d'après lui, observées par les bons auteurs de l'antiquité.

« Les bons anciens n'ont jamais eu dans leurs tragédies et dans leurs comédies qu'une action principale à laquelle toutes les autres se rapportaient, et c'est ce que l'on nomme unité d'action.

« Ils ont donné à l'action dramatique, pour sa plus grande étendue, l'espace d'un jour naturel, que l'on appelle : la règle des vingt-quatre heures.

« Ils ont attaché le cours de leur représentation à un seul lieu, qui est ce qu'on nomme unité de scène. » (P. 350.)

VI

Racine et Segrais à propos de Bajazet.

« Quoique le sujet de cette tragédie ne fût encore dans aucune histoire imprimée », Segrais avait écrit seize ans auparavant (1656) une relation historique de ces événements sous forme de roman : c'est la sixième de ses *Nouvelles françaises*, qui a pour titre *Floridon*.

Il n'est pas vraisemblable que Racine ait ignoré cette nouvelle, quoiqu'il n'y fasse pas la moindre allusion.

Segrais tenait cette histoire de M. de Césy, Racine du chevalier de Nantouillet qui la tenait de M. de Césy.

Racine déclare « qu'il a changé quelques circonstances, mais comme ce changement n'est pas fort considérable, il ne pense pas qu'il soit nécessaire de le marquer au lecteur ». Le changement nous paraît au contraire très considérable.

Dans la nouvelle de Segrais, c'est la mère d'Amurath, la sultane Validé, qui est éprise de Bajazet. Celui-ci ne songe pas à résister à cet amour. Mais comme peu après il aime Floridon, confidente et favorite de l'impératrice, la sultane accepte le partage qui ne répugne ni à Bajazet ni à Floridon, mais ne donne aux deux amants qu'un jour par semaine, le reste lui étant réservé. Bajazet ne respecte pas cet étrange pacte, et furieuse, pour se venger, la sultane le fait étrangler, obéissant en cela aux ordres de son fils Amurath.

Je n'ai pas besoin de faire remarquer qu'en remplaçant la mère par la sultane favorite d'Amurath, le poète a rendu le sujet bien plus tragique; et que sa Roxane, son Atalide et son Bajazet ne s'accommoderaient pas de ce partage à la turque, que Segrais conserve pour être fidèle à l'histoire.

Autre changement. Dans l'histoire la sultane et le grand vizir sont au camp avec Amurath. On sait quel parti a su tirer Racine et de Roxane et d'Acomat.

J'ai dit, à propos d'Acomat, que l'histoire ne lui donnait pas même un nom. J'ajoute que dans Segrais il y a un vieil eunuque de ce nom, qui est auprès de Bajazet, mais ne joue aucun rôle important dans l'intrigue.

VII
Dates des préfaces de Racine.

Chaque pièce de Racine a paru naturellement dans une édition séparée quelque temps après la première représentation. Indépendamment de ces éditions séparées, les plus importantes sont celles de 1676 (c'est la première édition collective des œuvres de Racine), de 1687 et de 1697 (celle-ci est la dernière faite du vivant de l'auteur).

Or il y a avec ces différentes éditions d'assez grands changements dans les préfaces. Nous allons les indiquer.

La Thébaïde. — Dans l'édition séparée de 1664, pas de préface. Celle que nous lisons aujourd'hui (et où se trouve cette phrase : « J'étais fort jeune quand je la fis » en parlant de la pièce) a paru pour la première fois dans l'édition de 1676.

Alexandre le Grand. — La première préface est de 1666, reproduite dans l'édition de 1672 avec des retranchements assez nombreux. La seconde préface paraît dans l'édition de 1676.

Andromaque. — La première préface est de 1668, reproduite dans l'édition de 1673. La seconde préface est de 1676.

Les Plaideurs. — La préface (au lecteur) est dans l'édition de 1669.

Britannicus. — La première préface est de 1670, la seconde de 1676.

Bérénice. — La première édition et la préface sont de 1671.

Bajazet. — La première préface est de 1672, la seconde de 1676, reproduite en 1687, et, avec de légères variantes et la suppression d'un assez long morceau tout à la fin, dans celle de 1697.

Mithridate. — La première partie de la préface, jusqu'à la phrase : « et qu'elles l'interrompent au lieu de la conduire vers la fin » est de 1673; le reste (plus du double de la 1re partie) se trouve dans les éditions postérieures.

Iphigénie. — La préface est dans la 1re édition de 1675.

Phèdre. — La préface est dans la 1re édition, *Phèdre et Hippolyte*, de 1677.

Esther. — La préface est dans la 1re édition de 1689.

Athalie. — La préface est dans la 1re édition de 1691 [1].

VIII
A propos d'Esther. Lettre de Racine.

Voici ce qu'il dit sur *Esther* dans une lettre à Mme de Maintenon : « Mon Esther est maintenant terminée, et j'en ai revu l'ensemble d'après vos

---

[1]. Ces renseignements sont tirés de l'édition de M. Mesnard.

conseils, et j'ai fait de moi-même plusieurs changements qui donnent plus de vivacité à la marche de la pièce. Le tour que j'ai choisi pour la fin du prologue est conforme aux observations du roi. M. Boileau-Despréaux m'a beaucoup encouragé à laisser maintenant le dernier acte tel qu'il est. Pour moi, madame, je ne regarderai l'*Esther* comme entièrement achevée que lorsque j'aurai eu votre sentiment définitif et votre critique. Je vous conjure de m'envoyer vos ordres pour un dernier récit. » (1688, date incertaine. Peut-être même cette lettre n'est pas authentique. Voir édit. Mesnard, t. VII, p. 5.)

Voici ce qu'il dit d'*Athalie* dans une lettre à Boileau :

« Je suis trop occupé à donner la dernière main à ma pièce d'*Athalie*.... »

Dans une autre lettre à Boileau, du 4 mai 1695, il parle ainsi de la pièce de Boyer :

« Quelque horreur que vous ayez pour les méchants vers, je vous exhorte à lire *Judith*, et surtout la préface, dont je vous prie de me mander votre sentiment. Jamais je n'ai rien vu de si méprisé que tout cela l'est en ce pays ci; et toutes vos prédictions sont accomplies. »

IX

Jugement favorable de F. Schlegel sur la tragédie française.

Citons encore ce jugement assez favorable de F. Schlegel (le frère de Guillaume Schlegel), dans son *Histoire de la littérature ancienne et moderne* (1815), t. II, p. 180-188 de la traduction française.

« La tragédie des Français est, à proprement parler, la *partie la plus brillante* de leur littérature, et c'est aussi celle qui a toujours et à juste titre le plus attiré l'attention des autres nations. Leur tragédie répond d'une manière si parfaite aux besoins de leur caractère national et à leur manière particulière de sentir qu'il est facile de concevoir pourquoi ils en font si grand cas, quoique les sujets de l'ancienne tragédie française ne fussent jamais tirés de l'histoire nationale.... Je me plais à reconnaître la tragédie française comme un genre de poésie tout à fait national, original et parfait; quoique je ne puisse me résoudre à penser que la tragédie française doive servir de forme et de règle au théâtre des autres nations; car je crois que chaque nation doit se créer pour son théâtre des règles et des principes particuliers. »

Peut-être parle-t-il plus loin avec trop de dédain « de la rhétorique des passions, qui est le côté brillant de la tragédie française, qui est bien jusqu'à un certain point un élément nécessaire et indispensable pour la représentation dramatique, mais qui ne doit pas dominer aussi exclusivement que dans la tragédie française ».

TABLE DES MATIÈRES

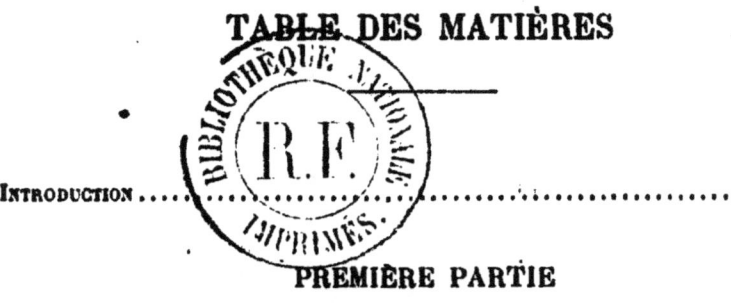

Introduction VII

PREMIÈRE PARTIE
LA TRAGÉDIE FRANÇAISE DE JODELLE A RACINE

CHAPITRE I
LA TRAGÉDIE CLASSIQUE ET LES MYSTÈRES DU MOYEN AGE

La tragédie ne doit rien aux mystères. — Différence complète de ces deux genres dramatiques.................................... 1

CHAPITRE II
RENAISSANCE ET PREMIÈRES IMITATIONS DE L'ANTIQUITÉ

On commence par traduire : traductions de Sophocle, d'Euripide. — Bientôt imitations : on imite surtout la forme extérieure de la tragédie grecque. — On admire et on imite Sénèque.................... 6

CHAPITRE III
JODELLE

Ses tragédies, déclamations en vers. — Abandon des sujets nationaux. Les chœurs sont conservés. — Progrès dans le style............... 9

CHAPITRE IV
DE JODELLE A HARDY

Période gréco-latine. Tragédies régulières. — 1° Sujets antiques. Principaux auteurs : *La Péruse*; *Jacques Grévin*; *Robert Garnier*, de beaucoup le meilleur tragique de cette époque : ses qualités d'auteur dramatique et d'écrivain; *Montchrétien* : harmonie du style. — 2° Sujets bibliques : *le Sacrifice d'Abraham*, par Théodore de Bèze; les trois *David* de Desmazures; *Saül et les Gabaonites* de Jean de la Taille. — 3° Sujets divers. Pièces politiques. Drames en prose. Drames romanesques. Pastorales. — 4° Résumé. État de notre théâtre tragique à la fin du XVIe siècle... 12

CHAPITRE V
APPARITION DU THÉÂTRE IRRÉGULIER

Influence des théâtres étrangers. — Pastorale et tragi-comédie......... 17

CHAPITRE VI
HARDY ET LE THÉATRE IRRÉGULIER

Hardy improvisateur dramatique. — Plus de mouvement dans l'action. — Brutalité. Pas d'analyse de sentiments. — Platitude du style. — *Tyr et Sidon* de Jean de Schelandre. Les *Bergeries* de Racan.............. 19

CHAPITRE VII
RÈGLES ET THÉORICIENS DE SCALIGER A D'AUBIGNAC

I. — 1° *Aristote* et ses commentateurs. — *J.-C. Scaliger*. Principaux points de sa poétique. — Définition de la tragédie. — Division en cinq actes. — Unité de temps. — 2° *Jacques Grévin*, dans son *Bref discours pour l'intelligence de son théâtre*, revendique le droit d'écrire en français. — 3° *Jean de la Taille*, dans son *Art de la tragédie*, formule nettement la règle des trois unités. — 4° *Ronsard*, dans la préface de *la Franciade*, adopte l'unité de temps.

II. — Protestations contre les règles. — 1° *Beaubreuil*. — 2° *Laudun Daigaliers*, dans son *Art poétique français*, repousse la règle des vingt-quatre heures. — 3° *Hardy* et son peu de souci des règles. — 4° Préface de *Tyr et Sidon*, manifeste de *François Ogier* en faveur de la tragi-comédie; importance de ce manifeste.

III. — 1° Désir d'une plus grande régularité. — Lettre de *Racan* qui accepte l'unité de temps, non l'unité de lieu. — 2° *Heinsius*, importance de son traité *de Tragœdiæ constitutione*. — 3° Le règne des règles. — *Chapelain*, rôle qui lui est attribué au XVII° siècle. — 4° *Mairet* et la préface de *Silvanire*, manifeste en faveur des pièces régulières et des trois unités. — *Sophonisbe* de *Mairet*, première application supérieure des règles. — Dernières protestations contre les règles. — *Rayssiguier*. *D'Urval*. — 5° Contemporains de *Mairet*: Tristan, Du Ryer, *Rotrou*. — Appréciation du génie de *Rotrou*. — Défauts du temps. — Qualités personnelles. — Influence de *Corneille* sur *Rotrou*. — *Rotrou* précurseur de *Racine* dans son imitation intelligente de l'antiquité et dans la peinture de l'amour. — 6° *La Mesnardière* et sa *Poétique*. — *D'Aubignac* et sa *Pratique du théâtre*........................ 24

CHAPITRE VIII
CORNEILLE

1° Corneille et les règles. — Sa véritable pensée sur les règles, d'après ses préfaces, épîtres, examens et discours: ni dérèglement ni sévérité excessive. — 2° Poétique de Corneille d'après son théâtre. — Ce qu'il apporte de nouveau: bon sens, décence, naturel, vérité, peinture de l'homme moral, conflit de la passion et du devoir. — Défauts: exagération de la grandeur et de l'héroïsme; femmes trop viriles. — Rôle dans son théâtre de la politique et de l'histoire. — Inégalité du style. — Goût de plus en plus marqué pour les pièces embarrassées ou implexes... 52

CHAPITRE IX
QUINAULT

Raisons de son succès. — On est fatigué des héroïnes de Corneille. — La tendresse et le romanesque sont à la mode. — Ses défauts et ses qualités s'accordent avec le goût du jour............................... 67

DEUXIÈME PARTIE

LA POÉTIQUE DE RACINE D'APRÈS SON THÉATRE

CHAPITRE I

PLACE DE RACINE DANS LE DÉVELOPPEMENT DE LA TRAGÉDIE

C'est un véritable créateur. — Substitution de la tragédie de caractère à la tragédie de situation. Plus grande ressemblance de son théâtre avec la vie.. 71

CHAPITRE II

SIMPLICITÉ DU THÉATRE DE RACINE

Étude des différentes pièces de Racine au point de vue de la simplicité. — 1° *La Thébaïde*. — Comparaison avec Euripide, Sénèque et Rotrou. — Imitation de Racine et simplification. — 2° *Alexandre*. — 3° *Andromaque*. — Comparaison avec Euripide, Sénèque et Corneille. — Comment Racine imite ses devanciers et simplifie leur plan. — 4° *Britannicus*. — 5° *Bérénice*, Corneille et Racine. — 6° *Bajazet*. — *Bajazet* de Racine et *Othon* de Corneille. — 7° *Mithridate*. — 8° *Iphigénie*. Euripide, Rotrou et Racine. — 9° *Phèdre*. Euripide, Sénèque et Racine. — 10° *Esther*. — 11° *Athalie*. — Conclusion. Conséquences de la simplicité d'action : Peu de faits, peu de personnages, conformité avec les trois unités, pas d'innovation dans la forme extérieure du poème dramatique.. 74

CHAPITRE III

LES CARACTÈRES

Les passions. — 1° L'amour. L'amour chez les hommes. Amour violent : Oreste, Pyrrhus, Néron, Mithridate, Pharnace. — 2° Amour chevaleresque : Britannicus, Achille, Bajazet, Xipharès, Hippolyte, Antiochus, Titus. — 3° L'amour chez les femmes. Amour timide : Junie, Iphigénie, Aricie. — Amour héroïque : Atalide, Bérénice, Monime. — Amour violent : Ériphile, Hermione. — Amour sensuel : Roxane. — 4° La jalousie dans le théâtre de Racine. — La jalousie n'existe pas dans le théâtre de Corneille. Elle apparaît chez Rotrou, dans *Hercule mourant*; surtout dans *Laure persécutée* et dans *Venceslas*. Elle est plus d'une fois traitée par Racine : Hermione, Néron, Mithridate, Phèdre. — 5° L'amour maternel : Andromaque et Clytemnestre. — 6° L'ambition chez la femme : Agrippine, Athalie. — 7° L'ambition chez les hommes : Agamemnon, Acomat, Joad. — 8° Personnages secondaires : Ulysse, Narcisse, Œnone, Mathan, Aman, Abner; chacun a une physionomie particulière. — 9° Le christianisme dans le théâtre de Racine. En même temps que nos faiblesses il peint le châtiment. — Rapport du jansénisme de Pascal et de la morale de Racine. Racine et les sujets bibliques. — 10° Conclusion à tirer de l'analyse des caractères. Les personnages de Racine sont, non pas abstraits, mais généraux, non pas froids et uniformes, mais vivants, variés et passionnés. Opinion de Voltaire au sujet de l'amour dans le théâtre de Racine. Les personnages ne sont pas des peintures historiques. Il ne devait pas, il ne pouvait pas le faire, en réalité il ne l'a pas fait. Ce ne sont pas non plus des portraits des contemporains. — 11° Conséquences générales de la substitution de la tragédie de caractère à la tragédie de situation........ 104

CHAPITRE IV
PLUS GRANDE RESSEMBLANCE DE SON THÉATRE AVEC LA VIE

Plus de vérité dans les passions et les caractères, même dans les intrigues et dans les moyens employés, excepté dans ses deux premières pièces. — 1° *La Thébaïde* et *Alexandre*. Le romanesque et l'imitation de *Corneille*. — 2° A partir d'*Andromaque*, vérité, familiarité même, de l'intrigue. — 3° Rapports de la tragédie de *Racine* et de la comédie. — 4° Vérité dans les caractères. — 5° De la pitié dans le théâtre de *Racine*.. 184

CHAPITRE V
DU STYLE DE RACINE, L'ÉLÉGANCE DE L'EXPRESSION..................... 196

TROISIÈME PARTIE
LA POÉTIQUE DE RACINE D'APRÈS SES PRÉFACES

LA RAISON DANS LA LITTÉRATURE CLASSIQUE AU XVII° SIÈCLE................. 209

CHAPITRE I
LA RAISON DANS L'ŒUVRE DE RACINE................................... 211

CHAPITRE II
CE QU'EST POUR RACINE UNE TRAGÉDIE................................. 214

CHAPITRE III
LA THÉORIE DE L'INVENTION

Faire quelque chose de rien. — Racine défend lui-même dans ses différentes préfaces la simplicité d'action. — Préface de *Bérénice*.......... 216

CHAPITRE IV
LES PERSONNAGES

Opinion des contemporains sur la fidélité historique de *Corneille* et de *Racine*. — *Racine* prétend que tout est fidèlement tiré de l'histoire. — Contradiction apparente avec sa théorie de l'invention............... 226

CHAPITRE V
DU CHOIX DU PERSONNAGE TRAGIQUE

Dignité du héros. — Opinion d'*Aristote*. Le personnage doit être imparfait.. 242

CHAPITRE VI
HÉROS ET CÉLADONS.. 247

CHAPITRE VII
SENSIBILITÉ DU POÈTE
.... 250

CHAPITRE VIII
VIOLENCE DES PASSIONS
Racine, Corneille et *Shakespeare*.. 253

CHAPITRE IX
L'AMOUR DANS LE THÉATRE DE RACINE
Opinions différentes de *Corneille* et de *Racine*......................... 259

CHAPITRE X
LES RÈGLES
Il se conforme aux règles, et ne veut pas avoir l'air de les prendre au sérieux.. 263

CHAPITRE XI
BEAUTÉ DES SENTIMENTS
Délicatesse de l'art classique qui évite la platitude et la trivialité...... 269

CHAPITRE XII
DU THÉATRE CONSIDÉRÉ COMME UNE ÉCOLE DE VERTU
Caractère de Phèdre. — Préface de *Phèdre*. — Réconciliation avec Port-Royal.. 272

CHAPITRE XIII
RACINE RENONCE AU THÉATRE
I. Causes de sa retraite. — 1° Circonstances extérieures. — 2° Critiques de ses adversaires. — 3° Retour à la religion. — II. Son détachement de la poésie fut-il absolu?... 281

QUATRIÈME PARTIE
INFLUENCE DE RACINE SUR LE THÉATRE FRANÇAIS CRITIQUES DIRIGÉES CONTRE LUI EN FRANCE ET A L'ÉTRANGER

CHAPITRE I
LA TRAGÉDIE DE RACINE A PONSARD
Thomas Corneille, Pradon, Campistron, Crébillon, Voltaire, Luce de Lancival, Lebrun, Ponsard... 301

CHAPITRE II
OPINION DES CRITIQUES DU XVIII° SIÈCLE
Vauvenargues, Voltaire, La Harpe. — Enthousiasme pour *Racine*...... 309

CHAPITRE III
INNOVATIONS ET CRITIQUES AU XVIIIe SIÈCLE

La Chaussée, Diderot, Mercier. — Comédie larmoyante. — Tragédie bourgeoise. Drame.. 313

CHAPITRE IV
LES CRITIQUES ALLEMANDS ET LA TRAGÉDIE FRANÇAISE.

Lessing, Schiller, Gœthe, Schlegel.. 320

CHAPITRE V
LES ROMANTIQUES EN FRANCE

V. Hugo, Stendhal.. 334

CHAPITRE VI
CRITIQUES CONTEMPORAINS

L'école historique. — L'école classique. — La critique allemande. *Lotheissen*... 340

CONCLUSION.. 347

APPENDICE

I. — Breitinger et les unités d'Aristote avant *le Cid*.................... 349
II. — *Art poétique* de Vauquelin de la Fresnaye........................ 350
III. — *Art de la tragédie* de Jean de la Taille............................ 350
IV. — *Art poétique* de Laudun Daigaliers................................ 352
V. — Opinion de Chapelain sur les règles................................. 352
VI. — Racine et Segrais à propos de Bajazet............................. 353
VII. — Dates des préfaces de Racine..................................... 354
VIII. — A propos d'*Esther*. Lettre de Racine............................ 354
IX. — Jugement favorable de F. Schlegel sur la tragédie française..... 355

COULOMMIERS. — Imp. P. BRODARD et GALLOIS.

www.ingramcontent.com/pod-product-compliance
Lightning Source LLC
Chambersburg PA
CBHW070445170426
43201CB00010B/1221